应用型本科规划教材

经济学原理

（修订本）

主　编　张　理　郑宏丹
副主编　郭　媛　梁丽梅

清华大学出版社
北京交通大学出版社
·北京·

内 容 简 介

本书是为适应当前我国应用型本科院校工商管理、财务管理、物流管理、旅游及酒店管理、市场营销等经济管理类专业西方经济学教学需要编写的应用型教材。

本书共分16章。第1章为经济学导论；第2～10章为微观经济学部分，包括：需求与供给理论、弹性及其应用、消费者行为理论、生产者行为、完全竞争市场、完全垄断市场、寡头和垄断竞争市场、生产要素理论、政府和资源配置；第11～16章为宏观经济学部分，包括：国民收入核算、货币市场的均衡、失业与通货膨胀、总供给和总需求、经济增长和经济周期、宏观经济政策。

本书以当今经济学最新研究成果为基础，突出实用性，难度适中。本书既可作为高校教材，也可作为社会经济管理人士的案头参考书籍使用。

图书在版编目(CIP)数据

经济学原理/张理，郑宏丹主编．—北京：北京交通大学出版社：清华大学出版社，2014.11(2022.9重印)
(应用型本科规划教材)
ISBN 978-7-5121-2146-1

Ⅰ.①经…　Ⅱ.①张…　②郑…　Ⅲ.①经济学-高等学校-教材　Ⅳ.①F0

中国版本图书馆CIP数据核字（2014）第272084号

责任编辑：郭东青　　特邀编辑：张诗铭
出版发行：清 华 大 学 出 版 社　　邮编：100084　　电话：010-62776969
　　　　　北京交通大学出版社　　邮编：100044　　电话：010-51686414
印 刷 者：北京时代华都印刷有限公司
经　　销：全国新华书店
开　　本：185 mm×260 mm　　印张：19　　字数：474千字
版　　次：2016年第1版第1次修订　　2019年8月第2次修订　　2022年9月第14次印刷
书　　号：ISBN 978-7-5121-2146-1/F·1444
印　　数：21 501～24 000册　　定价：49.90元

本书如有质量问题，请向北京交通大学出版社质监组反映。对您的意见和批评，我们表示欢迎和感谢。
投诉电话：010－51686043，51686008；传真：010－62225406；E-mail：press@bjtu.edu.cn。

经济学是适应市场经济发展的需要而逐步形成和发展的经济科学。由于市场经济最初形成于西方国家，适应市场经济发展需要的经济学说也由西方国家产生和发展，在我国传统上一直把这门由西方国家建立的经济学说称为“西方经济学”。而在发展我国市场经济的今天，西方经济学中的很多原理对我们也是非常适用的。因此没有必要把这些理论视为西方的专利，而应当更多关注它对市场经济国家的普适性。故将本书定名为《经济学原理》，而没有使用现在通用的“西方经济学”一词。

18世纪亚当·斯密通过对经济领域的深入研究，主张自由竞争、财产私有、自由贸易。继重商主义而兴起的是古典经济学，代表了新兴的工业资产阶级的要求与利益，认为财富与利润来自生产领域，国家应减少直至取消对经济的干预，让市场机制充分发挥调节作用，政府职能只是充当“守夜人”的作用。

从1825年起，各个主要西方国家相继爆发经济危机，并且每隔8～10年发生一次。危机的现实导致西方经济学研究的重点逐渐转移到消费、需求、效用方面。在这种情况下，效用价值论成为此后西方微观经济学的基础。19世纪末至20世纪初的英国经济学家马歇尔，把当时经济学中各种流行的论点集中在一起，以折中的方法构建了自己的体系，被称作新古典经济学。微观经济学的基本理论就是以马歇尔的学说为核心。

到了20世纪30年代，西方经济学发生了一次重大的变化。这与1929—1933年席卷西方国家空前严重的经济危机有关。英国经济学家凯恩斯认为，这场经济危机的爆发表明市场机制的调节作用是有局限性的，依靠市场机制无法消除经济危机，无法降低失业率，因此他从总需求价格与总供给价格之间的均衡关系出发，表述了总需求决定就业总量的论点，并提出以国家干预来恢复经济稳定的政策主张。现代宏观经济学便应运而生，它以凯恩斯学说为核心。

第二次世界大战后在美国出现的西方经济学主流派，在理论内容上包括了微观经济学与宏观经济学两大部分，其中，微观经济学继承的是以马歇尔为代表的新古典经济学，宏观经济学继承的是以凯恩斯为代表的凯恩斯经济学，但在两者的基础上都有新发展。从20世纪60年代起，一些非凯恩斯派的宏观经济学鉴于凯恩斯理论的不足而较快地发展起来，形成了同凯恩斯理论相抗衡的格局，其中最有影响的一派就是反对国家干预，推崇自由竞争的货币主义。

从以上有关经济学产生与发展的历史简述中可以看到，经济学为适应市场经济发展的需要而产生与发展，正是从这个意义上说，经济学中有关需求、供给、成本、价格、资源配置、投资、消费、经济增长等方面的论述，对于正在建立与完善社会主义市场经济体制的我国来说是有参考意义的，也是我们需要认真学习的。这也是我们为适应应用型本科经济管理类专业的高等院校学生学习经济学编写本书的初衷。本书的编写特色：深入浅出，难度适中、贴近国情。这样既可以保证读者全面了解经济学的完整体系，又能以此观察、分析我国当前市场经济的发展现状，做到学以致用。这也是我们从事教育、教学工作的希冀。

本书的写作分工如下：郑宏丹负责编写第 2 章至第 9 章；郭媛负责编写第 11、12、14、16 章；梁丽梅负责编写 10、13、15 章；张理负责编写第 1 章，并负责全书统稿。

本书在编写过程中，引用了大量国内外相关资料和文献，如有遗漏未列出的文献，敬请作者谅解，在此一并表示衷心的感谢！

为方便广大教师使用，本书配有电子教学课件，并配有课后基本练习的参考答案。

相关配套资料可到北京交通大学出版社网站（http：//www. bjtup. com. cn）下载，或者发邮件至 guodongqing2009@126. com 获取。

书籍的脱稿，如呱呱坠地的婴儿，既是欢乐与希望，又是更加沉重的责任，本书的出版不代表成功与完善，而是接受社会评述的开始，希望该书能够成为市场经济大厦上的一块砖。书中不当之处欢迎读者批评、斧正！

编　者
2014 年 11 月

目
录
contents

第 1 章　经济学导论

古往今来，人们的一切经济活动都离不开对社会资源和财富的利用、占有、使用、分配等，对这些最基本社会经济现象的不断认识、分析、探究和归纳总结，使人们不断发现其中的某些规律，经济学中最基本的分析和理论就产生于对这些社会经济现象的认识。本章从最基本的经济分析开始，逐步引申至本书对微观经济、宏观经济的全面分析和阐述。

1.1　经济学的研究对象

1.1.1　经济学的由来

在古代汉语中，“经”和“济”两个字多单独使用，“经”有“治理”之意，“济”有“接济、救助”之意，如“经世济民”、“经邦济国”。“经济”作为一词使用，据《辞海》载，杜甫《水上遣怀》诗云：“古来经济才，何事独罕有”；《宋史·王安石传论》：“以文章节行高一世，而犹以道德经济为己任”。这里的“经济”一词都是“经世济民，治理国家”之意，内容不仅包括国家如何理财、如何管理其他各种经济活动，而且包括国家如何处理政治、法律、教育、军事等方面的问题。因此，这时候的“经济”一词主要属于政治学的范畴，侧重于政治管理。

而今使用的“经济学”一词，源于希腊文 oikonomos，后来演化成英语中的 economics，日本人神田孝平最早用汉文字翻译成“经济学”，中国人严复则翻译成“生计学”，现在已统一使用“经济学”。

作为一门学问的经济学，其起源应是古希腊，其形成过程大致是：公元前 469—公元前 399 年间，古希腊雅典哲学家苏格拉底，每天黎明即起，走到中心广场与人们进行谈话和讨论。这些簇拥他的人群中有一个贵族后裔叫色诺芬（前 430—前 355 年），他把每天从苏格拉底那里听来的有关奴隶主如何增加财产的思想片段记录下来，结合自己管理庄园事务积累下来的经验，编写成了一本书，题名为《经济论》（希腊文是“oikonomos”）。希腊文中的“经济论”一词由两部分构成：oikos 是家庭，nomos 是管理。可见，最初的经济学主要是研究家庭财产管理的学问。在整个欧洲中世纪（历史学上一般指公元 476 年西罗马帝国灭亡到 1640 年英国资产阶级革命），经济学都只是一门关于个别家庭、个别庄园如何致富的学问。有关商业、货币流通、国家财政等涉及整个国家的问题，通常被放在政治学或伦理学中进行讨论。一直到 15 世纪末期，封建自然经济瓦解，商品货币关系建立，国内统一市场形成后，才使得整个国家的致富问题、政府税收、财政问题等日益重要起来。在这以后的几代人时间里，无数学者致力于这项专门研究，并冠以“政治经济学”的名称，以区别于研究家庭致富的经济学（需要注意的是，“政治经济学”中的“政治”一词也来源于古希腊文，原义是

“社会的”、“城市的”、“国家的”。所以，“政治经济学”就是“社会范围内的经济学”之义，并不是把政治活动作为其研究的对象〔引自游联璞、黄方正编《近代经济学说史》〕。

1890年，英国剑桥大学经济学家马歇尔出版了著名的《经济学原理》一书，用“经济学”一词取代“政治经济学”，后来逐渐被广大西方经济学者所接受。至此，经济学正式成为这门学科的名称。

经济学家马歇尔

阿尔弗雷德·马歇尔（Alfred Marshall，1842—1924年），近代英国最著名的经济学家，新古典学派的创始人，剑桥大学经济学教授。在他的努力下，经济学从一门课程发展为一门独立的学科，剑桥大学在他的影响下建立了世界上第一个经济学系。

马歇尔出生于伦敦郊区的一个工人家庭，虽然家境一般，父母却努力让他受到很好的教育。青年马歇尔进入剑桥大学学习数学、哲学和政治经济学，他曾走访英国的贫民区，无法忘却他所见到的贫穷和饥饿。毕业后，马歇尔先后在剑桥大学、牛津大学任教直到1905年退休。他父亲希望儿子能成为一个牧师，但他背叛了他父亲的意愿。

他于1890年发表的《经济学原理》，被看作是与斯密《国富论》、李嘉图《赋税原理》齐名的划时代著作，其供给与需求的概念，以及对个人效用观念的强调，构成了现代经济学的基础。马歇尔是局部均衡的创始者，他研究单个市场的行为而不考虑市场与市场之间的影响。马歇尔最重要的贡献之一是建立了弹性的概念和计算弹性的公式。马歇尔认为，在短期里，需求是影响价格的决定性因素；而在长期里，供给或生产成本是影响价格的决定因素。马歇尔特别关注收入分配和贫困问题，他把贫困问题归因于劳动市场，把解决贫困的希望寄托于教育，他主张限制非技术工人的家庭规模和建立累进税制度，但不主张设立最低工资保障和工会。在宏观经济学方面，马歇尔采用了购买力平价的概念来解释不同国家货币之间的汇率。马歇尔的核心思想仍然是在证明资本主义是一种合理的制度，它可以自动地保持均衡，因而他最终还是成了资本主义的辩护人。

1.1.2　经济学的研究基础

由于经济学起源的基础性、研究的广泛性、方向的多样性，所以至今经济学尚无一个被经济学界普遍接受的准确定义，但经济学研究的基础是始终被广泛认同的，即人们需要的无限性、社会资源的稀缺性（即有限性）及由此而产生的选择。根据这一研究基础，可以做出如下定义：经济学是研究各种稀缺资源在可供选择的用途中如何进行配置和利用的科学。或者说：经济学是研究人类如何将稀缺资源分配于多种欲望，以取得最大福利的科学。

1. 欲望与需要

人们的欲望是一种缺乏与不满足的感觉，以及求得满足的愿望，欲望是一种心理感觉。当人们的一种欲望得到满足后，会产生新的欲望，人们欲望的无穷性决定了需要的无限性。应当说明的是：在这里需要和需求是不同的概念，需求是人们有支付能力的需要。需要的范围非常广泛，不仅包括各种有形商品，也包括无形商品和各种服务。

需要是有层次的，美国心理学家马斯洛将人们的不同需要划分为七个层次（在我国流行较广的是五层次需要）：

第一，基本生活需要，即生存需要。如基本的衣食住行等最低层次的生活需要。

第二，安全和保障需要。如生活、精神生活中的保障，免受伤害，免受应得利益被剥夺的需要。

第三，归属与爱的需要。即所属社会阶层的认同感。

第四，尊重的需要。即得到他人和社会的尊重，也包括对他人和社会的尊重。

第五，认知需要。即人都有求知的欲望，了解不知事物的需要。

第六，审美需要。即对于事物对称性、秩序性、闭合性等美的形式的欣赏，对美的结构和规律性的需要等。

第七，自我实现的需要。即对个人潜能的实现，对社会理想的追求等。

按照马斯洛的分析，人的需要是有层次的，通常是较低层次的需要得到一定的满足后，会产生新的较高层次的需要，不同层次的需要会有交叉，即低层次需要还没有完全满足时，就会产生新的高层次的需要。

人对某一具体商品或服务的需要可能是有限的，但作为整体，人们的需要是无法被满足或者说需要是无限的。社会中个人或组织的需要都是无限的，有些需要是客观存在的基本需要，有些则是由社会环境变化而产生的需要，但在不同经济发展水平下，人们的需要存在很大差异，随着社会的进步，人们需要的层次是不断上升的。

所以，人类经济活动的终极目标就是努力生产出各种各样的商品和服务，以满足人们的需要。

2. 资源的稀缺性

用于满足人类需要的资源可以分为两类。一是，自由取用资源，即一切天然存在、无须加工即可供人类无偿获取和使用的资源，如阳光、空气等，人们可以自由取用，无须管理与节约，人们获得它也是无代价的（随着工业的盲目发展，这类资源越来越少，如人们获得清洁空气也要付出环保的代价）。二是，经济资源，即经过人类加工，获取和使用时需要付出一定代价，须节约和进行必要管理的资源，这种代价一般表现为资源价格，如自来水等，当今人类使用的资源大多属于经济资源。

经济资源经过人的加工制造，生产出可供人类使用的各种产品，在既定的资源环境下，人们能够生产出的各类产品，其数量、品种、质量、规格都是有限的，只能满足人们的一部分欲望和需要。也就是说，相对于人的无穷欲望，人们生产的各种产品和服务，及用于生产这些产品和服务的资源总是不足的，这就是资源的稀缺性（scarcity）。经济学就是研究经济社会应当如何管理稀缺资源的科学。

稀缺性是一个相对概念，即相对于人类的欲望，资源总是不足的。稀缺不是通常意义上的短缺，短缺一般是指物资供应不足，即人们有支付能力的需要无法得到满足的现象。通过增加供给或提高价格，短缺是可以消失的。社会产品的供给量越大，短缺的程度就越低，甚至消失。但资源的稀缺不会因供给的增加而消失，因为稀缺是相对于人类没有边界的欲望而言。同时，科技的进步，会大大提高人类的思维力、想象力和不断被放大的视野，人的欲望边界也会被大大拓宽，这样，对整体资源的需要不但不会减少，反而会增加。所以，科技的进步，不但不会降低资源的稀缺程度，反而会被加剧。

在经济学中讨论的资源除时间和信息外，可归纳为：劳动、土地、资本和企业家才能四类，称为生产要素。在生产要素进入和完成生产活动的同时，要素提供者也获得相应的报酬，因为要素提供者本身也是商品和服务的需求者，其报酬高低取决于要素市场上对某种生产要素的依赖程度，也就是某一生产要素在该市场上的稀缺程度。

(1) 劳动。是生产商品和服务过程中所使用的除企业家才能外的人的全部体力和脑力劳动。劳动的报酬称为工资及佣金、奖金等工资派生物。

(2) 土地。包括一切进入生产过程的自然资源，如土地本身、森林、矿藏、河流等，它提供了生产加工的对象物。土地的报酬称为地租。

(3) 资本。指用于生产商品和服务的一切人造辅助物，包括工具、机械、设备、运输工具等，资本的作用主要是提供生产工具。资本的报酬称为利息。

(4) 企业家才能。它是一种特殊的人力资源，是综合运用土地、资本、劳动三要素进行生产、管理的能力。它包括四项功能：①组织其他生产要素进行生产的原动力；②制定生产经营决策的核心；③采用新技术、新组织模式等的创新者；④风险的承担者，任何企业都不可能保证一定盈利，企业家必须承担企业可能的亏损，甚至破产。企业家才能的报酬是利润，在企业亏损时，报酬可能是负值。

3. 选择

从资源配置的角度看，经济学就是关于选择的科学，选择源于需要的无限性和资源的稀缺性。选择就是人们如何决策使用有限的资源以获得最大利益。经济学家将选择归结为三个基本问题：生产什么和生产多少，如何生产，为谁生产。

(1) 生产什么和生产多少。生产什么和生产多少是经济学必须首先研究的问题。不论一个家庭、企业或国家所拥有的经济资源都是有限的，面对众多而一时又难以完全满足的需要，应如何确定生产（或购买）商品的品种、数量呢?

就一国而言，没有哪一种经济体制可以生产出社会成员所希望得到的那么多产品和服务，所以必须进行选择。选择除历史、自然、地理等因素外，在市场经济条件下，是由价格体系来决定生产什么。

在研究生产什么的问题时，要引入两个基本概念：机会成本和生产可能性边界。

①机会成本（Opportunity Cost）。有选择就意味着放弃，这是为选择付出的代价，经济学中称为机会成本（也称“择一成本”），即使用一种资源或将其投入某一特定用途而放弃的其在其他用途中所获得的最大利益。由于资源的稀缺性，一种资源一旦用于某种商品的生产就不能同时用于另一种商品的生产，选择了一种机会就意味着放弃另一种机会。由于个人、企业和国家所能拥有的资源都是有限的，因此在个人、企业和国家所做的选择中都存在机会成本。

机会成本示意图如图 1—1 所示，纵坐标表示生产资料，横坐标表示消费资料。可以看出，当减少生产资料生产，而增加消费资料生产时，机会成本是不断增加的。比较不同的机会成本应具备以下条件：资源本身具有多种用途；资源可以自由流动；资源能够得到充分利用。运用机会成本概念可以对一定资源在不同使用中，所获得的经济收益进行比较，以获得最大收益。在现代经济社会中，个人、企业和国家对某一事物进行可行性研究正是根据机会成本这一概念进行的。

②生产可能性边界（Production Possibility Boundary）。社会不仅要选择将稀缺资源用于某一用途，而且要使其获得最大收益，即选择效率。生产可能性边界就是表示在一定资源和技术条件下，生产各种产品或服务（一般利用平面坐标，表示为两种）最大数量组合的曲线，以概括说明生产的选择和选择的效率。

如图1－2所示，纵坐标表示生产资料，横坐标表示消费资料，如果将所有的经济资源都用来制造生产资料，则将获得A点表示的数量；相反，如果将所有的经济资源都用来生产消费资料，则将获得G点表示的数量。当然一个国家不可能会做出只生产消费资料或者只制造生产资料这样的生产决策，更多的是同时生产两种产品，而位于曲线上A和G两点之间的任何组合都是可能的，如B、C、D、E、F等，这就是生产可能性边界的含义。图1－2中B、C、D、E、F各点表示生产部分消费资料和部分生产资料的不同生产组合。图中的H点则表示在现有资源和技术条件下，社会资源没能得到充分的利用，如会出现劳动资源的浪费，即失业。同样在R点上，表明该国的社会资源无法达到的组合，即无法实现的产品量。所以，只有在生产可能性边界上的各点才是一个国家的经济资源可以生产的最大数量产品组合。

用机会成本概念可解释生产可能性边界曲线的形状为什么凹向原点，即从一种产品的生产转换为另一种产品生产时所产生的机会成本是递增的，也就是边际收益率是递减的。

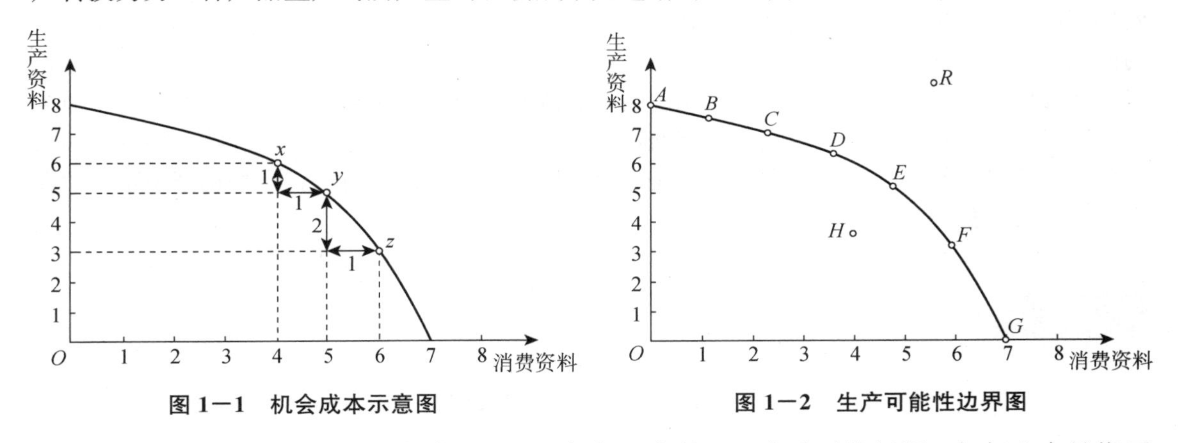

图1－1　机会成本示意图　　**图1－2　生产可能性边界图**

（2）如何生产。在确定生产什么之后，如何生产是又一个重要的问题。如何生产是指厂商选择如何组合用于生产的各种要素及采用何种技术进行组合。同样的产品组合，人类可以采取很多种不同的方式进行生产。是分工协作进行生产，还是个体单独进行生产？是以机器为主的方式进行生产，还是以人工劳动为主的方式进行生产？如何生产所涉及的是生产效率问题，而效率是经济学重点关注的问题之一。效率取决于两方面：一是，所采用的技术能够生产出所需的产量；二是，所需的生产要素价格是合理的。两方面综合起来，就是：在现有的市场价格下，企业能以最低的生产成本生产特定的产量，也就是生产技术能在保证产量的前提下实现最经济的生产要素组合。

在市场经济中厂商生产什么是由厂商追求利益最大化的动机和市场价格机制共同决定的。所以，厂商对生产方式的选择，对技术的改进与提高，对生产关系的改善等，都是为了能提高生产效率，其结果就是前面讨论的生产可能性边界不断向外扩展。

而今如何生产的问题也涉及环境保护。生产和效率是经济学关注的主要问题，但是，一味地追求产出的最大化，有时往往忽视了对环境的保护，其结果，虽然短时间内产品的产量会有大幅度提高，人们的物质生活会丰富，但是人类赖以生存的环境却遭到了不可恢复的破坏。从长远来看，这样的生产的增长是不可持续的，是不可取的。而且人类要付出更大的代价来偿还环境欠账。

（3）为谁生产。在经济学中生产什么和如何生产决定了生产的组合和生产的效率（包括长期效率）。当产品已经生产出来后，应当以什么方式分配给不同的社会成员呢？这就是为谁生产或如何分配的问题。在经济学中产品分配体现为各种收入。

一个社会生产的全部产品，如何在不同社会成员之间分配呢？在不同的经济机制下，分配的方式是不同的。如按照社会不同成员的实际需要进行分配，即按需分配；按照社会成员或各种生产要素在生产过程中的实际贡献分配，即按贡献分配等。

在市场经济中，社会确定对产品如何分配的制度，还涉及生产过程中的激励机制问题。在当前生产力水平和社会成员现有素质的前提下，如果能够成功地将每个社会成员在生产过程中所做的贡献很好地衡量出来，那么根据每个人在生产过程中的贡献大小进行社会产出的分配就是一个非常好的激励机制。正如古典经济学家亚当·斯密早在1776年的著作《国富论》中就指出：市场上一群互不相关的人，每个人都追求自身的利益，力图应用自己的资本，使其产品能得到最大价值，但在一只看不见的手的引导下，他经常促进了社会利益，其效果要比他真正想促进社会利益时得到的效果为大（《国富论》商务印书馆）（当然斯密推论的前提是完全竞争的市场假设）。斯密所指的“一只看不见的手”正是价格机制。而今在市场经济环境中，社会就是利用价格机制的引导和激励作用实现对每一社会成员的分配，也就是社会成员按照自己对社会的实际贡献获得自己应得到的社会产品和社会利益。在现阶段其他分配方式虽然都有其积极作用，但都是难以持续发挥作用的，所以，市场选择了价格机制来决定产品是如何分配的。

经济学家亚当·斯密

亚当·斯密（1723—1790年）是经济学的主要创立者。1723年亚当·斯密出生在苏格兰法夫郡（County Fife）的寇克卡迪（Kirkcaldy）的一个官僚家庭。但他的父亲在亚当·斯密出生前几个月去世，其母亲玛格丽特（Margaret）是法夫郡大地主的女儿，亚当·斯密一生与母亲相依为命，终身未娶。

亚当·斯密在格拉斯哥大学（University of Glasgow）和牛津（The Oxford Academy）求学，他于1759年出版的《道德情操论》获得学术界极高评价。从1767年开始着手著述《国富论》。1773年，《国富论》基本完成，但他花费三年时间润色此书，1776年3月此书出版后引起大众广泛的讨论，英国本地，甚至欧洲大陆和美洲也为之疯狂，因此世人尊称亚当·斯密为“现代经济学之父”和“自由企业的守护神”。

他认为要依靠“无形的手”来指导个人行为。并指出，国富增长的核心在于分工。主张自由放任自流，反对政府干预。他说，经济上不加限制，任其自由竞争，就会增加财富，这是人性使然。

他经常反复痛斥垄断商的活动，坚决要求将其消灭。在《国富论》中记有这样一个典型表述："同行（xíng）人很少聚会，但是他们会谈不是策划出一个对付公众的阴谋，就是炮制出一个掩人耳目、提高物价的计划。"

亚当·斯密的思想对后世的马尔萨斯、李嘉图、密尔、凯恩斯、马克思、恩格斯、米尔顿·弗里德曼等都有重要影响。

1.1.3 经济体制与资源配置

资源的稀缺性产生了资源配置问题。在研究如何进行资源配置问题时，必须了解资源配置的有效性不仅取决于资源配置的具体方式，更为重要的是经济体制对资源配置的决定性作用。（经济体制的相关问题，不是本书的研究范畴，这里仅作介绍。）

这里所说的经济体制是指一个社会（一般指国家或特定地区）在处理资源配置问题时所形成的一套关于经济决策的制度及其运行方式。按不同的配置方式可将经济体制分为：农耕经济（略）、市场经济、计划经济、混合经济。

1. 市场经济体制

在自由市场经济体制中，所有决策都是由企业和个人各自独立做出的，由市场供求和价格机制决定经济体中生产什么、如何生产和为谁生产的问题。在这种机制中，经济人都理性地追求个人利益最大化，在完全信息（市场经济的假设之一）条件下，企业力图采用成本最低的生产技术，生产那些利润最大的产品；消费者个人在自己收入范围内决定如何使自己的效用最大化。

根据亚当·斯密"看不见的手"原理，大多数经济学家都认为在完全竞争的市场中，市场具有有效配置资源的功能，能使配置资源达到最优。但在现实经济中，完全竞争的市场假设是很难实现的，各种"市场失灵"现象，即市场本身不能有效配置资源的情况，影响了市场机制作用的发挥。市场失灵主要表现在以下几方面。

（1）负外部性的存在。外部性是指企业的成本函数或个人的效应函数，不仅存在于自身所能控制的变量，同时受制于他人所控制的变量，而且这种依存关系不受市场交易的影响。生产企业排污是典型的负外部性。就现阶段而言，市场本身很难实现对负外部性的有效控制。

（2）公共物品的提供。以价格机制为核心的市场运行机制不能使公共物品的生产和供给实现最优，由于私人部门不会主动提供或无力提供公共物品，或者容易造成垄断而损害公众利益，所以公共物品一般是由政府或政府指定的私人部门来提供。

（3）市场势力的存在。市场势力是指个人（或集团）不适当地影响市场价格的能力。市场经济本身无法消除市场势力，而可能不适宜地强化了这种势力。消除和遏制市场势力只能通过政府制定的相关公共政策来解决。

（4）公平难以保证。市场可能在创造财富方面表现出很高的效率，但也很容易导致不平等的收入分配，那些掌握稀缺资源和高技能的人，可以很容易获得更高的收入，而一般人则难以做到。这种现象会导致实际生活水平的巨大差距，这已成为当今社会的普遍现象。

还有，市场无力自动摆脱经济发展中的周期性波动，也无法消除由于自由竞争最终带来的垄断。

上述种种市场失灵现象，就当今人类的理性而言，都是无法自动克服的，而只能通过政府必要的制度框架来解决。

2. 计划经济体制

计划经济最主要的特点是关于社会资源配置的一切决策完全由政府做出，也就是，企业生产什么、如何生产、为谁生产，以及什么时间生产、在什么地点生产等，一切由政府计划安排，企业的生产和经营活动只是政府计划的执行者，企业的任务就是完成计划，而无须考虑市场或市场发生的任何变化。

计划经济的优势是很明显的，政府可以动用一切社会资源（包括人、财、物）实现政府希望实现的社会经济目标，如特定的经济增长目标、低水平的失业等；同时，可以实现社会财富按照政府希望的方式，进行公平分配。在这种体制下，政府拥有生产要素控制权、生产决策权、产品分配权等，政府通过计划管理整个社会经济的运行。

但计划经济同样会出现政府管理“失灵”的现象。主要表现为以下几个方面。

（1）由于决策者对需要的确认，生产要素的分配等很难做到精准，制订覆盖整个经济体的全部计划更难做到准确，所以，计划的结果往往使资源很难实现最优配置。

（2）生产要素是计划分配，劳动产品是平均分配，在生产中不强调成本、利润等基本经济指标。劳动者没有压力，也缺乏劳动积极性，缺乏有效的激励手段（过去我国劳动者的积极性是由政治口号来激励的），因而生产是低效率的。

（3）由于需要庞大的政府机构来制订各种繁杂而具体的计划，臃肿的政府机构本身就是社会效率的损失。

（4）政府虽然以公共利益为追求的目标，希望带动经济更快的发展，但作为各级决策者的个人，他们自身也有自己的各类利益追求，这二者往往会发生冲突，所以决策者本人很难做到大公无私，当拥有大量权力时，寻租和腐败行为的产生是很难避免的。

在市场经济体制下能够较好地避免政府管理中“失灵”现象的产生，使资源得到更好的配置，并有效地提高经济运行的效率。

3. 混合经济体制

混合经济体制就是将上述两种经济体制有机地结合起来的经济体制。当今世界上并没有纯粹的市场经济，也没有完全的计划经济。世界各国都普遍采取了混合经济的体制。从经济运行机制上看，各国经济体制上的差别，只是各个不同经济体更接近哪一种经济体制，也就是在生产什么、如何生产、为谁生产这些基本问题上，政府和市场各自承担的任务和发挥的作用孰多孰少的问题。

在当今世界上，大多数经济体选择了让市场机制在资源配置和私人物品的生产和供给上起基础作用，让政府通过调控手段，在避免市场失灵，确保社会经济在健康轨道上运行起保障作用的基本模式。

1.2 经济学的研究内容

1.2.1 微观经济学与宏观经济学

传统上，经济学从研究内容上来讲可以分为两部分：微观经济学和宏观经济学。

1. 微观经济学

微观经济学（Micro Economics）是研究社会中单个经济单位（个人、家庭、厂商）的经济行为，以及相应的经济变量的单项数值如何决定的经济学说。在研究中，微观经济学一方面研究个体和家庭消费者对各种产品的需求行为与供给行为，以及产品的需求和供给如何决定该产品在市场上的价格和销售量；另一方面研究生产要素的所有者（提供者）供给生产要素的行为和厂商对生产要素的需求如何决定生产要素的价格（即产品成本的构成）和生产要素的使用量。

微观经济学所研究的问题实际上涉及一个社会有限的经济资源如何被用来生产不同的产品，以及这些产品如何来满足社会成员的不同需求，因而微观经济学所要解决的问题，是经济资源的优化配置问题。由于个体、家庭、厂商等个体经济单位所拥有的经济资源是相对稀缺的，所以，他们必须对稀缺资源进行合理的配置，这就产生了微观经济学研究的基本问题。当今世界上绝大多数国家（或地区），经济资源的优化配置一般被认为是通过市场机制实现的，而市场机制的核心是市场的价格机制，因此，微观经济学研究的主要内容是市场机制，其中的核心是市场的价格机制，所以微观经济理论也被称为价格理论。

2. 宏观经济学

1929—1933年，西方国家发生了有史以来最严重的“由于生产过剩导致的经济危机”。这一次大危机表明，当经济处于投资过多，资本过剩，商品过剩时，市场的价格机制对恢复经济已经无能为力，市场的作用不是万能的。1936年凯恩斯发表《货币、利息与就业通论》一书，提出了以“有效需求”为核心的国民收入决定理论，标志着宏观经济学的诞生。

宏观经济学（Macro Economics）是以一个国家的整体经济活动或经济运行作为考察对象，研究其中各有关总量的决定及其变化的理论，研究一个国家政府如何运用经济政策来影响国家整体经济运行的经济学说。

如果说微观经济学所研究的是一个国家的经济资源在不同部门的配置问题，那么宏观经济学所研究的是一个国家整体经济资源的利用程度问题。宏观经济学研究整体的经济问题，如通货膨胀、失业、国际贸易和经济增长等，也包括解释为什么经济中会出现波动、衰退和失业，以及为什么在长期内有些经济体比其他经济体增长得更快。宏观经济学也涉及政策问题，如政府干预能否降低失业率，能否使经济稳定发展等。

3. 二者的区别与联系

微观经济学和宏观经济学二者是既有联系又有区别的经济学统一体。首先它们的区别主要表现为以下几个方面。

（1）研究对象不同。微观经济学的研究对象是单个经济单位，如家庭、厂商等。正如美国经济学家J. 亨德逊（J. Henderson）所说居民户和厂商这种单个单位的最优化行为奠定了微观经济学的基础。而宏观经济学的研究对象则是整个经济，研究整个经济的运行方式与规律，从总量上分析经济问题。正如萨缪尔逊所说，宏观经济学是根据产量、收入、价格水平和失业来分析整个经济行为。美国经济学家E. 夏皮罗（E. Shapiro）则强调宏观经济学以考察国民经济作为一个整体的功能。

（2）解决的问题不同。微观经济学要解决的是资源配置问题，即生产什么、如何生产和为谁生产的问题，以实现个体效益的最大化。宏观经济学则把资源配置作为既定的前提，研究社会范围内的资源利用问题，以实现社会福利的最大化。

(3) 研究方法不同。微观经济学的研究方法是个量分析，即研究经济变量的单项数值如何决定。而宏观经济学的研究方法则是总量分析，即对能够反映整个经济运行情况的经济变量的决定、变动及其相互关系进行分析。这些总量包括两类，一类是个量的总和，另一类是平均量。因此，宏观经济学又称为总量经济学。

(4) 基本假设不同。微观经济学的基本假设是市场出清、完全理性、充分信息，认为“看不见的手”能自由调节实现资源配置的最优化。宏观经济学则假定市场机制是不完善的，政府有能力调节经济，通过“看得见的手”纠正市场机制的缺陷。

(5) 中心理论和基本内容当然也不同。微观经济学的中心理论是价格理论，还包括消费者行为理论、生产理论、分配理论、一般均衡理论、市场理论、产权理论、福利经济学等。宏观经济学的中心理论则是国民收入决定理论，包括失业与通货膨胀理论、经济周期与经济增长理论、开放经济理论等。

其次，微观经济学和宏观经济学的划分是相对的，有时很难区分两者之间的界限，相反只有将两者很好地结合才能深入研究经济问题的本质。对此，斯蒂格利茨指出，20 世纪的经济学患了“精神分裂症”，即微观经济学和宏观经济学的脱节，这种脱节既表现为研究方法上的难以沟通，又反映出二者意识形态上的分歧与对立。21 世纪将是经济学分久必合的时代。一方面，宏观经济学正在寻找微观基础；另一方面，微观经济学也正在试图从微观个体的行为推演出总量上的意义。我们已经接近一种处于两者之间的哲学，它将为我们的时代指引方向（约瑟夫·E. 斯蒂格利茨《经济学的又一个世纪》）。

1.2.2 经济学十大原理

如上所述，由于经济学研究中“分久必合”时代的到来，近年来一些经济学家将经济学的研究归结为十大原理。

1. 原理一：人们的经济活动和社会经济都面临权衡取舍

通常人们为了得到一件东西，不得不放弃另一件东西，这就是前面所说的选择。当个人、家庭、企业和政府做出决策时，资源的稀缺性要求他们必须在一个目标与另一个目标之间进行权衡取舍。

学生面临如何分配学习时间的取舍与选择；家庭在购物、旅游和储蓄间面临取舍与选择；企业面临大规模增加生产与由于治理排污而提高生产成本的取舍与选择等。

而社会所面临的取舍与选择，在微观经济中，最典型的是效率与平等。效率反映了社会希望能从稀缺资源中得到最多的利益，而平等则反映从这些稀缺资源中获得的经济利益如何平等地分配给每一社会成员。换句话说，效率是指如何将经济蛋糕做得更大，而平等是指如何分割这块蛋糕。在政府设计政策时，这两个目标往往是不一致的。例如，政府在设计税收政策时，个人所得税是要求经济上成功的人士对政府的支持比其他人更多。虽然这些政策对实现社会平等有好处，但它以降低效率为代价。当政府把富人的收入再分配给穷人时，就减少了对辛勤工作的奖励；结果，人们工作少了，生产的物品与劳务也少了。换句话说，当政府想要把经济蛋糕切为更均等的小块时，这块蛋糕也就变小了。

在宏观经济中，政府同样面临取舍与选择，即失业与通货膨胀。传统上由于失业与通货膨胀之间存在的交替关系，所以政府必须根据整体经济形势进行取舍与选择，就是宏观经济政策的调整（在后面的章节中有详尽讲述）。

所以，经济学的学习就是从认识生活中的取舍与选择开始。

2. 原理二：某种东西的成本是为了得到它而放弃的东西

人们面临的取舍与选择，实质上就是对一种行为成本与收益的比较。但是，在做出决策时比较可供选择的行动方案的成本与收益，在许多情况下，某种行为的成本或收益并不十分明显。比如，一位大学生毕业后是选择就业还是考研究生继续深造；一个国家是获取更多的物质利益还是选择更好的环境利益等，都必须在全面比较的基础上做出决策，这就是前述的机会成本，简单讲就是为了得到某种东西所必须放弃的东西。

对于任何一种决策，决策者都应当清楚伴随每一种可能的行为而来的机会成本。如一国为尽快获得更多的物质利益而不顾环境保护，将带来整体环境利益的损失和人民生存环境的恶化，也就是说，这种经济发展模式的机会成本是极高的。

所以，理性的决策是物质财富利益与环境利益必须兼得。

3. 原理三：边际分析是经济决策的重要基础

经济学中通常假设人是理性人（Rational People），即系统而有目的地尽最大努力去实现目标的人。在大多情况下，理性人在对经济事物做出决策时通常考虑边际量的变化情况。边际分析是经济学的重要分析方法，后面专门讲述。

这里仅举一例说明：假设一架200个座位的飞机飞行一次，航空公司的成本是10万元。这种情况下，每个座位的平均成本是10万元/200，即500元。人们会得出结论：航空公司的票价绝不应该低于500元。但航空公司可以通过考虑边际量而增加收益。假设一架飞机即将起飞时仍有10个空位。在登机口等退票的乘客只愿意支付300元买一张票。航空公司应该卖给他票吗？当然应该。如果飞机有空位，多增加一位乘客的成本是微乎其微的。虽然一位乘客飞行的平均成本是500元，但边际成本仅仅是这位额外的乘客将消费的一包花生米和一罐汽水的成本而已。只要等退票的乘客所支付的钱大于边际成本，即一包花生米和一罐汽水及相关的服务费用，卖给他机票就是有利可图的。

由上例可知，边际即“增量”的意思，是指经济事物最后一个单位的变化情况，理性人或企业为更好地做出决策，一般会考虑边际量的变化。

4. 原理四：激励可以刺激人们的行为

由于人们通过比较成本与收益做出决策，所以，当成本或收益变动时，人们的行为也会改变。这就是说，人们会对激励做出反应。

激励存在于经济活动的所有方面，这里仅以政府的公共政策为例：政府在设计政策时要考虑公共政策往往会改变个人或企业行为中原有成本或收益对比关系。有一个并非乐观的例子说明关于行车安全立法的正负向激励。美国国会通过立法要求汽车公司将安全带作为所有汽车的标准配置。汽车安全带法律的直接的影响是显而易见的，所有汽车都装有安全带，在发生重大车祸时司机存活的概率提高了。这正是国会要求对安全带立法的积极动机。但这一立法改变了司机对行车成本与收益的对比，当没有相关立法时，司机会以谨慎和缓慢（利益）来减少车祸的损失，但谨慎和缓慢驾驶是有代价的，即更多时间和精力的消耗（成本）。而安全带降低了司机的车祸代价，因为安全带降低了车祸时死亡的概率，或者说，安全带降低谨慎和缓慢开车的利益，因此，司机会把车开得更快，其结果是安全带法律导致车祸的次数增加，所以，安全带法律导致开车的谨慎程度下降对行人有明显不利的影响，行人遇上车祸的概率上升了。

安全带法律带来的正负激励并不是毫无根据的猜测，经济学家萨姆·佩兹曼（Sam Peltzman）在1975年的一项经典研究中证明，实际上汽车安全法出现了一些意想不到的影响。根据佩兹曼的证据，这些法律减少了每次车祸的死亡人数，而增加了车祸的次数。净结论是：驾驶员死亡人数变动很小，而行人死亡人数增加了。

这是一个很特殊的案例，但他说明：政策有时也会带来一些其他影响。在设计任何一种经济政策时，都不应该仅考虑它的直接结果，而且还应该考虑激励发生作用的间接影响。因为政策会改变对人们的激励，并将使人们改变自己的行为方式。

上面四个原理讨论了人们如何做出决策。在经济活动中，人们的许多决策不仅影响自己，而且还影响他人。下面三个原理是关于人们之间是如何互相作用的。

5. 原理五：交换和贸易能使每个人获益

人类社会一直在探讨如何使生产力发展，使社会财富增加。亚当·斯密在《国富论》中指出，劳动生产力上最大的增进，以及运用劳动时所表现的更大熟练、技巧和判断力，似乎都是分工的结果。分工导致交换和贸易普遍化，无论是一个人、企业和国家都不可能生产出自己所需的全部产品，交换可以互通有无，重要的是交换可以使双方受益。交换是在竞争中进行，购买者可以在讨价还价中买到物美价廉的产品，而生产者必须使生产成本最低，而质量最优，这种行为的普遍化无疑带来社会的发展。我国改革开放三十余年的发展就是很有力的证明。

经济学中的比较优势理论解释了当代国与国之间的贸易。国与国之间的贸易并不像体育比赛一样，一方赢另一方输。实际上，事实正好相反，两国之间的贸易可以使每个国家的状况都变得更好，贸易使各国可以专门从事自己最擅长的活动，并能够通过贸易获得各种各样的物品与劳务。中国与美国、欧盟、日本等世界各国既是贸易中的竞争对手，又是世界经济中的伙伴，因为在贸易中各国都得到了好处。

6. 原理六：现代社会中市场通常是组织经济活动的有效方式

人类怎样才能实现稀缺资源的最优配置和利用？在历史上人类已经尝试过，如通过战争、权力（神权、皇权、独裁等）、计划、市场等多种办法，但从实践效果看，市场应该是其中最有效的办法。亚当·斯密早在《国富论》中就指出，家庭和企业在市场上进行交易，他们的目的是为了各自的利益，但是在“看不见的手”的引导下，导致了社会财富的增加。就是说，市场机制将会实现整个社会福利的最大化。所以，以市场为基础的资源配置模式也就成了现代社会最主要的经济活动组织形式。

价格这只“看不见的手”作为指引经济活动的工具，它既能反映一种产品的社会价值，也能反映生产该产品的社会成本。由于家庭和企业在决定购买什么和出卖什么时关注价格，所以，他们不知不觉地考虑到了他们行动的社会收益与成本。这样，价格能够在大多数情况下指引这些单个决策者（个人、家庭、企业）实现整个社会福利的最大化。

但是，在有些领域或某些情况下（公共服务、存在垄断时），市场机制也会无能为力，因为市场价格受到某些个人或组织的影响，不能反映市场真实的供求情况，或者某些人的行为影响到他人的福利时（如企业排污、社会分配不公等），就会出现经济学家所说的“市场失灵”（Market Failure）现象，这时就需要政府实施必要的干预或调节政策。

7. 原理七：政府有时可以改善和调节市场自发形成的结果

市场是有效的，但不是万能的，因此需要外部力量的干预，最有效的外部力量就是政府。市场发挥作用的基础是产权（Property Rights）制度，即个人可以占有和控制的稀缺资源。而产权的界定只能由政府来提供，即政府制定的法律及法律的实施。

政府干预经济的原因有两类：促进效率和促进平等。就是说，大多数政策的目标既要促进市场把经济蛋糕做大，又要改变和调整市场机制对蛋糕的分割方式。

“看不见的手”通常会使市场有效地配置资源。但是，由于各种原因，有时也会不起作用，即“市场失灵”。如上所述，经济学中用“市场失灵”来说明市场本身不能有效配置资源的情况。

8. 原理八：一国的生活水平取决于它的生产能力

后面的三个原理主要涉及整体经济的运行，即宏观经济。

一个有目共睹的事实是，我国改革开放三十余年，人民生活水平提高的速度是世界上最快的国家。当今还有很多比我们更富有的国家，也有很多平均生活极度贫困的国家。怎样解释各国和不同时期中生活水平的巨大差别呢？用单纯经济学观点解释答案是简单的，几乎所有生活水平的变动都可以归因于各国生产率的差别，即每一单位劳动投入所能生产的物品与劳务数量的差别。在那些每单位时间工人能生产大量物品与劳务的国家，大多数人享有高生活水平；在那些工人生产率低的国家，大多数人必须忍受贫困的生活。同样，一国的生产率增长率决定了平均收入增长率。

从经济学观点讨论生产率和生活水平之间的基本关系是简单的，但它的意义是深远的。由于生产率是生活水平的首要决定因素，所以，对其他方面解释的重要性就应该是次要的。这一点最好诠释了我国“以经济建设为中心”的发展战略。

同样，生产率与生活水平之间的关系对政府公共政策也有重要影响。一项政策如何影响生活水平，关键是政策如何影响一国生产物品与劳务的能力。为了提高生活水平，决策者需要让人们接受良好的教育，拥有生产物品与劳务需要的工具，以及得到获取最好技术的机会。

9. 原理九：当政府发行了过多货币时，物价上升

通货膨胀就是经济中整体物价水平大面积、普遍、持续的上升，这会对一国的经济和社会发展与稳定产生非常大的影响。所以，宏观经济关注的重点之一就是通货膨胀。保持物价稳定也是政府宏观政策的主要目标之一。引起通货膨胀有多种原因（后面专门讲授），但从最基本的现象看，通货膨胀就是“太多的货币追逐太少的物品”所引起的。

在大多数严重或持续的通货膨胀情况下，罪魁祸首总是相同的：货币量的过快增长。当一个政府创造了大量本国货币时，货币的价值就下降了。不管什么原因政府发行了过多的货币都会引起通货膨胀，这可以从世界许多国家的经济发展中得到验证，如经济学家在1964—1997年间美、日、英、德逐年单位产量的货币量与消费物价的对比研究中发现，货币增长率的变动与通货膨胀率变动的总趋势完全一致，而且，货币增长率的变动总是先于消费物价的变动。

10. 原理十：社会面临通货膨胀与失业之间的短期交替关系

通货膨胀与失业是宏观经济中研究的两个核心问题。对这两者的取舍，又一次证明经济学就是研究选择的科学。在经济社会中，常有以下现象。

（1）经济活动中货币量增加，会刺激社会支出水平的提高，从而增加对商品与劳务的

需求。

(2) 需求的增加，又会引起物价的上涨，引发通货膨胀，同时，也促使企业多雇佣工人以增加商品生产。

(3) 更多人被雇佣，意味着就业量增加，失业率下降。

这一社会经济现象说明，失业和通货膨胀之间存在一种交替关系，即通货膨胀和失业率有此消彼长的关系，也就是，治理通货膨胀要以提高失业率为代价，或反过来说，要降低失业率就要以通货膨胀率的上升为代价。在经济学中用一条曲线来描述失业与通货膨胀二者交替关系，被称为菲利浦斯曲线（Phillips Curve），菲利浦斯曲线的短期效应是十分明显的（后面专门讲授）。政府在经济政策的选择中必须重视菲利浦斯曲线在短期的作用，以避免出现顾此失彼的后果。

经济学的十大原理是对本书内容的基本介绍，在以后各章中将对此作更为全面的分析讲授。

1.3 经济学的研究方法

1.3.1 边际分析方法

19 世纪 70 年代西方经济学界出现了以英国经济学家杰文斯（Jevons，1835—1882 年）、奥地利经济学家门格尔（Menger，1840—1921 年）、瑞士籍法国经济学家瓦尔拉斯（Walras，1834—1910 年）为代表的“边际革命”，由此形成了经济学中的重要分析方法——边际分析方法（Marginal Analysis），即研究因变量随着自变量的变化而变化的程度，即自变量变化一个单位，因变量会因此而改变的量。在经济分析中，就是运用导数和微分方法研究经济运行中微增量的变化，用以分析各经济变量之间的相互关系及变化过程的一种方法。

边际即“额外的”、“追加”“增量”的意思，指处在边缘上的“已经追加上的最后一个单位”，或“可能追加的下一个单位”，就是指在函数关系中，自变量发生微量变动时，在边际上因变量的变化率，边际值表现为两个微增量的比。

边际分析方法广泛运用于经济行为和经济变量的分析过程，如对效用、成本、产量、收益、利润、消费、储蓄、投资、要素效率等的分析中多有边际概念。经济学所研究的经济规律就是各经济变量相互之间变化的关系。经济变量是可以取不同数值的量，如通货膨胀率、失业率、产量、收益等。经济变量分为自变量与因变量。自变量是最初变动的量，因变量是由于自变量变动而引起变动的量。例如，研究投入的生产要素和产量之间的关系，可以把生产要素作为自变量，把产量作为因变量。自变量（生产要素）变动量与因变量（产量）变动量之间的关系反映了生产中的某些规律。分析自变量与因变量之间的关系就是边际分析。

边际分析法之所以成为经济分析中的重要方法，是由于其具有以下特点。

1. 边际分析是一种数量分析，尤其是变量分析

运用这一方法可研究数量的变动及其相互关系。该方法的引入，使经济学从常量分析发展到变量分析。在经济活动中，自变量的微小变动所引起的因变量的变化程度极少相等，即不是直线，通常是变化率不等的曲线。边际分析法研究微增量的变化及变量之间的关系，可使经济理论精细地分析各种经济变量之间的关系及其变化过程，就是说，它对经济变量相互关系的定量分析更严密。

2. 边际分析是最优分析

边际分析实质上是研究函数在边际点上的极值，即研究因变量在某一点递增、递减变动的规律，这种边际点的函数值就是极大值或极小值，边际点的自变量是做出判断并加以取舍的最佳点，据此可以做出最优决策，所以是研究最优化规律的方法。

3. 边际分析是现状分析

边际值是直接根据两个微增量的比求解的，是计算新增自变量所导致的因变量的变动量，这表明，边际分析是对新出现的情况进行分析，即属于现状分析。这显然不同于总量分析和平均分析，总量分析和平均分析实际上是过去分析，是过去所有的量或过去所有的量的比。在现实社会中，由于各种因素经常变化，用过去的量或过去的平均值概括现状和推断今后的情况是不可靠的，而用边际分析则更有利于考察现状中新出现的某一情况所产生的作用、所带来的后果。

1.3.2　均衡分析方法

均衡最初是物理学中使用的概念，指的是一个系统的特殊状态：对立的诸力量对该系统发生作用，它们正好相互抵消，作用的结果等于零。

经济事物中的均衡（Equilibrium）是指任何一个经济决策者都不能通过改变自己的决策以增加利益时的状态。

均衡首先来自于经济行为人的决策。经济学假定所有人的经济行为都是理性的，理性经济人在一定的条件约束下追求自己的目标函数最大（效用最大或利润最大），一旦最优状态达到，人的经济行为就处于一种均衡状态。

如果经济处于一种均衡状态，这是由于在这个状态中有关该经济事物的各方面力量能够相互制约或相互抵消，也由于在这样的状态中有关该经济事物各方面愿望都得到满足。

经济学中的均衡分为局部均衡（又称马歇尔均衡）（Marshall Equilibrium）和一般均衡（又称瓦尔拉斯均衡）（Walras Equilibrium）。

1. 局部均衡

局部均衡分析是指假定在其他条件不变的情况下，考察单一的商品市场达到均衡的状况和条件。

这是对单个（产品或要素）市场或部分市场的供求与价格之间关系和均衡状态进行分析。在这种分析中，该市场仅被看作是其本身价格的函数，不受其他产品或要素价格的影响。实际上，每一种商品的价格都不能单独决定，都会受其他市场价格（如替代品、互补品、生产要素）的影响。

2. 一般均衡

一般均衡分析是指在充分考虑所有经济变量之间关系的情况下，考察整个经济系统完全达到均衡状态时的状况和达到均衡的条件。

这是对一个经济社会中的所有商品的供求与价格之间的关系和均衡状态进行分析，只有当整个经济社会的所有商品价格恰好使所有商品的供求都相等时，市场达到的均衡才是一般均衡。

从二者的关系看，由于一般均衡分析涉及市场或经济活动的方方面面，而这些关系又是错综复杂和瞬息万变的，因而这种分析实际上很困难。所以，经济学家大多还是采用局部均衡分析方法。如考虑商品价格决定和变动时，首先要考虑到该商品自身的供求关系，然后再考虑相关商品（包括生产要素）的价格和供求关系等多种市场因素变动的影响。

1.3.3 静态分析与动态分析

与均衡分析相关的还有所谓静态分析、比较静态分析和动态分析方法。

1. 静态分析

静态分析是分析有关的经济变量达到均衡状态所需要具备的条件。这种分析只考察任一时点上的均衡状态，注重经济变量对经济产生影响的最后结果。比如，已知某商品供求状况，就可以分析供求达到均衡时的价格和产量，这就是静态分析。

进行静态分析时，不考虑时间因素，不考虑均衡达到和变动的过程，只是在一定假设前提下分析均衡达到和变动的条件，因而静态分析是一种状态分析。

2. 比较静态分析

比较静态分析是不考虑经济变化中所包含的时间阻滞，也不注重经济从一个均衡点向另一个均衡点移动所通过的过程，相反，它要探索从一种均衡状态到另一种均衡状态的变量，集中注意均衡的最终位置，而不是这个变化本身。

如在经济中常可见到，由于消费者收入增加导致对某种商品需求的增加，产生了新的均衡点，价格和产量都较以前提高了，这就是比较静态分析。

3. 动态分析

动态分析是引入时间因素，分析均衡达到和变动的过程，动态分析是一种过程分析。

动态分析是通过引入时间因素来对经济变动的实际过程进行分析，所以，它应有一个可观测的变量已在各个时间点上有了相应的数据。例如，如果今年西瓜因大丰收而跌价并使瓜农利益受损，瓜农明年将会减少西瓜种植，并使瓜价上升；因西瓜价格上升，后年瓜农又会多种西瓜，又导致瓜价下跌。动态分析就是研究这种价格和供求关系变动的过程，及可能形成的规律。

静态分析和动态分析方法说明，考察经济活动时，既要分析研究经济变化的结果，又要分析研究经济变化的过程。

1.3.4 实证经济学和规范经济学

所谓实证经济学（Positive Economics）和规范经济学（Normative Economics）是学术界因研究方法不同而对经济学的一种划分，二者之间的区别源于西方哲学关于对感性认识论和理性认识论的争论。在我国的20世纪八九十年代比较流行的是规范经济分析，而现在占主流地位的是实证经济分析。

1. 实证经济学

实证经济学被定义为：用一定的理论框架、模型，提出有关假定，对社会经济活动或经济现象进行解释、分析、证实或预测。它试图要说明“是什么”的问题，且不涉及相关的价值判断。

由于实证经济学超越或回避一切价值判断（即判断某一经济事物是好是坏，对社会会有无价值），在做出与经济行为有关的假定前提后，研究现实经济事物运行的规律，并分析和预测这些规律下人们经济行为的后果，所以，其结论具有客观实在性、是可以被验证的。它力图说明和回答：①经济现象是什么？②经济事物的现状如何？③有几种可供选择的方案，将会带来什么后果。但它不回答是不是应该做出这样的选择的问题，即经济事物是好是坏，对社会有无意义的价值判断。实证经济学所研究的内容具有客观性，是说明客观事物是怎样的实证科学。如“最低工资法”增加了青年工人和非熟练工人的失业率，就属于实证分析的范畴。

英国经济学家约翰·内维尔·凯恩斯（凯恩斯的父亲老凯恩斯（John Neville Keynes，1852—1949年）于1891年最早以“是否以价值判断”为标志将经济学划分为实证经济学和规范经济学，直至20世纪40年代才得以真正使用。

2. 规范经济学

规范经济学是以一定的价值判断作为出发点，提出行为的标准，并研究如何才能符合这些标准。它试图要说明的是“应该是什么”的问题。

由于规范经济学分析问题的依据是一定的价值观念，得出的结论是主观的，其结论无法通过经验事实进行验证。比如一项政府的经济政策会对人们的经济福利产生影响，由于人们的立场、观点、伦理和道德观念不同，对同一经济事物、经济政策、同一经济问题会有迥然不同的意见和价值判断。对于应该做什么，应该怎么办，不同的经济学家可能会得出完全不同的结论。规范经济学力图说明和回答：①经济活动“应该是什么”或社会面临的经济问题“应该怎样解决”；②什么经济政策、规划方案是好的，什么是不好的；③采用某种政策、规划方案是否合理，为什么要做出这样的选择等。现实中规范经济学的实例很多，如“治理通货膨胀比增加就业更重要”；“对富人应该增加税收”；“失业率5%比较合理”等都属于规范分析范畴。

3. 实证经济学和规范经济学的区别与联系

在西方，有经济学家把实证经济学称为“天文学”，而把规范经济学称为“占星术”，形象地描述了两者的区别与联系。在现实中，比如说天下雨了，这是事实，属实证分析，但不同的人对下雨有不同的价值判断，农民认为对久旱的庄稼，下雨是大好事，而行人因挨浇怕感冒，认为下雨是坏事，这些就属于规范分析了。对二者的联系和区别可归纳如下。

（1）是否以一定的价值判断为依据。这里的“价值判断”，通俗地讲就是对经济事物是“好”还是“坏”的认定。如果经济理论是建立在一定的价值判断的基础上，则为规范经济学；反之，如果不涉及好坏，仅仅是就事而论，就是实证经济学。

（2）要解决的问题不同。实证分析要解决“是什么”的问题，即确认事实本身，研究经济现象的客观规律和内在逻辑。规范分析要解决“应该是什么”的问题，即经济现象的社会意义。

（3）是否具有客观性。实证分析是就事论事，所以得出的结论是客观的，可以用事实进行检验；规范分析得出的结论主要集中于对不同经济行为价值判断的差异上，带有较浓的主观色彩，无法进行检验。

（4）当然，实证经济学和规范经济学二者并不是绝对排斥的。①在运用规范分析时常常要运用实证分析的方法来论证研究对象与给定准则之间的符合程度；②在运用实证分析方法研究某些问题时，常常需要运用某些既定准则来验证分析结果。某些规范分析的准则实际上是在实际探索的基础上，运用实证分析方法概括和总结出来的。

所以，在应用中，规范分析必须建立在实证分析的基础上，而实证分析的结论通常被用作规范分析命题的依据。

曼昆（N. Gregory Mankiw）曾指出："关于世界的表述有两种类型，一种类型是实证的，是描述性的，描述世界是什么；第二种类型是规范的，是命令性的，命令世界应该是什么。许多经济学仅仅只是努力解释世界的运行，但经济学的目标往往是改善世界的运行。当经济学家做出规范表述时，他已经从科学家变成了决策者"。(《经济学原理》，北京大学出版社与生活·读书·新知三联书店联合出版，1999)

复习思考题

一、基本概念

经济学　欲望　需要　稀缺性　选择　机会成本　生产可能性边界　微观经济学　宏观经济学　边际分析　局部均衡　一般均衡　静态分析　比较静态分析　动态分析　实证经济学　规范经济学

二、选择题

1. 经济学产生的原因是（　　）。
   A. 生产的需要　　B. 欲望满足的需要
   C. 稀缺性与选择的必要　　D. 选择的需要
2. 经济学就是研究经济社会如何管理自己的（　　）。
   A. 配置　　B. 配置和利用
   C. 稀缺资源　　D. 利用
3. 微观经济学研究（　　）如何做出决策，以及他们如何在特定市场上相互影响。
   A. 家庭和厂商　　B. 整体经济
   C. 一般均衡　　D. 经济增长
4. 下列不是宏观经济学内容的有（　　）。
   A. 国际收支　　B. 通货膨胀
   C. 经济增长　　D. 均衡价格
5. 经济学中的（　　）是指社会能从其稀缺资源中得到的最大利益。
   A. 价格　　B. 利润　　C. 效率　　D. 平等
6. 经济学家用（　　）这个述语来指市场本身不能有效配置资源的情况。
   A. 市场失灵　　B. 政府失灵　　C. 市场势力　　D. 外部性
7. （　　）是做出关于世界是什么样子的表述。
   A. 微观经济学　　B. 宏观经济学　　C. 实证经济学　　D. 规范经济学
8. （　　）是做出关于世界应该是什么样子的表述。
   A. 微观经济学　　B. 宏观经济学
   C. 实证经济学　　D. 规范经济学

9. 沿着一国的生产可能性边界（　　）。

A. 没有闲置资源　　B. 生产的商品价格相同

C. 商品的生产成本相同　　D. 只有一个高效率的点

10. “没有免费的午餐”这种说法的前提是（　　）。

A. 不存在食品银行　　B. 任何事物都有机会成本

C. 人的天性是自私的　　D. 政府对食品厂给予补贴

11. 机会成本的起因是（　　）。

A. 自私的消费者　　B. 贪婪的生产者

C. 稀缺性　　D. 低效率

12. 用机会成本概念可解释生产可能性边界曲线的形状为什么凹向原点，即从一种产品的生产转换为另一种产品生产时所产生的机会成本是（　　）。

A. 递增的　　B. 递减的　　C. 不变的　　D. 随机的

三、判断题

1. 人的欲望是一种缺乏与不满足的感觉，以及求得满足的愿望，欲望是一种心理感觉。（　　）

2. 经济学家将选择归结为三个基本问题：生产什么和生产多少？如何生产？为谁生产？（　　）

3. 机会成本是使用一种资源或将其投入某一特定用途而放弃的其在其他用途中所获得的利益。（　　）

4. 微观经济学的中心理论是国民收入决定理论，宏观经济学的中心理论则是价格理论。（　　）

5. 在经济学中，需要是指人们有支付能力的需求。（　　）

6. 经济资源是经过人类加工，获取和使用时要付出一定代价，这种代价一般表现为资源价格，如水、食品等。（　　）

7. 随着科技的进步，资源的稀缺程度会不断降低。（　　）

8. 企业家才能是一种特殊的人力资源，是综合运用土地、资本、劳动三要素进行生产、管理的方法。（　　）

9. 在市场经济中厂商“生产什么”是由厂商追求利益最大化的动机决定的。（　　）

10. 亚当·斯密在《国富论》中指出：劳动生产力上最大的增进，以及运用劳动时所表现的更大熟练、技巧和判断力，似乎都是技术进步的结果。（　　）

11. 在经济学中，效率是指如何将经济蛋糕做得更大，而平等是指如何分割这块蛋糕。（　　）

12. 根据经济学十大原理，一国的生活水平取决于它的生产能力。（　　）

13. 有多种原因引起通货膨胀，但从最基本的现象看，通货膨胀是由“太多的货币追逐太少的物品”所引起的。（　　）

四、思考题

1. 什么是稀缺性？如何理解资源的稀缺性？

2. 简述生产什么、如何生产和为谁生产的含义。
3. 什么是微观经济学、宏观经济学？说明二者的联系与区别？
4. 说明“市场失灵”的表现。
5. 如何理解通货膨胀与失业之间的短期交替关系？
6. 什么是实证经济学、规范经济学？说明二者的区别与联系。

二、选择题

1. C 2. C 3. A 4. D 5. C 6. A 7. C 8. D 9. A 10. B 11. C 12. A

三、判断题

1. 对 2. 对 3. 错 4. 错 5. 错 6. 错 7. 错 8. 错 9. 错 10. 错 11. 对 12. 对 13. 对

第一部分

微观经济学

微观经济学研究市场中个体经济行为是如何决定的，即单个家庭、单个厂商（企业）和单个市场的经济行为及相应经济变量的数值是如何决定的。它从资源稀缺性这个基本概念出发，认为在经济社会中所有个体的行为准则都是在设法利用有限的资源取得最大的利益，并由此来考察个体取得最大利益的条件。在商品与劳务市场上，如作为消费者的家庭根据各种商品的不同价格进行选择，设法用有限的收入从所购买的各种商品中获得最大的效用或满足。生产者亦然，即通过生产与销售商品或劳务，以获取最大利润。

微观经济学探讨个人、企业、行业及政府的决策问题，例如，你应该买哪种饮料，从事什么工作，去哪里旅游；一个企业应该生产什么产品，如何定价；市场应该自由还是应该被管制等。

由于每一个个体为获取自身最大经济利益而进行的竞争，使我们看到这些市场——从旧货市场到房地产市场，再到国际商品市场、货币市场等，通常是富有效率和高度竞争的，这对社会经济的发展是有益的。与竞争市场相对的是垄断市场，即由一个企业控制整个市场，这必然导致高出社会平均利润的垄断价格，这对社会是有害的。

微观经济学的研究范围还包括劳动力市场和环境政策等问题。劳动力市场分析着眼于劳动力的供给和需求两个方面，它们共同决定了市场的工资水平；为减轻环境污染而制定的政策是微观经济学的基本分析工具。

第 2 章　需求与供给理论

需求与供给是经济学最常用的两个词，是经济领域最常见的两个术语。需求与供给是市场经济运行的力量。它们决定了每种物品的产量及出售的价格。市场价格在资源配置的过程中发挥着重要作用，既决定着商品的分配，又引导着资源的流向。如果你想知道，任何一种事件或政策将如何影响经济并且产生什么样的效应，就应该先考虑它将如何影响需求和供给。

2.1　需求

2.1.1　需求的含义

需求（Demand）是指买方在某一特定时期内，在“每一价格”水平时愿意而且能够购买的商品量。需求是购买愿望和支付能力的统一，缺少任何一个条件都不能成为有效需求。这也就是说，需求是买方根据其欲望和购买能力所决定想要购买的数量。例如，在当前大多数地区房价上涨的情况下，很多人都有购买住房的欲望，但只有同时拥有住房的购买能力的时候才形成了住房的需求。

2.1.2　需求表与需求曲线

对需求的最基本表示是需求表和需求曲线，直接表示价格与需求量之间的基本关系。

1. 需求表

需求表（Demand Schedule）是表示在影响购买的其他条件不变的情况下，一种物品在每一价格水平下与之相对应的需求量之间关系的表格。需求表是以数字表格的形式来说明需求这个概念的，它反映出在不同价格水平下购买者对该商品或货物的需求量。表 2—1 说明冰激凌价格与需求量之间的关系。

表 2—1　冰激凌的需求表

价格/（元/盒）	0	1	2	3	4	5	6
需求量/盒	12	10	8	6	4	2	0

表 2—1 表示冰激凌的价格不同时，购买者对冰激凌的需求量。如果冰激凌是免费的，购买者对冰激凌的需求是 12 盒。在价格为 1 元/盒时，他将购买 10 盒。随着价格不断上升，他的购买量越来越少。当价格达到 6 元/盒时，他将不再购买冰激凌。

2. 需求曲线

价格与需求量之间的关系如果用图形表示，这就是需求曲线。需求曲线是表示一种商品价格和需求数量之间关系的图形。图 2—1 表示的是与表 2—1 相对应的冰激凌的需求曲线。横坐标表示的是数量，纵坐标表示的是价格。通常需求曲线是向右下方倾斜的，即需求曲线的斜率为负，这反映出商品的价格和需求之间是负相关关系。

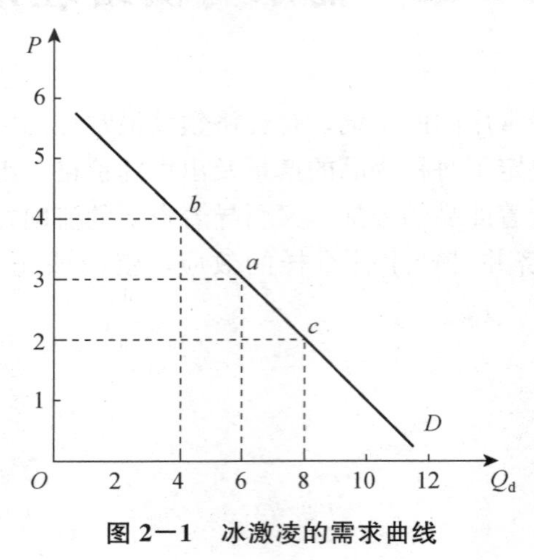

图 2—1　冰激凌的需求曲线

2.1.3　需求函数与需求定理

1. 需求函数

需求函数是以代数表达式形式表示商品价格和需求量之间关系的函数。最简单意义上的需求函数，是将价格（P）作为自变量，需求量（Q_d）作为因变量，函数关系如式（2—1）所示。

$$Q_d = a - bP \tag{2-1}$$

通过价格前面的负号，式（2—1）表示出了需求量和价格之间反方向变化的规律。

需求函数表示的经济学含义是：①在给定的价格水平下，需求者能够购买的最大商品数量；②对于具体给定的商品数量，需求者愿意支付的最高价格。

2. 需求定理

从需求表（表 2—1）和需求曲线（图 2—1）中可以看出，某种商品的需求量与其价格是呈反方向变动的。价格与需求量之间的这种关系对经济生活中大部分物品都是适用的，而且，实际上这种关系非常普遍，因此，经济学家称之为需求定理（Law of Demand）。

需求定理的基本内容是：在其他条件不变的情况下，购买者对某种商品的需求量与价格呈反方向变动，即需求量随着商品本身价格的上升而减少，随着商品本身价格的下降而增加。

2.1.4　影响需求的因素

除了价格因素以外，还有许多因素会影响需求使之发生变化。其中，下面这些是比较重要的影响因素。

1. 收入

假如经济危机出现了，公司为了应对危机，会相应地减少员工收入。当收入减少时，个人或家庭的需求一般会相应地减少。就是说，当收入下降时，消费支出的数额会相应地减少，因此，个人或家庭不得不在大多数物品上相应减少消费。在经济学中，当收入减少时，对一种物品的需求也相应减少，这种物品就是正常物品。一般把正常物品（Normal Goods）定义为：在其他条件相同时，收入增加会引起需求量相应增加的物品。

在现实生活中，并非所有的物品都是正常物品。比如对于夜市地摊上低质量的衣服，随着人们收入水平的提高，人们将会购买更多高质量的服装，而相应减少对低质量地摊服装的需求。如果随着收入增加，而对某种物品的需求减少，那么这种物品就是低档物品。在经济学中，我们把低档物品（Inferior Goods）定义为：在其他条件相同时，随着收入的增加，引起需求量相应减少的物品。

2. 相关商品的价格

相关商品是指与所讨论的商品具有替代或者互补关系的商品。

比如早餐有两种选择：包子和油条，如果包子的价格下降，正如需求定理所描述的那样，你将增加对包子的购买，同时减少对油条的购买。因为包子和油条都是解决饥饿的食物，它们满足相似的欲望。在其他条件不变时，当一种商品价格下降时，减少了另一种商品的需求量，这两种物品被称为替代品（Substitute）。常见的例子如：可乐与果汁，米饭与馒头，牛肉与羊肉等。两种替代商品之间的关系是：价格与需求呈同方向变动，即一种商品价格上升，将引起另一种商品需求增加。

假设汽车的价格下降，根据需求定理，你将增加对汽车的购买，同时你也会增加对汽油的购买，因为汽油和汽车通常是一起使用的。在其他条件不变时，当一种商品价格下降时，增加了另一种商品的需求时，这两种物品被称为互补品（Complements）。经常同时使用的成对互补品包括：乒乓球与球拍，电脑与软件，影碟机和影碟，刮胡刀刀片与刀架等。两种互补商品之间的关系是：价格与需求呈反方向变动，即一种商品的价格上升，将引起另一种商品需求减少。

3. 偏好

决定需求的另一明显因素是消费者偏好。人们一般更乐于购买具有个人偏好的商品，如果你喜欢冰激凌，你会买得多一些。人们的偏好受很多因素的影响，如广告，从众心理等。当人们的消费偏好发生变动时，相应地对不同商品的需求也会发生变化。

4. 预期

人们对未来的预期也会影响人们现期对物品与劳务的需求。例如，如果你预期今后大米的价格会涨价，你近期就会增加对大米的购买数量。反之，如果预期大米价格会下降，当前购买大米的数量将会减少。

5. 购买者的数量

购买者数量的多少是影响需求的因素之一，如人口增加将会使商品需求数量增加，反之，购买者数量的减少会使商品需求数量减少。

6. 其他因素

在影响需求变动的因素中，民族、风俗习惯、地理区域、社会制度及一国政府采取的不同政策等，都会对需求产生影响，本书中不再作论述。

之前的需求函数中，自变量只有价格，把各种影响因素考虑进来以后，可以写出一个多变量的需求函数，即把上述因素都包括进函数式中，即：

$$Q=f\ (M,\ P_R,\ E,\ J,\ T)$$

式中：M——收入；

P_R——相关商品价格；

E——预期；

J——偏好；

T——其他因素。

2.1.5 需求量变动与需求变动

1. 需求量的变动

需求量的变动是指其他条件不变的情况下，商品本身价格变动所引起的商品需求量的变动。需求量的变动表现为同一条需求曲线上点的移动。如图2－1中冰激凌的需求曲线各点表示除价格之外，在影响消费者购买决策的许多其他因素不变的情况下，在任何一种既定的价格时人们购买多少冰激凌。价格的变化会直接导致人们对冰激凌的需求数量的变化，在经济学中，这就是“需求量的变动”。

例如，在图2－1中，当冰激凌价格为2元/盒时，消费者计划购买8盒，这8盒就是需求量。在需求曲线上需求量表现为需求曲线上的c点。当价格由2元/盒上升为3元/盒时，需求量由8盒下降为6盒。在需求曲线上表现为c点到a点的移动。当价格由3元/盒上升为4元/盒时，需求量由6盒下降为4盒。在需求曲线上表现为a点到b点的移动。可见，在同一条需求曲线上，向上方移动是需求量的减少，如果向下方移动是需求量的增加。

2. 需求的变动

在经济的分析中，除了要明确“需求量的变动”，还要注意区分“需求的变动”。需求的变动是指商品本身价格不变的情况下，其他因素变动所引起的商品需求的变动。需求的变动表现为需求曲线的左右平行移动。

图2－2说明了需求的变动。在某种既定价格时，由于天气变得炎热了，人们对冰激凌的需求增加。需求曲线向右移，从D_1移动到D_2。在某种既定价格时，当一项研究发现冰激

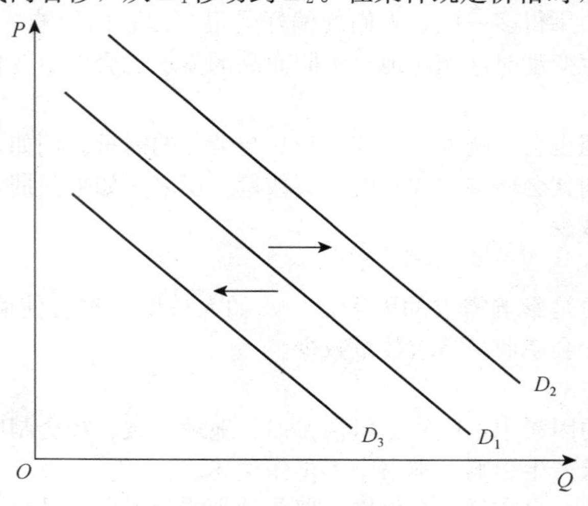

图2－2 需求曲线的移动

凌吃多了会导致高血脂时，很多人减少了对冰激凌的购买，需求曲线向左移，从 D_1 移动到 D_3。需求曲线向右移动被称为需求的增加，需求曲线向左移动被称为需求的减少。

需求量的变动和需求的变动引起的原因不同，总结起来如表 2—2 所示。

表 2—2 需求的变动与需求量的变动

变动情况	影响的变量	这些变量的变动将
需求量的变动	价格	表现为沿着需求曲线的变动
需求的变动	收入	需求曲线移动
需求的变动	相关商品的价格	需求曲线移动
需求的变动	偏好	需求曲线移动
需求的变动	预期	需求曲线移动
需求的变动	购买者的数量	需求曲线移动

2.2 供给

2.2.1 供给的含义

供给（Supply）是指卖方在某一特定时期内，在每一价格水平时，生产者愿意而且能够提供的商品量。供给是生产愿望和生产能力的统一，缺少任何一个条件都不能成为有效供给。这也就是说，供给是卖方根据其生产愿望和生产能力决定想要提供的商品数量。通常用供给表、供给曲线和供给函数这三种形式来表述供给。

2.2.2 供给表

供给表（Supply Schedule）是表示在影响卖方提供某种商品供给的所有条件中，仅有价格因素变动的情况下，商品价格与供给量之间关系的表格。

表 2—3 表示冰激凌的价格不同时，生产者对冰激凌的供给量。如果冰激凌价格是 0 元/盒，生产者不愿意提供冰激凌，数量为 0。在冰激凌价格为 1 元/盒时，生产者愿意提供 2 盒。随着价格不断上升，生产者愿意供给的冰激凌的数量越来越多。当价格达到 6 元/盒时，将提供 12 盒。表 2—3 即为供给表。

表 2—3 生产者提供冰激凌的供给表

价格/（元/盒）	0	1	2	3	4	5	6
供给量/盒	0	2	4	6	8	10	12

2.2.3 供给曲线

如果供给表用图形表示，根据供给表描出的曲线就是供给曲线。供给曲线是表示一种商品价格和供给数量之间关系的图形。图 2—3 表示的是与表 2—3 相对应的冰激凌的供给曲线。横坐标轴表示的是供给数量，纵坐标轴表示的是价格。供给曲线是向右上方倾斜的，这反映出商品的价格和供给量之间是正相关的关系。

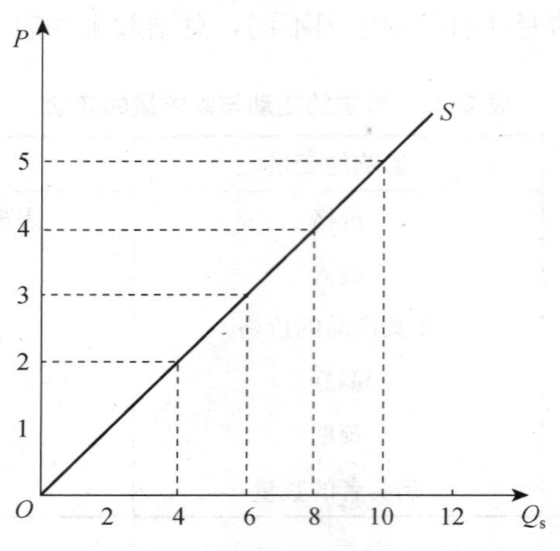

图 2—3　生产者对冰激凌的供给曲线

2.2.4　供给函数

供给函数是以代数表达式表示商品价格和供给量之间关系的函数。最简单意义上的供给函数，是将价格（P）作为自变量，需求量（Q_s）作为因变量，供给函数关系如下：

$$Q_s = c + dP$$

通过价格前面的正号，供给函数表示出供给量和价格之间同方向变化的规律。

供给曲线上的点表示的经济含义是：①在给定的价格水平上，供给者愿意提供的最大商品数量；②对于给定的具体商品数量，生产者愿意索取的最低价格。

2.2.5　供给定理

从供给表（表 2—3）和供给曲线（图 2—3）中可以看出，某种商品的供给量与其价格是呈相同方向变动的。价格与供给量之间的这种关系对经济中大部分物品都是适用的，而且，实际上这种关系非常普遍，因此，经济学家称之为供给定理（Law of Supply）。

供给定理的基本内容是：在其他条件相同时，某种商品的供给量与价格呈同方向变动，即供给量随着商品本身价格的上升而增加，随着商品本身价格的下降而减少。

2.2.6　影响供给的因素

有许多变量会影响供给，使供给曲线发生移动。其中，下面这些因素尤为重要。

1. 生产要素价格

为了生产某种商品，生产者要购买和使用各种生产要素：工人、设备、厂房、原材料、动力、管理人员等。当这些投入要素中的一种或几种价格上升时，生产某种商品的成本就会上升，厂商利用原有投入的资金，将会提供相对减少的商品。如若要素价格大幅度上涨，厂商则会停止生产，不再生产和供给该商品。由此可见，一种商品的供给量与生产该商品的投入要素价格负相关。

2. 技术

在资源既定的条件下，生产技术的提高会使资源得到更充分的利用，从而引起供给增加。生产加工过程的机械化、自动化将减少生产原有商品所必需的劳动量。技术进步通过减少厂商的生产成本，进而增加了商品的供给量。

3. 相关商品的价格

两种互补商品中，一种商品价格上升，对另一种商品的需求减少，供给将随之减少。例如，汽车价格上升，人们对汽油的需求就会减少，汽油的供给也会随之减少。可见，互补品中一种商品的价格和另一种商品的供给呈负相关。

两种替代商品中，一种商品价格上升，对另一种商品的需求增加，供给将随之增加。例如，馒头价格上升，人们对米饭的需求就会增加，米饭的供给也会随之增加。可见，替代商品中一种商品的价格和另一种商品的供给呈正相关。

4. 预期

企业现在的商品供给量还取决于对未来的预期。例如，如果预期未来某种商品的价格会上升，企业就将把现在生产的一些该商品储存起来，而减少当前的市场供给。

5. 生产者的数量

生产者的数量一般和商品的供给呈正相关关系，即如果新的生产者进入该种商品市场，那么，市场上同类产品的供给就会增加。

2.2.7 供给量的变动与供给的变动

1. 供给量的变动

供给量的变动是指其他条件不变的情况下，商品本身价格变动所引起的商品供给量的变动。供给量的变动表现为沿着同一条供给曲线上的点移动。

图2—3中对冰激凌的供给曲线表示除价格之外，影响生产者生产决策的许多其他因素不变的情况下，在任何一种既定的价格水平时，生产者提供相对应的冰激凌数量。价格变化会直接导致冰激凌供给数量的变化，在经济学中称为“供给量的变动”。

例如，在图2—3中，当冰激凌价格为2元/盒时，生产者计划提供给市场4盒，这4盒就是供给量。在供给曲线图中供给量表现为供给曲线上的一点。

2. 供给的变动

与需求相同，在经济分析中，除了要明确“供给量的变动”，还要注意区分“供给的变动”。供给的变动是指商品本身价格不变的情况下其他因素变动所引起的商品供给的变动。供给的变动表现为供给曲线左右平行移动。

图2—4说明了供给的变动。在某种既定价格时，当奶油的价格上涨时，厂商对冰激凌的供给减少。此时供给曲线向左移，即从S_1移动到S_2。在某种既定价格时，当研究出更先进的冰激凌生产机器时，增强了冰激凌的生产能力。此时供给曲线向右移，即从S_1移动到S_3。供给曲线向右移动被称为供给的增加，供给曲线向左移动被称为供给的减少。

引起供给量变动和供给变动的原因不同，总结起来如表2—4所示。

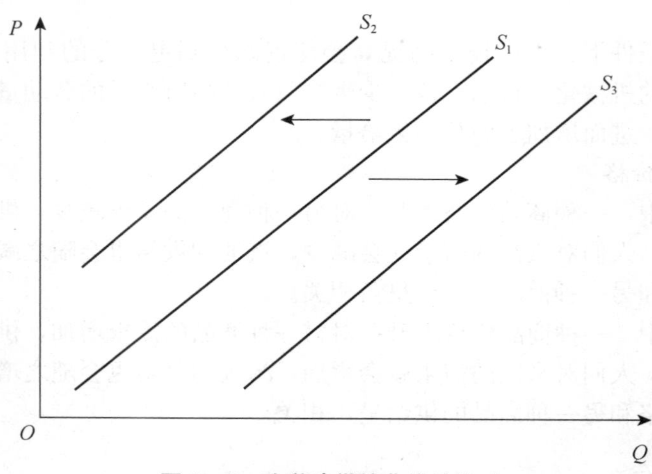

图 2—4 冰激凌供给曲线的移动

表 2—4 供给的变动与供给量的变动

变动情况	影响的变量	这些变量的变动将
供给量的变动	价格	表现为沿着供给曲线的变动
供给的变动	生产要素价格	供给曲线移动
供给的变动	技术	供给曲线移动
供给的变动	相关商品的价格	供给曲线移动
供给的变动	预期	供给曲线移动
供给的变动	生产者的数量	供给曲线移动

2.3 均衡

2.3.1 均衡价格的含义

均衡价格是指一种商品需求量与供给量相等时的价格。如图 2—5 所示，市场上的需求曲线和供给曲线相交于一点（E 点），这一点被称为均衡点，表明此时市场处于均衡（Equilibrium）状态。这时该商品的需求价格与供给价格相等，称为均衡价格（Equilibrium Price）；该商品的需求量与供给量相等，称为均衡数量（Equilibrium Quantity）。

均衡总是发生在需求和供给相交时。在均衡价格时，需求量等于供给量。在图 2—5 中，均衡价格是 3 元/盒。在这一均衡价格时，均衡数量是 6 盒。点 E 是均衡点。

假设市场价格高于均衡价格（见图 2—6），在每盒冰激凌的价格为 4 元时，冰激凌的供给量是 8 盒，超过了需求量（4 盒冰激凌）。此时存在冰激凌过剩：在现行价格时卖者不能卖出他们想卖的所有物品。这种情况被称为超额供给。当在冰激凌市场上存在超额供给时，冰激凌生产者发现，他们的冰箱越来越装满了他们想卖而卖不出去的冰激凌。他们对超额供给的反应是降低其价格，价格要一直下降到市场达到均衡时（E 点）为止。

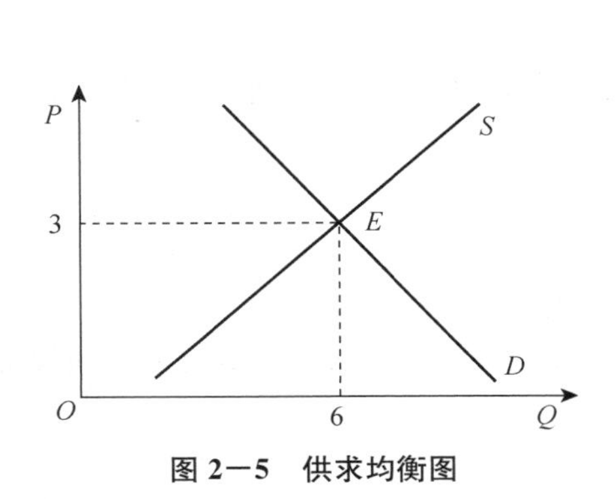

图 2—5　供求均衡图

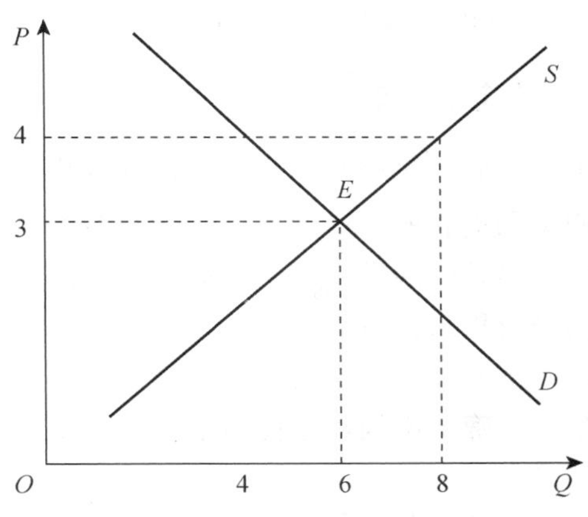

图 2—6　冰激凌超额供给

假设现在市场价格低于均衡价格（见图 2—7），在这种情况下，每盒冰激凌的价格是 2 元，而且，冰激凌的需求量超过了供给量，存在冰激凌短缺；需求者不能按现行价格买到他们想买的冰激凌。这种情况被称为超额需求。当冰激凌市场出现超额需求时，买者不得不排长队等候购买可提供的少量冰激凌的机会。由于较多的买者抢购较少的冰激凌，卖者可以做出的反应是提高自己的价格而不是失去销售量。随着价格上升，市场又一次向均衡方向变动，直到实现均衡，即达到 E 点。

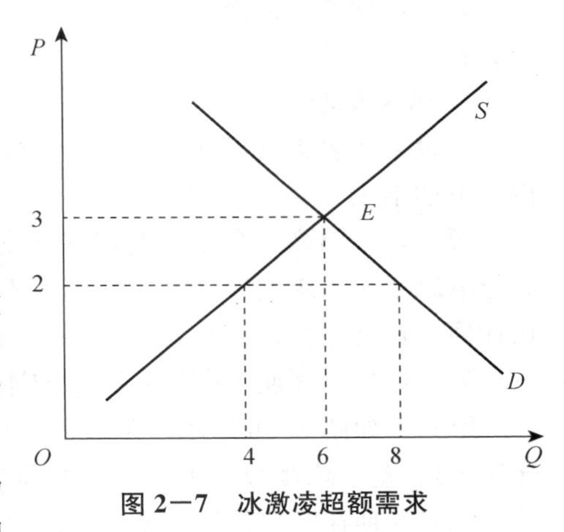

图 2—7　冰激凌超额需求

因此，市场上买者与卖者的活动会自发地把市场价格推向均衡价格。一旦市场达到均衡，所有买者和卖者都得到满足，也就不存在价格上升或下降的压力。在不同市场上，达到均衡的快慢是不同的，这取决于价格调整的快慢。但是，在大多数完全竞争的市场上，由于价格最终要变动到均衡水平上，所以，商品过剩与短缺都只是暂时的。实际上，这种现象是普遍存在的，在经济学中被称为供求规律，即任何一种物品价格的调整都会使该物品的供给与需求达到平衡。

均衡的本意是指各种力量处于平衡时的状态。在经济学中，均衡价格是由于需求和供给这两种力量的作用使价格处于一种相对静止、不再变动的状态。在均衡价格时，买者愿意而且能够购买的物品量与卖者愿意而且能够出售的数量平衡。均衡价格也被称为市场出清价格。因为在这种价格时，市场上每一个人都能得到满足：买者买到了他想买的所有物品，卖者卖出了他想卖的所有物品。

用经济模型来表示，均衡价格决定的条件是：

$$Q_d = f(P) \tag{2—2}$$

$$Q_s = f(P) \tag{2—3}$$

$$Q_d = Q_s \tag{2—4}$$

式（2—2）是需求函数公式，式（2—3）是供给函数公式，式（2—4）是使供求处于相等时的市场均衡，即均衡价格决定的公式。根据 $Q_d = Q_s$，可以得出 P 的值，即均衡价格的数值。

2.3.2 均衡的变动

上文说明了供给与需求是如何共同决定市场均衡，市场均衡又是如何决定商品价格及买者所购买和卖者所生产的该商品的数量的。均衡价格和均衡数量取决于需求曲线和供给曲线的位置。当某些因素使需求曲线或供给曲线发生移动时，市场的均衡就会发生改变。对这种变动的分析称为比较静态分析，即对原来的均衡和新的均衡这两种不变状态的分析。

可以按照三个步骤对一种因素如何影响一个市场的均衡进行分析。

第一，确定该因素是使需求曲线发生移动还是使供给曲线发生移动，或是两种曲线都发生移动。

第二，确定曲线各自移动的方向。

第三，用比较静态分析方法对新旧均衡进行比较，确定该种移动如何影响均衡价格和均衡数量。

1. 需求变动

假设某年夏天气温非常高，会给冰激凌市场带来什么样的变化呢？根据上述步骤，可以得出下述结论。

第一，气温高就会使人们在冰激凌价格不发生变化的情况下增加对冰激凌的需求，因此会影响冰激凌需求曲线。同时，天气不会直接影响生产冰激凌的企业，因为天气并没有改变在任何一种既定价格时企业的销售愿望，因此气温高并不会影响供给曲线。

第二，气温高使人们想吃更多的冰激凌，因此，需求曲线向右移动。

第三，如图 2—8 所示，随着需求曲线的右移（由 D_1 移向 D_2），均衡价格由 3 元/盒上升到 4 元/盒，均衡数量由 6 盒增加到 8 盒。均衡点由 E 点移向 F 点，实现新的均衡。

任何一种在既定价格时增加需求量的因素都会使需求曲线向右平移，进而导致均衡价格和均衡数量都上升。通过图 2—8，可以看出，需求的变动会引起均衡价格与均衡数量同方向的变动。

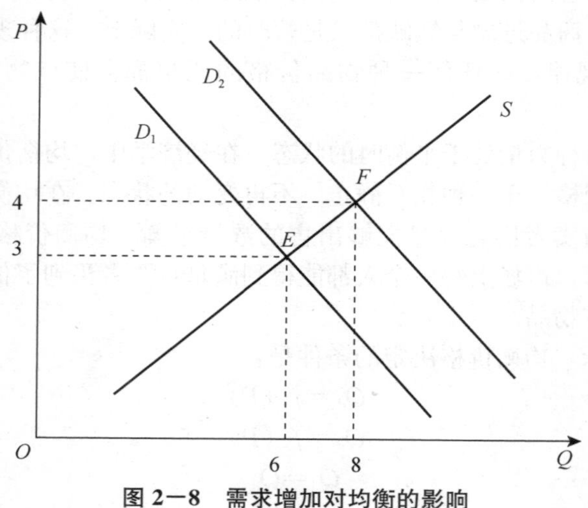

图 2—8 需求增加对均衡的影响

2. 供给变动

假设某年夏天，由于奶油紧缺导致奶油价格上升，这会如何影响冰激凌市场呢？根据上述三个步骤，可以得出下述结论。

第一，奶油作为冰激凌的原料，其价格上升会提高企业的生产成本，减少企业在任何一种既定价格时生产并销售冰激凌的数量，因而影响冰激凌的供给曲线。冰激凌的需求曲线不变，因为奶油作为冰激凌的原材料，其价格的上升并不会直接改变消费者希望购买冰激凌的数量。

第二，因为生产成本上升，企业在任何一种价格时愿意并能够出售的冰激凌总量减少了，因此，供给曲线向左移动（由 S_1 移向 S_2）。均衡点由 E 点移向 F 点，实现新的均衡。

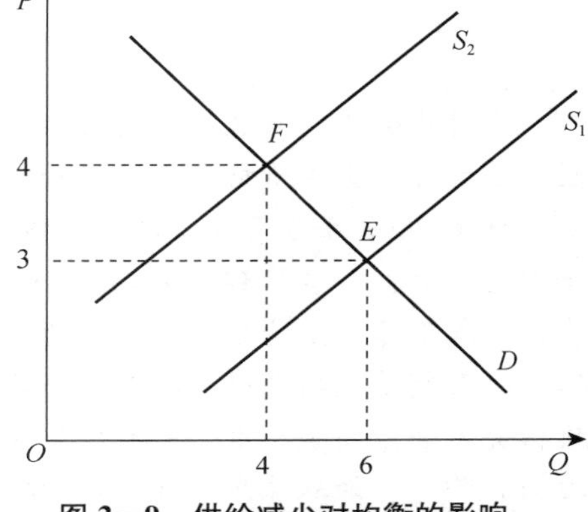

图 2—9　供给减少对均衡的影响

第三，如图 2—9 所示，随着供给曲线的左移，均衡价格由 3 元/盒上升到 4 元/盒，均衡数量由 6 盒减少到 4 盒。

在既定价格时任何一种减少供给量的因素都会使供给曲线向左平移，进而导致均衡价格上升和均衡数量减少。通过图 2—9，可以看出，供给的变动会引起均衡价格反方向变动，均衡数量同方向变动。

3. 供给和需求都变动

假设气温高和奶油价格上升发生在同一个夏天，这又会如何影响冰激凌市场的均衡呢？

仍然遵循上述三个步骤。

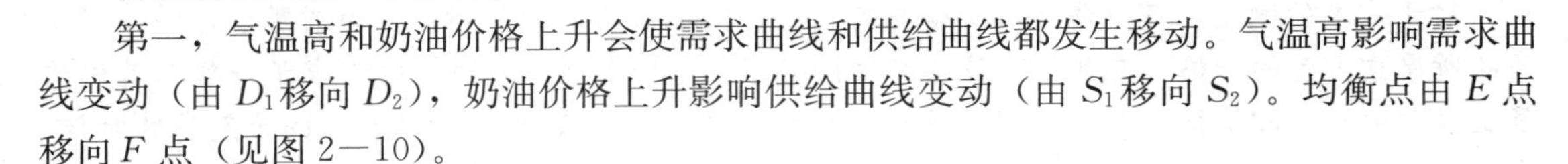

第一，气温高和奶油价格上升会使需求曲线和供给曲线都发生移动。气温高影响需求曲线变动（由 D_1 移向 D_2），奶油价格上升影响供给曲线变动（由 S_1 移向 S_2）。均衡点由 E 点移向 F 点（见图 2—10）。

第二，如图 2—10 所示，需求曲线向右移动，供给曲线向左移动。

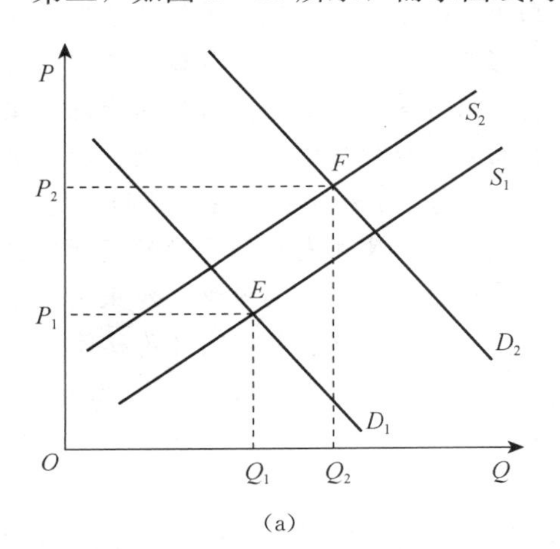

(a)

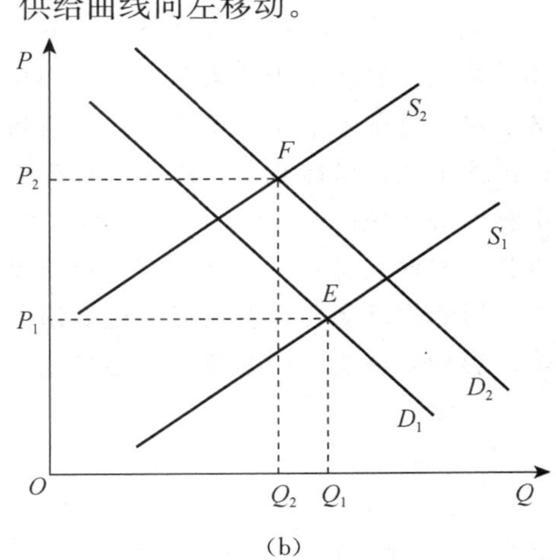

(b)

图 2—10　需求曲线和供给曲线同时移动

第三，上述两种曲线移动会产生两种结果，图 2—10（a）中，均衡价格由 P_1 上升到

P_2，而均衡数量从 Q_1 增加到 Q_2；图 2—10（b）中，均衡价格由 P_1 上升到 P_2，而均衡数量从 Q_1 下降到 Q_2。具体结果取决于需求曲线和供给曲线移动的相对大小。

由此可见，气温高和奶油价格上升这些事件，肯定会提高冰激凌的价格，但它们对冰激凌销售量的影响是不确定的。

供给与需求现实生活中的应用

平时你会关注身边商品的价格吗？对于猪肉价格的时涨时跌是不是已经习以为常？是否思考过为什么猪肉价格会不断变动呢？

截至 2009 年 3 月 3 日，南京猪肉价格已经连续 4 周出现下降的趋势，其中后腿肉的市场零售价最低一度降到 9 元/斤，和 2007 年的最高价持平。行业分析人士认为，买肉的人少，需求下降，是价格不断下跌的主要原因，也就是说现在买肉的人太少。据统计，某地高峰时每天销售生猪超过 100 头，而现在只有不到 70 头，那么这就是需求不够。"当问及猪肉价格会不会继续呈下滑趋势时，天环集团相关负责人表示，受北方暴雪的影响，河南毛猪的地头收购价已经从原来的 5.5 元/斤涨到 5.7 元/斤，再跌的可能性不大。而行业分析人士认为，目前的形势还不明朗，猪肉价格究竟是涨是跌，主要还是看市场需求"。

对于这样类似的新闻，我们应该听到过不少。那么，对于其中反映的经济学内容，你能理解吗？什么是需求？怎样看市场需求大小？为什么市场需求的大小会影响猪肉价格呢？除了需求，还有什么会影响价格呢？

对于需求的测量，可以看需求价格与需求量。需求价格，就是指你作为消费者，对一定量商品所愿意支付的价格。在其他条件不变的情况下，市场上对某种商品的需求量一般与其价格呈反方向运动。即价格上涨，需求量减少；价格下跌，需求量增加。比如，拉面免费的时候，小红一个月吃 15 碗；拉面 2 元一碗时，小红一个月吃 10 碗；当拉面上升到 5 元一碗时，小红就只吃 7 碗了。其实根据这样的数量关系，我们可以画出一条线，这个线就叫作需求曲线。

相对应地，让我们来看看供给。所谓供给价格，是指生产者为提供一定量商品所愿意接受的价格。在其他条件不变的情况下，商品的供给量与其价格呈同方向运动。即价格上涨，供给增加；价格下跌，供给减少。比如，拉面免费时，做拉面的小和就不供给任何拉面；拉面 2 元时，小和供给 5 碗；5 元时，供给 7 碗。显然，拉面价格越高，小和愿意供给的拉面就越多。

根据这样的数量关系，我们可以画出供给曲线。当然，影响需求与供给变动的因素不仅仅是价格。影响需求变化的其他因素还有消费者收入、替代品价格、互补品价格、对未来价格的预期等；影响供给变化的其他因素还有生产技术水平、生产要素价格、相关商品价格等。

（摘自：《三天读懂经济学》，九州出版社）

4. 结论

通过以上的三个步骤分析方法，我们现在可以分析当任何一种因素发生变动从而移动了需求曲线或供给曲线，或同时移动了这两条曲线时，它将对均衡价格和均衡数量产生什么样的影响。表 2—5 列出了这两条曲线任何一条移动结合的预期结果。

表2—5 需求或供给移动给均衡价格和均衡数量带来的影响

	供给未变	供给增加	供给减少
需求未变	价格相同 数量相同	价格下降 数量增加	价格上升 数量减少
需求增加	价格上升 数量增加	价格不确定 数量增加	价格上升 数量不确定
需求减少	价格下降 数量减少	价格下降 数量不确定	价格不确定 数量减少

2.3.3 应用——价格政策

1. 价格调节的不完善性

由市场供求关系所决定的价格调节着生产与消费，使资源配置达到最优。但由于价格调节是在市场上自发进行的，因此就不可避免地存在一定的盲目性。由价格机制进行调节所得出的结果，有的时候并不一定符合整个社会的长远利益。比如，当农产品过剩时，其价格会大幅度下降，减少了农民的收益，进而抑制下一个农业生产周期的生产。短期看，这种抑制作用有利于保持农产品的供求平衡，但由于农产品生产周期长，一旦日后农产品的需求增加，短期内农产品的供给不能迅速随之增加，就会影响农产品市场的稳定。再比如，当某些生活必需品严重短缺时，其价格就会很高。此时，低收入者就无法维持最低的生活水平，这必然会最终影响到社会的稳定。

因此，各国政府普遍采取价格控制政策，以尽量避免或减轻上述问题。比较典型的价格政策有支持价格政策和限制价格政策。当然，决策者制定价格政策进行价格控制的出发点是：当政府认为价格控制前的自发市场调节是不公平的，政府可以通过价格控制来实现社会公平或扶植某些行业的发展，进而改善市场自发调节的某些不良结果。

2. 价格下限

价格下限（Price Floor)，是政府为了使价格保持在与均衡价格水平不同的水平上而制定的价格，价格下限是政府为价格设置的法定的最低价格。仍以冰激凌市场为例，如图2—11所示。

在图2—11中，均衡价格是3元/盒，政府确定的支持价格为2元/盒，这种情况下，由于均衡价格高于价格下限，价格下限对冰激凌市场没有限制作用，属于非限制性约束（如图2—11（a）所示）。

如果价格下限是4元/盒，市场上冰激凌的价格下降到4元/盒时就不能再下降了，此时价格下线对市场有限制作用，属于限制性的价格下限（这种价格也称为支持价格，是政府为扶持某一行业而规定的该行业的最低价格，它一般高于均衡价格）。这会导致一些想以现行价格出售冰激凌的卖者卖不出去冰激凌（如图2—11（b）所示）。因此，支持价格政策会引起过剩。与此相比，在一个自由市场中，价格会起到配置机制的作用，卖者能够以均衡价格卖掉他们想卖的所有物品。

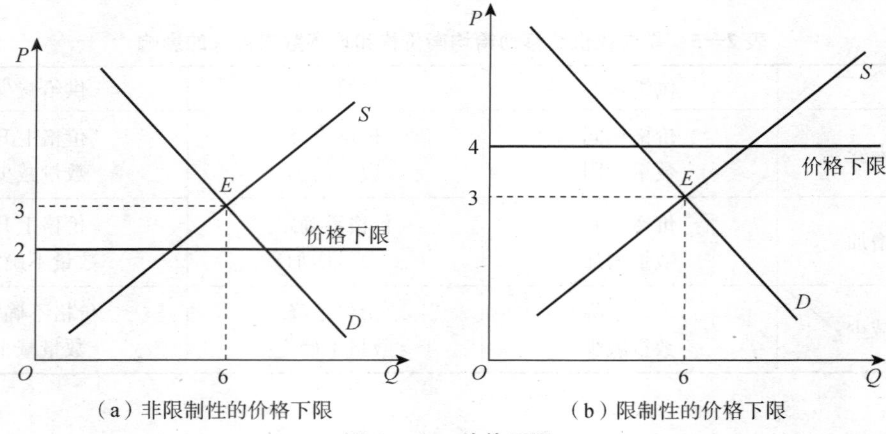

（a）非限制性的价格下限　　（b）限制性的价格下限

图 2—11　价格下限

价格下限的应用——最低工资

最低工资是指劳动者在法定工作时间提供了正常劳动的前提下，其所在用人单位必须按法定最低标准支付的劳动报酬。最低工资是价格下限的一个典型的应用案例。2013 年 7 月 1 日起，江苏、四川和辽宁这三个省份将上调最低工资标准。中新网记者统计发现，截至目前，2013 年全国已有 18 个省区市先后上调了最低工资标准。从绝对数上看，上海月最低工资标准达到 1 620 元，系全国最高；而小时最低工资标准最高的为北京和新疆，均为 15.2 元。

根据人力资源和社会保障部公布的数据显示，近几年来，各地一直连续大幅提高最低工资标准，2011 年全国有 24 个省份调整了最低工资标准，平均增幅 22%；2012 年有 25 个省份调整最低工资标准，平均增幅为 20.2%。当最低工资过高的时候对劳动人民来说是一件好事还是坏事？

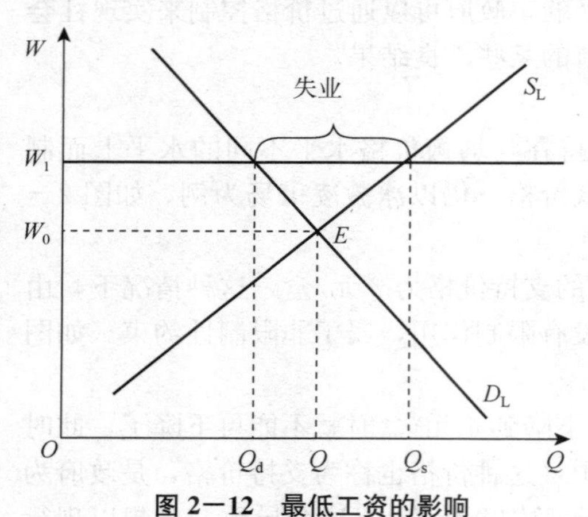

图 2—12　最低工资的影响

如图 2—12 所示，随着最低工资的增加，减少了就业灵活性，尤其对穷人的工作生活带来很大麻烦，造成更多人失业。领取低工资的人主要有三类：一类是从事低技术劳动的大龄农民工，二类是生育之后返回就业市场的妇女，三类是刚刚参加工作的愣头青。提高最低工资标准，大龄农民工只好回乡，妇女只好回家，最惨的是没有工作经验的年轻人，他们更难找到积累工作经验向上发展的机会了。

3. 价格上限

价格上限（Price Ceiling），是政府为了使价格保持在与均衡价格水平不同的水平上而制定的法定的最高限度的价格。还是以冰激凌市场为例，见图 2—13 所示。

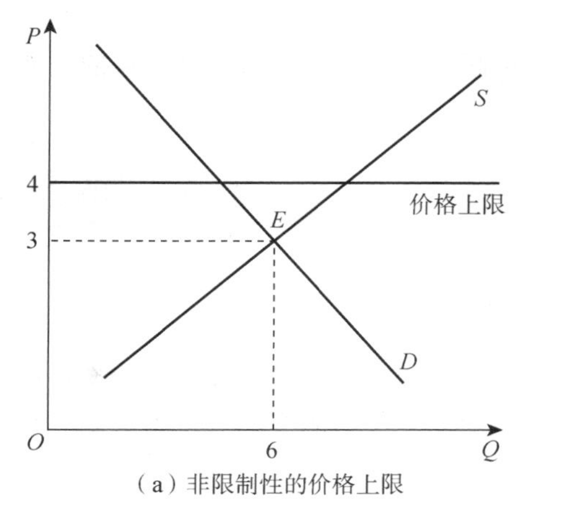

（a）非限制性的价格上限

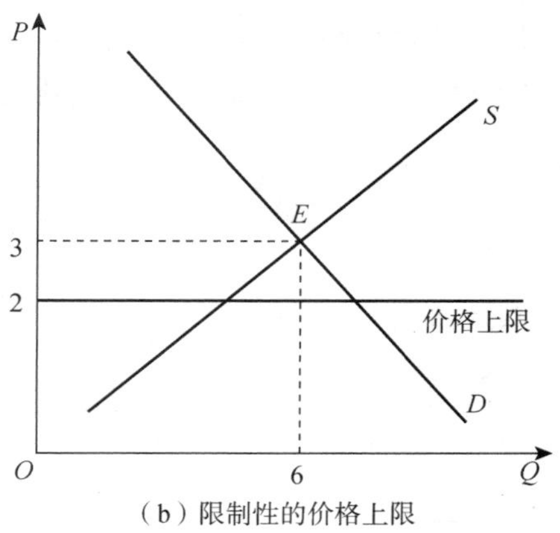

（b）限制性的价格上限

图 2—13 价格上限

在图 2—13 中，均衡价格是 3 元/盒，政府确定的限制价格为 4 元/盒，在这种情况下，由于均衡价格低于价格上限，价格上限对冰激凌市场没有影响，属于非限制性价格约束（见图 2—13（a））。

如果政府的价格上限是 2 元/盒，而均衡价格是 3 元/盒，市场上冰激凌的价格上升到 2 元时就不能再上升了。这会导致一些想以现行价格购买冰激凌的买者买不到冰激凌，属于限制性价格上线（这种价格也称为限制价格，是政府为限制某些生活必需品价格上涨而规定的最高价格，一般低于均衡价格）。因此，限制价格政策会引起冰激凌短缺（见图 2—13（b））。

当冰激凌短缺的形成是由于政府制定价格上限引起的，一些配给冰激凌的机制就会出现。其表现形式可能是排长队等候购买，那些愿意提前来到并排队等候的人得到一盒冰激凌，而另一些不愿意等候的人则得不到。另一表现形式可能是，卖者根据他们自己的个人偏好来配给冰激凌，只卖给朋友、亲属或是有一定特殊关系的人。尽管价格上限的初衷是想帮助冰激凌的买者，但并不是所有买者都能从这种政策中受益。一些买者经过排长队，最终能够以较低的价格买到冰激凌，而另一些买者根本买不到任何冰激凌。

上述冰激凌市场上价格上限的例子说明，当政府对竞争市场实行限制性价格上限时，就会产生物品的短缺，这也必然进而导致卖者在大量潜在的买者中配给稀缺物品。在这种情况下，买者长时间的排队没有效率，卖者歧视性的配给既无效率也可能不公平。与此相比，在一个自由市场中，价格会起到配置机制的作用，买者可以以均衡价格买到他们想买的所有商品。

上述的价格上限、价格下限都是政府实施的价格管制政策，是对市场经济中价格机制调节作用的限制，这种限制是政府在特殊时期（如战争、灾害或大规模通货膨胀等）为保证人民的基本生活需要，实现公平，促进平等或为了扶持幼稚工业和较为脆弱的农业而采取的政策干预。但是如果政府过多地干预价格，也是要付出代价的，其负面作用主要表现如下。

（1）价格管制导致资源配置不合理。如果由于价格管制导致商品过剩，则闲置的资源很容易被浪费，无法充分利用；如果由于价格管制导致商品短缺，则不足的资源无法得到有效配置。

（2）价格管制易造成商品分配不合理，如商品短缺，则易容易出现以权谋私现象，或出现黑市和腐败行为。

(3) 价格管制会抑制产品创新和产品质量的提高，那些获得价格管制利益的企业缺少市场压力，会导致缺少提高产品质量和创新的积极性。

复习思考题

一、基本概念

需求　需求函数　需求定理　供给　供给函数　供给定理　供求均衡　均衡价格
均衡数量　需求量变动　需求的变动　供给量变动　供给的变动　价格上限　价格下限

二、选择题

1. 需求规律说明（　　）。
   A. 药品的价格上涨会使药品质量增加
   B. 计算机价格下降导致销售量增加
   C. 丝绸价格提高，游览公园的人数增加
   C. 汽油价格提高，小汽车的销售量减少
2. 对西红柿需求量的变动，可能由于（　　）。
   A. 西红柿的价格提高　　B. 消费者得知西红柿有益健康
   C. 消费者预期西红柿将降价　　D. 以上都对
3. 其他条件不变，牛奶价格下降将导致牛奶的（　　）。
   A. 需求下降　　B. 需求增加　　C. 需求量下降　　D. 需求量增加
4. 如果商品A和商品B是替代品，则A的价格下降将造成（　　）。
   A. A的需求曲线向右移动　　B. A的需求曲线向左移动
   C. B的需求曲线向右移动　　D. B的需求曲线向左移动
5. 大白菜供给的减少，不可能是由于（　　）。
   A. 气候异常严寒　　B. 政策限制大白菜的种植
   C. 大白菜的价格下降　　D. 农肥的价格上涨
6. 建筑工人工资提高将使（　　）。
   A. 新房子供给曲线左移并使房子价格上升
   B. 新房子供给曲线右移并使房子价格下降
   C. 新房子供给曲线左移并使房子价格下降
   D. 新房子供给曲线右移并使房子价格上升
7. 供给变动引起（　　）。
   A. 均衡价格和均衡数量同方向变动
   B. 均衡价格和均衡数量反方向变动
   C. 均衡价格反方向变动，均衡数量同方向变动
   D. 均衡价格同方向变动，均衡数量反方向变动
8. 市场均衡指的是（　　）。

A. 供给量等于需求量时的价格
B. 每个买者在该价格购买到想买数量的物品，每个卖者在该价格出售想卖出数量的物品
C. 价格没有变化的倾向
D. 所有以上的选项都对

9. 当某商品的供给和需求同时增加时，该商品的均衡数量将（　　）。
A. 上升　　B. 下降　　C. 不变　　D. 无法确定

10. 只有在下列情况发生时，供给会小于需求（　　）。
A. 实际价格低于均衡价格　　B. 实际价格高于均衡价格
C. 实际价格等于均衡价格　　C. 消除了稀缺性

三、判断题

1. 需求定理告诉我们，随着某种物品价格上升，需求量将减少。（　　）
2. 如果收入上升了，那么低档商品的销售量会下降而价格会上升。（　　）
3. 在需求不变的情况下，供给的增加将引起均衡价格的上升和均衡数量的减少。（　　）
4. 在其他条件不变的情况下，如果消费者预期某种商品的未来价格要上升，则对该商品当前需求会增加。（　　）
5. 如果其他条件不变，需求增加，需求量一定增加。（　　）
6. 需求曲线一定是向右上方倾斜的曲线。（　　）
7. 在商品过剩的情况下，某种商品的价格变化将导致它的供给量变化，但不会引起供给的变化。（　　）
8. 假定需求不变，供给的增加将引起均衡价格的下降和均衡交易量的减少。（　　）
9. 如果只知道需求增加和供给减少，但不知道变化的数量，那么均衡交易量的变化方向无法确定。（　　）
10. 假定供给不变，需求的减少将引起均衡价格的下降和均衡交易量的增加。（　　）

四、思考题

1. 影响商品需求的因素有哪些？它们是如何影响商品需求的？
2. 画图说明均衡价格的决定和变动。
3. 为什么需求曲线向右下方倾斜，而供给曲线向右上方倾斜？
4. 下列事件对运动型多功能车有何影响？
（1）生产运动型多功能车的技术有重大革新；
（2）生产运动型多功能车的行业内，企业数目减少了；
（3）生产运动型多功能车的人工和原材料价格下降了；
（4）生产厂商预期运动型多功能车的价格将上涨。

五、计算题

已知某一时期内某种商品的需求函数为 $Q_d=50-5P$，供给函数为 $Q_s=-10+5P$。
（1）求均衡价格和均衡数量，并画出供求图。
（2）假定供给函数不变，由于消费者收入水平提高，使需求函数变成 $Q_d=60-5P$。求

出相应的均衡价格和均衡数量，并画出供求图。

（3）假定需求函数不变，由于生产技术水平提高，使供给函数变为 $Q_s=-5+5P$。求出相应均衡数量和均衡价格，并画出供求图。

（4）利用前面的分析，说明需求变动和供给变动对均衡价格和均衡数量的影响。

答　案

二、选择题

1. B　2. D　3. D　4. D　5. C　6. A　7. A　8. D　9. A　10. A

三、判断题

1. 对　2. 错　3. 错　4. 对　5. 对　6. 错　7. 对　8. 错　9. 对　10. 错

五、计算题

解：（1）均衡的时候供给和需求相等，当 $Q_d=Q_s$ 时，市场实现均衡，如图 2—14 所示。

$$50-5P=5P-10$$

$$P=6,\ Q=20$$

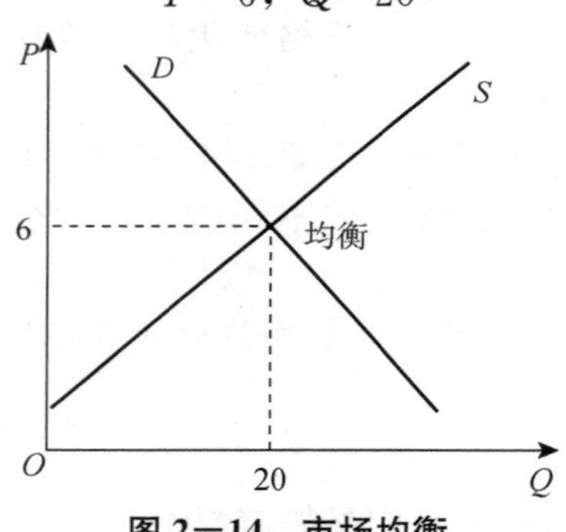

图 2—14　市场均衡

（2）均衡的时候供给和需求相等，当 $Q_d=Q_s$ 时，市场实现均衡，如图 2—15 所示。

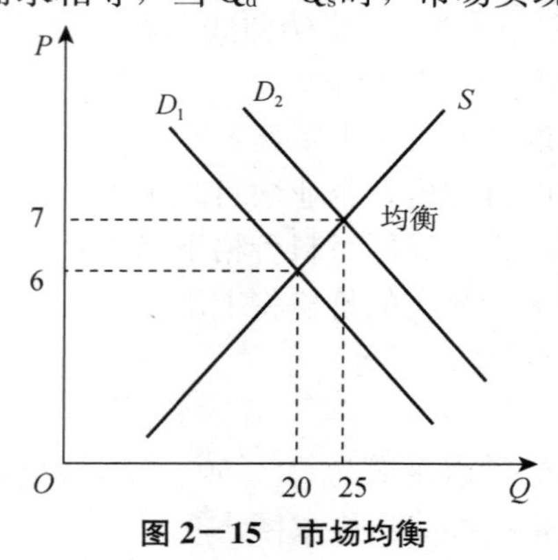

图 2—15　市场均衡

$$60-5P=5P-10$$

$$P=7,\ Q=25$$

(3) 均衡的时候供给和需求相等，当 $Q_d=Q_s$ 时，市场实现均衡，如图 2—16 所示。

$$50-5P=5P-5$$

$$P=5.5,\ Q=22.5$$

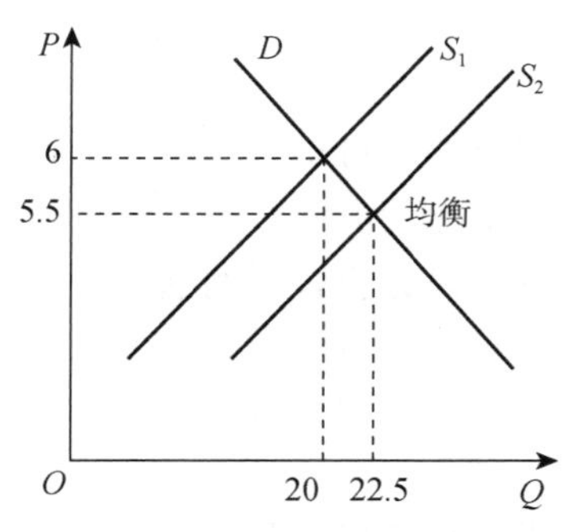

图 2—16 市场均衡

(4) 如果需求增加，均衡价格上升，均衡数量增加；
如果供给增加，均衡价格下降，均衡数量增加。

第 3 章　弹性及其应用

供求理论说明了供求如何决定价格，价格、收入、成本等因素如何影响供求的问题。但是，前面的知识只能分析这些变量变化的方向，经济学不仅是在理论上解释各种经济变量之间的关系，还需要通过更加具体的定量分析，说明这些经济变量的变化的程度。买者和卖者都会对价格的变动做出反应，也会对收入、相关物品的价格等因素的变动做出反应，买者和卖者将据此调整他们的需求量和供给量。但是调整多少？为了精确衡量供求对其决定因素变动的反应程度，需要引入弹性理论。

在经济学中弹性一般分为需求弹性和供给弹性，需求弹性又分为：需求价格弹性、需求收入弹性和需求交叉弹性。在本章中将介绍各种弹性的含义、一般计算和在经济分析中的应用等。

3.1　需求弹性

在生活中，如果茅台酒和食盐的价格都上涨了 100%，消费者的需求量将发生什么样的变化？是都下降 50%，还是茅台酒的购买量减少了而食盐的购买量不变，或是出现其他的变化呢？这是需求弹性要解决的基本问题。

在经济学意义上，弹性（Elasticity）是指在经济变量之间存在函数关系时，因变量对自变量变化的反应程度，即当某一种市场条件（X）改变后另一种经济变量（Y）对其做出反应的程度，其大小可以用两个因素变化的百分比之比来表示，衡量这一程度大小的数值是弹性系数。其理论公式为：

$$e=\frac{\frac{Y_2-Y_1}{Y_1}}{\frac{X_2-X_1}{X_1}} \tag{3-1}$$

式（3—1）中，引起变化的量在分母中，而被影响的量在分子上。弹性系数是通过比例数得出的，这就避免了由于不同单位，不同数量造成的可比性问题。同时，通过比例变化来衡量变量的变化也是最确切的办法。

3.1.1　需求价格弹性

1. 需求价格弹性含义

需求价格弹性是需求弹性中最重要的一种。根据需求定理，当一种物品的价格下降时，需求量会相应增加。那么，需求量会对价格的下降做出多大程度的反应呢？需求价格弹性回答了这个问题。

需求价格弹性（Price Elasticity of Demand）是指价格变动的比率所引起的需求量变动的比率，即需求量变动对价格变动的反应程度，用需求量变动的百分比除以价格变动的百分比来衡量。

$$需求价格弹性=\frac{需求量变动的百分比}{价格变动的百分比} \tag{3—2}$$

2. 需求价格弹性的一般计算

在实际计算中常以 E_d 代表需求价格弹性，以 $\Delta Q/Q$ 代表需求量变动的百分比，以 $\Delta P/P$ 代表价格变动的百分比，则需求价格弹性的公式可以用字母表示为：

$$E_d=\frac{\Delta Q/Q}{\Delta P/P} \tag{3—3}$$

例如，假设冰激凌的价格上升了5%，使消费者购买冰激凌的数量减少了15%。利用公式（3—3）可以计算出冰激凌的需求价格弹性为：

$$E_d=15\%/5\%=3$$

在本例中，需求价格弹性是3，说明需求量变动是价格变动的3倍。

根据需求定理，由于一种物品的需求量与其价格总是反方向变动，所以，需求量变动的百分比与价格变动的百分比总有着相反的符号。也就是说，一般情况下，需求价格弹性总是负值。在上面这个例子中，价格变动的百分比是正的5%（反映了上升），而需求量变动的百分比是负的15%（反映了减少）。在实际计算中需求价格弹性均取正值。

3. 弧弹性、点弹性的计算

经过对一般意义上的需求价格弹性的计算，现在来更精确地讨论它的计量。需求价格弹性细化的计算分为两种：一是弧弹性，二是点弹性。

弧弹性是指需求曲线上两点之间的需求价格弹性。结合图3—1，用式（3—3）给出的一般弹性公式去计算需求曲线上 A 点到 B 点的弹性值和 B 点到 A 点的弹性值。

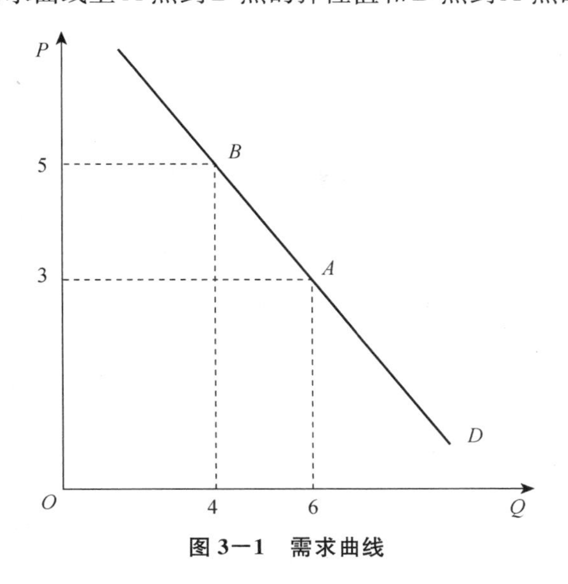

图3—1 需求曲线

A 点：价格（P_1）=3，数量（Q_1）=6

B 点：价格（P_2）=5，数量（Q_2）=4

从 A 点到 B 点的需求价格弹性：

$$e_{AB}=\frac{\frac{6-4}{6}}{\frac{5-3}{3}}=0.5$$

从 B 点到 A 点的需求价格弹性：

$$e_{BA}=\frac{\frac{6-4}{4}}{\frac{5-3}{5}}=1.25$$

需求曲线上 A 点到 B 点的弹性值和 B 点到 A 点的弹性值是不同的。为了避免两点之间计算数值不一致的问题，在计算一条需求曲线上两点之间的需求价格弹性时，通常采用中点法。通过中点法计算的需求价格弹性，可以很好地解决同一曲线由于起点不同而出现的不同需求价格弹性的问题。假定 A、B 为同一条需求曲线上的两点，（Q_1，P_1）和（Q_2，P_2）分别为 A、B 两点的坐标，A、B 两点之间形成了一段曲线。利用中点法计算的 A、B 两点间需求价格弹性的公式为：

$$\text{需求价格弹性}（E_d）=\frac{\frac{Q_2-Q_1}{(Q_2+Q_1)/2}}{\frac{P_2-P_1}{(P_2+P_1)/2}} \tag{3-4}$$

下面举例说明如何利用中点法计算同一条需求曲线上两点之间的一段弧的需求价格弹性。

A 点：价格（P_1）$=3$，数量（Q_1）$=6$

B 点：价格（P_2）$=5$，数量（Q_2）$=4$

$$\text{需求价格弹性}（E_d）=\frac{\frac{Q_2-Q_1}{(Q_2+Q_1)/2}}{\frac{P_2-P_1}{(P_2+P_1)/2}}=\frac{\frac{4-6}{(4+6)/2}}{\frac{5-3}{(5+3)/2}}=-0.8$$

这里的负号仅表示需求量与价格呈反方向变动。在本书中我们遵循一般做法，去掉负号，把所有价格弹性作为正数（数学上称这种数为绝对值）。根据这个习惯，需求价格弹性越大，意味着需求量对价格越敏感。

如果不采用中点法计算，就会得出另外两个不同的结果。从 A 点到 B 点的需求价格弹性为 0.5，从 B 点到 A 点的需求价格弹性为 1.25，只有用中点法计算才能很好地解决这个问题，因为无论变动的方向如何，中点法都给出了同一个答案。所以在计算同一条需求曲线上两点之间的需求价格弹性时，通常采用这个方法。当然，弹性所表示的含义——需求量对价格变动的敏感程度——要比如何计算弹性更重要。

点弹性是指需求曲线上某一点的需求价格弹性。它计算的是当价格变化非常微小时，人们的需求对价格变化所作反应的程度。点弹性的公式如下：

$$E_d=\frac{dQ}{dP}\times\frac{P}{Q} \tag{3-5}$$

$\frac{dQ}{dP}$其实就是通过需求曲线 D 上某一点做一条切线的斜率的倒数。

3.1.2 需求价格弹性的分类

经济学家根据需求价格弹性的数值的不同，把需求价格弹性分为五类。

1. 需求完全无弹性

即当｜E_d｜=0 时。这时的需求曲线是一条垂直于横轴的线，如图 3—2 所示。在这种情况下，无论价格如何变化，需求量都保持在 100，不发生任何变化。

2. 第二，需求缺乏弹性

即当 0<｜E_d｜<1 时。这时的需求曲线是一条比较陡峭的线，如图 3—3 所示。

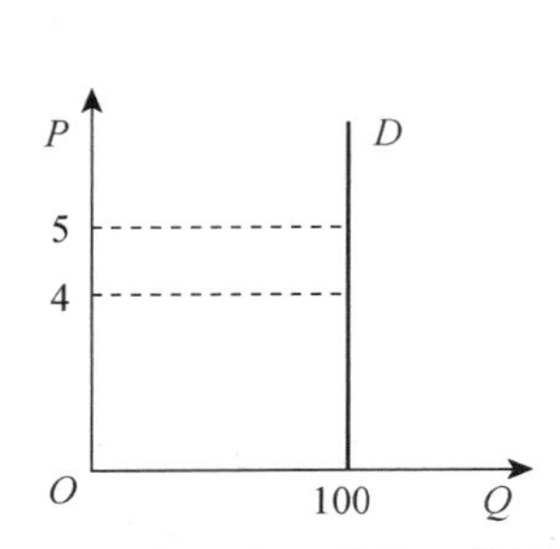

图 3—2 需求完全无弹性：弹性等于 0

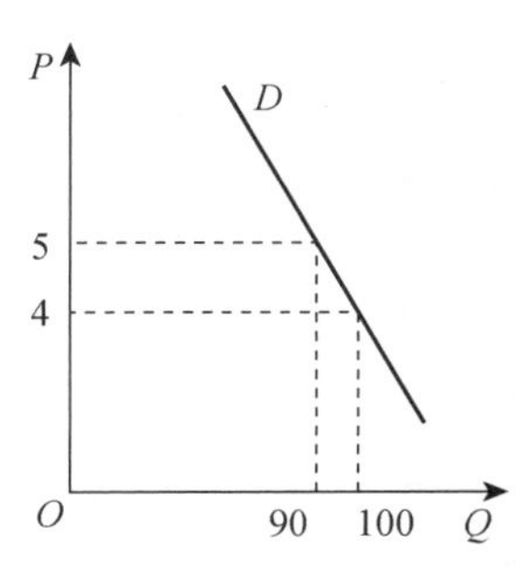

图 3—3 需求缺乏弹性：弹性小于 1

在这种情况下，需求量变动的百分比小于价格变动的百分比。例如，生活必需品，像食盐、小麦、蔬菜这样的商品，即使价格发生很大变化，其需求量的变化程度也不会很大。

3. 单位需求弹性

即当｜E_d｜=1 时。这时的需求曲线是一条正的双曲线，如图 3—4 所示。在这种情况下，需求量变动的百分比等于价格变动的百分比。

4. 需求富有弹性

即当｜E_d｜>1 时。这时的需求曲线是一条比较平坦的线，如图 3—5 所示。

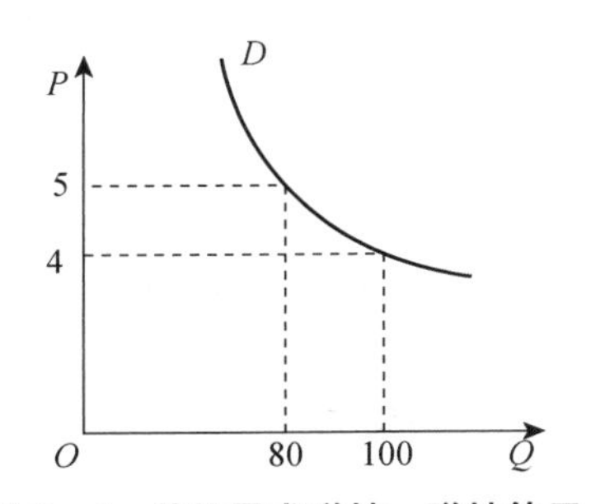

图 3—4 单位需求弹性：弹性等于 1

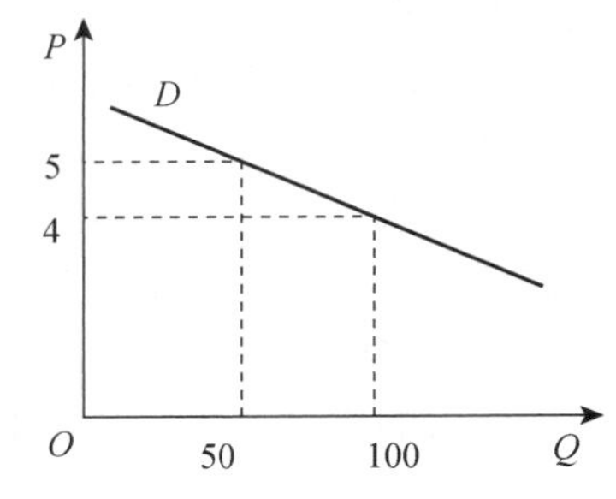

图 3—5 需求富有弹性：弹性大于 1

在这种情况下，需求量变动的百分比大于价格变动的百分比。这种现象在非生活必需品中很常见，如汽车、旅游等，价格变动过大，往往会抑制消费者的购买。

5. 需求有无限弹性

即当｜E_d｜→∞时。这时的需求曲线是一条平行于横轴的线，如图 3—6 所示。

在这种情况下，当价格为 4 元时，消费者将购买任何数量的该商品；当价格低于 4 元时，需求量是无限大；当价格高于 4 元时，需求量为 0。它反映了这样一个事实：价格的极

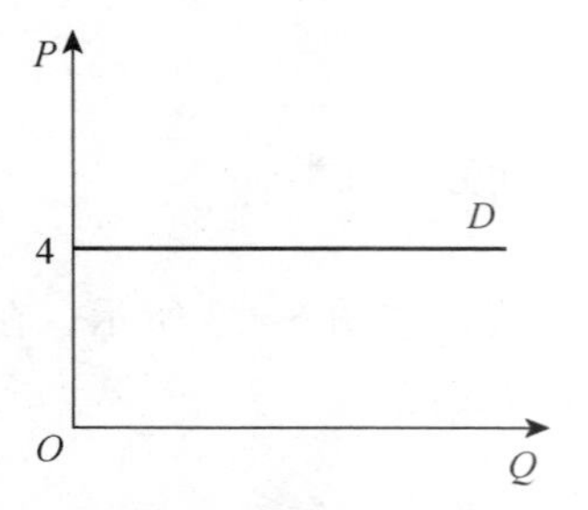

图 3－6　需求完全弹性：弹性趋近于∞

小变动会引起需求量的极大的变动。

由于需求的价格弹性衡量的是需求量对价格的反应程度，因此，它与需求曲线的斜率密切相关。一般说来，通过某一点的需求曲线越平坦，需求的价格弹性就越大，通过某一点的需求曲线越陡峭，需求的价格弹性就越小。

3.1.3　需求价格弹性的决定因素

任何一种物品的需求价格弹性都衡量当其价格上升时，消费者放弃这种物品的意愿有多大。因此，需求价格弹性反映了形成消费者嗜好的很多经济、社会和心理因素。具体说来，下列这些因素影响着需求价格弹性的大小。

1. 必需品与奢侈品

必需品倾向于需求缺乏弹性而奢侈品倾向于需求富有弹性。当食盐、粮食、蔬菜的价格上升时，尽管人们会比平常的购买量减少一些，但不会大幅度地减少对小麦、大米的购买量。与此相比，当豪华汽车、珠宝的价格上升时，其需求量会大幅度地减少。原因是大多数人把食盐、粮食、蔬菜当作生活必需品，而把豪华汽车、珠宝当作奢侈品。

2. 商品的可替代程度

如果一种商品有很多替代品，则该商品倾向于需求富有弹性；如果一种商品的替代品很少，则该商品倾向于需求缺乏弹性。例如，康师傅方便面和统一方便面很容易相互替代。一旦康师傅方面便的价格上升，人们很容易大量减少对康师傅方便面的需求量，进而增加对统一方便面的需求。与此相反，鸡蛋是一种没有相近替代品的食物，因此鸡蛋倾向于需求缺乏弹性。

3. 时间的长短

物品的需求在长期内更富有弹性。汽油、煤、天然气这些能源在短期内价格上升，需求量减少的幅度不会很大。但是随着时间越长新能源的开发和应用越广泛，随着价格的上涨，汽油、煤、天然气的需求会更大幅度地减少。

4. 商品在家庭支出中所占的比例

在家庭支出中所占比例大的物品，其需求倾向于富有弹性，而在家庭支出中所占比例小的物品，其需求倾向于缺乏弹性。例如，电器、汽车这样的物品在家庭支出中所占的比例大，其需求量对价格的变动较为敏感；相反，日用品中如毛巾、牙膏、香皂等，这样的物品在家庭支出中所占的比例很小，其需求量对价格的变动也不是很敏感。

3.1.4　其他需求弹性

除了需求价格弹性外，经济学中还使用需求收入弹性和需求交叉弹性来描述市场上买者的行为。

1. 需求收入弹性

需求收入弹性衡量的是消费者收入变动时其需求量如何变动。具体说来，我们把需求收入弹性定义为：需求收入弹性（Income Elasticity of Demand）是指一种物品需求量对消费者收入变动反应程度的衡量，用需求量变动的百分比除以收入变动的百分比来计算。根据定义，可以得出需求收入弹性的计算公式，即：

$$\text{需求收入弹性}=\frac{\text{需求量变动的百分比}}{\text{收入变动的百分比}} \tag{3-6}$$

如果以 E_i 代表需求收入弹性，以 $\Delta Q/Q$ 代表需求量变动的百分比，以 $\Delta I/I$ 代表收入变动的百分比，则需求收入弹性的公式就是：

$$E_i=\frac{\Delta Q/Q}{\Delta I/I} \tag{3-7}$$

例如，假设收入增加了 10%，消费者购买的衣服量增加了 30%。可以计算出消费者的需求收入弹性为：

$$\text{需求收入弹性}=\frac{30\%}{10\%}=3$$

上面例子说明，需求收入弹性是 3，表明需求量变动是收入变动的 3 倍。

可以根据需求收入弹性的大小对商品进行分类。如果需求收入弹性为负值，即 $E_i<0$，则该商品为低档物品（或称劣等物品），它说明随着收入的增加需求量反而减少，例如乘坐公共汽车等。如果需求收入弹性为正值，即 $E_i>0$，则该商品为正常物品，它说明随着收入的增加需求量也增加。在正常物品中，如果需求收入弹性的值大于 1，即 $E_i>1$，则该商品为昂贵的食物、豪车、别墅；如果需求收入弹性的值大于 0 小于 1，即 $0<E_i<1$，则该商品为必需品，例如小麦、鸡蛋、蔬菜等。需求收入弹性一般为正值。

2. 需求交叉弹性

需求交叉弹性（Cross-price Elasticity of Demand）是衡量一种物品需求量对另一种物品价格变动的反应程度，用第一种物品需求量变动的百分比除以第二种物品价格变动的百分比来计算。根据定义，可以得出需求交叉弹性的计算公式，即：

$$\text{需求交叉弹性}=\frac{\text{物品 1 需求量变动的百分比}}{\text{物品 2 价格变动的百分比}} \tag{3-8}$$

如果以 E_c 代表需求交叉弹性，以 $\Delta Q_1/Q_1$ 代表物品 1 需求量变动的百分比，以 $\Delta P_2/P_2$ 代表物品 2 价格变动的百分比，则需求交叉弹性的公式就是：

$$E_c=\frac{\Delta Q_1/Q_1}{\Delta P_1/P_1} \tag{3-9}$$

如果物品 1 与物品 2 是互补品，则该需求交叉弹性为负值，例如，汽油的价格上升，对汽车的需求量就会减少，其交叉弹性为负值；如果物品 1 与物品 2 是替代品，则该需求交叉弹性为正值，例如，猪肉的价格上升，对牛肉的需求量就会增加，其交叉弹性为正值；如果物品 1 与物品 2 是独立品（Independent Goods），则该需求交叉弹性为零，例如，鸡蛋的价格上升，对汽车的需求量并不会因此而发生任何变化，其需求交叉弹性为零。据此，可以根据需求交叉弹性的数值来判断两种商品之间的关系。

3.2 供给弹性

供给弹性分为供给价格弹性、供给收入弹性和供给交叉弹性。这里，仅介绍供给价格弹性。通过供给价格弹性，大家可以推出另外两种弹性的内容。

3.2.1 供给价格弹性

1. 供给价格弹性的含义

供给定理表明，价格上升，供给量增加。供给价格弹性衡量的是供给量对价格变动的反应程度。具体说来，可以给供给价格弹性如下定义：供给价格弹性（Price Elasticity of Supply）是指一种物品供给量对其价格变动反应程度的衡量，用供给量变动的百分比除以价格变动的百分比来计算。

2. 供给价格弹性的计算

为了更精确地衡量供给量会对价格的变动做出多大程度的反应，经济学中用供给量变动的百分比除以价格变动的百分比来计算供给价格弹性，即：

$$供给价格弹性=\frac{供给量变动的百分比}{价格变动的百分比} \tag{3—10}$$

如果以 E_s 代表供给价格弹性，以 $\Delta Q/Q$ 代表供给量变动的百分比，以 $\Delta P/P$ 代表价格变动的百分比，则供给价格弹性的公式就是：

$$E_s=\frac{\Delta Q/Q}{\Delta P/P} \tag{3—11}$$

例如，假设冰激凌的价格上升了 20%，冰激凌店对冰激凌的供给量增加了 20%。依公式可以计算出厂商的供给价格弹性为：

$$E_s=\frac{20\%}{20\%}=1$$

在上面这个事例中，供给价格弹性是 1，说明了供给量变动幅度与价格变动的幅度相同。

根据供给定理，由于一种物品的供给量与其价格总是同方向变动，所以，供给量变动的百分比与价格变动的百分比总有着相同的符号。也就是说，一般情况下，供给价格弹性总是正值。在上面这个例子中，价格变动的百分比是正的 20%（反映了上升），而供给量变动的百分比是正的 20%（反映了增加）。供给价格弹性的值越大，说明其供给量对价格越敏感。

3.2.2 供给价格弹性的分类

经济学中根据供给价格弹性的数值的不同，把供给价格弹性分为以下五类。

1. 供给完全无弹性

即当 $E_s=0$ 时。这时的供给曲线是一条垂直于横轴的线，如图 3—7 所示。在这种情况下，无论价格如何变化，供给量都保持在 100，不发生任何变化。例如，土地。无论土地的价格上升还是下降，土地的供给量已经确定了。

2. 供给缺乏弹性

即当 $0<E_s<1$ 时。这时的供给曲线是一条比较陡峭的线，如图 3—8 所示。在这种情况下，供给量变动的百分比小于价格变动的百分比。

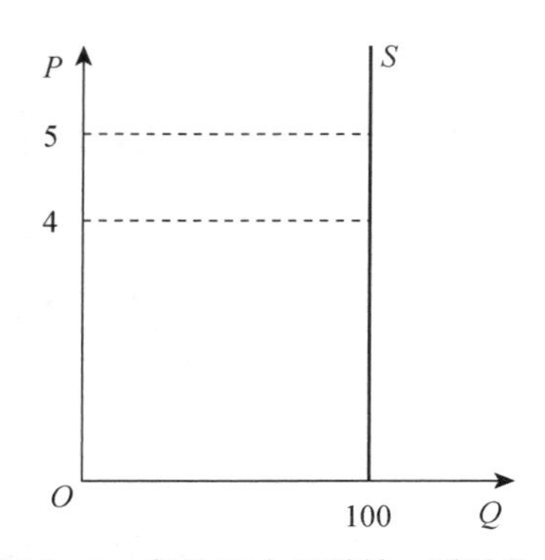

图3—7　供给完全无弹性：弹性为0

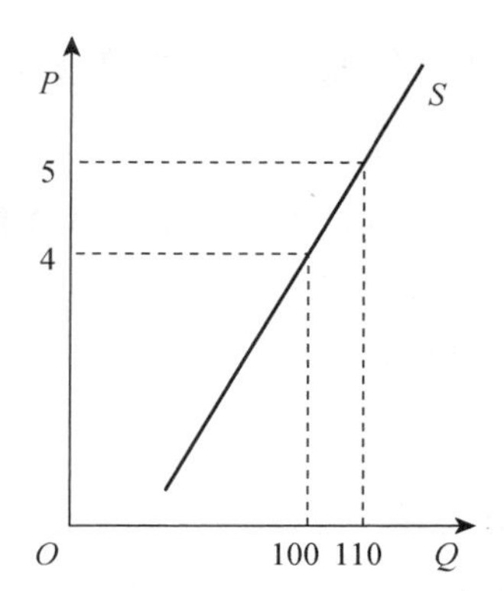

图3—8　供给缺乏弹性：弹性大于0小于1

3. 单位供给弹性

即当$E_s=1$时，如图3—9所示。在这种情况下，供给量变动的百分比等于价格变动的百分比。

4. 供给富有弹性

即当$E_s>1$时。这时的供给曲线是一条比较平坦的线，如图3—10所示。在这种情况下，供给量变动的百分比大于价格变动的百分比。

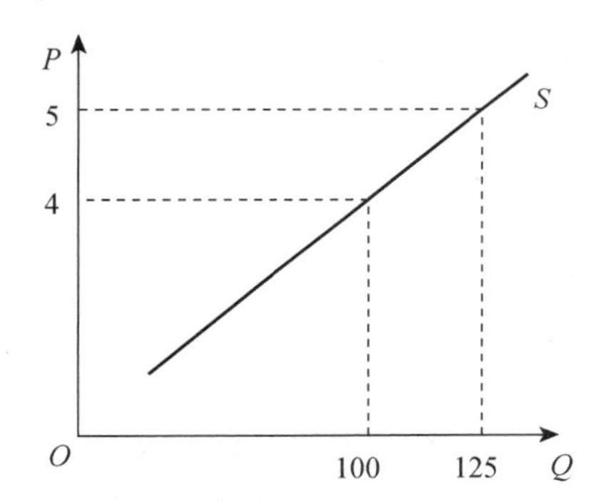

图3—9　供给单位弹性：弹性等于1

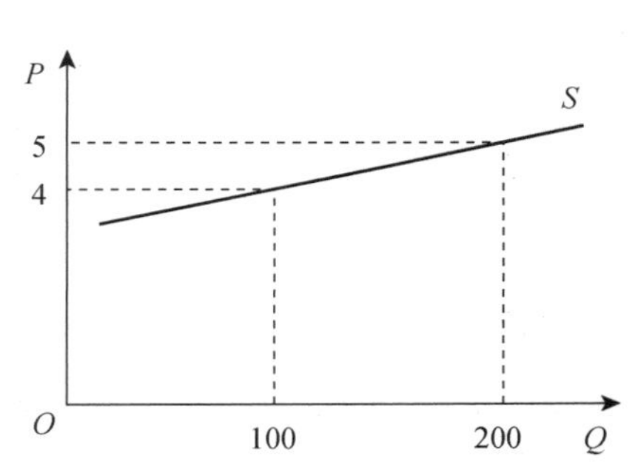

图3—10　供给富有弹性：弹性大于1

5. 供给有无限弹性

即当$E_s\to\infty$时，这时的供给曲线是一条平行于横轴的线，如图3—11所示。

在这种情况下，当价格为4元时，生产者将供给任何一种数量的该商品；当价格低于4元时，供给量为0；当价格高于4元时，供给量为无限大。它反映了这样一个事实：价格的极小变动会引起供给量的极大变动。

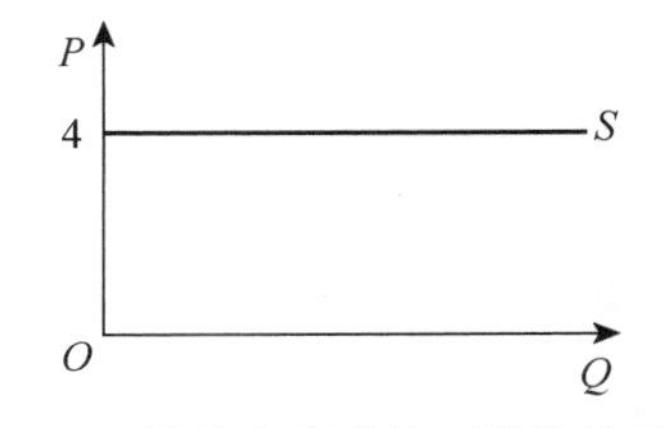

图3—11　供给完全弹性：弹性趋近于∞

由于供给的价格弹性衡量的是供给量对价格的反应程度，因此，它与供给曲线的斜率密切相关。一般说来，通过某一点的供给曲线越平坦，供给的价格弹性就越大；通过某一点的供给曲线越陡峭，供给的价格弹性就越小。

3.2.3 供给价格弹性的决定因素

供给取决于生产，因此供给价格弹性的决定因素要比需求价格弹性的决定因素复杂得多，具体说来下列这些因素的共同作用影响了供给价格弹性。

1. 生产时间的长短

一般来说，短期内，厂商无法迅速调整机器设备、厂房等生产要素，无法大量调整供给量，因此供给弹性小；相反，长期看，厂商可以购买新的机器设备，建设新的厂房，招募更多的工人等，改变供给量的空间大，所以供给价格弹性大。

2. 生产者改变生产量的难易程度

产品如果是容易生产且生产周期短的产品对价格变动较为敏感，其供给价格弹性大；相反，不容易生产且生产周期长的产品对价格变动不是很敏感，其供给价格弹性小；供给价格弹性也与生产的物品量改变的灵活性有关，如钻石的供给价格弹性比较小，因为钻石在自然界中的总量比较小，可改变的空间比较小，书本、电脑等这些供给量容易控制的产品的供给价格弹性比较大。

3. 物品与生产要素的特性

由于资源的有限性，一些非常稀缺的资源和物品，如土地或文物等，其供给价格弹性就很小；而一些易获得的资源，如普通劳动力，则供给弹性明显较大。

3.3 弹性理论的运用

弹性理论可以用来分析很多现实生活中的经济问题。在此之前，需要首先明确总收益和需求价格弹性之间的关系。

3.3.1 总收益的含义

总收益（Total Revenue）是指一种物品买者支付的量和卖者得到的量，通常用该物品的价格乘以该物品的销售量来计算。根据总收益的定义，可以得到总收益的计算公式，即：

$$总收益=价格\times销售量 \tag{3—12}$$

如果用 TR 来表示总收益，用 P 来表示价格，用 Q 来表示销售量，则总收益的计算公式就是：

$$TR=P\times Q \tag{3—13}$$

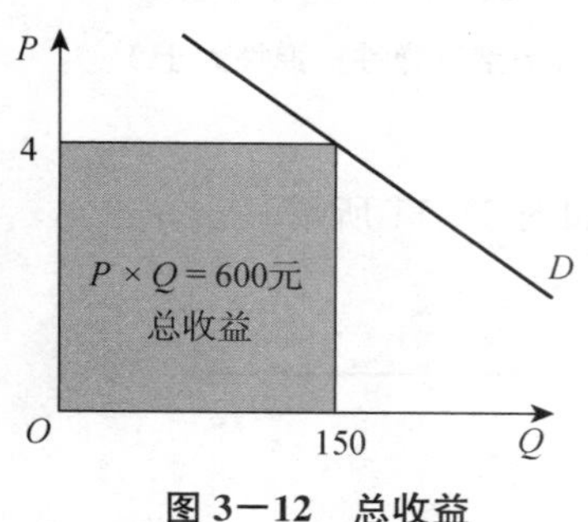

图 3—12 总收益

这样，就可以像图 3—12 那样，用图形来表示总收益。其中，需求曲线下方的方框的面积 $P\times Q$ 就是这个市场的总收益。在图 3—12 中，$P=4$ 元/件，$Q=150$ 件，TR=600 元。

3.3.2 总收益和需求富有弹性的商品之间的关系

如果某种商品是富有弹性的，则价格与总收益呈反方向变动，即价格上升，总收益减少，价格下降，总收益增加。

根据需求定理，需求量与价格呈反方向变动。当价格上升时，需求量减少。对于需求富有弹性的商品来说，需求量减少的幅度要大于价格上升的幅度，又因为总收益是两者的乘积，因此，总收益是减少的。相反，根据需求定理，价格下降时，需求量增加。对于需求富有弹性的商品来说，需求量增加的幅度要大于价格下降的幅度，又因为总收益是两者的乘积，因此，总收益是增加的。

可以用图 3—13 来说明上述结论。在图 3—13 中，D 是一条富有弹性的商品的需求曲线。当价格为 4 元时，销售量为 150，总收益为 600 元（见图 3—13（a））；当价格为 5 元时，销售量为 100，总收益为 500 元（见图 3—13（b））。两图对比，当价格由 4 元上升 5 元为时，总收益减少 100 元；反之，当价格由 5 元下降为 4 元时，总收益增加 100 元。

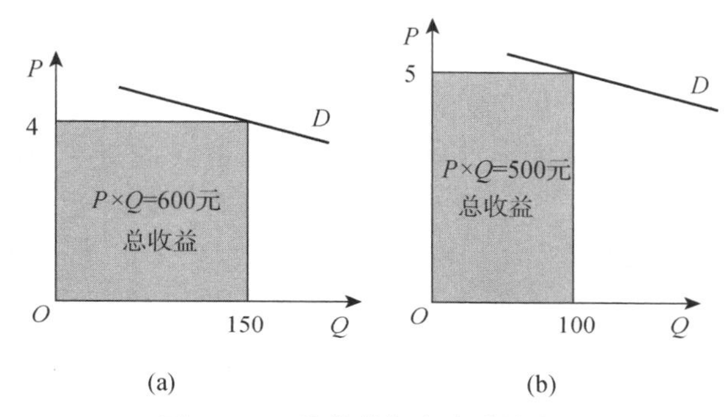

图 3—13　总收益与富有弹性商品

3.3.3　总收益和需求缺乏弹性的商品之间的关系

如果某种商品是缺乏弹性的，则价格与总收益呈同方向变动，即价格上升，总收益增加，价格下降，总收益减少。

根据需求定理，需求量与价格呈反方向变动。当价格上升时，需求量减少。对于需求缺乏弹性的商品来说，需求量减少的幅度要小于价格上升的幅度，又因为总收益是两者的乘积，因此，总收益是增加的。相反，根据需求定理，价格下降时，需求量增加。对于需求缺乏弹性的商品来说，需求量增加的幅度要小于价格下降的幅度，又因为总收益是两者的乘积，因此，总收益是减少的。

用图 3—14 说明上述结论。在图 3—14 中，D 是一条缺乏弹性的商品的需求曲线。当价

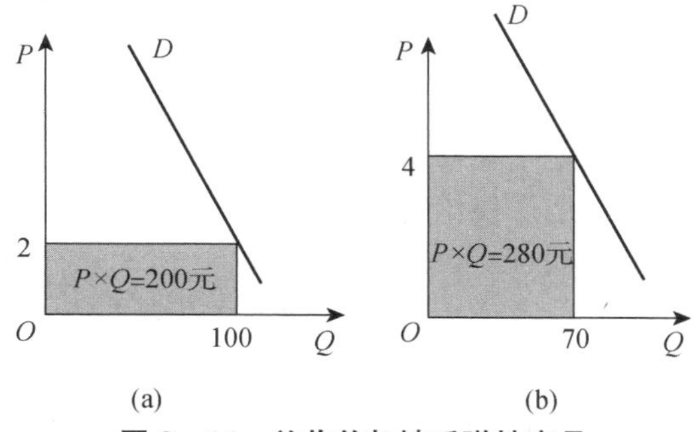

图 3—14　总收益与缺乏弹性商品

格为2元时，销售量为100，总收益为200元（见图3—14（a））；当价格为4元时，销售量为70，总收益为280元（见图3—14（b））。当价格由2元上升为4元时，总收益增加80元；反之，当价格由4元下降为2元时，总收益减少80元。

谷贱伤农

农业在世界上任何一个国家都非常的重要，是关系民生命脉的事情。但是在我们生活中总会出现这样的情况：在丰收的年份，农民的收入反而减少了。这种似乎难以理解的现象，可以用弹性原理加以解释。

农民粮食收割后到底能卖多少钱取决于两个因素：产量和粮价，即二者的乘积。但这两个变量并不是独立的，而是相互关联的，其关联性由一条向下倾斜的对粮食的需求线来决定。也就是说，价格越低，需求量越大；价格越高，需求量越小。另外还要注意的是，粮食需求线缺少弹性，也就是说，需求量对价格的变化不是很敏感。当粮价下跌时，对粮食的需求量会增加，但增加得不是很多。其基本的道理在于，粮食是一种必需品，对粮食的需求最主要的是由对粮食的生理需求所决定的。此外，当今对大部分人来说，粮食方面的花费在全部花费中所占比例已很小了，并且还会越来越小，这也导致人们对粮价的变化反应不敏感。

认识到粮食市场的这一特性后，就不难理解下面的现象：当粮食大幅增产后，由于粮食需求缺少弹性，农民为了卖掉手中的粮食，只能竞相降价，只有在农民大幅降低粮价后才能将手中的粮食卖出，这就意味着，在粮食丰收时往往粮价要大幅下跌。如果出现粮价下跌的百分比超过粮食增产的百分比，则就出现增产不增收甚至减收的状况，这就是“谷贱伤农”。

3.4 税收和弹性

人生有两种事情难以避免，一是死亡，另一个就是纳税。税收在每个家庭和企业中起到了重要作用。政策制定者用弹性理论来帮助决策税收对个人、家庭和企业的影响。当对一种物品征税时，该物品的买者与卖者将分摊税收负担，但税收负担如何确切地划分呢？只有极少数情况是平均分摊的。

经济学上对税收的研究主要是对税收归宿和税收负担的研究。税收归宿简单地说，就是谁承受了税收的负担。法律上规定了对谁征税及免税。那些支付税收的个人、家庭和企业并不是承受税收经济负担的主体。运用供给弹性和需求弹性可以帮助我们理解税收归宿（谁真正承受了税收负担），以及各种税收政策的最终影响。

为了说明税收负担如何划分，考虑图3—15中两个市场的税收影响。在这两种情况下，该图表示了最初的需求曲线，最初的供给曲线和打入买者支付的量与卖者得到的量之间的楔子。（在该图的哪一幅中都没有画出新的供给需求曲线。哪一条曲线移动取决于税收向买者征收还是向卖者征收。正如我们已经说明的，这与税收归宿无关。）这两幅图的差别是供给和需求的相对弹性不同。

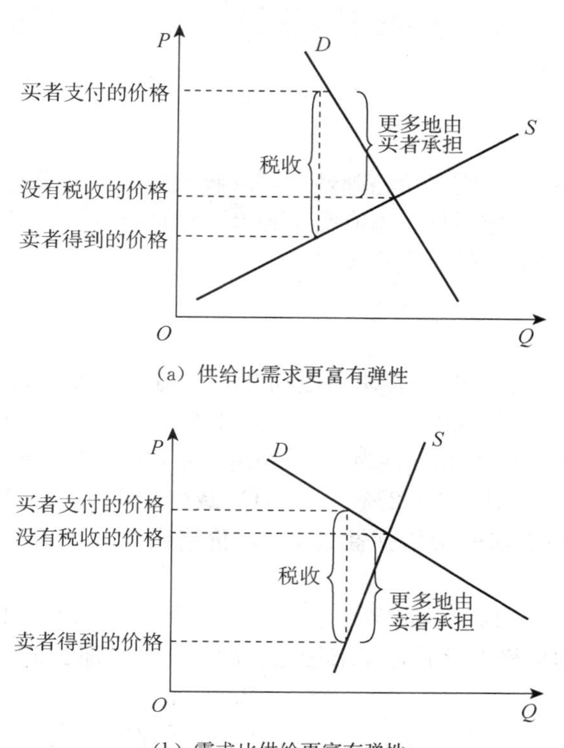

（a）供给比需求更富有弹性

（b）需求比供给更富有弹性

图3—15 两种市场供需情况

图3—15（a）表示供给非常富有弹性，而需求较为缺乏弹性市场上的税收。这就是说，卖者对某种物品的价格非常敏感，而买者非常不敏感，当对这些供给富有弹性的市场征税时，卖者得到的价格并没有下降多少，因此卖者只承担了一小部分负担；与此相比，买者支付的价格大幅度上升，表示买者承担了大部分税收负担。

仅从需求的角度考虑，需求的价格弹性越小，税收中消费者负担的部分越多，当需求曲线是一条垂线时，即需求完全无弹性时，政府征收的税收将全部要由消费者承担。

图3—15（b）表示供给较为缺乏弹性，而需求非常富有弹性的市场上的税收。在这种情况下，卖者对价格不十分敏感，而买者非常敏感。该图表示，当征税时，买者支付的价格上升并不多，而卖者得到的价格大幅度下降。因此，卖者承担了大部分税收负担。

图3—15的两幅图说明了一个关于税收负担划分的一般结论：税收负担更多地落在缺乏弹性的市场一方。为什么这是正确的？弹性实际上衡量当条件变得不利时，买者或卖者离开市场的意愿。需求弹性小意味着买者消费这某种物品时没有适当的替代品。供给弹性小意味着卖者生产这种物品时没有适当的替代品。当对这种物品征税时，市场中其他合适选择少的一方不能轻而易举地离开市场，从而必须承担更多的税收负担。

复习思考题

一、基本概念

弹性　点弹性　弧弹性　需求价格弹性　需求收入弹性　需求交叉弹性
供给价格弹性　缺乏需求弹性　富有需求弹性　单位弹性　缺乏供给弹性
富有供给弹性　完全有弹性　完全无弹性

二、选择题

1. 某种商品的价格变动10%，需求量变动20%，则它的弹性系数为（　　）。
   A. 10%　　B. 30%　　C. 1/2　　D. 2
2. 如果一种商品的需求的价格弹性为2，价格由1元上升到1.02元会导致需求量（　　）。
   A. 增加4%　　B. 增加2%　　C. 减少4%　　D. 减少2%
3. 如果一种商品的需求的价格弹性为0.5，价格由1元上升到1.04元会导致需求量（　　）。
   A. 增加4%　　B. 增加2%　　C. 减少4%　　D. 减少2%
4. 如果一种商品的价格上升时，需求量完全没有下降，那么该商品的需求（　　）。
   A. 有无限弹性　　B. 无弹性
   C. 富有弹性　　D. 缺乏弹性
5. 如果一种商品的价格变动5%，需求量因此变动5%，那么该商品的需求（　　）。
   A. 富有弹性　　B. 缺乏弹性
   C. 无弹性　　D. 单位弹性
6. 如果（　　），我们就说一种商品的需求缺乏弹性。
   A. 需求量变化百分比大于价格变化百分比
   B. 需求量变化百分比小于价格变化百分比
   C. 需求变化大于价格变化
   D. 价格变化大于需求变化
7. 如果一种商品的价格变化5%，需求量因此变动2%，那么该商品的需求（　　）。
   A. 富有弹性　　B 缺乏弹性
   C. 有无限弹性　　D. 无弹性
8. 如果一种商品的需求缺乏弹性，商品价格上升5%将使（　　）。
   A. 需求量的增加超过5%　　B. 需求量的增加小于5%
   C. 需求量的减少超过5%　　D. 需求量的减少小于5%
9. 如果一种商品的价格从5元上升至5.50元，需求量从200下降至190，因此该种商品的需求（　　）。
   A. 富有弹性　　B. 缺乏弹性　　C. 有无限弹性　　D. 单位弹性
10. 如果一种商品的需求富有弹性，商品价格上升5%将使（　　）。
   A. 需求量的增加超过5%　　B. 需求量的增加小于5%

C. 需求量的减少超过5%　　D. 需求量的减少小于5%

11. 如果一种商品的价格变化5%，需求量因此变动10%，则该商品的需求价格弹性为(　　)。

A. 缺乏弹性　　B. 富有弹性　　C. 单位弹性　　D. 无限弹性

12. 假定某商品的价格从9元下降到8元，需求量从50增加到60，则该商品的需求(　　)。

A. 缺乏弹性　　B. 富有弹性　　C. 单位弹性　　D. 无限弹性

13. 如果需求量变动的百分比大于收入变动的百分比，那么(　　)

A. 收入富有弹性　　B. 收入缺乏弹性

C. 收入无弹性　　D. 收入单位弹性

14. 收入缺乏弹性是指(　　)。

A. 需求量变动的百分比大于收入变动的百分比

B. 需求量变动的百分比小于收入变动的百分比

C. 需求量变动的百分比等于收入变动的百分比

D. 需求量的变动与收入的变动呈反方向变化

15. 如果一个企业提高其商品价格后发现总收益减少，这意味着该商品(　　)。

A. 需求缺乏弹性　　B. 需求富有弹性

C. 价格弹性等于1　　D. 收入缺乏弹性

16. 能够做到薄利多销的商品(　　)。

A. 需求无弹性　　B. 单位需求弹性

C. 需求富有弹性　　D. 需求缺乏弹性

17. 如果一种商品的需求缺乏弹性(　　)。

A. 无论价格如何变动，总收益都减少　　B. 价格上升时总收益增加

C. 价格下降时总收益增加　　D. 价格上升时总收益减少

18. 某种商品的需求弹性小于1时(　　)。

A. 价格上升，总收益增加　　B. 价格上升，总收益减少

C. 价格下降，总收益不变　　D. 价格下降，总收益增加

19. 如果一个企业降低其商品价格后发现总收益减少，这意味着该商品(　　)。

A. 需求缺乏弹性　　B. 需求富有弹性

C. 价格弹性大于1　　D. 收入缺乏弹性

三、判断题

1. 假定某商品价格下降20%能使买者总支出增加15%，则这种商品的需求量对价格具有单位弹性。(　　)

2. 如果某商品的需求价格弹性为1.4，那么当该商品的价格上升后，其销售量会下降，但消费支出会增加。(　　)

3. 当需求缺乏价格弹性时，消费总支出与价格变动方向一致，而需求数量与价格变动方向相反。(　　)

4. 如果某种商品的需求收入弹性大于1，那么当收入上升时，这种商品的需求量将增

加。(　　)

5. 某种物品越容易被替代，该物品的需求也就越缺乏弹性。(　　)

6. 假定A、B两种商品的交叉价格弹性为1.8，那么这两种商品一定是互补品。(　　)

7. 如果对小麦的需求高度缺乏弹性，粮食丰收将减少农民的收入。(　　)

8. 如果对食盐的支出在家庭支出中只占一个极小的比例，那么对食盐的需求就是缺乏弹性的。(　　)

9. 需求的价格弹性和需求曲线的斜率在数值上一定相等。(　　)

10. 假定某商品的价格从5元上升到5.1元，购买者就会完全停止购买这种商品，说明需求富有价格弹性。(　　)

11. 需求的价格弹性为0意味着需求曲线是一条水平线。(　　)

12. 需求的价格弹性为无穷，那么需求曲线是一条垂直线。(　　)

13. 卖者提高价格肯定能增加总收益。(　　)

14. 卖者降低价格肯定会减少每单位商品的收益。(　　)

15. 农产品的需求一般来说缺乏价格弹性，这意味着当农产品价格上升时，农场主的总收益将增加。(　　)

四、思考题

1. 简述决定商品需求价格弹性的主要因素。

2. 举例说明什么是替代品，什么是互补品，两者之间的交叉价格弹性有什么特征。

3. 当需求曲线缺乏弹性及价格下降时，收益会怎么变化？如果需求曲线富有弹性及价格上升，收益又将怎样变化？

4. 举例说明什么是正常商品，什么是低档商品，它们的需求收入弹性各有什么特征。

五、计算题

1. 如果鸡肉的价格上涨15%，火鸡胸肉的销量增加10%，求这两种商品的交叉弹性是多少？

2. 根据下列供给表：

P	2	4	6	8	10
Q	0	4	8	12	16

求：(1) 使用中点法，计算 $P=2$ 和 $P=4$ 之间，$P=8$ 和 $P=10$ 之间的供给价格弹性值。

(2) 当 P 和 Q 增加时，供给曲线的点弹性是提高还是降低？为什么？

答　案

二、选择题

1. D　2. C　3. D　4. B　5. D　6. B　7. B　8. D　9. B　10. C　11. B　12. B　13. A

14. B 15. B 16. C 17. B 18. A 19. A

三、判断题

1. 错 2. 错 3. 对 4. 对 5. 错 6. 错 7. 对 8. 对 9. 错 10. 错 11. 错 12. 错 13. 错 14. 错 15. 对

五、计算题

1. 交叉弹性＝火鸡熊肉销售量变动百分比/鸡肉价格变动百分比＝10%/15%＝0.67
这两种商品的交叉弹性为0.67，并且互为替代品。

2. (1) 供给价格弹性＝供给量变动百分比/价格变动百分比＝$\dfrac{\dfrac{4}{\frac{0+4}{2}}}{\dfrac{2}{\frac{2+4}{2}}}=3$

供给价格弹性＝供给量变动百分比/价格变动百分比＝$\dfrac{\dfrac{4}{\frac{12+16}{2}}}{\dfrac{2}{\frac{8+10}{2}}}=1.29$

(2) $E=5\times P/Q$，随着P和Q的增加，P/Q减少，所以供给曲线的点弹性降低。

第 4 章　消费者行为理论

通过本章的学习，使学生能理解并掌握什么是效用、总效用与边际效用的关系、边际效用递减规律、效用最大化及在消费可能线约束下的最高可能的无差异曲线等理论，能够运用边际效用分析方法和无差异曲线分析方法解释和说明消费者行为是如何决定的。

4.1　效用原理

效用（Utility）是指物品满足人们欲望的能力，或者说，效用是指消费者在消费物品时所感受到的满足程度。一种物品对消费者是否具有效用，取决于消费者是否有消费这种物品的欲望，以及这种物品是否具有满足消费者欲望的能力。一般来说，消费者越具有消费某物品的欲望并且从消费该物品中获得的满足程度越高，该物品给消费者带来的效用就越大；反之，消费者越不具有消费某物品的欲望，并且从消费该物品中获得的满足程度越低，该物品给消费者带来的效用就越小。如果消费者从消费某种物品中感受到的是痛苦，那他获得的是负效用。

效用这一概念是与人的欲望联系在一起的。效用是对欲望的满足，因此，效用和欲望一样，是一种心理感觉。某一种物品效用的大小没有客观标准，完全取决于消费者在消费该物品时的主观心理感受。例如，同样是一盘热气腾腾的饺子，对于饥饿的人来说，它无疑是一道美味，产生很大的效用，而对于刚刚吃饱饭的人来说，它的效用就会很小，甚至带来负效用。因此，效用大小是针对不同个体，在不同环境下而言的，效用不存在统一的标准，也没有伦理上的意义。对不同的人而言，同样的物品可能带来不同的效用，而对于同一个人而言，同一物品在不同的时间、地点也可能给他带来不同的效用。比如，食品对一位非常饥饿的人来说，有很大的效用，而对于刚刚吃饱饭的人，食品的效用很低甚至是负效用，即反感。因此，效用的有无与大小，完全是一种主观心理感受，效用因人、因时、因地而不同。

4.1.1　总效用与边际效用

作为消费者总是希望获得最大的效用，所以，要分析消费者如何实现效用最大化，就必须首先了解总效用与边际效用这两个重要的经济学词汇的含义。

1. 总效用、边际效用的含义

总效用（Total Utility，TU）是指消费者在一定时间内从一定数量物品的消费中所得到的总满足程度或者说是效用量的总和。边际效用（Marginal Utility，MU）是指消费者在一定时间内增加一单位物品的消费所增加的满足程度或者说是效用量的增量。

假定消费者对一种物品的消费数量为 Q，那么总效用的函数式可以写为：

$$\mathrm{TU}=f(Q) \tag{4-1}$$

式中：TU——总效用。

相应地，边际效用的函数式为：

$$MU=\frac{\Delta TU(Q)}{\Delta Q} \tag{4—2}$$

式中：MU——边际效用。

在经济学中，“边际”是一个非常重要的概念，理性人在分析经济事物的时候要考虑边际量。边际分析方法也是经济学中最基本的分析方法之一。可以把边际量的定义公式写为：

$$边际量=\frac{因变量的变化量}{自变量的变化量} \tag{4—3}$$

根据边际量的定义，在边际效用中，自变量是消费者对某物品的消费量，因变量是消费该物品后的满足程度或效用。消费量变动所引起的消费者对某物品效用的变动就是边际效用。也可以把边际效用理解为是最后一个消费单位带来的额外效用。

2. 总效用与边际效用的关系

下面是消费香蕉的例子，用表4—1来说明总效用与边际效用之间的关系。

表4—1　总效用与边际效用

香蕉的消费量	总效用	边际效用
0	0	
1	3	3
2	5	2
3	6	1
4	6	0
5	5	—1

根据表4—1，可以分别作出总效用和边际效用的曲线图形如图4—1所示。在图4—1中，横轴代表香蕉的消费量，纵轴代表消费香蕉得到的总效用和边际效用，其中TU为总效用曲线，MU为边际效用曲线。通过图4—1可以发现，虽然总效用随着消费量的增加而增加，但它是以递减的速度增加的，这显示出边际效用的递减性。图中的MU曲线表示每一新增单位香蕉所带来的效用变化。边际效用下降的阶梯反映了总效用以递减的速度增加的事实。

从表4—1和图4—1中可以发现，当没有消费香蕉时，边际效用和总效用都为0；当消费第一单位香蕉时，消费者对这第一个香蕉所带给自己的效用评价是3，即边际效用为3个效用单位，总效用这时就是这一单位香蕉的效用，也是3个效用单位；当消费第二个香蕉时，消费者对它的效用评价下降为2个效用单位，即第二个香蕉的边际效用为2个效用单位，此时，消费者吃两个香蕉的总效用就是两个香蕉的边际效用之和，即总效用＝3＋2＝5个效用单位；当消费者消费第三个香蕉时，消费者对它的效用评价下降为1个效用单位，即第三个香蕉的边际效用为1个效用单位，此时，消费者吃三个香蕉的总效用就是三个香蕉的边际效用之和，即总效用＝3＋2＋1＝6个效用单位；当消费者消费第四个香蕉时，消费者对它的效用评价下降为0个效用单位，即第四个香蕉的边际效用为0个效用单位，此时，消费者吃四个香蕉的总效用就是四个香蕉的边际效用之和，即总效用＝3＋2＋1＋0＝6个效用

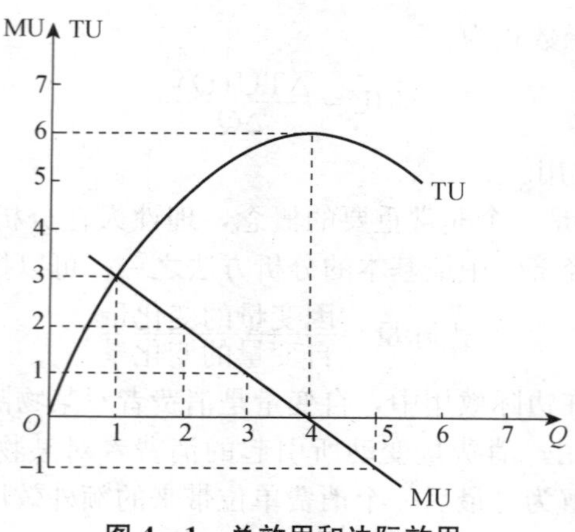

图 4—1　总效用和边际效用

单位，此时总效用达到最大值 6 个效用单位；当吃第五个香蕉时，边际效用递减为－1 个效用单位，总效用开始下降为 5 个效用单位。

由此，可以得出这样的结论：当边际效用为正值时，总效用是增加的；当边际效用为零时，总效用达到最大；当边际效用为负值时，总效用是下降的。

4.1.2　边际效用递减规律

从表 4—1 和图 4—1 中可以发现，边际效用是递减的。这种情况普遍适用于一切物品的消费，所以被称为边际效用递减规律。具体可以定义为：边际效用递减规律（Law of Diminishing Marginal Utility）是指在一定时间内，在其他物品的消费数量保持不变的条件下，随着消费者对某种物品消费量的增加，他从该物品连续增加的消费单位中所得到的效用（即增量），即边际效用是递减的。

为什么在消费过程中会出现边际效用递减规律呢？

首先，由于随着相同消费品的连续增加，从人的生理和心理角度讲，消费者从每一单位消费品中所感受到的满足程度和对重复刺激的反应程度是递减的。例如，在日常生活，不但吃普通食品会有这种感觉，即便是连续吃山珍海味，如鲍鱼、海参、鱼翅等，也同样会有这种感觉，这再一次说明效用是一种主观感受。

其次，由于同一个物品往往具有多种用途，消费者往往会将第一单位的消费品用在最重要的用途上，第二单位的消费品用在次重要的用途上，因此，其边际效用就小了。以此顺序用下去，用途越来越不重要，其边际效用自然就是递减的。例如，当消费者拥有粮食的时候，他会把它用于最重要的用途——生存，因此，他很可能会把第一袋粮食吃掉。而与此形成对比的是，消费者可能会把第二袋粮食用来养家禽，把第三袋粮食用来酿酒。这三袋粮食的重要性是不一样的，从而其边际效用也是不同的。

由此可见，某一物品，不论是在同一消费者的连续消费过程中，还是在同一物品的多种用途中，边际效用递减规律都是符合实际情况的。

4.1.3　消费者剩余

上面介绍了边际效用递减规律，这个规律可以很好地解释经济学中另一个重要概念：消费者剩余。

消费者剩余理论属于经济学中福利经济学（Welfare Economics）的范畴，它主要考察的是买者从参与市场活动中所获得的利益，在大多数市场上，消费者剩余反映了经济福利。

消费者剩余的含义是：当消费者购买一定量的某种物品时，该物品的总效用与其市场价值之间的差额被称为消费者剩余（Consumer Surplus）；或者说消费者剩余是指消费者愿意对某物品支付的最高价格与他实际支付的价格的差额。其中，消费者愿意对某物品支付的最高价格在经济学中被称为消费者的支付意愿（Willingness to Pay）。

消费者剩余产生的原因是什么呢？消费者之所以能享受到这种消费者剩余，根本的原因在于边际效用递减规律的存在。对于消费者所购买的某种物品的每一单位，从第一单位到最后一单位，消费者支付的是相同的价格。同时，消费者支付的每一单位价格都是它最后一单位的价值。根据边际效用递减规律，消费者所购买该物品的前面每一单位都比后面每一单位具有更高的价值。因而，消费者从前面每一单位中享受到了效用剩余，就是消费者剩余。

下面用表4—2和图4—2来进一步说明消费者剩余的产生。

表4—2　总效用与边际效用

奶茶的数量	消费者支付意愿	市场价格	消费者剩余
1	10	3	7
2	9	3	6
3	8	3	5
4	7	3	4
5	6	3	3
6	5	3	2
7	4	3	1
8	3	3	0

在表4—2中，随着奶茶数量从1增加到8，消费者的支付意愿从10下降到3。但由于市场价格是由整个市场的供求关系所决定的，不以某一消费者的愿望为转移。某一消费者对该物品的购买仅占市场上极小的比例，无法影响价格。因此，市场的价格是固定的。在表4—2中，市场价格为3。当该消费者购买1杯奶茶时，他的支付意愿是10，而市场上的实际价格为3，此时，消费者的效用剩余为7。随着该消费者购买某物品数量的增加，他的支付意愿在下降，而市场价格始终不变。因此，随着消费者购买物品数量的增加，他从每单位物品购买中所获得的消费者剩余在减少。

在表4—2的基础上，绘出图4—2进一步说明消费者剩余。在图4—2中，横轴表示消费者购买奶茶的数量，纵轴代表价格，D为某消费者的需求曲线。市场价格为3。购买第1杯奶茶时，消费者剩余为7；购买第2杯奶茶时，消费者剩余为6；购买第3杯奶茶时，消费者剩余为5；……购买第8杯奶茶时，消费者剩余为0。从而购买1杯奶茶时的总剩余是7，2杯的总剩余是7＋6＝13，3杯的总剩余是7＋6＋5＝18，4杯的总剩余是7＋6＋5＋4＝22，5杯的总剩余是7＋6＋5＋4＋3＝25，6杯的总剩余是7＋6＋5＋4＋3＋2＝27，7杯总

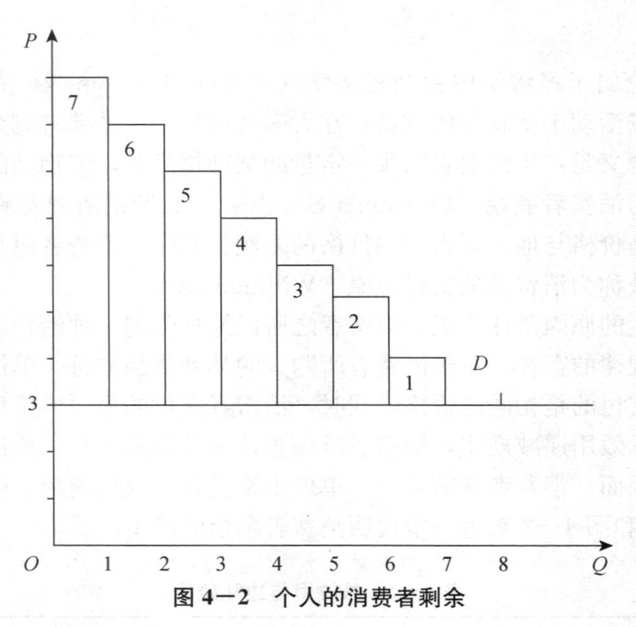

图 4—2　个人的消费者剩余

剩余是 7＋6＋5＋4＋3＋2＋1＝28。

生产者剩余

在涉及对于生产者的影响时还应当引入生产者剩余。生产者剩余（Producer Surplus）等于厂商生产一种产品的总利润加上补偿给要素所有者超出和阴影部分为生产者剩余低于他们所要求的最小收益的数量。生产者剩余＝实际卖出价格－生产成本（价格以下和供给曲线以上的面积）。由前面我们提及的，当价格下降时，消费者的剩余是增加的，实际卖出的价格下降，成本假设是没有变的，这样生产者剩余就可以是下降的，即是生产者的福利下降。那么生产者在加大消费者剩余的这个过程中是受害的。图 4—3 中，接受价格以下，供给曲线以上的阴影部分的面积是生产者剩余，需求曲线以下，付出价格以上的部分是消费者剩余。

比如说，你去服装店买衣服，看见一件衬衣标价 380 元（卖出价格），一个人特别喜欢这件衣服，她评价为 500 元，那么此时消费者的剩余就只有 120 元。而这件衣服的成本只要 80 元（除去中间流通及税收等因素影响），那么生产者剩余就是 300 元。当她和老板讨价还价之后，以 300 元成交，此时的消费者剩余变为 200 元，生产者剩余变为 220 元。从这个简单的例子看出，消费者的剩余增加了 80 元，生产者剩余减少了 80 元，可见，当加大消费者剩余的时候，对于消费者是有利的，但是对于生产者是不利的。例子中，之所以价格标这么高，这是因为商家想尽量多地赚取消费者剩余。

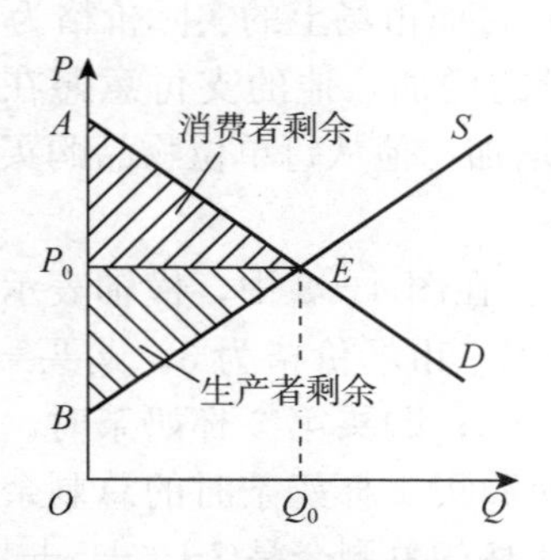

图 4—3　生产者剩余和消费者剩余

（资料来源：曼昆．经济学基础．第 5 版）

4.1.4　效用最大化

效用是对消费者从一组物品中得到的满足感的抽象衡量。那么，如何实现消费者幸福最大化，也就是效用最大化。经济学家认为，当消费者按照等边际准则安排自己的消费时，就实现了消费者的效用最大化。

等边际准则（Equimarginal Principle）的含义是：满足或效用最大化的基本条件是符合等边际准则。即在消费者的收入固定和他面临着各种物品的市场价格既定的条件下，当花费在任何一种物品上的最后一元所得到的边际效用正好等于花费在其他任何一种物品上的最后一元所得到的边际效用的时候，该消费者就得到最大的满足或效用。

试想花费在任何一种物品上的最后一元能够提供更多的边际效用，那么，一个理性的消费者就必然会把他的钱从其他物品的花费中转移到该物品上去，直到在边际效用递减规律的决定下花费在该物品上的最后一元的边际效用下降到与其他物品相等时为止，这种货币的转移消费会增加消费者的总效用。相反，如果花在某种物品上的最后一元所提供的边际效用低于其他物品的一般边际水平，那么，理性的消费者就必然减少购买该物品，直到花费在该物品上的最后一元所提供的边际效用上升到一般边际水平为止。因此，消费者只有按照等边际准则安排自己的消费活动才能达到效用最大化。

我们可以根据等边际准则的定义，给出以下表达式：

$$P_1 \times Q_1 + P_2 \times Q_2 = I \tag{4—4}$$

$$\frac{MU_1}{P_1} = \frac{MU_2}{P_2} = MU \tag{4—5}$$

其中，I 为消费者的收入，消费者购买并消费物品1和物品2，物品1的价格为 P_1，物品2的价格为 P_2，消费者购买物品1的数量为 Q_1，购买物品2的数量为 Q_2，I、P_1、P_2 为固定值。消费者花费在物品1上的最后一元所提供的边际效用为 MU_1，花费在物品2上的最后一元所提供的边际效用为 MU_2，单位货币的边际效用为 MU。

式（4—4）是收入限制条件，说明收入是既定的，消费者购买物品1和物品2的支出既不能超过收入，也不能小于收入。超过收入的购买是无法实现的，小于收入的购买达不到既定收入时的效用最大化。

式（4—5）是消费者效用最大化的条件，即消费者花费在物品1上的最后一元所提供的边际效用与其花费在物品2上的最后一元所提供的边际效用相等，也就是说，每1单位货币无论用于购买物品1，还是购买物品2，所得到的边际效用都相等，都是MU。

如果消费者所消费的不只是两种物品，而是多种物品，那么，可以设各种物品的价格分别为 P_1，P_2，P_3，…，P_n，消费者的购买量分别为 Q_1，Q_2，Q_3，…，Q_n，消费者花费在各物品上的最后一元所提供的边际效用分别为 MU_1，MU_2，MU_3，…，MU_n，则消费者效用最大化的等边际准则可以表述为：

$$P_1 \times Q_1 + P_2 \times Q_2 + P_3 \times Q_3 + \cdots + P_n \times Q_n = I \tag{4—6}$$

$$\frac{MU_1}{P_1} = \frac{MU_2}{P_2} = \frac{MU_3}{P_3} = \cdots = \frac{MU_n}{P_n} = MU \tag{4—7}$$

幸福方程式

消费者消费产品是为了满足自己的欲望，那么在消费的过程中是否能得到幸福呢？美国经济学家萨缪尔森的名著《经济学》一书，其中有一个经典公式，被称为幸福方程式，就是：幸福＝效用/欲望。

哲学家把实现精神自由视为幸福，文学家把浪漫情调视为幸福，商业家把拥有财富视为幸福，老百姓把平安过日子视为幸福，政治家把获得权力视为幸福……于是他就想找到一个经济学家眼中的幸福。萨缪尔森的天才与勤奋，使这个经济学中的幸福方程式产生了。

这个方程式用文字可以简述如下：幸福取决于两个因素，即效用与欲望。当欲望既定时，效用越大越幸福；而当效用既定时，欲望越小越幸福。在他这样的经济学家眼里，效用，指的是人在消费某种物品（或劳务）时的满足程度；而欲望，当然是指人们对物质条件的追求欲望了。据等式，如两人欲望相等，都是10万，那么赚5万的人比赚2万的人幸福。但如果赚5万的人欲望是10万，赚2万的人欲望是2万——那赚2万的人反而比赚5万的人幸福……幸福不在钱多，而在于欲望少。控制欲望，你便能获得幸福。这就是经济学家的幸福观。你对此有何评价？

（资料来源：作者编写）

4.2 消费者的最佳购买量

4.2.1 无差异曲线

1. 无差异曲线的含义

为了简化分析，假定消费者只消费两种物品，这样就可以用一个两维的平面图形来表示无差异曲线的含义。无差异曲线的含义是：无差异曲线（Indifference Curve）是一条用来表示消费者偏好相同的两种物品的所有组合的曲线。或者说，无差异曲线是一条表示能给消费者带来相同的效用水平或满足程度的两种物品的所有组合的曲线。

假定现在有X和Y两种物品，它们有A，B，C，D，E，F六种组合方式，并且这六种组合方式能给消费者带来相同的效用。这样可以做出表4—3。

表4—3　商品X和商品Y的无差异组合

组合方式	商品X	商品Y
A	5	30
B	10	19
C	15	13
D	20	9
E	25	7
F	30	6

图 4—4 用图形描述了表 4—3 的上述组合。

在图 4—4 中，横轴代表了商品 X 的数量，纵轴代表了苹商品 Y 的数量，A，B，C，D，E，F 六种组合方式分别用六个点来表示，把这六点连接起来的平滑曲线 I 就是无差异曲线，线上任何一点上苹果与桃子不同数量的组合给消费者所带来的效用都是相同的。

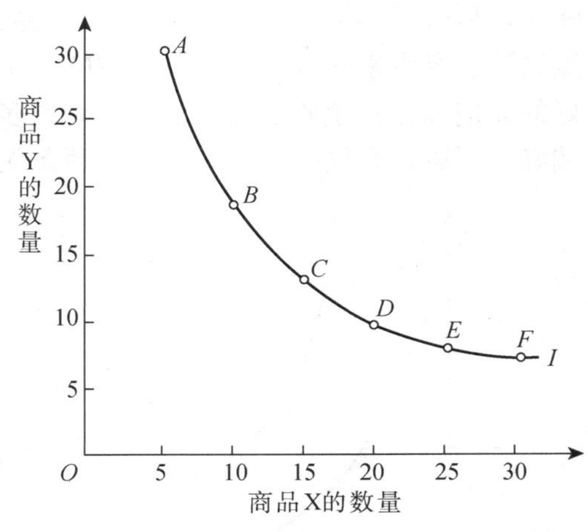

图 4—4　商品 X 和商品 Y 的无差异曲线

主张采用无差异曲线来表示消费者对两种物品的不同数量组合所带来的效用完全相同的经济学家们认为，效用是不能计算的，因此，也不能用基数来表示。因而，无差异曲线就是指两种物品的不同组合方式中的任何一种给消费者带来的满足程度是相同的，而不管这种组合所能带来的具体效用是多少。

2. 无差异曲线的特征

由于无差异曲线代表消费者偏好，因而它具有某些反映这些偏好的特征。下面介绍大多数无差异曲线的四个基本特征。

特征一：无差异曲线是一条向右下方倾斜的曲线，其斜率为负值。

无差异曲线的斜率反映了消费者愿意用一种物品替代另一种物品的比率。在大多数情况下，消费者对两种物品都喜欢。因此，在收入与价格既定的条件下，如果要减少一种物品的消费量，为了使消费者同样满足，就必须增加另一种物品的消费量。两种物品不能同时增加或减少。由于这个原因，大多数无差异曲线向右下方倾斜。

特征二：同一平面上可以有无数条无差异曲线，其中，消费者对较高的无差异曲线的偏好大于较低的无差异曲线。

同一条无差异曲线代表相同的效用，不同的无差异曲线代表不同的效用。消费者通常对数量多的物品组合的偏好大于对数量少的物品组合的偏好，这种对更大数量的偏好反映在无差异曲线上。由于较高的无差异曲线所代表的物品量多于较低的无差异曲线，因此，消费者偏好较高的无差异曲线。

以消费者对商品 X 和商品 Y 的不同数量组合所形成的三条无差异曲线为例，用图 4—5 来表示。图 4—5 是某消费者关于商品 X 和商品 Y 的两种物品的无差异曲线。图中列出了消费者关于这两种物品的各种不同组合，分别由 I_1、I_2、I_3 三条无差异曲线表示。但需要注意的是，I_1、I_2、I_3 各自所代表的效用水平是不一样的。只要对表中的物品组合进行仔细观察和分析，就可以发现，根据偏好的非饱和性假设，可以得出结论：根据 I_1、I_2、I_3 各自所代表的效用水平进行的排序是 $I_1<I_2<I_3$。消费者对较高的无差异曲线的偏好大于较低的无差异曲线。实际上，可以假定消费者的偏好程度无限多，因而可以有无穷个无差异子表，从而得到无数条无差异曲线。其中，越高的无差异曲线所代表的效用水平越高。

特征三：在同一平面上，任意两条无差异曲线不相交。

假定两条无差异曲线相交，如图 4—6 所示。

由于 A 点和 C 点在同一条无差异曲线 I_1 上，因此两点能使消费者得到同样的满足。又由于A点和B点在同一条无差异曲线I_2上，因此两点能使消费者得到同样的满足。这就意味着，尽管C点对应的X和Y两种商品的数量比B点对应两种商品数量都要多，但B和C点给消费者带来的满足程度是一样的。这就与本节上文所提到的关于偏好的第三个假定即偏好的非饱和性相矛盾。因为消费者对更多数量的两种物品的偏好大于较少数量的两种物品的偏好，所以，在同一平面内，任意两条无差异曲线不能相交。

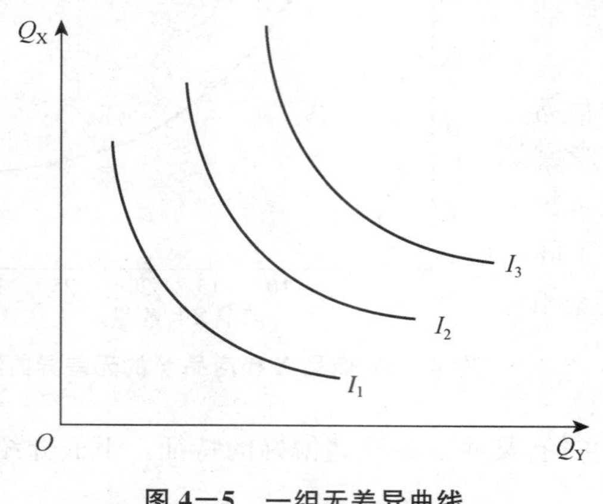

图4—5　一组无差异曲线

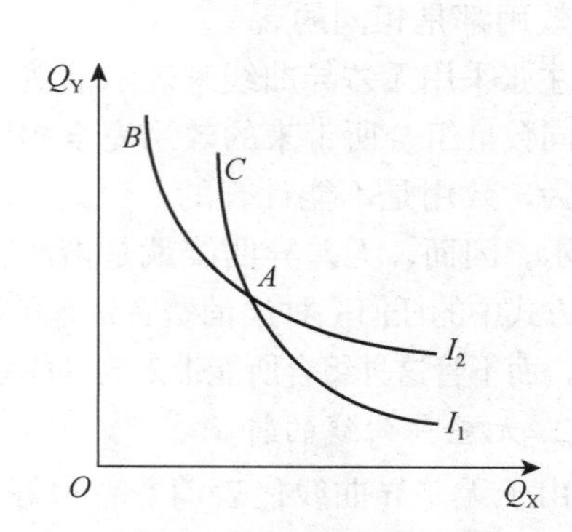

图4—6　相交的无差异曲线

特征四：无差异曲线凸向原点。

这是由无差异曲线的斜率——边际替代率所决定的。

无差异曲线的上述特征说明一个重要道理：商品的不同组合可以产生相同的效用水平，这说明在维持消费者效用水平不变的前提下，可以用一种商品替代另一种商品，商品间的替代关系对于研究消费者的选择行为是非常重要的。下面将介绍用于说明商品间替代关系的重要概念：边际替代率。

4.2.2　边际替代率

1. 边际替代率的含义与公式

可以设想，当一个消费者沿着一条既定的无差异曲线上下滑动的时候，两种物品的数量组合会不断发生变化，而效用水平却保持不变。这就说明，在维持效用水平不变的前提条件下，消费者在增加一种商品的消费数量的同时，必然会放弃一部分另一种物品的消费数量，即两种物品的消费数量之间存在着替代关系。由此，经济学家们提出了物品的边际替代率的概念。

具体地说，物品的边际替代率的含义是：在维持效用水平不变的前提下，消费者增加一单位某种物品的消费数量时所需要放弃的另一种物品的消费数量，被称为物品的边际替代率(Marginal Rate of Substitution，MRS)。

根据边际替代率的定义，可以写出边际替代率的公式，即：

$$\mathrm{MRS_{XY}}=\frac{\Delta Y}{\Delta X} \tag{4—8}$$

其中，X、Y为消费者所消费的两种物品，ΔX代表X物品的增加量，ΔY代表Y物品的减少量，MRS代表以X物品代替Y物品的边际替代率。因为消费者要保持相同的效用水平，因此，要增加一种物品（X）的消费就必须减少另外一种物品（Y）的消费，ΔX 为增加量，ΔY 为减少量，两者的符号肯定是相反的，因此边际替代率应该是负值。根据边际替代率的公式，可以发现，无差异曲线的斜率就是边际替代率。无差异曲线向右下方倾斜就表明边际替代率为负值。为了讨论方便起见，经济学家们一般采用其绝对值。

我们可以举例示范边际替代率的具体计算。假定某消费者为了保持相同的效用水平，要增加1件衣服，就要减少10个汉堡包，则以衣服替代汉堡包的边际替代率就是：

MRS＝减少的汉堡包的数量/增加的衣服的数量＝10/1＝10

2. 边际替代率递减规律

边际替代率递减规律（Law of Diminishing Marginal Rate of Substitution）的含义是指：在维持效用水平不变的前提下，随着一种物品的消费数量的连续增加，消费者为得到每一单位的这种物品所需要放弃的另一种物品的消费数量是递减的。

边际替代率递减的原因是：随着一种物品的消费数量的逐步增加，它的边际效用在递减，因而消费者想要获得更多的这种物品的愿望就会递减，从而，他为了多获得一单位的这种物品而愿意放弃的另一种物品的数量就会越来越少。或者换句话说，若第一种物品以同样的数量增加，它所能替代的另一种物品越来越少，也就是说，在 $MRS_{XY}=\Delta Y/\Delta X$ 这个公式里，当分母 ΔX 保持不变时，分子 ΔY 在不断地减少，从而分数的值就在不断减少。这里通过图 3—6 对此进行说明。

在图 4—7 中，在 A 点时，消费者拥有 16 个单位的衣服和 1 个单位的食品，为了增加 1 单位的食品，他宁愿放弃 6 个单位的衣服，此时，消费组合由 A 点滑到 B 点，消费者的食物增加到 2 个单位，衣服下降到 10 个单位。与此相比，在 D 点，消费者拥有 6 个单位的衣服和 3 个单位的食品，他要再增加 1 单位的汉堡包，他仅愿意放弃 2 个单位的食品，此时，消费组合由 D 点滑到 E 点，消费者的衣服为 4 个单位，食品下降到 4 个单位。

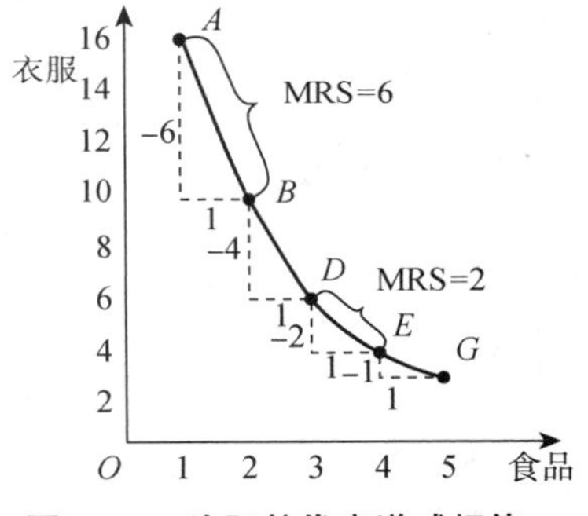

图 4—7 边际替代率递减规律

A 点到 B 点的 MRS 为：MRS＝衣服减少的数量/食物增加的数量＝6/1＝6。

D 点到 E 点的 MRS 为：MRS＝可乐减少的数量/汉堡包增加的数量＝2/1＝2。

通过上面例子可以发现：一种物品越是稀缺，它的相对替代价值就越大；相对于变得充裕的那些物品而言，它的边际效用会上升。

4.2.3 预算约束线

1. 预算约束线的含义

预算约束线，又称为预算线、家庭预算线、等支出线、价格线、消费可能线等。预算约束线（Budget Constraint）是一条表明在消费者收入与商品的价格既定的条件下，消费者所能购买到的两种商品数量最大组合的线。

预算约束线表明消费者消费行为的限制条件。这种限制就是购买物品所花的钱既不能大于收入，也不能小于收入。大于收入是在收入既定条件下无法实现的，小于收入则无法实现效用最大化。

我们可以根据预算约束线的定义给出其约束条件方程式：

$$I=P_X\times Q_X+P_Y\times Q_Y \tag{4-9}$$

其中，消费者的收入为 I，消费者购买 X、Y 两种商品。P_X 是 X 商品的价格，P_Y 是 Y 商品的价格，通过预算约束线，讨论消费者在 M、P_X、P_Y 既定的情况下所能购买到的最大组合的 Q_X 和 Q_Y。

公式（4—9）也可以写为：

$$Q_Y=\frac{I}{P_Y}-\frac{P_X}{P_Y}\times Q_X \tag{4-10}$$

公式（4—10）是一个直线方程式，其斜率为 $-P_X/P_Y$。

令 $Q_X=0$，则 $Q_Y=\frac{I}{P_Y}$。

令 $Q_Y=0$，则 $Q_X=\frac{I}{P_X}$。

这说明预算约束线在 X 轴上的截距为 $\frac{I}{P_X}$，在 Y 轴上的截距为 $\frac{I}{P_Y}$。

可以做出一个简单的预算约束线的图形，如图 4—8 所示。

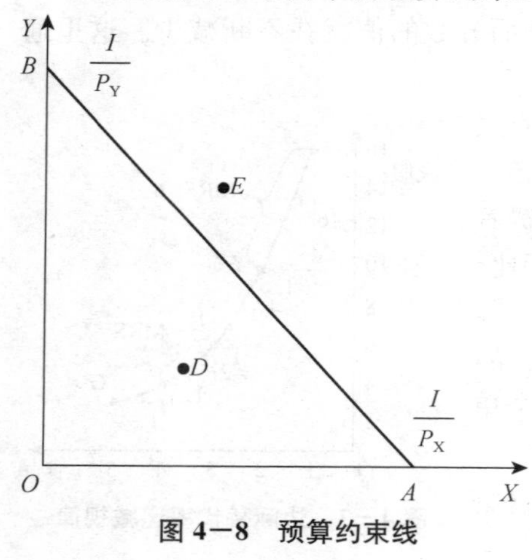

图 4—8　预算约束线

在图 4—8 中，横轴 Q_X 代表消费者购买 X 商品的数量，纵轴 Q_Y 代表消费者购买 Y 商品的数量，预算约束线与横轴的交点，其值为 I/P_X；预算约束线与纵轴的交点，其值为 I/P_Y。AB 就是预算约束线，线上的任意一点，都是消费者在既定约束下（I、P_X、P_Y 既定）所能购买到的 X、Y 两种商品数量的最大组合；而在 AB 线内的任意一点，例如 D 点，表示消费者购买的 X、Y 两种商品的数量组合是可以实现的，但并不是最大数量的组合，即消费者的收入 I 还有剩余；在 AB 线外的任意一点，例如 E 点，表示消费者购买的 X、Y 两种商品的数量组合是不能实现的，因为消费者所花费的钱超过了他的既定收入 I。

2. 预算约束线的移动

从以上分析可以看出，只要给定消费者的收入 I 和两种商品的价格 P_X 和 P_Y，则相应的预算约束线的位置和形状就可以确定了。因为，预算约束线在横轴上的截距是 $\frac{I}{P_X}$，在纵轴上的截距是 $\frac{I}{P_Y}$，预算约束线的斜率是 $-P_X/P_Y$，由此可以推断，只要 I、P_X、P_Y 这三个量中任何一个发生变化，原来的预算约束线都会发生变动。

给定一条预算约束线 AB，具体来说，该预算约束线可以有以下四种变动情况。

第一种情况：两种商品的价格 P_X、P_Y 不变，消费者收入 I 发生变化。此时，预算约束线 AB 会发生平移。理由是：P_X、P_Y 不变，则预算约束线的斜率 $-P_X/P_Y$ 不变，I 发生变化，只能使预算约束线的横、纵截距 I/P_X、I/P_Y 发生变化。如果此时 I 增加，则预算约束线 AB 向右平移，它表示消费者的全部收入用来购买其中任何一种商品的数量都因收入的增加而增加；如果此时 I 减少，则预算约束线 AB 向左平移，它表示消费者的全部收入用来购买其中任何一种商品的数量都因收入的减少而减少。如图 4－9 所示，当 I 增加时，预算约束线由 AB 向右平移到 $A'B'$；当 I 减少时，预算约束线由 AB 向左平移到 $A''B''$。

第二种情况：消费者收入 I 不变，两种商品的价格 P_X、P_Y 同方向同比例发生变化。此时，预算约束线 AB 也会发生平移。理由是：I 不发生变化，P_X、P_Y 同方向同比例变化，预算约束线的斜率 $-P_X/P_Y$ 不变，只能使预算约束线的横、纵截距 I/P_X、I/P_Y 发生变化。如果此时 P_X、P_Y 同方向同比例上升，则预算约束线 AB 向左平移，表示消费者的全部收入用来购买其中任何一种商品的数量都同比例于价格的上升而减少；如果此时 P_X、P_Y 同方向同比例下降，则预算约束线 AB 向右平移，表示消费者的全部收入用来购买其中任何一种商品的数量都同比例于价格的下降而增加。如图 4－10 所示，当 P_X、P_Y 同方向同比例上升时，预算约束线由 AB 向左平移到 $A''B''$；当 P_X、P_Y 同方向同比例下降时，预算约束线由 AB 向右平移到 $A'B'$。

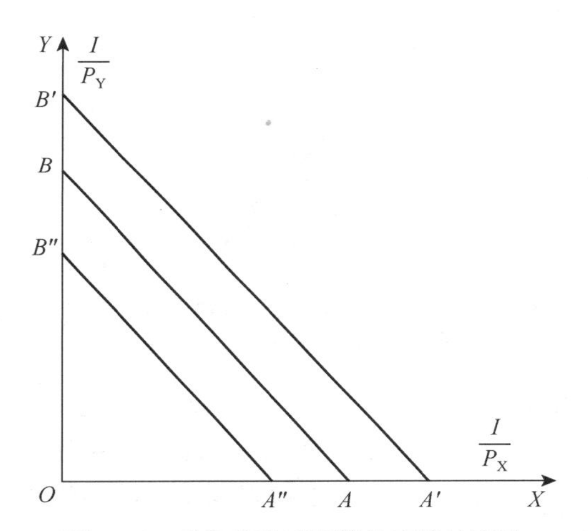

图 4－9　收入变动时预算约束线的变动

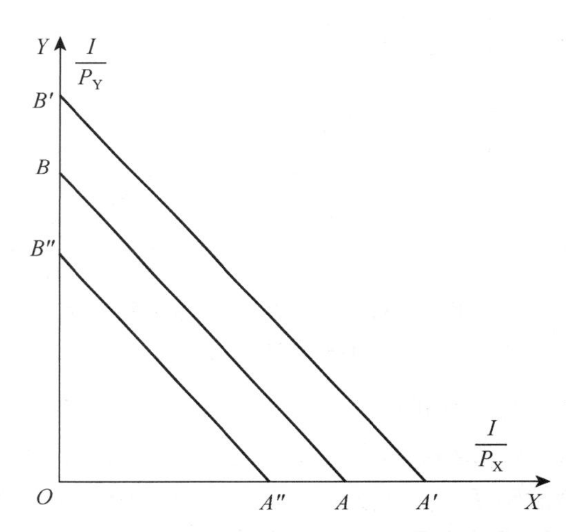

图 4－10　商品价格同步变动预算约束线的变动

第三种情况：消费者收入 I 不变，X 商品的价格 P_X 发生变化而 Y 商品的价格 P_Y 保持不变。此时，预算约束线的斜率 $-P_X/P_Y$ 会发生变化，预算约束线的横截距 I/P_X 也会发生变化，但预算约束线在纵轴上的截距 I/P_Y 不发生变化。如果 X 商品的价格 P_X 下降，预算约束线由 AB 移至 $A'B$，它表示消费者将全部收入用来购买 X 商品的数量因 P_X 的下降而增加，但全部收入用来购买 Y 商品的数量并未受到影响；如果 X 商品的价格 P_X 上升，预算约束线由 AB 移至 $A''B$，它表示消费者用全部收入用来购买 X 商品的数量因 P_X 的上升而减少，但全部收入用来购买 Y 商品的数量并未受到影响。如图 4－11 所示，当消费者收入 I 不变、Y 商品的价格 P_Y 不变，X 商品的价格 P_X 下降时，预算约束线由 AB 移至 $A'B$；当消费者收入 I 不变、Y 商品的价格 P_Y 不变，X 商品的价格 P_X 上升时，预算约束线由 AB 移至 $A''B$。

同样道理，消费者收入 I 不变，Y 商品的价格 P_Y 发生变化，而 X 商品的价格 P_X 保持不变。此时，预算约束线的斜率 $-P_X/P_Y$ 会发生变化，预算约束线的纵截距 I/P_Y 也会发生变化，但预算约束线在横轴上的截距 I/P_X 不发生变化。如果 Y 商品的价格 P_Y 下降，预算约束线由 AB 移至 AB'，它表示消费者将全部收入用来购买 Y 商品的数量因 P_Y 的下降而增加，但全部收入用来购买 X 商品的数量并未受到影响；如果 Y 商品的价格 P_Y 上升，预算约束线由 AB 移至 AB''，它表示消费者用全部收入用来购买 Y 商品的数量因 P_Y 的上升而减少，但全部收入用来购买 X 商品的数量并未受到影响。如图 4—12 所示，当消费者收入 I 不变、X 商品的价格 P_X 不变，Y 商品的价格 P_Y 下降时，预算约束线由 AB 移至 AB'；当消费者收入 I 不变、X 商品的价格 P_X 不变，Y 商品的价格 P_Y 上升时，预算约束线由 AB 移至 AB''。

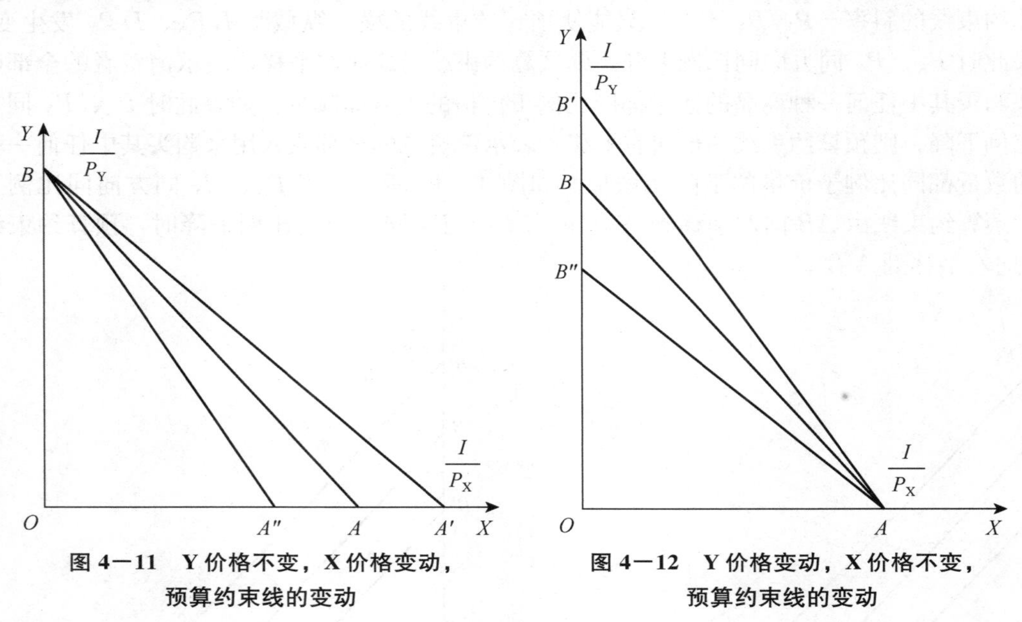

图 4—11　Y 价格不变，X 价格变动，预算约束线的变动

图 4—12　Y 价格变动，X 价格不变，预算约束线的变动

第四种情况：消费者的收入 I 和两种商品的价格 P_X、P_Y 都同方向同比例发生变化。此时，预算约束线不发生变化。其理由是：此时，预算约束线的斜率 $-P_X/P_Y$、预算约束线的横截距 I/P_X 及预算约束线的纵截距 I/P_Y 都不会发生变化。它表示消费者的全部收入用来购买两种商品中任何一种商品的数量都未发生变化。如图 4—13 所示，当消费者的收入 I 和两种商品的价格 P_X、P_Y 都同方向同比例发生变化时，预算约束线 AB 不发生变化。

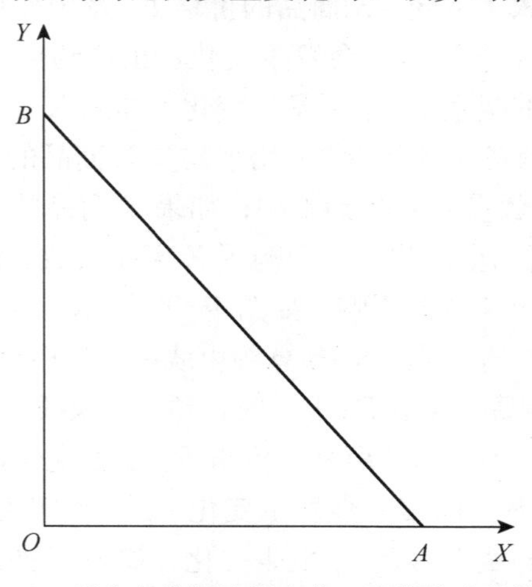

图 4—13　所有条件同比例变化，预算约束线的变动

4.2.4 消费者的最佳选择

1. 最优点

在消费者收入一定的时候，假如只消费衣服和食物。消费者总是想达到衣服与食物的最好的消费组合，这也就是说想达到在最高可能的无差异曲线上的组合。但由于预算约束线衡量的是消费者可以得到的总资源，因此消费者还必须达到或低于他的预算约束线。这样，我们就把无差异曲线和预算约束线结合在一起来分析消费者如何实现效用最大化。

如果把无差异曲线和预算约束线结合在一个图上，那么，消费者的预算约束线必定会与无数条无差异曲线当中的一条相切于C点，在这个切点上，消费者就实现了效用最大化，经济学家把这个点称为最优点。

我们可以用图4—14来是说明这一结论。

在图4—13中，I_1、I_2、I_3分别为同一平面内无数条无差异曲线中的三条，并且它们的效用排序为$I_3>I_2>I_1$。消费者可以达到的最高无差异曲线是与预算约束线相切的无差异曲线I_2，它与预算约束线的切点C点就是消费者实现效用最大化的最优点。

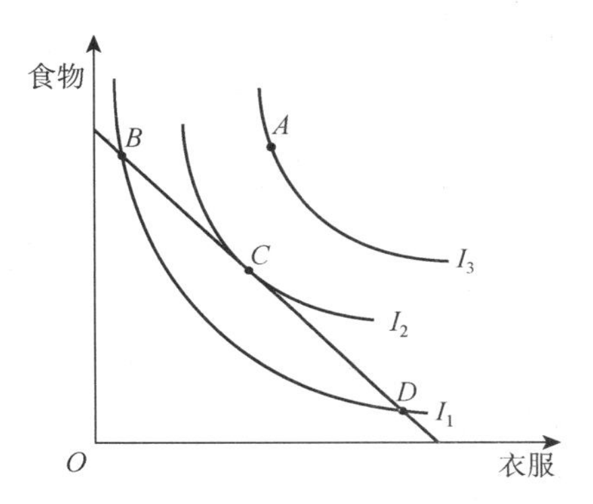

图4—14 消费者的最优点

消费者可能更偏爱A点，因为A点在I_3上，而I_3所代表的效用水平大于I_2，但I_3与消费者的预算约束线既不相交也不相切，这说明达到I_3上任何一点（例如A点）的衣服与食物的数量组合在消费者收入与商品价格既定的条件下是无法实现的；与I_3上任意一点相比，消费者可以负担得起B点，因为B点在预算约束线之内，但是B点是在较低的无差异曲线I_1上，因此它给消费者所带来的满足程度较低；I_1与预算约束线相交于B、D两点，消费者在B点和D点上所购买的衣服与食物包的数量也是收入与商品价格既定条件下的最大组合，但是由于$I_1<I_2$，因此B点与D点所对应的可乐与汉堡包的数量组合仍不能达到消费者的最大效用；I_2上除E点之外的任意一点（例如C点）均在消费者预算约束线之外，即所代表的衣服与食物的数量组合也是消费者收入与商品价格既定条件下所无法实现的；由以上的分析可见，只有C点，消费者才能得到衣服与食物的最优的数量组合，所达到的效用才是最大的。因此，可以说，C点是消费者在收入和商品价格既定条件下的最大效用，也是消费者在效用既定（在I_2上任意一点之中）条件下的最小花费。

需要指出的是，在最优点C点，由于无差异曲线与消费者的预算约束线相切，因此，此时无差异曲线在C点的斜率就是预算约束线的斜率。我们在本章的前面已经介绍过，无差异曲线的斜率是边际替代率，预算约束线的斜率是两种商品的价格之比，因此，消费者要实现效用最大化，就必须达到选择的两种商品的数量组合使边际替代率等于相对价格。用数学公式表示这一结论就是：

$$\mathrm{MRS}_{\mathrm{XY}}=\frac{P_{\mathrm{X}}}{P_{\mathrm{Y}}} \tag{4--11}$$

在这一章中介绍了市场价格是消费者对物品的边际评价。上述对消费者最优选择的分析又一次说明了这一道理。消费者在做出自己的消费选择的时候，把两种商品的相对价格作为既定条件，然后选择使他的边际替代率等于这种相对价格的最优点。两种商品的相对价格是市场愿意用一种商品交换另一种商品的比率，而边际替代率是消费者愿意用一种商品交换另一种商品的比率。在消费者最优时（既消费者实现效用最大化时），消费者对两种商品的评价（用边际替代率表示）等于市场的评价（用两种商品的相对价格来表示）。在消费者最优时，不同商品的市场价格反映了消费者对这些商品的评价。

2. 关于效用最大化的两种表述的比较

关于消费者效用最大化的表述，消费者欲购买X、Y两种商品，要实现效用最大化，就必须满足以下条件，即：

$$\frac{MU_X}{P_X}=\frac{MU_Y}{P_Y} \tag{4—12}$$

根据本章消费者最佳购买量的介绍，消费者要实现效用最大化，则需：

$$MRS_{XY}=\frac{P_X}{P_Y} \tag{4—13}$$

下面，我们把（4—12）、(4—13）两个结论性公式进行比较，看一看两者是否一致。

根据边际替代率的定义，可以得到：

$$MRS_{XY}=\frac{\Delta Y}{\Delta X} \tag{4—14}$$

根据边际效用的定义，可以得到：

$$MU_X=\frac{\Delta TU}{\Delta X} \tag{4—15}$$

$$MU_Y=\frac{\Delta TU}{\Delta Y} \tag{4—16}$$

式（4—15）可以变为：

$$\Delta X=\frac{\Delta TU}{MU_X} \tag{4—17}$$

式（4—16）可以变为：

$$\Delta Y=\frac{\Delta TU}{MU_Y} \tag{4—18}$$

把式（4—17）、(4—18）两式分别代入（4—14）式，可以得到：

$$MRS_{XY}=\frac{\Delta Y}{\Delta X}=\frac{MU_X}{MU_Y} \tag{4—19}$$

根据式（4—19），可以把（4—13）式写为：

$$MRS_{XY}=\frac{P_X}{P_Y}=\frac{MU_X}{MU_Y} \tag{4—20}$$

式（4—12）也可以变为：

$$\frac{P_X}{P_Y}=\frac{MU_X}{MU_Y} \tag{4—21}$$

由此可见，(4—12)、(4—13）两式的结论是一致的。

通过上述推导可以看出，不同经济学家从不同的角度对于消费者实现效用最大化进行了不同的表述。有的经济学家说，消费者为了实现效用最大化，就要使所有物品的每单位货币的边际效用都相等；有的经济学家说，消费者为了达到最高可能的无差异曲线，就要使其无差异曲线与预算约束线相切。在本质上，这是表述同一件事情的两种方法。

欲望与效用：为什么钻石总比水值钱

如果能理解幸福方程式，这个困扰经济学界多年的问题也就迎刃而解了。

理性消费，不做冤大头。商品价格是由需求与供给两个方面共同决定的。较小的需求价格弹性与较大的供给价格弹性共同作用的结果就导致水的市场价格非常便宜，极大的需求价格与极小的供给价格弹性共同作用就促使钻石的市场价格非常昂贵。

大家都知道，对于地球上的生物而言，可以饮用的水是很重要的。没有水，人就无法生存，更别说发展了。没有水，地球将会失去生机！因此，无论怎样形容水的巨大作用都不过分。但是，我们都知道，水的价格却很低廉。相比而言，钻石则是另外一种情形。而钻石主要用于科学研究与工业生产。或者可以这样说，就算没有钻石，人类照样可以继续生存。从这种意义上来讲，钻石对于人类社会而言甚至是可有可无的。但是，实际上，钻石的价格却非常高。

在经济学史上，这个“钻石和水”的例子非常有名，它曾在相当长的一段时间内困扰着经济学界。物品之所以成为商品，并不是它自身具有多大的价值，更主要的是在于它是否有一定的需求与供给。不存在供给的商品是毫无意义的。例如，“空中楼阁”不知有多少人都幻想着住在里边，可这是不切实际的，因此也就谈不上什么价值，也就没有任何与之相应的价格。同理，没有需求的东西也就谈不上价格。因为根本就没人愿意花钱买它。

因此，商品价格是由需求与供给两个方面共同决定的。尽管水的需求是巨大的，而且是必需的，可是，因为水的供给也很巨大，只要厂商具备一定的技术与资金，就可以向市场供水。如此一来，较小的需求价格弹性与较大的供给价格弹性，二者共同作用的结果就是水的市场价格非常便宜。

钻石作为一种奢侈性消费品，正因它对人们而言是可有可无的，因此其需求价格弹性非常大，即人们对价格十分敏感。价格略微提高一点，人们也许就会放弃这种需求。同时因为钻石在地球上的含量少及开采难度大，其供给也相对有限，因而供给的价格弹性非常小。因此极大的需求价格与极小的供给价格弹性共同作用，就促使钻石的市场价格非常昂贵。

（资料来源：作者编写）

复习思考题

一、基本概念

总效用　边际效用　消费者均衡　无差异曲线　预算约束线　边际效用递减
边际替代率

二、选择题

1. 某消费者逐渐增加某种商品的消费量，直到达到了效用最大化，在这个过程中，该商品的（　　）。
   A. 总效用和边际效用不断增加
   B. 总效用不断下降，边际效用不断增加
   C. 总效用不断增加，边际效用不断下降
   D. 总效用和边际效用不断下降
2. 总效用曲线达到顶点时（　　）。
   A. 边际效用曲线达到最大点　　B. 边际效用为零
   C. 边际效用为正　　D. 边际效用为负
3. 如果消费者消费 15 个面包获得的总效用是 100 个效用单位，消费 16 个面包获得的总效用是 106 个效用单位，则第 16 个面包的边际效用是（　　）效用单位。
   A. 108 个　　B. 100 个　　C. 106 个　　D. 6 个
4. 在消费者收入与商品价格既定条件下，消费者所能购买到的两种商品数量的最大组合的线叫作（　　）。
   A. 无差异曲线　　B. 等成本线
   C. 等产量线　　D. 预算约束线
5. 商品的收入不变，其中一种商品价格变动，消费可能线（　　）。
   A. 向左下方移动　　B. 向右上方移动
   C. 绕着一点移动　　D. 不动
6. 一般来说，无差异曲线的形状是（　　）。
   A. 向右上方倾斜的曲线　　B. 向右下方倾斜的曲线
   C. 是一条垂线　　D. 是一条水平线
7. 在同一个平面图上有（　　）。
   A. 三条无差异曲线　　B. 无数条无差异曲线
   C. 许多但数量有限的无差异曲线　　D. 两条无差异曲线
8. 无差异曲线上任一点上商品 X 和 Y 的边际替代率等于它们的（　　）。
   A. 价格之比　　B. 数量之比
   C. 边际效用之比　　D. 边际成本之比
9. 商品 X 和 Y 的价格按相同的比率上升，而收入不变，预算线（　　）。
   A. 向左下方平行移动　　B. 向右上方平行移动
   C. 向左下方或右上方平行移动　　D. 不变动
10. 商品 X 和 Y 的价格及消费者的预算收入都按同一比率变化，预算线（　　）。
    A. 向左下方平行移动　　B. 向右上方平行移动
    C. 向左下方或右上方平行移动　　D. 不变动
11. 商品的价格不变而消费者的收入增加，预算线（　　）。
    A. 向左下方移动　　B. 向右上方移动
    C. 不动　　D. 绕着一点移动

12. 给消费者带来相同满足程度的商品组合集中在（　　）。

A. 无差异曲线上　　B. 生产可能性曲线上

C. 预算约束曲线上　　D. 需求曲线上

三、判断题

1. 假定其他条件不变，消费者从每单位商品中得到的效用随着这种商品数量的增加而增加。（　　）

2. 只要商品的数量增加，消费者得到的总效用就一定增加。（　　）

3. 只要总效用是正数，边际效用就不可能是负数。（　　）

4. 对于一个消费者来说，同样数量的商品不管在什么情况下，都提供同样数量的效用。（　　）

5. 消费者要获得最大的效用就应该把某种商品平均分配到不同的用途中去。（　　）

6. 在均衡的条件下，消费者购得的商品的总效用，一定等于他所支付的货币的总效用。（　　）

7. 在同一条无差异曲线上，不同的消费者所得到的总效用是无差别的。（　　）

8. 两条无差异曲线的交叉点所表示的商品组合，对于同一个消费者来说具有不同的效用。（　　）

9. 用商品 X 代替商品 Y 的边际替代率等于 3 意味着，1 单位商品 X 和 3 商品 Y 具有同样的总效用。（　　）

10. 在消费者的收入和商品的价格为一定的条件下，预算约束线是一条确定的直线。（　　）

11. 无差异曲线上任何一点的商品的边际替代率等于无差异曲线在该点的斜率。（　　）

12. 消费者均衡就是指消费者所获得的边际效用最大。（　　）

13. 价格下降时，任何商品的替代效应都是正数。（　　）

14. 当消费者的收入不变，两种商品的价格都同比例同方向变化时，预算约束线不发生变化。（　　）

15. 商品的边际替代率递减规律决定了无差异曲线形状是凸向原点的。（　　）

16. 当消费者的收入和两种商品的价格同比例同方向变化时，预算约束线将发生变化。（　　）

四、思考题

1. 请说明为什么同一时间内消费的商品减少，其边际效用会增加？

2. 简述边际效用递减规律的内容。

3. 什么是无差异曲线？它有何特点？

4. 请解释消费者均衡的条件。

5. 你能举出边际效用递减规律的反例吗？

6. 钻石对人的用途很有限而价格却十分昂贵，对生命必不可少的水却相对便宜。请用经济学原理解释这一价值悖论。

五、计算题

1. 若消费者张某的收入为270元，他在商品X和Y的无差异曲线上的斜率为$\Delta Y/\Delta X=-20/Y$的点上实现均衡。已知商品X和Y的价格分别为$P_X=2$，$P_Y=5$，那么此时张某将消费X和Y各多少？

2. 已知张某的无差异曲线与预算约束线如图4—15所示，商品X的价格为5元。

求：(1) 张某的收入为多少？商品Y的价格为多少？

(2) 他的预算约束线的方程是什么？

(3) 张某的消费均衡点的替代率是多少？

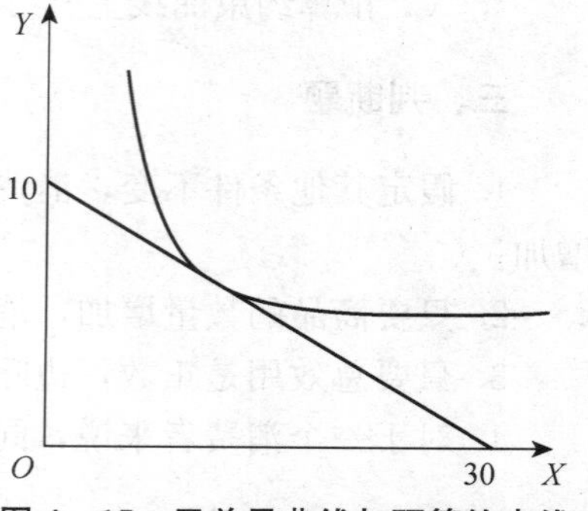

图4—15　无差异曲线与预算约束线

答　案

二、选择题

1. C　2. B　3. D　4. D　5. C　6. B　7. B　8. C　9. A　10. D　11. B　12. A

三、判断题

1. 错　2. 错　3. 错　4. 错　5. 错　6. 对　7. 错　8. 错　9. 对　10. 对　11. 对　12. 错　13. 错　14. 错　15. 对　16. 错

五、计算题

1. 解：当收入为270元，$P_X=2$，$P_Y=5$时，对应的预算约束线上有两点为(0，54)和(135，0)，这两点决定的直线为$Y=-0.4X+54$

当消费者实现均衡的时候，无差异曲线和预算约束线相切，所以斜率相等，所以$-20/Y=-0.4$

这时张某消费为$X=10$，$Y=50$。

2. 解：(1) 商品X的价格为5元，当所有的收入都购买X的话，X为30. 所以$I/5=30$，$I=150$。

$I/P_Y=10$，所以$P_Y=15$

(2) 假设预算约束线的方程为$Y=aX+b$，(0，10)和(30，0)为该线上的两点，所以：

$a=-1/3$，$b=10$，所以预算约束线为$Y=(-1/3)X+10$

(3) 均衡点的替代率为$=\Delta Y/\Delta X=1/3$。

第 5 章　生产者行为

在研究生产者行为时，首先应假定生产者都是具有完全理性的经济人，他们生产的目的是实现利润最大化，即在既定的成本下达到产量最大，正是生产者的这种最大化行为，决定了供给量与价格同方向变动。在本章的学习中，使学生了解和掌握生产及成本理论，并能通过对成本和收益的分析，掌握企业如何实现生产决策，并确定利润最大化原则。

5.1　生产函数

在本节中首先介绍几个与生产相关的最基本概念。

1. 生产

生产是对各种要素进行组合制成产品的行为。生产是一个过程，这一过程不仅指生产资源物质形态的改变，也包括与提供物质产品和服务有关的一切活动。企业招聘、培训员工，筹措营运资金、购置设备、原材料，以及质量监督等都是生产过程的构成。这个过程的结果是向市场提供社会所需要的产品和劳务，他既可以是有形的物质产品，也可能是各类无形的服务。而这个过程开始的前提是必要生产要素的合理组合。

生产要素（Factor of Production）是指在生产中所使用的各种经济资源。生产要素可以划分为四种，分别是劳动、土地、资本和企业家才能。

2. 生产函数

在生产中将投入的生产要素转化成产品和劳务，在这个过程中投入的生产要素的数量与所能生产出的产量之间存在着一定的依存关系。这种关系可以用生产函数的形式表示出来。

生产函数（Production Function）就是表示在一定技术条件下，生产要素投入量与它所能生产的最大产量，或者在既定的产量下与其所需的最小投入量之间的一种函数关系。

可以把生产函数用公式表示为：

$$Q=f(x_1, x_2, \cdots, x_n) \tag{5-1}$$

该生产函数表示在既定的生产技术水平下生产要素组合（x_1，x_2，…，x_n）在每一时期所能生产的最大产量为 Q。

为了简化分析，生产要素通常只考虑劳动和资本两种，如果以 L 表示劳动投入量，以 K 表示资本投入量，则生产函数简写为下式：

$$Q=f(K, L) \tag{5-2}$$

3. 技术系数

在讨论生产函数时必须提及的另一概念是技术系数（Technical Coefficient），即生产一定量的产品所需要的投入物的比例，分为可变比例的技术系数和固定比例的技术系数。

可变比例的技术系数是指生产一定量的产出所需投入物的比例是可以变动的。在现实生产中，技术系数一般是可变的，如在生产中，为达到一定的产出，可采用劳动密集型或资本密集型的不同组合方式。

固定比例的技术系数是指生产一定量的产出只存在唯一一种投入比例，如果要增加产出，生产要素的投入必须按照同一比例增加。如服装厂原有的投入比例为一人一台缝纫机，按这一比例增加一台缝纫机就要相应地增加一位操作工。

5.2 一种生产要素变动对产量的影响

在分析投入的生产要素与产量之间的关系时，一般先从最简单的一种生产要素的投入开始。我们所要研究的问题是，在其他生产要素不变的情况下，一种生产要素的增加对产量的影响，以及这种可变的生产要素的投入量以多少为宜。

我们假定资本量是不变的，分析劳动量投入的增加对产量的影响，以及劳动量投入多少最合理。这时的生产函数是：

$$Q=f(K, L) \quad (5-3)$$

其中 K 表示资本量不变，这时的产量只取决于劳动量，研究的对象只是 Q（产量）与 L（劳动）的关系，即生产函数也可以写为：

$$Q=f(L) \quad (5-4)$$

5.2.1 几个基本概念

在分析一种生产要素投入量变动对产量的影响时，首先要区分总产量、平均产量、边际产量及边际报酬递减规律等相关概念。

1. 总产量、平均产量和边际产量的概念

总产量 TP（Total Product）是指在某一给定时间内，投入一定数量生产要素所获得的产出量总和。

平均产量 AP（Average Product）是指平均每单位可变要素投入的产出量。

边际产量 MP（Marginal Product）是指增加一单位可变要素投入量所引起的总产量的增加量。

在分析中，如果资本 K 固定不变，为常数，劳动 L 为可变要素。以劳动为例，则总产量、平均产量、边际产量可以分别记作 TPL、APL、MPL。用 QL 代表劳动力的数量，TPL、APL、MPL 之间的关系可以表述为以下公式：

$$TPL=APL \cdot QL \quad (5-5)$$

$$APL=TPL/QL \quad (5-6)$$

$$MPL=\Delta TPL/\Delta QL \quad (5-7)$$

2. 边际报酬递减规律

边际报酬递减规律（Law of Diminishing Marginal Returns）是指在技术水平不变的条件下，若其他生产要素不变，连续增加某种生产要素的投入量，最初这种生产要素的增加会使报酬增加，但在到达一定限度后，增加的报酬将会减少。边际报酬就是增加一单位生产要素所带来的报酬的增加量。

理解边际报酬递减规律内容时，应注意以下几点。

（1）如果最后的产出是物质产品的形式，此规律又称为边际产量递减规律；若以产品的价值形式给出，此规律又称为边际收益递减规律。

（2）边际报酬递减规律作用前提之一是“技术水平”不变，它不否认技术水平提高可能会导致劳动生产率提高。如，纺织工人看车床，可能原本5个工人看5台车床是最匹配的组合，再增加一台车床，就有可能会使得其中一个工人要看两台，导致效率降低，边际产量下降。但如果新增加的车床是电脑操控的，则在这种技术条件下，完全可以实现效率的增加。

（3）规律表述有“最终”二字限制条件。也就是说，某一投入要素边际报酬并非自始至终递减，它有可能在一定范围内呈现增加趋势。原因在于，在产品的生产过程中，不变要素投入和可变要素投入之间存在着一个最佳组合比例。由于不变要素投入量总是存在的，随着可变要素投入量逐渐增加，生产要素的组合逐渐接近最佳组合比例，可变要素的边际产量递增。生产要素的组合达到最佳组合比例时，可变要素的边际产量达到最大值。此后，随着可变要素投入量继续增加，生产要素的组合逐渐偏离最佳组合比例，可变要素的边际产量递减。

边际报酬递减规律存在的原因是，随着可变要素投入量的增加，可变要素投入量与固定要素投入量之间的比例在发生变化。在可变要素投入量增加的最初阶段，相对于固定要素来说，可变要素投入过少，因此，随着可变要素投入量的增加，其边际产量递增，当可变要素与固定要素的配合比例恰当时，边际产量达到最大。如果再继续增加可变要素投入量，由于其他要素的数量是固定的，可变要素就相对过多，于是边际产量就必然递减。

5.2.2 总产量、平均产量和边际产量的曲线及变动

1. 总产量曲线、平均产量曲线和边际产量曲线

下面假设：在资本投入量一定，只改变劳动投入量情况下的生产函数关系中总产量、平均产量和边际产量的变化，如表5—1所示。

表5—1 总产量、平均产量和边际产量

劳动力数量/L	总产量/TP	平均产量/AP	边际产量/MP
0	0	—	—
1	100	100	100
2	300	150	200
3	600	200	300
4	1 000	250	400
5	1 500	300	500
6	1 800	300	300
7	1 960	280	160
8	2 080	260	120
9	2 160	240	80
10	2 160	216	0
11	1 980	180	—80

根据表5—1可以用几何图形表示总产量、平均产量和边际产量，如图5—1所示。

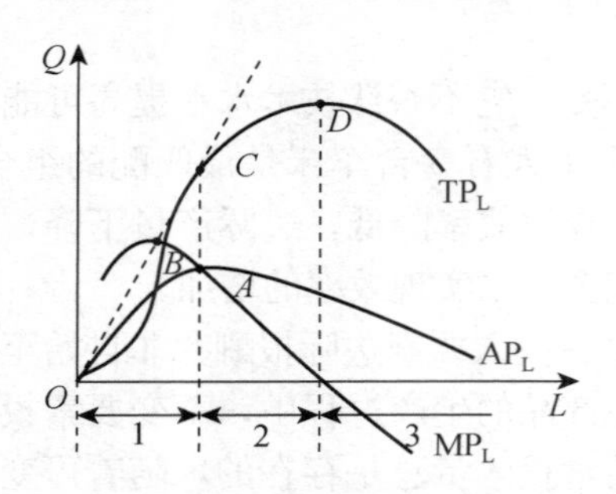

图5—1　总产量、平均产量和边际产量

从图5—1中可以看出，总产量曲线、平均产量曲线和边际产量曲线都呈现出“倒U型”的变化趋势，即：先呈现上升趋势，达到最大值后再下降。

（1）总产量曲线。总产量曲线先以递增速度上升，然后再递减上升，在由递增向递减的速度转变时出现拐点，最后总产量曲线下降。

（2）平均产量曲线。平均产量曲线先上升后下降，在与边际产量曲线相交的时候取得最大值。平均产量曲线始终位于总产量曲线的下方。

（3）边际产量曲线。边际产量曲线也是先上升再下降，但有可能小于零，这是由边际报酬递减规律决定的。

2. 总产量曲线、平均产量曲线和边际产量曲线之间的关系

（1）总产量曲线和平均产量曲线的关系。联结 TP_L 曲线上任一点和坐标原点的线段的斜率，可以表示为该点上的 AP_L 值。在图5—1中，当 AP_L 曲线在 C 点达最大值时，TP_L 曲线必然有一条从坐标原点出发的最陡的切线，相切 TP_L 曲线于相应的 C 点。

（2）总产量曲线和边际产量曲线的关系。过 TP_L 曲线上任一点的切线的斜率，可以表示为该点上的 MP_L 值。

在图5—1中，在总产量的上升段（D 点以前），MP_L 为正值。当 TP_L 曲线在 D 点达最大值时，MP_L 为0。在总产量的下降段（D 点以后），MP_L 为负值。进一步地，当 TP_L 曲线先以递增的速率增加时，MP_L 曲线上升，当 TP_L 曲线的斜率在拐点 B 达最大值时，MP_L 曲线在 B 点达最大值；当 TP_L 曲线在 B 点后以递减的速率继续增加时，MP_L 曲线在 B 点后下降。直至 TP_L 曲线的斜率在 D 点降为0时，MP_L 曲线与坐标横轴相交。

根据上述分析，可以得到更加普遍的总量与边际量的关系，即：对任何一对相应的总量和边际量而言，只要边际量大于零，总量就会增加；边际量小于零，总量就会减少；当边际量等于零时，总量达到最大值；边际量的几何意义可以表示为过总量曲线上某一点的切线的斜率。

（3）平均产量曲线和边际产量曲线的关系。平均产量曲线和边际产量曲线相交于平均产量曲线的最大值点。MP_L 曲线的变动快于 AP_L 曲线的变动。

在图5—1中，在 C 点以前，MP_L 曲线高于 AP_L 曲线，MP_L 曲线将 AP_L 曲线拉上，AP_L 曲线是上升的；在 C 点以后，MP_L 曲线低于 AP_L 曲线，MP_L 曲线将 AP_L 曲线拉下，AP_L 曲线是下降的。MP_L 曲线与 AP_L 曲线相交于 AP_L 曲线的最大值点 C 点。

根据上述分析，我们可以得到更加普遍的边际量与平均量的关系，即：对于任何两个相应的边际量和平均量而言，只要边际量小于平均量，边际量就把平均量拉下；只要边际量大于平均量，边际量就把平均量拉上。当边际量等于平均量时，平均量必然达到其自身的极值点。

我们可以举学校中的例子来进一步理解边际量与平均量的关系，如果某教学班同学的数学考试成绩刚出来，假设现在班上有30名同学，平均分是80分。有一位新同学转入该班，

他的数学成绩是90分，这位最后进入该班同学的成绩会拉高全班的平均分。如果这位新同学的成绩是70分，那么，这位最后进入该班同学的成绩会拉低全班的平均分。

5.2.3 生产的三个阶段

根据可变生产要素的总产量曲线、平均产量曲线和边际产量曲线之间的关系，可以将生产过程划分为三个阶段。

1. 第Ⅰ阶段：TP_L 曲线上 C 点以前

在这一阶段，劳动的平均产量上升，劳动的边际产量大于劳动的平均产量，劳动的总产量增加。这说明：不变要素资本的投入量相对过多。相对于不变的资本量而言，劳动量的增加可以使资本得到充分利用，从而产量递增，因此劳动量需要继续增加，否则资本无法得到充分利用。厂商将会扩大生产至第Ⅱ阶段。

2. 第Ⅱ阶段：TP_L 曲线上 C 点到 D 点之间

在这一阶段，平均产量开始下降，边际产量递减。由于边际产量仍然大于零，总产量仍在增加。这时可变要素劳动力的投入量越来越接近饱和，创造了可能的最大产量。

3. 第Ⅲ阶段：TP_L 曲线上 D 点以后

在这一阶段，劳动的平均产量继续下降，劳动的边际产量降为负值，劳动的总产量下降。这说明：可变要素劳动的投入量相对过多，过多的劳动量非但没有给生产者带来有利的结果，反而使总产量下降。因此厂商将会缩减生产至第Ⅱ阶段。

根据以上分析可以得知，劳动量的增加应在第Ⅱ阶段为宜。但在第Ⅱ阶段的哪一点上，还要考虑到其他因素。如果企业以利润最大化为目标，那就必须结合成本与产品价格来分析。

5.3 两种生产要素变动对产量的影响

前面讨论了一种生产要素变动对产量的影响。但在企业的实际生产过程中，企业能够变动生产要素往往不是仅限于 L（劳动）一种，即使在短期内，资本在一定条件下也是可以变动的，如临时购入或租赁一些生产设备来满足短时间内增加产量的需要。因此，本节将介绍 L（劳动）和 K（资本）两种生产要素均可变动条件下的生产函数，以及变动的影响。

5.3.1 等产量线

1. 等产量线的含义与特征

等产量线（isoquant）是指技术水平不变的条件下生产同一产量的两种生产要素投入量的所有不同组合的轨迹。它反映的是两种投入和一种产出的关系。它是一条无差异曲线。两种投入的不同组合，带来的产量是无差异的。

等产量线是经济学上用来探讨生产行为时的一个专有名词，指在进行生产活动必须使用两种不同生产因素（如 K 资本，L 劳动）时，厂商对这两种因素需求量的不同组合，却能达到同样的产量时，这两种因素需求量的组合轨迹，即是等产量线。如图5－2（a）所示曲线 Q 即为等产量线。加入生产要素可以无限细分，则有无数个要素组合生产出相同的产量。等产量曲线同样拥有与无差异曲线相似的特征。

（1）等产量线的斜率为负。等产量曲线的走向为从左上方向右下方倾斜，意味着在生产等量的产品时，L 和 K 具有一定的替代性。从理论上说，等产量曲线的斜率还可以为正，正斜率的等产量曲线意味着为生产同等数量的产品而投入的两种生产要素之间不存在相互的替代。显然作为一个理性的厂商，不可能在斜率为正的范围内从事生产，因为在此区域生产同等数量的产品必须投入更多的生产要素。所以厂商的等产量曲线均为斜率为负的部分。

（2）在一组等产量曲线中，离原点越远的等产量线，代表产量越高。在图 5－2（b）中 Q_3 的产出量最大，Q_1 的产量最小。

（3）对同一生产者而言，两条等产量曲线不能相交。假设两条等产量曲线相交，那就表示同样的生产要素组合可以生产两种不同的产量，这与等产量曲线的定义相矛盾。

（4）等产量线的斜率递减，从图形上显示为等产量曲线凸向原点。等产量曲线呈此特征的原因在于生产要素的边际技术替代率递减。

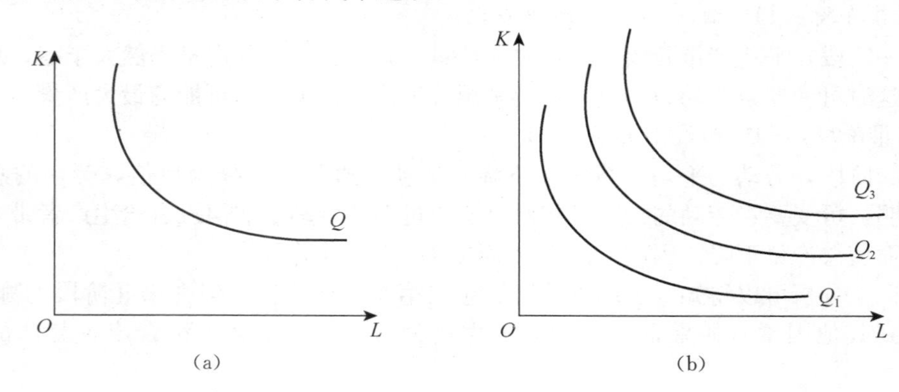

图 5－2　等产量线

需要说明的是，等产量线和无差异曲线的几何特征很相似，但是，二者之间存在着明显的区别：等产量线代表的是一定的产量水平，它是企业物质技术关系的客观反映；而无差异曲线只表明效用的排序，它反映了消费者对商品效用的主观评价。

2. 边际技术替代率

在消费者行为分析时，曾说明当两种商品可以相互替代时，消费者常常会在增加一种商品的消费时，减少另一种商品的消费，以此来保持既定的效用水平。同样，如果两种生产要素可以彼此替换，企业就可以考虑更多使用自己相对富裕的生产要素，而减少自己比较稀缺的生产要素，即边际技术替代率。

边际技术替代率（Marginal Rate of Technical Substitution，MRTS）是指在产量不变的条件下，增加一单位某种生产要素的投入量可以减少的另一种生产要素的数量。如果劳动 L 和资本 K 在一定程度上是可以相互替代的，用 ΔL 表示劳动投入增加量，ΔK 表示资本投入减少量，用 MRTS 表示以 ΔL 代替 ΔK 的边际技术替代率，公式：

$$\mathrm{MRTS}_{\mathrm{LK}} = -\Delta K / \Delta L \tag{5-8}$$

在两种生产要素只能部分替代的情况下，如果不断地增加一种生产要素以替代另一种生产要素，那么，在产量不变的前提下，一单位该生产要素所能替代的另一种生产要素的数量将不断减少，这一规律被称为边际技术替代率递减规律。生产要素的边际技术替代率递减是由边际报酬递减规律造成的。

3. 脊线

虽然同一等产量线上所有各点劳动与资本的不同组合都可以生产出相同的产量，但企业不能选择等产量线上的任意点进行生产要素的组合，因为这里存在着生产的经济区域和非经济区域的划分。以图5—3为例，对每一等产量线各作一条垂直切线和一条水平切线，每一等产量线可得到两个切点（如图中a_1b_1；a_2b_2；a_3b_3），分别把垂直切线的切点（如图中b_1；b_2；b_3）和水平切线的切点（如图中a_1；a_2；a_3）连接起来，可得到两条曲线OA和OB，这两条线称为脊线（Ridge Line），即脊线是从原点出发，将各个切点连接起来的曲线，或连接等产量线上边际技术替代率为0与连接等产量线上边际技术替代率为无穷大的曲线，在点之内等产量线的斜率为负，即为维持一定的产量，增加一种生产要素可以减少另一种生产要素，替代是有效的，属于生产的经济区域范畴，而在点之外等产量线的斜率为正值，即要维持一定的产量，在增加一种生产要素的同时也要增加另一种生产要素，要素之间不存在替代关系，属于生产的非经济区域。

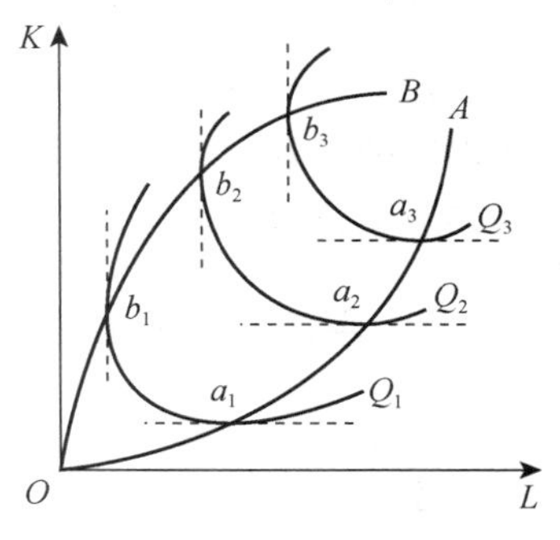

图5—3 脊线释义图

5.3.2 等成本线

等成本线又称企业预算线，是在既定成本和既定要素价格条件下生产者用一定数量资金可以购买的两种要素的各种不同的最大数量组合的轨迹，或者说：它是一条表明在生产成本和生产要素价格既定的条件下，生产者所能购买的两种生产要素数量最大组合的曲线（见图5—4）。在现实生活中，各种生产要素都是有价的。例如，雇佣工人，需要支付工人工资；到银行贷款，需要支付银行利息；办工厂，需要租用土地，需支付地租等。厂商要想购买这些生产要素，就必须有一定的货币支出，这种货币支出构成了厂商的整个生产成本组合。一个厂商若想追求最大利润，就必须考虑不同成本的有效组合。

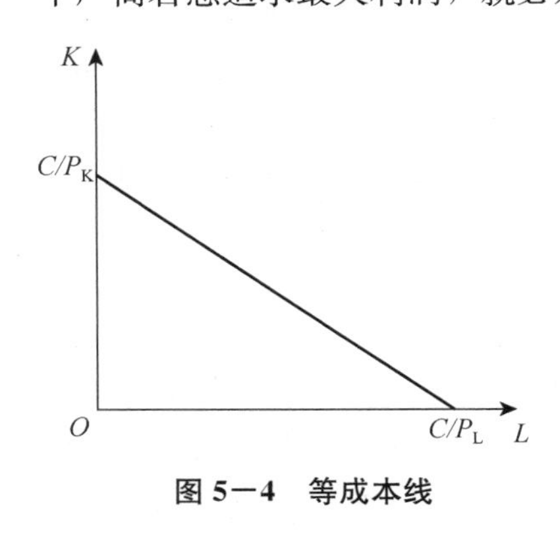

图5—4 等成本线

等产量曲线告诉我们生产一定数量的某种产品可以采取多种要素组合方式，生产一定数量的要素组合还要受到生产者支付要素总的预算支出和要素价格的限制。即要受到总成本和要素价格的制约。为此，需要引入等成本线这一概念。生产理论中的等成本线是一个和效用理论中的预算线相似的分析工具。

由于生产理论中的等成本线是在既定的成本和生产要素价格条件下生产者可以购买到的两种生产要素的各种最大数量组合的轨迹，所以，等成本线表明了对生产者进行生产的限制，即它所购买生产要素所支出的钱不能大于或小于所拥有的货币成本。如果大于货币成本，将无法实现，因为所需的货币超过了既定的成本；如果小于货币成本，则无法实现企业既定的产量最大化。

成本和要素价格是生产的限制条件，成本和要素价格一旦发生变动则限制也会随之变动。等成本线的方程能帮助我们理解这些内容。等成本线的方程表示如下。

$$P_L Q_L + P_K Q_K = C \tag{5-9}$$

式中：C——总成本；

P_L、P_K——要素 L 和 K 的价格；

Q_L、Q_K——要素 L 和 K 的数量；

P_L/P_K——等成本线的斜率。

在要素价格不变或者两种要素的价格之比不变的情况下，实际成本总量的增减会导致等成本线的平移；实际成本增加等成本线向右上方移动；反之，则向左下方移动。如果成本不变，要素价格发生变动，则等成本线的斜率改变，等成本线呈旋转式的变动。

5.3.3 生产要素的最佳组合

把等产量线和等成本线叠加在一起可以分析生产者均衡，即生产要素的最佳组合问题。生产要素的最佳组合应处于等产量曲线和等成本线的切点上，如图 5－5 所示。

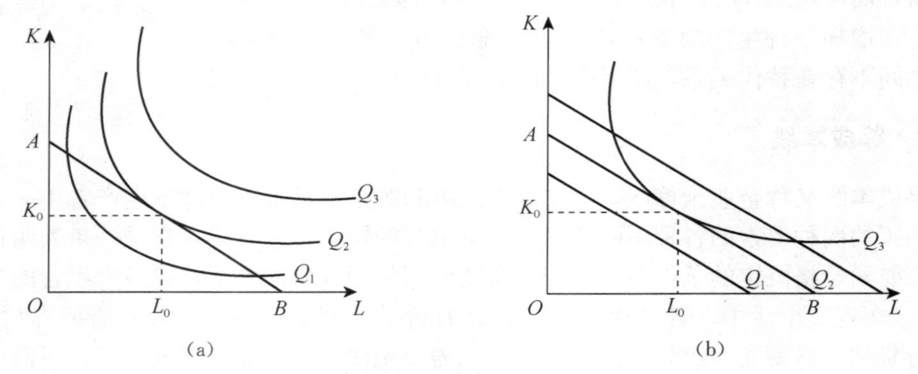

图 5－5 生产要素的最佳组合

把等产量线和等成本线结合在一起，就必有等成本曲线与无数条等产量曲线中的一条相切于一点。在这个切点，等产量曲线的边际技术替代率＝等成本曲线的斜率。如果等产量曲线在等成本曲线的上方，既不与等成本曲线相交，也不与等成本曲线相切，这表明这条等产量曲线所代表的产量是企业在既定成本下无法实现的产量。因为厂商利用既定成本只能购买到位于等成本曲线下或等成本曲线区域内的生产要素组合。

如果等产量曲线与等成本曲线相交，虽然两个交点所代表的产量相等，但无法确定生产要素的组合点；二则两要素的边际技术替代率与两要素的价格之比不等，即厂商不可能在不改变总成本支出的条件下不断用劳动代替资本，或用资本代替劳动。如果任意确定一种组合方式的选择，就可能造成某种要素资源的浪费，或效率的降低。所以，只有当等成本曲线与等产量曲线相切时，即只有两要素的边际技术替代率和两要素的价格比例相等时，就实现了生产要素的最优组合，并实现了产量最大化。由于边际技术替代率反映了两要素在生产中的替代比率，要素的价格比例反映了两要素在购买过程中的替代比率。所以，只要两者不等，厂商总可以在总成本不变的条件下通过调整两要素的组合，使总产量得到增加。

这个切点所表明的意义如下。

(1) 为实现既定成本条件下的最大产量，厂商必须选择最优的生产要素组合，使得两要素的边际技术替代率等于价格之比。

(2) 厂商可以通过对要素的不断调整，使得最后一单位的成本支出无论是用来购买哪一种生产要素所获得的边际产量都相等，从而实现在既定成本条件下的最大产量。

5.4 规模报酬

规模报酬分析的是厂商的生产规模变化与所引起的产量变化之间的关系。通常以全部生产要素都以相同比例发生变化来定义厂商的生产规模变化。而规模报酬变化是指在其他条件不变的情况下，厂商内部各种生产要素按相同比例变化时所带来的产量变化。

5.4.1 规模报酬的变化

规模报酬变化可以分为以下三种情况。

1. 规模报酬递增

随着生产规模的提高，长期平均成本下降。产生规模报酬递增的主要原因是由于厂商生产规模扩大所带来的生产效率的提高。规模经济又有内在规模经济与外在规模经济之分。内在规模经济指厂商自身规模扩大后所引起的收益增加。具体地说，厂商在自身规模扩大后能够利用很多有利的因素和条件来降低生产成本，这些因素包括专业化的分工协作、管理成本的降低、采用大型的专业化的机器设备、副产品的开发等；外在规模经济指整个行业规模扩大给厂商带来的利益的增加。行业的扩大促使行业内更精细的分工，专业化的劳动市场、能源供给和运输的改善、行业内的信息服务等都会提高厂商的生产效率。

2. 规模报酬不变

在这一阶段，随着生产规模的提高，长期平均成本不变。规模报酬不变指产量增加的比例等于各种生产要素的比例。指在技术水平和要素价格不变的条件下，当所有要素都按同一比例变动时，产量（收益）变动的状态。

3. 规模报酬递减

随着生产规模的提高，长期平均成本提高。产生规模报酬递减的主要原因是由于厂商生产规模过大，使生产的各方面难以协调，从而降低了生产效率。规模报酬递减指由于生产规模的扩大而导致厂商的平均成本上升。首先，过大的规模会导致厂商管理成本的上升。其次在过细的分工链中只要某一环节出现问题就会影响整体的效率，同时，过细的分工也会使操作者对工作感到枯燥、乏味。规模报酬递减属于规模不经济。同样规模不经济是内在规模不经济和外在规模不经济的结果。

5.4.2 规模报酬变化规律

规模报酬变化一般呈现出以下规律：当厂商从最初很小的生产规模开始逐步扩大时，面临的是规模报酬递增阶段。在厂商得到了由生产规模扩大所带来的产量递增的全部好处后，一般会继续扩大生产规模，将生产保持在规模报酬不变阶段。规模报酬不变阶段可能会比较长。此后，企业若继续扩大生产规模，将进入规模报酬递减阶段。例如，假设一座月产量化肥10万t的工厂所使用的资本为10个单位，劳动为5个单位。现在将厂商的生产规模扩大一倍，即使用20个单位的资本，10个单位的劳动，由于这种生产规模的变化所带来的收益变化可能有以下三种情形。

（1）产量增加的比例大于生产要素增加的比例，即产量为20t以上，这种情形叫作规模收益递增（即规模经济）。

（2）产量增加的比例小于生产要素增加的比例，即产量为小于20t，这种情形称为规模收益递减（即规模不经济）。

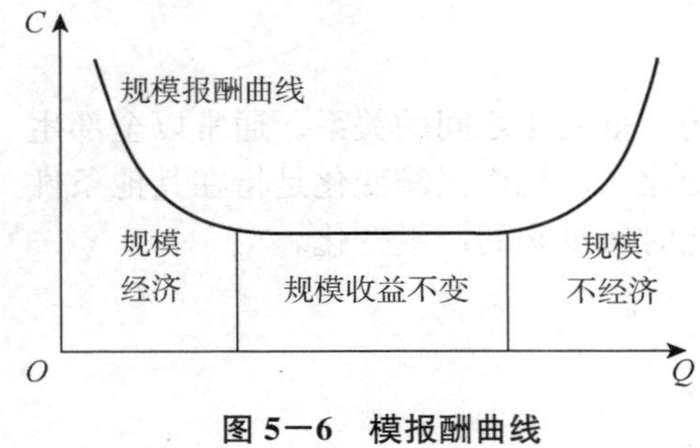

图5—6　模报酬曲线

（3）产量增加的比例等于生产要素增加的比例，即产量为20t，这种情形称为规模收益不变。规模报酬存在着递增、不变和递减三个阶段，规模报酬变化的原因是由于规模经济或规模不经济。规模经济（Economies of Scale）是指由于产出水平的扩大，或者说生产规模的扩大而引起的产品平均成本的降低。从理论上看，规模曲线如图5—6所示。

5.5　成本理论

5.5.1　成本的概念

厂商的生产成本一般是指生产一定产量时在生产过程中所支付的费用。很明显，厂商货币支出总额的大小取决于两个基本因素：产量Q和各种生产要素的价格P。成本函数表示在一定时间内，在技术水平和要素价格不变的条件下，成本与产量之间依存关系的函数表示。通常记作：

$$C=f(Q) \tag{5—10}$$

生产过程中，往往成本的内涵要比在生产经营中的各种实际支出丰富得多。

5.5.2　成本类型

1. 机会成本与会计成本

经济学假设，厂商的目标是实现利润最大化。从会计学的意义上讲，利润等于总收益减去总成本。需要注意的是，经济学家所考虑的成本与会计学中的成本是不同的。为了说明这种不同，我们需要了解机会成本和会计成本的概念。

机会成本是指厂商将一定资源用作某种用途时所放弃的其他各种用途中的最大收入，或者是将一定资源保持在这种用途上必须支付的成本。经济学是从稀缺资源配置的角度来研究生产一定数量某种产品所必须支付的代价。这意味着必须用机会成本概念来研究厂商的生产成本。经济学中生产成本概念与会计成本概念的区别在于后者不是从机会成本而是从各项直接费用的支出来统计成本的。

在理解机会成本这一概念时要注意以下两个问题。

（1）机会成本不同于实际成本，它不是做出某项选择时实际支付的费用或损失，而是一种观念上的成本或损失。在讨论机会成本时我们看不到真实的货币支付，也看不到真实的实物损失。例如，某企业现在拥有资金200万元，如果用于生产再投资，可能会从中获利30万元，但如果选择存进银行获取利息，只能获利10万元收入。那么把钱存入银行的机会成本就是30万。显然，这里企业并没有发生真正的损失，机会成本只是指原本可以得到但实际没有得到的损失。所以，企业经营者必须懂得机会成本的概念，这样才能真正评价企业某项投资究竟是否最为有利，是否最大限度地获得了经济利益，是否还有可挖掘空间。

（2）机会成本是做出一种选择所放弃的其他若干种可能的选择中最好的一种。我们在决定做一件事时，会放弃做很多事情，每放弃一件事对我们来说都有损失，其中最大的损失被称之为机会成本。如上面提到的某企业有200万的例子中，如果这200万有更好的用途，可以给企业带来更多的获利40万，那么机会成本就是40万。

会计成本是厂商在生产过程中按市场价格直接支付的一切费用，这些费用一般均可以通过会计账目反映出来，它是一种事后成本。由于会计人员更关心企业已经发生的实际的各种支出，所以，会计成本等同于显成本。

2. 显成本与隐成本

企业的生产成本可以分为显成本（Explicit Costs）和隐成本（Implicit Costs）。

显成本就是一般会计学上的成本概念，是指厂商在生产要素市场上购买或租用所需要的生产要素的实际支出，这些支出是在会计账目上作为成本项目记入账上的各项费用支出。如需要向工人支付的工资，向银行支付的利息，向土地的所有者支付的地租等都属于企业应负担的显成本。

隐成本是对厂商自己拥有的，且被用于该企业生产过程的那些生产要素所应支付的费用。这些费用并没有在企业的会计账目上反映出来，所以称为隐成本。显然，隐成本指的是厂商自己拥有的生产要素的机会成本。

3. 增量成本与沉没成本

增量成本与沉没成本也是企业进行决策时需要考虑的两个成本概念，对二者理解的正确与否会直接影响企业决策的正确性。

增量成本是指一项企业经营管理决策引起的总成本的增加量。如企业为扩大产量扩建一条生产线，由此需要购入的设备、材料及招聘的员工等，都属于增量成本，它直接引起总成本的变化。估计过高、过低都会干扰企业的判断。

沉没成本是指过去已经发生并且不能由现在或将来的任何决策加以改变的成本，或是已经发生且无法收回的成本。沉没成本因其已经“沉没”，故决策时无须虑及。

沉没成本

究竟什么是沉没成本呢？沉没成本是指业已发生或承诺、无法回收的成本支出，如因失误造成的不可收回的投资。沉没成本是一种历史成本，对现有决策而言是不可控成本，不会影响当前行为或未来决策。从这个意义上说，在投资决策时应排除沉没成本的干扰。

从成本的可追溯性来看，沉没成本可以是直接成本，也可能是间接成本。如果沉没成本可追溯到个别产品或部门则属于直接成本；如果由几个产品或部门共同引起则属于间接成本。

从成本的形态来看，沉没成本可以是固定成本，也可能是变动成本。企业在撤销某个部门或是停止某种产品生产时，沉没成本中通常既包括机器设备等固定成本，也包括原材料、零部件等变动成本。通常情况下，固定成本比变动成本更容易沉没。

从成本的数量角度来看，沉没成本可以是整体成本，也可以是部分成本。例如中途弃用的机器设备，如果能变卖出售获得部分价值，那么其账面价值不会全部沉没，只有变现价值低于账面价值的部分才是沉没成本。

一般说来，资产的流动性、通用性、兼容性越强，其沉没的部分就越少。“现金为王”的观念也可以从这个角度去理解。固定资产、研究开发、专用性资产等都是容易沉没的，分工和专业化也往往与一定的沉没成本相对应。此外，资产的沉没性也具有时间性，会随着时间的推移而不断转化。以具有一定通用性的固定资产为例，在尚未使用或折旧期限之后弃用，可能只有很少一部分会成为沉没成本，而中途弃用沉没的程度则会较高。

在经济学和商业决策制定过程中会用到“沉没成本”（Sunk Cost）的概念，代指已经付出且不可收回的成本。沉没成本常用来和可变成本作比较，可变成本可以被改变，而沉没成本则不能被改变。举例来说，如果你预订了一张电影票，已经付了票款且假设不能退票。此时你付的价钱已经不能收回，就算你不看电影钱也收不回来，电影票的价钱算作你的沉没成本。

（摘自：世界经理人网站——别让沉没成本误导决策）

5.5.3 生产成本

1. 生产中的长期和短期的概念

与平时所说的表示时间跨度的意义不同，这里所说的短期和长期的划分是以生产者能否变动全部生产要素投入数量作为标准。所以，经济学中的短期是指生产者来不及调整全部生产要素投入数量，或者至少有一种生产要素投入数量是固定不变的时间周期。在短期内，生产要素投入分为不变要素投入（如厂房、机器设备等）和可变要素投入（如劳动、原材料等），即固定成本和可变成本。而长期是指生产者可以根据需要调整全部生产要素投入数量的时间周期。在长期内，所有生产要素投入都是可变要素投入，因此不存在固定成本和可变成本之分。

短期和长期的划分并非按照具体的时间长短。对于不同的产品生产，短期和长期的具体时间的规定是不同的。例如，变动一个大型钢厂的规模可能需要五年，则其短期和长期的划分以五年为界，而变动一个小快餐店的规模可能只需要一个月，则其短期和长期的划分仅为一个月。

2. 短期成本分析

（1）短期总成本（STC）。短期总成本 STC 是指厂商在短期内为生产一定数量的产品所耗费的全部成本，其中包括短期固定成本和短期变动成本两部分。短期固定成本 SFC 是指厂商在短期内为生产一定数量的产品，购买不变生产要素的费用支出，这种成本不随产量的变动而变动。

短期变动成本（或短期可变成本）SVC 是指厂商在短期内生产一定量产品，所购买可变生产要素的费用支出。例如，原材料、燃料、雇佣工人的工资等。显然，短期总成本、固定成本、可变成本之间的关系满足：

STC＝SVC＋SFC（在分析中简化为：TC＝VC＋FC）其图形如图 5－7 所示。

短期总成本、固定成本、可变成本的关系如下。

①SFC 是一常数，故 FC 曲线是一条与横轴平行的直线。表示固定成本的投入不随产量变动而变动，是一固定数值。

②SVC 曲线是一条从原点出发且向右上方倾斜的曲线。表示可变成本随产量的增加而增加，但增加的幅度却是先以递减的速率增加，而后以递增的速率增加。

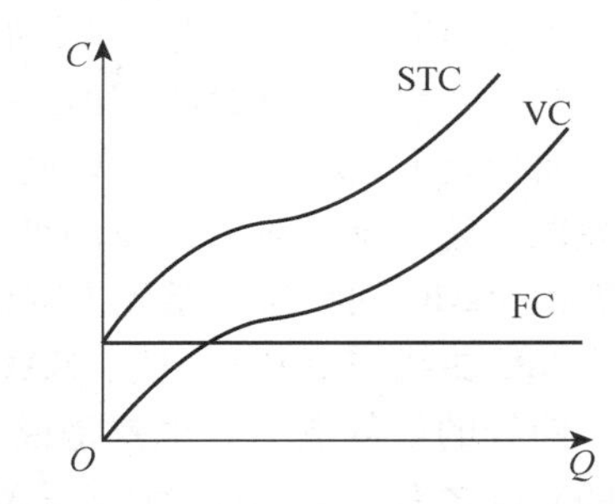

图 5－7 期总成本、固定成本和可变成本曲线

③STC 曲线的形状与 SVC 曲线相同，也是向右上方倾斜。说明 STC 与 SVC 变动规律相同。STC 曲线与 SVC 曲线之间的垂直距离即是 SFC 的值，由图 5－5 可见。

（2）短期平均成本（SVC）。短期平均成本 SAC 是指平均每单位产品上分摊的全部成本。显然：

$$SAC=STC/Q=(SVC+FC)/Q=SVC/Q+SFC/Q \qquad (5-11)$$

AFC 是平均固定成本，是指每单位产品上分摊的固定成本，FC/Q＝AFC。

AVC 是平均变动成本，是指每单位产品上分摊的变动成本，SVC/Q＝AVC。

因此，短期平均成本分为短期平均固定成本和短期平均可变成本。即 SAC＝AFC＋AVC，其曲线如图 5－8 所示。

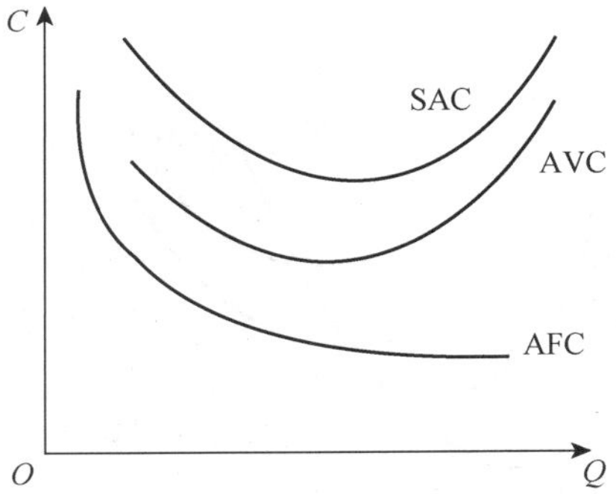

图 5－8 短期平均成本、平均固定成本与平均可变成本曲线

短期平均成本、短期平均固定成本、短期平均可变成本的关系如下。

①由于 AFC＝FC/Q，所以 AFC 曲线是一条与纵轴和横轴无限接近的渐近线。表示 AFC 随着产量的增加而不断减少，且 AFC 减少的幅度出现先大后小的趋势。

②由于 AVC 曲线是 U 形曲线。表示 AVC 随产量的增加，先下降后上升的趋势（与 APL 正相反——由于边际报酬的递减规律）。

③SAC 曲线的形状与 AVC 曲线相同，也是先下降后上升的“U”形曲线。表明随产量的增加先下降而后上升的变动规律，但它开始时比平均可变成本陡峭，说明下降的幅度比平均可变成本大，以后的形状与平均可变成本曲线基本相同。

④由于 SAC＝AFC＋AVC ，AFC 与 AVC 都是正值，所以 SAC 曲线永远在 AVC 曲线的上方；在 AVC 曲线达到最低点后，SAC 曲线会继续下降，达到最低地点后，才会有上升的趋势。

⑤SAC 曲线和 AVC 曲线之间的距离最初较大，随着产量的不断增加而逐渐接近，这一特性是由平均固定成本曲线的变化决定的，但两条曲线 SAC 和 AVC 不会相交。

（3）短期边际成本（SMC）。短期边际成本 SMC 是指厂商在短期内每增加一单位产品所增加的总成本，或短期边际成本是产量的增量所引起的总成本的增量。短期边际成本随产量变化而变化，所以它只与可变成本相关，而与固定成本无关。公式为：

$$SMC=\Delta STC/\Delta Q=（\Delta SVC+\Delta FC）/\Delta Q=\Delta SVC/\Delta Q \quad (5-12)$$

SMC 曲线呈 U 形。表示 SMC 随产量的增加，呈先下降后上升的特征（与 MP_L 正相反）。开始时，边际成本随着产量的增加而减少，当产量增加到一定程度时，就随着产量的增加而增加。SMC 曲线是一条先下降而后上升的“U”形曲线。如图 5－9 所示。

（4）SMC 曲线与 AVC 曲线、SAC 曲线之间的关系。由图 5－10 中可以看出 SMC 曲线穿过 SAC 曲线的最低点 *N*。也就是说，在 *N* 点之左，当 SMC 小于 SAC 时，SAC 曲线趋于下降；在 *N* 点之右，当 SMC 大于 SAC 时，SAC 曲线趋于上升。因此，SMC 曲线与 SAC 曲线的交点是 SAC 曲线的最低点。

由图 5－10 中可以看出 SMC 曲线穿过 AVC 曲线的最低点 *M*。也就是说，在 *M* 点之左，当 SMC 小于 AVC 时，AVC 曲线趋于下降；在 *M* 点之右，当 SMC 大于 AVC 时，AVC 曲线趋于上升。因此，SMC 曲线与 AVC 曲线的交点是 AVC 曲线的最低点。

这里需要进一步指出的是：SAC 曲线的最低点 *N* 叫作收支相抵点，而 AVC 曲线的最低点 *M* 叫作停止营业点，这两点在经济学中具有特殊的意义。关于这两点的具体分析还需要更多的结合收益和利润的知识，下一节中会进一步涉及。

从几何意义上看，SMC 可以表示为 STC 曲线上某点的切线的斜率，同时也可看作是 TVC 曲线的切线的斜率。SAC 曲线可以看作是 STC 曲线上所有点与原点连线的斜率值的轨迹。同理，SVC 曲线与 AVC 曲线之间，FC 曲线与 AFC 曲线之间亦保持上述关系，在这里不一一赘述。

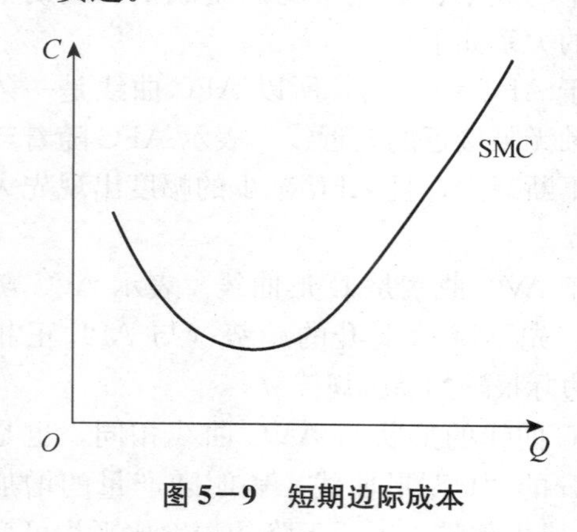

图 5－9　短期边际成本

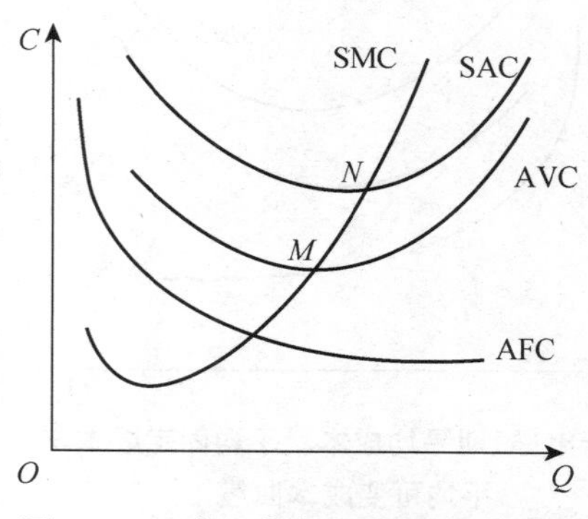

图 5－10　边际成本、短期平均成本、平均固定成本与平均可变成本曲线

边际产量递减和边际成本递增之间的关系

假如我们班的同学开了一家蛋糕店，蛋糕生产数量只和投入的工人数量有关。根据边际产量递减规律，我们知道随着投入的工人的数量的增加，边际产量递减。边际成本递增与边

际产量递减是一个硬币的两面。边际成本随着产量增加而上升。这反映了边际产量递减的性质。

当蛋糕店生产少量蛋糕时，店里的工人少。而我们没有得到利用的设备多。由于我们可以轻而易举地把这些闲置的资源投入使用，增加产量只增加了较小成本。与此相比，当蛋糕店生产大量蛋糕时，我们的工人人多拥挤，而且大部分设备得到充分利用。蛋糕店只有增加工人才能生产更多的糕点，但新工人不得不在拥挤的条件下工作，而且可能不得不等待使用设备。因此，当产量已经相当高时，生产额外一杯糕点的成本更高。根据上面的分析，边际产量递减同时带来边际成本递增。

（资料来源：作者编写）

3. 长期成本分析

在短期成本分析中，厂商总有一部分成本不随着产量的变化而变化，这部分成本称为固定成本。厂商长期成本和短期成本的区别实际上是假定厂商有足够充分的时间，调整其全部生产要素，甚至可以进入或退出一个行业。因此在长期成本分析中，所有的生产要素都是可变的，没有固定成本和可变成本之分。这样，长期中用到的概念只有三个：长期总成本、长期平均成本、长期边际成本。

（1）长期总成本（LTC）。长期总成本 LTC 是指厂商在长期中每一个产量水平上通过改变生产规模所能达到的最低总成本。长期总成本随产量的增加而增加。因此，长期总成本可以看作是产量的函数，公式为：

$$LTC=f(Q) \tag{5-13}$$

由于 LTC 曲线由若干条不断调整的短期总成本曲线 STC 组成，因此 LTC 曲线是一组 STC 曲线的包络线（Envelope Curve）。它从短期总成本曲线的下方包络众多短期总成本曲线。形状大致如图 5—11 所示。

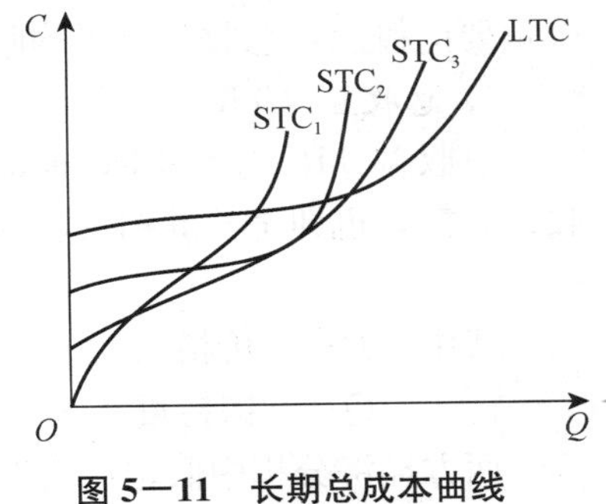

图 5—11　长期总成本曲线

（2）长期平均成本（LAC）。长期平均成本 LAC 表示的是厂商在长期内按产量平均计算的最低点总成本。公式为：

$$LAC=\frac{LTC(Q)}{Q} \tag{5-14}$$

LAC 曲线是无数条 SAC 曲线的包络线。在这条包络线上，在连续变化的每一个产量水平，都存在 LAC 曲线和一条 SAC 曲线的相切点，该切点所对应的平均成本就是相应的最低平均成本。LAC 曲线表示厂商在长期内在每一产量水平上可以实现的最小的平均成本。形状大致如图 5—12 所示。

（3）长期边际成本（LMC）。长期边际成本 LMC 是指在长期内每增加一单位产量所增加的总成本。公式为：

$$LMC=\frac{\Delta LTC}{\Delta Q} \tag{5-15}$$

长期边际成本和长期平均成本相交于长期平均成本的最低点 C，即长期平均成本最小时，长期边际成本等于长期平均成本，在 C 点左边，LMC<LAC，故长期平均成本递减；

在 C 点右边，LMC＞LAC，故长期平均成本递增；显然，当 LMC＝LAC 时，长期平均成本最小。长期平均成本曲线和短期平均总成本曲线及长期边际成本曲线之间的关系，形状大致如图 5－13 所示。

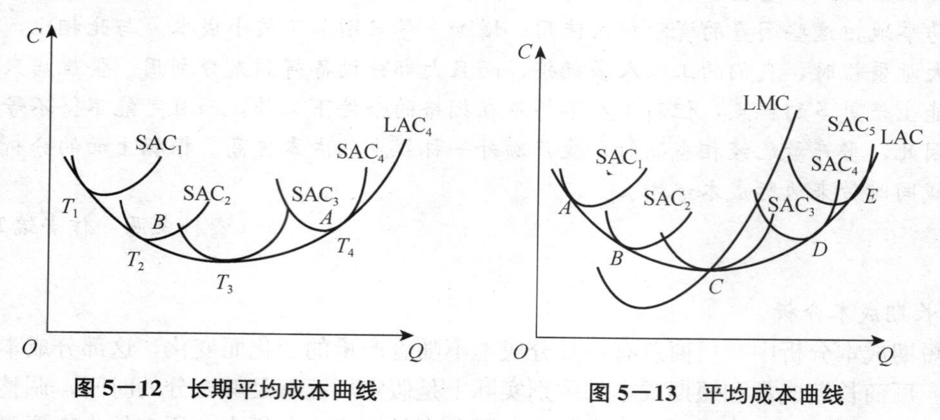

图 5－12　长期平均成本曲线　　**图 5－13　平均成本曲线**

5.5.4　收益的概念

收益是指厂商销售商品或劳务所获得的货币收入。与产量和成本概念类似，收益也有三个重要的概念：总收益、平均收益、边际收益。

1. 总收益（TR）

总收益 TR（Total Revenue），是指厂商生产并销售一定数量商品和劳务所获得的货币收入总额，也即全部的销售收入。公式为：

$$TR=P\times Q \tag{5-16}$$

式中：P——价格；

Q——销售量。

西方经济分析中假定厂商能顺利地出售产品，即销售量等于产量，且销售量也正是市场对该产品的需求量。

当产品的市场价格为一定时，厂商的产品都按照这一价格销售。这样，当销售量为 0 时，总收益 TR＝0，随着销售量的增加，TR 不断上升。

2. 平均收益（AR）

平均收益 AR（Average Revenue）是指厂商平均出售每一单位的商品和劳务所能得到的货币收入。公式为：

$$AR=TR/Q=\frac{P\times Q}{Q}=P \tag{5-17}$$

当所有商品按同一价格销售时，平均收益就是每一单位商品的售价。实际上，在任何情况下，平均收益总是该销售量下的单位商品价格。

3. 边际收益（MR）

边际收益 MR（Marginal Revenue）是指厂商每增加一单位商品和劳务的销售所引起的总收益的变动量。公式为：

$$MR=\Delta TR/\Delta Q \tag{5-18}$$

当价格为既定时，边际收益等于既定价格，即 MR＝P。从厂商的收益概念看，厂商收益取决于两个因素：价格 P 和产量 Q。

4. 对收益概念的理解

（1）收益不等于利润，收益不是出售产品所赚到的钱，而是出售产品所得到的收入，在所得到的收入中，既有用于购买各种生产要素而支出的费用，也有减掉各种费用后企业的利润。

（2）收益与价格的关系。收益是产量与价格的乘积，如果不考虑价格因素，收益就是产量。所以总收益（TR）和总产量（TP），平均收益（AR）与平均产量（AP），边际收益（MR）与边际产量（MP）之间的关系应该是：

$$TP\times P=TR，AP\times P=AR，MP\times P=MR$$

如果不考虑价格因素，则：TP＝TR，AP＝AR，MP＝MR。

（3）在不同的市场结构中，收益变动的规律并不完全相同，边际收益曲线（MR）和平均收益曲线（AR）的形状也不相同。（后面三章中讲授）

5.5.5 经济利润

厂商的利润通常指的是厂商的经济利润。所谓经济利润是指厂商的总收益和总成本之间的差额。厂商所追求的最大利润，指的就是最大的经济利润。经济利润也被称为超额利润。

与此相类似的还有两个概念：正常利润和会计利润。

正常利润是指厂商对自己所提供的企业家才能支付的报酬。根据上面对隐成本的分析可知，正常利润是隐成本的一个组成部分。

会计利润是企业的总收益减去企业的会计成本。因此，经济学中的利润概念与会计利润也不一样。利润与成本之间的关系可用下列公式表示：

$$会计利润=总收益-显成本 \quad (5-19)$$

$$经济利润=总收益-经济成本 \quad (5-20)$$

当经济利润等于0时，厂商不盈不亏，也就是生产者没有获得超额利润；当会计利润大于正常利润时，经济利润为正，厂商获得超额利润；当会计利润小于正常利润时，经济利润为负，厂商是亏损的。

5.5.6 利润最大化原则

如果用 π 代表厂商的利润，可表示为：

$$\pi=TR-TC \quad (5-21)$$

所谓利润最大化就是使 TR 与 TC 之间的差额最大。厂商利润最大化的必要条件是：边际收益等于边际成本，即 MR＝MC。如果 MR＞MC，则厂商每增加一单位产量所带来的收益大于生产这一单位产量的成本，所以厂商增加产量有利于厂商利润总额的提高；反之，如果 MR＜MC，则厂商每增加一单位产量所能带来的收益小于生产这一单位产量的成本，所以厂商增加产量将导致利润总额减少；只有当 MR＝MC 时，虽然最后一单位产量的收支相抵，无利润可赚，但以前生产的产量使总利润达到最大限度。因此，MR＝MC 是厂商利润最大化的基本原则。

必须明确：虽然 MR＝MC 是利润最大化原则，但这必须在考虑 TR 与 TC 对比情况下，才能判断是否有利润。实现 MR＝MC，可使厂商处于有利状态，但并不意味着必定保证获得经济利润，可能盈利，也可能亏损。可以确定的是，若厂商有盈利，按此原则确定产量，一定是利润最大；若厂商有亏损，按此原则确定产量，一定是亏损最小。

复习思考题

一、基本概念

生产函数　生产要素　边际产量　边际收益递减　等产量线　等成本线　机会成本
显性成本　隐性成本　可变成本　固定成本　经济利润　会计利润　边际成本
规模经济　规模报酬递增　规模报酬递减　规模报酬不变

二、选择题

1. 企业用来生产产品的劳动、原材料和资本商品是（　　）。
   A. 显性要素　B. 生产要素　C. 显性成本　D. 隐含要素
2. 生产要素和产量水平之间的关系被称为（　　）。
   A. 生产函数　B. 生产可能性曲线
   C. 平均成本曲线　D. 总成本曲线
3. 生产要素的边际产量是（　　）。
   A. 产量的变化除以企业所使用的生产要素的变化量
   B. 产量除以企业所使用的生产要素的量
   C. 产量除以总成本
   D. 产量中能归功于这种生产要素的数量
4. 生产函数每点的切线斜率是（　　）。
   A. 总产量　B. 边际产量　C. 平均产量　D. 边际成本
5. 如果企业在生产过程中只增加一种生产要素的使用量，产量的增加将小于要素增加的比例。这时候生产函数表现为（　　）。
   A. 报酬递减　B. 报酬不变　C. 成本递减　D. 报酬递增
6. 即使企业不生产也必须支付的成本是（　　）。
   A. 固定成本　B. 边际成本　C. 平均成本　D. 可变成本
7. 总成本减去固定成本等于（　　）。
   A. 分摊成本　B. 平均可变成本　C. 可变成本　D. 边际成本
8. 平均成本减平均固定成本等于（　　）。
   A. 平均可变成本　B. 平均边际成本　C. 边际成本　D. 固定成本
9. 当产量增加时，（　　）经常是减少的。
   A. 平均固定成本　B. 边际成本　C. 平均成本　D. 平均可变成本
10. 令 FC＝固定成本，Q＝产量，MC＝边际成本，TC＝总成本，VC＝可变成本，则平均成本等于（　　）。
    A. TC 的变化/Q 的变化　B. （FC＋VC）/MC

C.（FC＋VC） D.（FC＋VC）/Q

11. 如果生产6单位产量用54元，生产5单位产量用40元，则平均成本（ ）。

A. 大于边际成本并上升 B. 小于边际成本并上升

C. 等于边际成本 D. 大于边际成本并下降

12. 当产量增加时，LAC下降，这是由于（ ）。

A. 规模报酬递增 B. 规模报酬递减

C. 边际报酬递增 C. 边际报酬递减

13. 总产量、平均产量和边际产量的变化过程中，首先下降的是（ ）。

A. 边际产量 B. 平均产量 C. 总产量 D. B与C

14. 如果厂商要用139元生产4单位产出，108元生产3单位产出。第4单位产出的边际成本为（ ）。

A. 139元 B. 108元 C. 31元 D. 247元

15. 下面说法正确的是（ ）。

A. 边际成本递增时，边际产量也递增

B. 边际成本递增时，边际产量递减

C. 边际成本递增时，边际产量不变

D. 边际成本递增时，平均成本下降

三、判断题

1. 随着生产技术水平的变化，生产函数也会发生变化。（ ）
2. 可变要素的报酬总是递减的。（ ）
3. 边际产量可由总产量线上的对应点的切线的斜率来表示。（ ）
4. 边际产量总是小于平均产量。（ ）
5. 只要边际产量减少，总产量一定减少。（ ）
6. 产出增加时，总成本亦上升，即为规模不经济。（ ）
7. 只要总收益小于总成本，厂商就应该停止生产。（ ）
8. 只要总产量减少，边际产量一定是负数。（ ）
9. 如果某人大学毕业时选择继续升学，他的机会成本就是学习期间的所有费用。（ ）
10. 随着某生产要素投入量的增加，边际产量和平均产量增加到一定程度将同时趋于下降。（ ）
11. 边际产量线一定在平均产量线的最高点与它相交。（ ）
12. 边际产量线与平均产量线的交点，一定在边际产量线向右下方倾斜的部分。（ ）
13. 规模收益递减是边际收益递减造成的。（ ）
14. 边际收益递减是规模收益递减造成的。（ ）
15. 利用等产量线上任意一点所表示的生产要素组合都可以生产出同一数量的产品。（ ）
16. 生产要素的价格一旦确定，等成本曲线斜率随之确定。（ ）
17. 等成本曲线斜率等于纵轴表示的生产要素Y的价格与横轴表示的生产要素X的价格之比。（ ）

18. 假如以生产要素 X 代替 Y 的边际技术替代率等于 3，意味着这时增加 1 个单位 X 所增加的产量，等于减少 3 个单位 Y 所减少的产量。（ ）

19. 两种生产要素的最优组合点就是等产量线和等成本线的交点。（ ）

20. 平均收益就是单位商品的价格。（ ）

四、思考题

1. 生产的三个阶段是如何划分的，为什么厂商只在第二个阶段进行生产？

2. 用图形说明总产量曲线、平均产量曲线和边际产量曲线之间的关系。

3. 假设企业要招聘流水线的操作工，在平均产量和边际产量中，企业将更关心什么？如果发现平均产量开始下降，企业会增雇工人吗？这种情况的出现意味着最后雇佣的工人边际产量如何？

4. 等产量线的斜率与边际替代率有何关系？

5. 短期平均成本曲线和长期平均成本曲线都呈"U"，请分别解释其原因。

6. 用图说明总产量、边际产量和平均产量之间的关系。

7. 用图说明边际成本和平均成本之间的关系。

五、计算题

1. 企业总固定成本为 10 000 元，平均成本为 500 元，平均可变成本为 100 元，求企业现在的产量。

2. 假设某产品的总成本函数是 $TC=3Q^3-8Q^2+100Q+60$，求 TFC（Q）、TVC（Q）、AC（Q）、MC（Q）。

3. 假设某厂商的需求函数为 $Q=200-2P$，总成本函数为 $TC=1200+0.5Q^2$，求：

（1）利润最大化时的产量和价格。

（2）最大利润。

二、选择题

1. C 2. A 3. A 4. B 5. A 6. A 7. C 8. A 9. A 10. D 11. B 12. A 13. A 14. C 15. B

三、判断题

1. 对 2. 错 3. 对 4. 错 5. 错 6. 错 7. 错 8. 对 9. 错 10. 对 11. 对 12. 对 13. 错 14. 错 15. 错 16. 错 17. 错 18. 对 19. 对 20. 错

五、计算题

1.

解：因为平均成本＝平均可变成本＋平均固定成本

所以平均固定成本＝500－100＝400 元

平均固定成本＝总固定成本/产量

产量＝10 000/400＝25

2.

解：因为总成为 $TC=3Q^3-8Q^2+100Q+60$

总成本 TFC 与 Q 无关，所以 TFC＝60

TC＝TFC＋TVC

所以 $TVC(Q)=3Q^3-8Q^2+100Q$

$AC(Q)=TC/Q=3Q^2-8Q+100+60/Q$

$TC=3Q^3-8Q^2+100Q+60$ 求导，

$MC(Q)=9Q^{2-}16Q+100$

3.

解：(1) $Q=200-2P$，$P=100-0.5Q$

收益 $R=P\times Q=100Q-0.5Q^2$

利润最大化时 MR＝MC

$MR=100-Q$

$TC=1200+0.5Q^2$

$MC=Q$

MR＝MC，$100-Q=Q$

所以 $Q=50$，$P=100-0.5\times50=75$

(2) 最大利润＝$R-TC$

$=100Q-0.5Q^2-(1200+0.5Q^2)$

$=1300$

第 6 章　完全竞争市场

前面已经从一般意义上对需求、供给、成本等相关理论进行了分析，从本章开始，包括第 6、7、8 章，从不同市场结构的角度，讨论不同类型市场上价格与产量的决定。市场结构对企业行为会产生重要影响，企业面临的市场需求曲线和供给曲线都与市场结构有关。经济学中根据市场上竞争与垄断的程度不同，将现实中的市场分为四种，完全竞争市场和完全垄断市场是两个极端，垄断竞争市场和寡头市场是介于这两种极端之间的中间状态。本章将首先分析完全竞争市场。

6.1　划分市场结构的标准

厂商的决策包括三个方面：价格选择、产量选择和规模选择。经济学的研究表明，这些决策的过程和结果都与市场的组织形式有关。市场（Market）是指交易的组织形式或制度安排。市场不仅仅是指交易的场所，还包括组织这些交易的方式和制度安排。如果把可交易的物品分为产品和生产要素两大类，相应的交易就分别在产品市场和生产要素市场进行。产品又可分为有形产品（物质产品）和无形产品（非物质产品），因此产品市场又可分为有形产品市场和无形产品市场。微观经济学研究划分更细致的市场，如小麦市场、土地市场、苹果市场等。一个具体产品市场中的全体厂商被称为一个行业。

微观经济学通常用市场竞争强度来划分市场结构。影响市场竞争强度的因素主要有以下几点。

（1）厂商数目。厂商的数目越多，也就意味着他们的销售和购买量所占的市场份额就越小，单个厂商的生产和交易行为对整个市场中产量和价格的影响就越小，市场的竞争程度便越强。

（2）产品差异度。产品差异度指同一行业中厂商生产的产品之间的差别程度。商品间比较不仅指商品的质量，还包括销售条件、商标和包装等。通常，产品差异程度越大，越容易形成垄断，竞争程度越弱。

（3）进入壁垒。进入壁垒指厂商进入或退出该市场的难易程度。进入的壁垒越高，有可能进入该市场厂商的数目就越少，同时厂商在决定是否进入该市场时会更加谨慎，垄断程度就越强。

（4）单个厂商对价格的控制程度。这是衡量厂商市场垄断力的最全面和最权威的指标。厂商的定价能力越强，市场的竞争程度便越弱。

6.2　市场结构类型

市场可以按不同的方法进行分类，经济学中通常依照上述四个标准，将市场划分为四种类型：完全竞争市场、垄断竞争市场、寡头市场和完全垄断市场。关于这四个市场的特点可以用表6—1来说明。

表6—1　市场类型的划分与特点

市场类型	厂商数目	产品差异	进入壁垒	价格控制能力	现实接近市场
完全竞争	很多	无差异	非常容易	无控制能力	农产品市场
垄断竞争	较多	有一定差别	比较容易	有一些控制能力	零售业、饮食业
寡头	少数几个	有或者无差别	比较困难	相当程度	石油、电信、电力
完全垄断	一个	唯一产品	非常困难	很大程度	自来水等公共事业

从表中可以看出，完全竞争市场的竞争最为激烈，垄断竞争与寡头竞争市场既有垄断又有竞争，而完全垄断市场则完全没有竞争，市场上只有一家企业。市场竞争是大多数经济学家认为市场经济制度之所以较优的原因所在。市场竞争使得厂商在追逐自身利润最大化的同时也促进了社会资源的最优配置，实现消费者的最大福利。市场竞争程度越弱的行业，生产者的市场势力越强，厂商也能更好地实现利润最大化目标，但是消费者的地位相对越弱。

6.3　完全竞争市场假设

完全竞争市场（Perfect Competition）就是指不包含任何垄断因素的市场，经济学家对它有以下四个方面的假设。

1. 市场上有无数多的买者和卖者

买者、卖者充分多是完全竞争最为重要的条件。这里特别强调卖者充分多，每一个厂商都是市场这个汪洋大海中的“沧海一粟”，它无论怎样调整产量都不能影响产品的市场价格。它们都只能被动地接受由市场决定的价格，因而完全竞争市场中的厂商被称为当前“价格的接受者”。

2. 产品同质

同质产品要求产品的功能、质量、规格、包装、商标、购物环境和售后服务等完全相同，消费者无法区分产品是由哪一家厂商生产的。这样一来，消费者就不会关心产品的生产厂商，购买任何一家厂商生产的产品都是一样的。于是，任何一家厂商提高自己产品的价格都会导致其产品无人问津。这个条件从另一个角度说明了在完全竞争的市场上厂商和消费者只能是市场价格的接受者。

3. 厂商进入或退出市场均无任何社会限制

在完全竞争的市场上，资源被认为是可以完全自由流动的。正是由于这个假设，一旦某个厂商在短期内能获得超额利润，长期中市场就将吸引新厂商为获取超额的利润而加入这一行业来争夺所存在的超额利润。争夺的最终结果是超额利润被逐步推平直至消灭。相反，厂商的亏损也会被退出行业的行为所消除。

4. 市场信息是完全对称的

在完全竞争的市场上，厂商和消费者都可以获得完整而迅速的市场供求信息。信息完全是指市场信息是完全对称的，不存在买者或卖者所不了解的或占有优势的信息。每一个消费者和厂商都可根据完全的信息做出对自己最有利的经济抉择。消费者根据完全的信息准确地确定使自己获得最大效用的购买数量，厂商则根据完全信息准确地决定能获得最大利润的生产规模和产量。

显然，在现实的经济环境中完全符合以上假设条件的市场是不存在的。农产品市场是被认为比较接近完全竞争的市场，比如小麦市场、大米市场等看作是近似于完全竞争市场。没有一个小麦买者可以影响市场价格，因为相对于整个市场来说，单个消费者购买的量很少。同理，每个麦农对价格的控制能力也是有限的，因为其他麦农也提供基本相同的小麦，如果他收取较高价格，买者就会转到其他地方买；而因为每个麦农都可以按照现行市场价格卖出他想卖的量，所以也没有理由降价。如果任何一个人都可以决定开一个农场，而任何一个农场主也都可以决定离开这个行业，那么小麦市场就基本满足完全竞争市场的假设条件了。

既然经济学家对完全竞争市场的假设与现实相距甚远，为什么还要对这个市场进行分析呢？因为完全竞争的市场是一个理想的市场模型，它可以使我们从本质上认识市场运行的规律特征，能够有效地预测厂商的行为，所得到的厂商行为知识对于分析不完全竞争市场很有帮助。

6.4 完全竞争市场上的价格、需求曲线、平均收益与边际收益

6.4.1 价格、需求曲线

在完全竞争市场，由于产品是同质的，每一个厂商都是均衡价格的接受者，而均衡价格是由整个行业的供给和需求所决定的。所以当行业均衡价格确定之后，对单个厂商来说这个价格就是既定的。这意味着，一方面，在给定价格下厂商可以销售无穷多数量的商品，但只要提价就不会有人购买。因为所有厂商都销售同样的产品，而消费者也知道在哪里能买到更便宜的产品。另一方面，如果厂商是理性经营者，也同样不会降价。因为它能够在既定价格下销售他所有想卖的产品，而降价只会损失和减少应得的利润。

行业的需求曲线是描述消费者对整个行业所生产的商品需求状况的曲线，一般情况下，需求曲线 D 是一条向右下方倾斜的曲线，而供给曲线 S 是一条向右上方倾斜的曲线，如图 6－1 (a)所示，整个行业的产品均衡价格是 P_1。图 6－1 (b) 表示单个厂商面临的需求曲线 d 是相对于市场供求曲线所决定的均衡价格 P_1 而言的。如果市场供求曲线发生变动，就会形成新的均衡价格，那么厂商就面临一条从新的均衡价格水平出发的水平需求曲线。

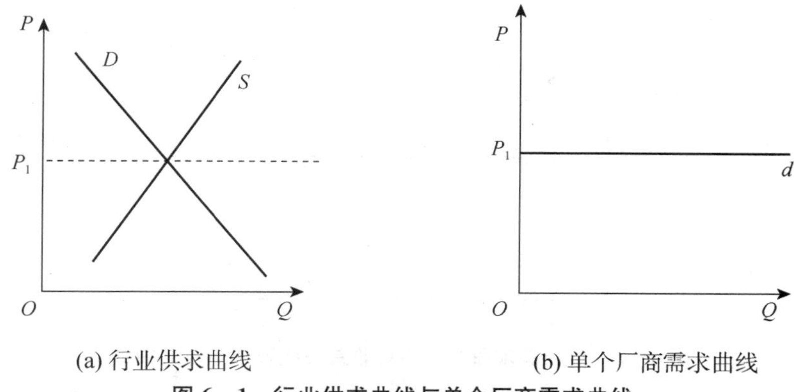

图 6—1　行业供求曲线与单个厂商需求曲线

6.4.2　平均收益与边际收益

厂商按既定的市场价格出售产品，每单位产品的售价也就是每单位产品的平均收益，所以价格等于平均收益。

在完全竞争的市场上，个别厂商销售量的变动，并不影响整个市场价格，就是说，厂商每增加一单位产品的销售，市场价格仍然不变，从而每增加一单位产品销售的边际收益也不会变化，所以，平均收益等于边际收益。

由于总收益是价格与产量的乘积（$TR=P\times Q$）；平均收益是总收益与销售量（产量）的商（$AR=TR/Q=PQ/Q=P$），所以，平均收益一定等于价格。

边际收益是增加一单位销售量所得到的收益，因为对于单个厂商来说，无论销售量增加多少，市场价格是不变的，所以，边际收益等于价格，$MR=P$。

上述：由于 $AR=P$，$MR=P$。所以，$MR=AR$，边际收益等于平均收益。需要说明的是：只有在完全竞争的市场上，平均收益、边际收益、价格才相等。

下面用表 6—2 说明完全竞争市场上价格、平均收益、边际收益相等的关系。

表 6—2　价格、平均收益、边际收益关系表

销售量（Q）	价格（P）	总收益（TR）	平均收益（AR）	边际收益（MR）
0	10	0	0	0
1	10	10	10	10
2	10	20	10	10
3	10	30	10	10
4	10	40	10	10
5	10	50	10	10
6	10	60	10	10

从上表中可以很清楚地看出，市场上商品价格 10 元，总收益随销售量的增加而增加，但是由于该商品的单位价格不变，不仅使得平均收益保持不变，而且边际收益也保持不变。

在完全竞争市场中，个别厂商销售量的变动对市场价格没有任何影响，即厂商只能按均衡

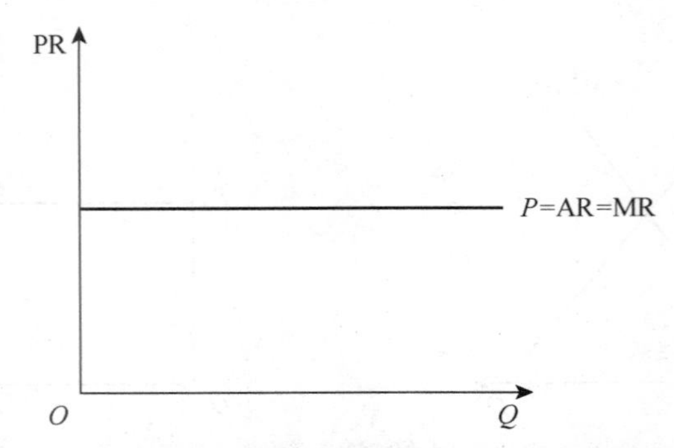

图 6－2　厂商需求曲线、平均收益曲线及边际收益曲线

价格 P 来出售商品，所以每增加销售一单位产品所增加的收益仍然与单价相等，也就是说厂商的平均收益曲线、边际收益曲线和个别厂商的需求曲线是完全重合的水平线，如图6－2所示。即：

$$AR=MR=P \tag{6-1}$$

6.5　完全竞争市场上的短期均衡

在完全竞争市场，由于厂商是价格的接受者，所以厂商不需要进行价格决策，但必须做出生产决策，即生产和出售产品的数量。

在短期内，厂商来不及调整生产规模，只能通过产品数量的调整来实现最大利润。完全竞争市场短期均衡的原则是：在其他条件不变的前提下，完全竞争厂商所选择的最优产量，应该是最后一单位产品所带来的边际收益等于所付出的边际成本的数量，即 MR＝MC。

利润最大化条件的数学证明

对 MR＝MC 这一利润最大化原则，可用数学推导加以证明。

设 π 为利润，Q 为厂商产量，TR 为厂商总收益，TC 为厂商总成本，则

$$\pi(Q)=TR(Q)-TC(Q)$$

利润极大化的必要条件是 π 对 Q 的一阶导数为零。

$$\frac{d\pi(Q)}{dQ}=\frac{dTR(Q)}{dQ}-\frac{dTC(Q)}{dQ}=0$$

$$\frac{dTR(Q)}{dQ}=\frac{dTC(Q)}{dQ}$$

而 TR 对 Q 的一阶导数 $\frac{dTR(Q)}{dQ}$ 就是边际收益 MR，同样，$\frac{dTC(Q)}{dQ}$ 就是边际成本 MC。所以，当 MR＝MC 时，即边际收益等于边际成本时，利润极大。

利润最大化的充分条件还要求 π 的二阶导数为负数，即

$$\frac{d^2TR(Q)}{dQ^2}-\frac{d^2TC(Q)}{dQ^2}<0$$

$$\frac{d^2TR(Q)}{dQ^2}<\frac{d^2TC(Q)}{dQ^2}$$

它表示，利润最大化要求边际成本函数的斜率要大于边际收益函数的斜率。一般来说，在不同的市场结构中，边际成本函数的斜率为正值，而边际收益函数的斜率在完全竞争市场中为零，在不完全竞争市场中为负值。

这样在既定价格下，完全竞争厂商的短期均衡可能出现以下几种情况。

6.5.1　获超额利润的情形

在图6—3（a）中，市场价格高于厂商平均成本，即 $P>$SAC。在这种情况下，厂商处于获利状态，为使利润最大化，厂商必须使生产数量满足MR＝MC。根据这一原则，MR与MC的交点 E 点就决定了厂商的均衡产量为 OQ_E。此时总收益大于总成本，存在超额利润，超额利润就等于总收益减去总成本（π＝TR－TC），即超额利润的大小相当于图6—3（a）中长方形阴影部分的面积。

6.5.2　获正常利润的情形

这种情况下，市场价格等于平均成本，即 $P=$SAC。如图6—3（b）所示，厂商的需求曲线相切于平均成本曲线的最低点，且边际成本曲线也经过该点。

为使利润最大化，厂商必须使生产数量满足MR＝MC。从图6—3中可以看出，MR与MC的交点 E 点就决定了厂商的均衡产量为 OQ_E，此时平均成本等于平均收益等于 $Q_E E$，总成本与总收益大小相等，意味着厂商既没有超额利润又没有亏损，只有正常利润，这一点又称为盈亏平衡点。

6.5.3　亏损的情形

在这种情况中，市场价格小于平均成本，即 $P<$SAC，如图6—3（c）所示，为使利润最大化，厂商必须使生产数量满足MR＝MC。图中MR与MC的交点 E 点就决定了厂商的均衡产量为 OQ_E。此时从图中可以看出，总收益小于总成本，也就是说厂商出现亏损，亏损额相当于如图6—3（c）所示长方形阴影部分的面积。

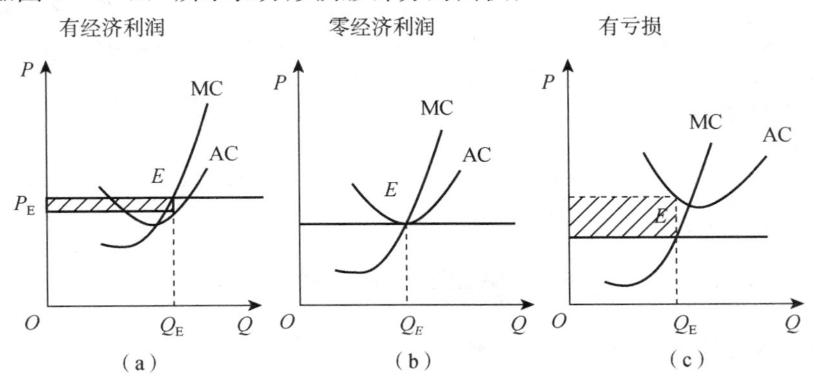

图6—3　完全竞争市场厂商短期获利情况

6.5.4 亏损时的厂商选择

如果当厂商出现亏损时，那么它是否要停止营业呢？厂商此时的决策需要取决于市场价格（P）、平均成本（SAC）和平均变动成本（AVC）的关系。

1. 亏损但仍须继续营业的情形

如果市场价格小于平均成本但是大于平均变动成本，如图 6－4（a）所示，即 $AVC<P_0<SAC$。根据利润最大化原则，厂商必须使生产数量满足 MR＝MC。如果厂商按均衡产量 OQ_1 进行生产，则总成本大于总收益，即 $P_1FQ_1O>P_0EQ_1O$。在这种情况下，厂商的亏损部分为阴影部分的面积。就是说，当平均收益小于平均成本，而大于平均可变成本时，厂商无论选择哪个产量水平，都会出现亏损。但是，由于在短期内，厂商不仅要支付可变成本，而且要支付固定成本，所以厂商为使亏损最小化，必须继续生产，因为，只要收益减去可变成本后，才能弥补固定成本，继续生产仍然是合算的。这点可以解释为什么那些固定成本较高的资本密集型企业，如钢铁企业、汽车企业在整体经济滑坡时，尽管企业严重亏损，但仍继续生产的原因。

用几何图形解释，如图 6－4（a）所示，企业如果选择继续生产，亏损额只是阴影部分的面积（P_1FEP_2）。如果此时选择停止生产，厂商将不得不支付相当于 P_1FGP_2 面积的固定成本。这时企业选择继续生产所获得的收益不仅可以补偿因为生产而发生的全部变动成本，剩余部分还可以补偿部分固定成本。所以当市场价格小于平均成本但是大于平均变动成本时，应该继续生产。

2. 亏损且须停止营业的情形

如果市场价格不仅小于平均成本，而且小于平均变动成本，如图 6－4（b）所示，即 $P<AVC$。为使利润最大化，厂商必须使生产数量满足 MR＝MC。如果厂商按均衡产量 OQ 进行生产，在这种情况下，继续生产的亏损额大于停产的损失。这是因为继续生产所获得的收益无法补偿因为生产而发生的变动成本（即厂商的收益无法补偿原材料、工人工资等），所以当市场价格不仅小于平均成本，而且小于平均变动成本时，应该停止生产。

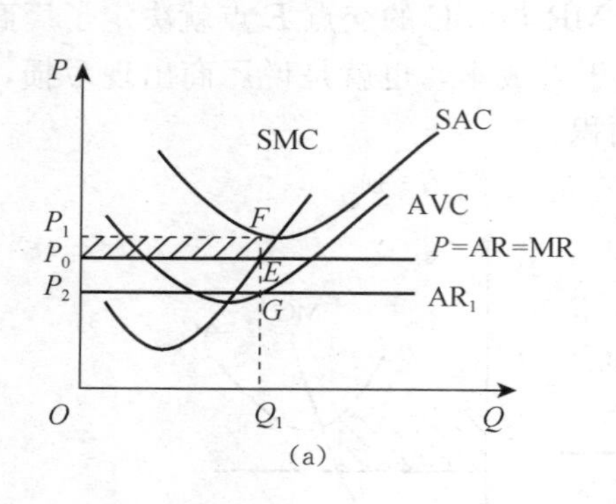

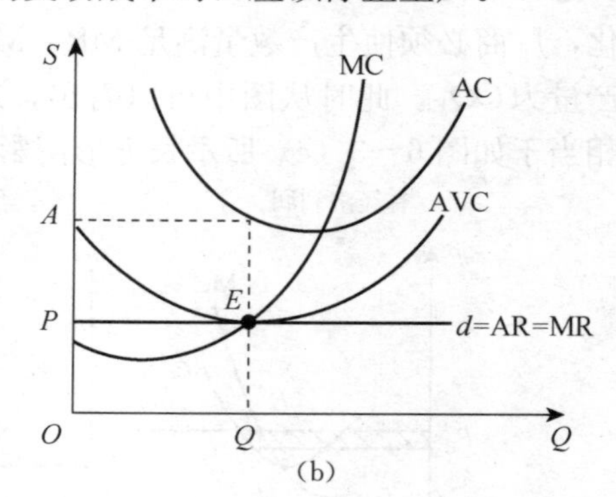

图 6－4 完全竞争厂商亏损时的选择

6.5.5 边际成本曲线和企业的供给曲线

现在进一步说明完全竞争厂商经营目标为利润最大化。厂商在完全竞争的市场上，所生产产品的边际成本应当等于产品当前价格下的产量。但如果价格低于该产量时的平均总成本，企业就选择退出（或不进入）市场。竞争企业的短期供给曲线是边际成本曲线位于平均可变成本曲线之上的那一部分。

下面用几何图形对利润最大化作进一步分析，如图6—5所示的成本曲线。图中的曲线有以下几个特征：①边际成本曲线（MC）向右上方倾斜；②平均总成本曲线（ATC）是U形的；③边际成本曲线与平均总成本曲线相交于平均总成本的最低点。

该图还表示厂商产量的市场价格（P）是一条水平线，这条水平线等于厂商的平均收益（AR）和边际收益（MR）。价格线之所以是水平的，是因为企业是价格接受者：无论厂商决定生产多少，在完全竞争的市场上价格都是相同的。

可以用图6—5找出利润最大化的产量。设想厂商生产量在Q_1，在这种产量水平时，边际收益大于边际成本。这就是说，如果厂商提高其生产和销售水平一个单位，增加的收益（MR_1）将大于增加的成本（MC_1）。利润等于总收益减总成本，利润会增加。因此，如果边际收益大于边际成本，正如在Q_1时的情形，厂商可以通过增加生产来增加利润。相似的推论适用于产量在Q_2时。在这种情况下，边际成本大于边际收益。如果厂商减少一单位生产，节约的成本（MC_2）将大于失去的收益（MR_2）。因此，如果边际收益小于边际成本，正如Q_2时的情况，厂商就可以通过减少生产而增加利润。

这些对生产水平的边际调整到哪一点时结束呢？无论厂商是从生产的低水平（如Q_1）开始，还是从高水平（如Q_2）开始，厂商最终要把生产调整到产量达到Q_{max}为止。这种分析说明了利润最大化的一个一般规律：在利润最大化产量水平时，边际收益和边际成本是相等的，即MR＝MC。

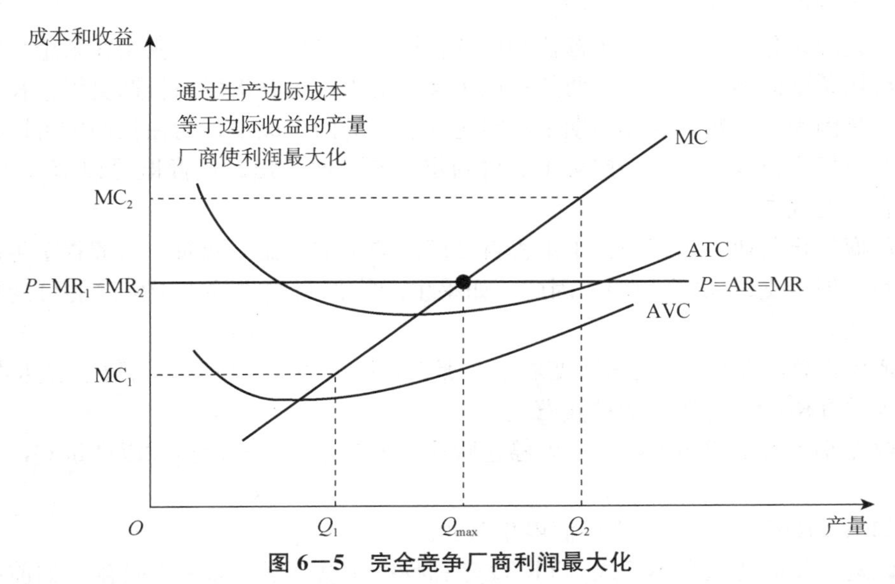

图6—5　完全竞争厂商利润最大化

由于一个竞争厂商是价格接受者，所以，它的边际收益等于市场价格。对于任何一个既定价格来说，竞争企业可以通过观察价格与边际成本曲线的相交来找出利润最大化的产量。在图6—5中，产量是Q_{max}。

图6—6表示一个竞争厂商如何对价格上升做出反应。当价格为P_1时，厂商生产产量为

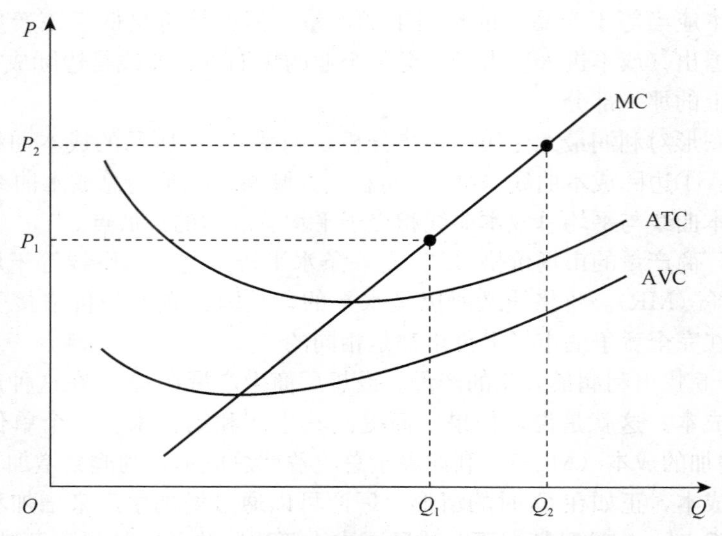

图 6—6 完全竞争企业的供给曲线的边际成本

Q_1，Q_1是使边际成本等于价格 P_1的产量。当价格上升到 P_2时，企业发现，现在如果维持以前的产量水平，那么，边际收益大于边际成本，因此厂商会增加生产。新的利润最大化产量是 Q_2，在这时边际成本等于新的更高的价格。实际上，由于厂商的边际成本曲线决定了厂商在任何一种价格时愿意供给多少，因此，这就是完全竞争厂商的供给曲线。

到现在为止，我们一直在分析竞争厂商愿意生产多少的问题。但是，在某些情况下，厂商将决定停止营业，或根本不再生产。

这里首先应区分厂商暂时停止营业和厂商长期退出市场。停止营业指在某个特殊时期由于当前的市场条件而不生产任何东西的短期决策。退出指离开市场的长期决策。长期与短期决策不同，是因为大多数厂商在短期中不能避开它们的固定成本，而在长期中可以避开。这就是说，暂时停止营业的厂商仍然必须支付固定成本，而退出的厂商既可以节省固定成本，又可以节省可变成本。

如果厂商停止营业，它就失去了出售自己产品的全部收益。同时，它节省了生产其产品的可变成本（但仍支付固定成本）。因此，如果生产能得到的收益小于生产的可变成本，厂商就停止营业。

当 TR 代表总收益，VC 代表可变成本，那么，厂商的决策可以写为数学表达式：

(1) 如果 $TR<VC$，则厂商停止营业。

当总收益小于可变成本时，厂商就停止营业。如果这个等式两边除以产量 Q，可以把上式写为：

(2) 如果 $TR/Q<VC/Q$，则厂商停止营业。

还可以进一步简化这个不等式。TR/Q 是总收益除以产量，即平均收益。如前所述，任何一个企业的平均收益就是产品的价格 P。同样，VC/Q 是平均可变成本 AVC。因此，厂商停止营业的标准可改写为：

(3) 如果 $P<AVC$，则厂商停止营业。

这就是说，如果产品的价格低于生产的平均可变成本，厂商选择停止营业。这个标准是直观的：在选择生产时，厂商比较一单位产品的价格与生产这一单位产品必定引起的平均可变成本。如果价格没有弥补平均可变成本，厂商完全停止生产，状况会变好一些。如果条件改变，以致价格大于平均可变成本，企业可以重新生产或继续生产。

6.6 完全竞争市场上的长期均衡

在长期生产中，厂商投入的所有要素数量都是可以改变的。正如前面讲过的，在完全竞争市场中厂商对生产要素的调整主要表现为两个方面：一方面表现为厂商进入或退出某行业，另一方面表现为厂商对生产规模的调整。利润是厂商进入或退出某个行业的原因。

当长期内出现亏损，厂商就会考虑退出行业或缩小生产规模，引起整个行业的生产和供给减少，从而导致均衡价格上升，厂商需求曲线上移，亏损消失。如果长期内有超额利润，就会吸引新厂商进入该行业，或原有厂商扩大生产规模，引起整个行业的生产和供给增加，从而导致均衡价格下降，厂商需求曲线下移，最终超额利润消失。这样不断调整的结果，就是只有当所有厂商获得正常利润，而超额利润和亏损消失时，才能实现长期均衡。上述这个过程，可利用图6—7来说明。

图中LMC和LAC分别为厂商的长期边际成本曲线和长期平均成本曲线。

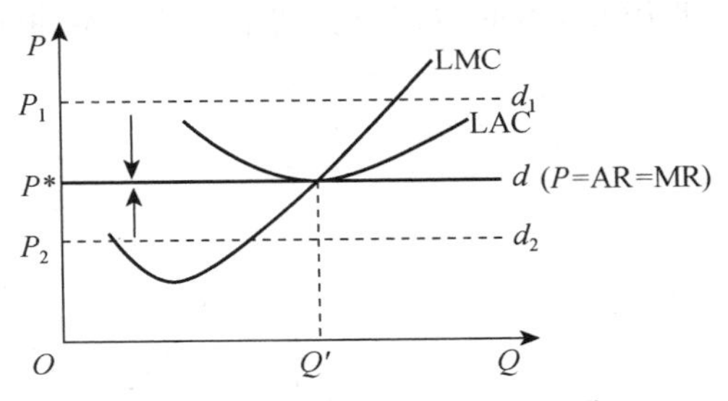

图6—7 完全竞争厂商的长期均衡

长期内，当行业供给小于需求，市场价格为P_1时，根据均衡条件MR＝LMC，厂商在市场价格为P_1时，很明显获得了超额利润。新厂商受到利润吸引进入该行业，原有厂商也会扩大生产规模，增加行业供给，引起价格下降，厂商需求曲线向下平移（依箭头方向，向下运行）。

长期内，当行业供给大于需求，市场价格为P_2时，根据均衡条件MR＝LMC，厂商在市场价格为P_2时，处于亏损状态。原有的部分厂商就会退出该行业，减少行业供给，引起价格上升，相应地厂商需求曲线也向上平移（依箭头方向，向上运行）。

无论行业供给大于还是小于需求，调整到最后，厂商的需求曲线都会平移到与长期平均成本相切，市场价格调整到P^*，此处既无超额利润，也无亏损，只能实现正常利润，厂商数目不再发生变化，整个行业处于长期均衡状态，单个厂商实现长期均衡。

综上所述，价格为P^*的需求曲线相切于LAC曲线的最低点，LMC曲线经过该点，就是MR＝LMC的长期均衡点。即完全竞争市场中厂商的长期均衡条件是：

$$\text{AR}=\text{MR}=\text{LMC}=\text{LAC}=P \tag{6—2}$$

如果厂商在完全竞争市场上，它生产的边际成本等于产品价格的产量。但如果价格小于那种产量时的平均总成本，厂商就选择退出市场。竞争企业的长期供给曲线是边际成本曲线位于平均总成本曲线之上的那一部分。

厂商退出一个行业的长期决策与停止营业决策相似。如果厂商退出，它又要失去它从出售产品中得到的全部收益，但它节省了生产的固定成本和可变成本。因此，如果从生产中得到的收益将小于它的总成本，企业就退出。

如果 TR 代表总收益，LTC 代表总成本，那么，厂商退出的数学表达式可以写为：

(1) 如果 $TR < LTC$，则企业退出市场。

当企业的总收益小于总成本时，厂商选择退出。这个公式的两边除以产量 Q，可以把这个公式写为：

(2) 如果 $TR/Q < LTC/Q$，则企业退出市场。

TR/Q 是平均收益，它等于价格，而 TC/Q 是平均总成本 LAC。因此，企业的退出标准是可进一步表达为：

(3) 如果 $P < LAC$，则企业退出市场。

这就是说，如果产品的价格小于生产的长期平均总成本，厂商就选择退出市场。

相应的分析也适用于一个正在考虑开办一家企业的企业家。如果进入一个行业是有利可图的，厂商就会选择进入该行业，即如果产品的价格大于生产的平均总成本就会出现这种情况。进入标准是：如果 $P \geqslant LAC$，就进入。进入的标准正好与退出的标准相反。

在完全竞争市场上，一个厂商的长期利润最大化战略应当是：厂商在市场上，它生产的边际成本应当等于产品市场价格的产量。但如果价格小于这种产量时的长期平均总成本，厂商就选择退出（或不进入）市场。图 6－8 说明了这一结论。竞争厂商的长期供给曲线是长期边际成本曲线位于长期平均总成本曲线之上的那一部分。

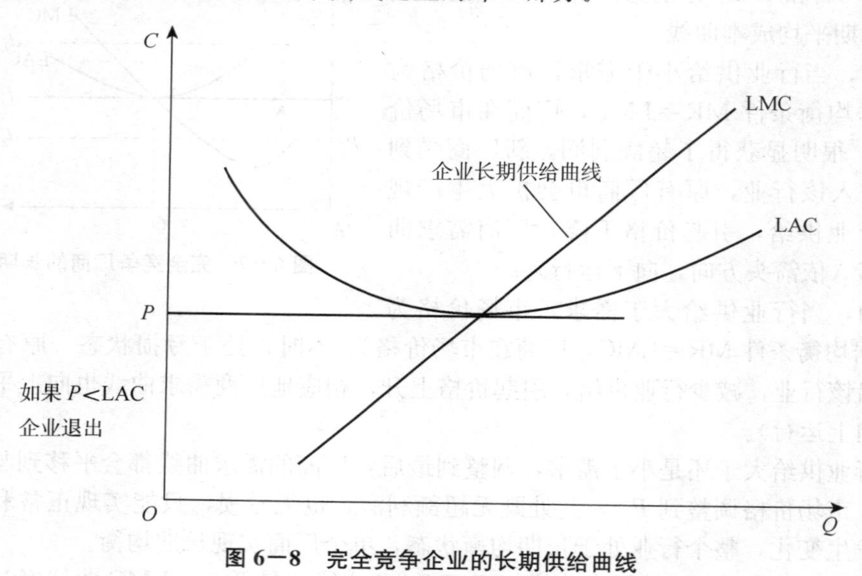

图 6－8　完全竞争企业的长期供给曲线

6.7　对完全竞争市场的评价

在经济学中完全竞争市场被认为是有效率的市场，因为在完全竞争的条件下，价格可以充分发挥“看不见的手”的作用，调节整个经济的运行。通过价格调节，可以实现以下目标。

(1) 边际效用等于边际成本。在完全竞争市场上价格 P 等于边际效用 MU，这说明消费者选择购买的商品量会一直增加到 $P=MU$ 时为止，这样消费的最后一单位商品中得到的满足正好为价格 P。同时，在完全竞争市场上，价格等于边际成本，在这一点上，商品的价格正好等于所供给最后一单位商品的边际成本MC，这样价格就等于为增加最后一单位商品而付出的成本，可得出：MU＝MC。说明从最后一单位商品消费中得到的效用正好等于生产最后一单位商品所支付的成本，这就是竞争带来的最佳效率。

（2）在完全竞争的市场上，如果单个厂商的效率低于其他厂商，就很难获得正常利润，最终必将退出或被市场淘汰，所以，竞争可以促进企业提高效率。

（3）由于长期均衡出现在厂商长期平均成本（LAC）的最低点，这说明，在既定的技术条件下，厂商是以最低成本进行生产的，也就是能使生产要素的效率得到最有效的发挥。

（4）由于生产成本低，所以厂商不可能获得经济利润（超额利润），这使得消费者能够以较低的价格购买商品，完全竞争市场对消费者是有利的。

（5）完全竞争市场能快速反应市场的变化，因为需求的增减都会通过市场价格反映出来，而价格的变化又会促使企业调整生产。从以上各点看，完全竞争市场在理论上是一种理想的市场。

但许多经济学家也指出完全竞争市场的不足。

（1）在完全竞争市场上，各个厂商的平均成本最低并不一定是社会成本最低。

（2）由于厂商的规模小，且无法获得超额利润，所以完全竞争市场上的企业很难或无力实现重大技术突破，不利于社会整体进步。

（3）完全竞争市场上产品无差别，使得消费者的多样化需求难以得到满足。

（4）在现实中完全竞争市场是很少见的，一般来说，竞争必然会引起垄断（除非在政府的法律约束下）。

复习思考题

一、基本概念

完全竞争市场　市场　总收益　平均收益　边际收益　短期供给曲线　长期供给曲线

二、选择题

1. 下列不是完全竞争市场的特征是（　　）。
   A. 存在许多企业
   B. 对进入该行业不存在任何限制
   C. 每个企业都生产略有差别的产品
   D. 该行业的企业不对潜在的新进入者有什么优势
2. 如果在某一产量水平上，某厂商的平均成本达到了最小值，这说明（　　）。
   A. 厂商的超额利润为零　　B. 厂商获得了最大利润
   C. 厂商获得了最小利润　　D. 边际成本等于平均成本
3. 如果以利润最大化为目标的企业边际收益小于其边际成本，那么（　　）。
   A. 必然处于经济亏损状态　　B. 必然获得经济利润
   C. 应该减少其产量　　D. 应该增加其产量

4. 完全竞争市场中厂商的短期均衡条件为（　　）。

A. P＝MC　B. P＝AC　C. P＝MR　D. P＝AR

5. 短期中如果完全竞争厂商的（　　）高于其得到的价格，厂商将停止营业。

A. 平均成本　B. 平均可变成本

C. 边际成本　D. 平均固定成本

6. 在完全竞争市场上，厂商短期内继续生产的最低条件是（　　）。

A. AC＝AR　B. AVC＜AR或AVC＝AR

C. AVC＞AR或AVC＝AR　D. MC＝MR

E. P＞AC

7. 短期中，企业所能出现的最大经济亏损是（　　）。

A. 零　B. 其总成本

C. 其可变总成本　D. 其固定成本

8. 如果完全竞争行业内某厂商在目前产量水平上的边际成本、平均成本和平均收益均等于2元，则该厂商（　　）。

A. 只得到正常利润　B. 得到超额利润

C. 亏损　D. 无法确定

9. 长期中企业会发生的最大经济亏损是（　　）。

A. 零　B. 其总成本

C. 其可变成本　D. 其固定成本

10. 在短期中，如果价格低于平均可变成本，企业将（　　）。

A. 停止营业

B. 继续生产，但有亏损

C. 将使产量达到边际成本等于价格时

D. 不一定会有亏损

11. 一个完全竞争厂商在短期均衡时可能是（　　）。

A. AVC下降阶段　B. AC下降阶段

C. MC下降阶段　D. 可变要素的平均产量上

12. 当一个完全竞争行业实现长期均衡时，每个企业（　　）。

A. 显成本和隐成本都得到补偿

B. 利润都为零

C. 行业中没有任何厂商再进出

D. 以上说法都对

13. 在MR＝MC的均衡产量上，企业（　　）。

A. 必然得到最大的利润

B. 不可能亏损

C. 必然得到最小的亏损

D. 若获利润，则利润最大，若亏损，则亏损最小

14. 在完全竞争的市场中，行业的长期供给曲线取决于（　　）。

A. SAC曲线最低点的轨迹　B. SMC曲线最低点的轨迹

C. LAC 曲线最低点的轨迹　　D. LMC 曲线最低点的轨迹

15. 如果在厂商的短期均衡产量上，AR 小于 SAC，但大于 AVC，则厂商（　　）。

A. 亏损，立即停产　　B. 亏损，但继续生产

C. 亏损，生产或不生产都可以　　D. 获得正常利润，继续生产

16. 在厂商的停止营业点上，应该有（　　）。

A. AR＝AVC　　B. 总亏损等于 TFC

C. P＝AVC　　D. 以上说法都对

17. 完全竞争厂商的短期供给曲线应该是（　　）。

A. SAC 曲线上超过停止营业点的部分

B. SMC 曲线上超过收支相抵点的部分

C. SMC 曲线上的停止营业点和超过停止营业点以上的部分

D. SMC 曲线上的收支相抵点和超过收支相抵点以上的部分

18. 在完全竞争厂商的长期均衡产量上必有（　　）。

A. MR＝LMC≠SMC，式中 MR＝AR＝P

B. MR＝LMC＝SMC≠LAC，式中 MR＝AR＝P

C. MR＝LMC＝SMC＝LAC≠SAC，式中 MR＝AR＝P

D. MR＝LMC＝SMC＝LAC＝SAC，式中 MR＝AR＝P

三、判断题

1. 如果某一行业的产品是同质的，或者是相互之间有很好的替代性，则这一行业一定是完全竞争市场。（　　）

2. 对于完全竞争市场上的厂商来说，每个厂商都获得相同的利润率水平。（　　）

3. 厂商获得均衡状态的充分必要条件是 MR＝MC。（　　）

4. 完全竞争市场的短期均衡状态有五种情况，所以当 P＜AVC 时，厂商仍能达到均衡状态。（　　）

5. 在短期内，完全竞争市场的供给曲线上的每一点都表示在相应价格水平下能够使全体厂商获得最大利润（或最小亏损）的行业短期供给量。（　　）

6. 在长期情况下，完全竞争市场的长期总供给曲线从左下方向右上方倾斜时，其原因是为了吸引厂商扩大产量或者是吸引新厂商的进入。（　　）

7. 在完全竞争市场上，之所以会出现向右下方倾斜的长期供给曲线，是由于成本递减造成的。成本递减的原因是由于行业（产业）的规模经济。（　　）

8. 完全竞争市场的参与者只能接受价格，不能影响价格。（　　）

9. 完全竞争市场厂商的目标是收益最大化。（　　）

10. 如果边际收益大于边际成本，企业就可以通过减少产量来增加利润。（　　）

11. 在长期完全竞争市场中厂商可能有经济亏损，但在短期中不会。（　　）

12. 如果厂商的利润为零，就实现了收支相抵。（　　）

13. 新厂商进入一个完全竞争市场中会提高价格并增加每个企业的利润。（　　）

14. 完全竞争行业是竞争最激烈的行业。（　　）

四、思考题

1. 完全竞争市场的主要特征。
2. 完全竞争市场的短期、长期均衡。
3. 为什么利润最大化原则 MC＝MR 在完全竞争条件下可以表达为 MC＝P？
4. 完全竞争厂商的需求曲线为什么是水平的？

五、计算题

1. 已知某完全竞争行业中的单个厂商的短期成本函数为：

$$STC=0.1Q^3-2Q^2+15Q+10$$

试求：

（1）当市场上产品价格为 $P=55$ 时，厂商的短期均衡产量和利润。

（2）当市场价格下降为多少时，厂商必须停产？

2. 已知某完全竞争的成本不变行业中的单个厂商的长期总成本函数：

$$LTC=Q^3-12Q^2+40Q$$

试求：

（1）当市场商品价格为 $P=100$ 时，厂商实现 MR＝LMC 时的产量、平均成本和利润；

（2）该行业长期均衡时的价格和单个厂商的产量；

（3）当市场的需求函数为 $Q=660-15P$ 时，行业长期均衡时的厂商数量。

答案

二、选择题

1. C 2. D 3. C 4. A 5. B 6. B 7. D 8. A 9. A 10. A 11. B 12. D 13. D 14. C 15. B 16. D 17. C 18. D

三、判断题

1. 错 2. 对 3. 对 4. 错 5. 对 6. 错 7. 错 8. 对 9. 错 10. 错 11. 错 12. 错 13. 错 14. 对

五、计算题

1.

解：（1）在完全竞争行业中 $STC=0.1Q^3-2Q^2+15Q+10$

求导 $$SMC=0.3Q^2-4Q+15$$

厂商短期均衡时即为利润最大化的时候，MR＝SMC

完全竞争市场 P＝MR

所以：P＝MC

$0.3Q^2-4Q+15=55$　　$Q=20$

利润$=TR-TC=790$

（2）当 $MC=AVC=AR$ 时达停产点

$TVC=TC-TFC=0.1Q^3-2Q^2+15Q$　　$AVC=0.1Q^2-2Q+15$　　$MC=0.3Q^2-4Q+15$

由 $0.1Q^2-2Q+15=0.3Q^2-4Q+15$

可得 $Q=10$，所以 $P=AR=5$

2.

解：因为完全竞争的单个厂商的长期总成本函数 $LTC=Q^3-12Q^2+40Q$

求导：

$$LMC=3Q^2-24Q+40$$

完全竞争市场上的企业 $P=MR$

所以（1）$P=3Q^2-24Q+40=100$

$Q=10$

$LAC=LTC/Q=Q^2-12Q+40=20$

利润$=P\times Q-LTC=800$

（2）该行业长期均衡时的 $LAC=MC=P$

$$3Q^2-24Q+40=Q^2-12Q+40$$

$$Q=6，P=4$$

（3）市场的需求函数为 $Q=660-15P$

当 $P=4$ 时，$Q=600$

每个企业的产量为 6，所以行业长期均衡时的厂商数量为 100。

第 7 章　完全垄断市场

本章将介绍市场结构中的另一种极端情况：完全垄断市场。由于历史环境的不同，完全垄断市场形成过程也不尽相同，本章以现代市场经济环境为背景，介绍完全垄断市场的形成及长短期均衡等内容。

7.1　完全垄断市场概述

7.1.1　完全垄断市场的含义与特征

1. 完全垄断市场含义

完全垄断又称为垄断，与完全竞争市场结构相反，完全垄断市场（Monopoly Market）是指一家厂商控制了某种产品全部供给的市场结构，或者说是整个行业的市场完全处于一家厂商所控制的状态，就是一家厂商控制某种产品的市场。在完全垄断市场中，一个厂商就是整个行业，产品没有任何替代品。完全垄断厂商可以根据市场需求自行决定产品产量和销售价格，并由此实现利润最大化。

2. 完全垄断市场特征

从一般意义上讲，在完全垄断市场上的厂商具有以下特征。

(1) 厂商数目唯一，一家厂商控制了某种产品的全部供给。完全垄断市场上垄断厂商排斥其他竞争对手，独自控制了一个行业的供给。由于整个行业仅存在唯一的供给者，厂商就是行业。

(2) 完全垄断厂商是市场价格的制定者。由于垄断厂商控制了整个行业的供给，也就控制了整个行业的价格，成为价格制定者。完全垄断厂商可以有两种经营决策：以较高价格出售较少产量，或以较低价格出售较多产量。

(3) 完全垄断厂商的产品不存在任何相近的替代品。否则，其他厂商可以生产替代品来代替垄断厂商的产品，完全垄断厂商就不可能成为市场上唯一的供给者。因此消费者无其他选择。

(4) 其他任何厂商进入该行业都极为困难或不可能。完全垄断市场上存在进入障碍，其他厂商难以参与生产。垄断厂商之所以能够成为某种产品的唯一供给者，是由于该厂商控制了这种产品的供给，使其他厂商不能进入该市场并生产同种产品。导致垄断的原因一般来自于原料资源的独家控制、政府特许权、规模经济的要求等几方面原因。这样的市场在现实生活中非常少见，在我国，邮政、铁路、电力等行业被认为是完全垄断行业。

7.1.2 完全垄断形成的条件

(1) 政府借助于政权力量对某一行业进行的完全垄断。例如，许多国家政府对铁路、邮政、供水、供电等公用事业实行完全垄断。

(2) 政府特许的私人完全垄断。例如，英国历史上的东印度公司就由于英国政府的特许而垄断了对东方的贸易。此外，政府根据法律赋予某些产品生产的专利权，也会在一定时期内形成完全垄断。

(3) 某些产品由于市场需求很小，只有一家厂商生产即可满足全部需求。这样，某家厂商就很容易实行对这些产品的完全垄断。

(4) 对资源、矿藏或技术的控制。某些厂商控制了某些特殊的自然资源或矿藏，从而就能对用这些资源和矿藏生产的产品实行完全垄断。厂商对生产某些产品的特殊技术的控制，比如对某种药品生产配方的控制会形成对该种药品生产进行独家垄断的状态。

完全垄断和完全竞争相比，是另一种极端的市场类型。在现实经济社会中，符合上述完全垄断条件的情况是不多见的。尽管这样，完全垄断市场模型仍是分析已出现在现实世界中的近似完全垄断现象，以及了解控制市场中某些垄断力量的有力工具。

垄断的原因和类型

那么，为什么有的行业是百家争鸣，有的行业却会产生垄断呢？一般认为，垄断的基本原因是进入障碍，也就是说，垄断者能在其市场上保持唯一卖者的地位，是因为其他厂商不能进入市场并与之竞争。进入障碍产生的原因主要在于资源的垄断、政府创造垄断和自然垄断。

资源垄断是指关键资源由一家厂商拥有。例如，亚麻村里有几十户人家，每户人家都有自己的土地可以种水稻，那么，一斤稻米的价格就是你多种一斤稻米所花的成本。但如果亚麻村里只有一块地可以种水稻，这块地被一家所有，附近也不可能买到其他的水稻，该地区也不适合种植其他粮食的话，这一家就可以由于自己的资源形成垄断，它拥有极强的市场力量，如决定种植多少，定价远远高于成本多少。微软就是利用它的技术资源取得垄断地位的。不过实际上，这种资源垄断的情况在现实中是比较少的，因为很多资源都拥有相近的替代品，而且，整个国际市场都是开放的。当我们国家不适合种水稻时我们可以到世界市场上购买，或者我们改吃小麦。

政府创造垄断是政府给予一家厂商排他性地生产某种产品或劳务的权力。如对于自来水供应系统，如果形成相互竞争的局面，一旦市场秩序混乱，则影响到整个国家的国计民生，因此，政府会把自来水的供应集中起来，交给一家自来水厂商，这家厂商就形成了垄断。还有一种情况是当一个厂商研制出了一种新产品时，它向政府申请专利，政府会赋予该厂商一定时期的专利保护，在这段时期内，该厂商就可以垄断市场了。

自然垄断是指在某个行业中，一个生产者会比大量生产者更有效率。这出现在规模经济的情况，当一家厂商生产时，产量极多，平均总成本就很低，但如果多家厂商生产的话，每个厂商的产量就很少，不能形成规模经济，成本提高。继续以自来水供应厂商为例，由于自来水供应线路的安装是一项庞大的工程，如果向全国供应自来水的话就需要在全国铺设自来水管道，显然，一个厂商供应全国的产量时，由于产量巨大，平均的成本就能降下来，而如果多家厂商一起供应，每家厂商都需要铺设自己的供水线路，所付出的成本是一样的，但产量却被分摊了，那么，总的平均成本就会很高。

实际上，垄断厂商也许并不是生来就是一家，它可以是通过不同的组织形式形成的，其中比较常见的有这几种：卡特尔，是由一系列生产类似产品的独立厂商所构成的组织，集体行动的生产者，比如，亚麻村的村民都能生产水稻而其他村子不行时，这些村民为了控制价格没有相互竞争，而是组成一个集体共同制定价格和决定种植多少，从而形成的垄断组织就是卡特尔。托拉斯，也是由许多生产同类商品的厂商或产品有密切关系的厂商联合组成。但它的特点在于参与者都丧失了独立性。如亚麻村的村民都没有单个定价和生产的权力，而是一起集中到了村长手里。现实中的美孚石油、威士忌便是著名的托拉斯。相比托拉斯，参加辛迪加的厂商，在生产上和法律上仍然保持自己的独立性，但是丧失了商业上的独立性，其内部各厂商间存在着争夺销售份额的竞争，如德国的采煤辛迪加。康采恩由不同经济部门的许多厂商联合组成，如由工业厂商、贸易公司、银行、运输公司和保险公司等一起组成，组织为了垄断销售市场争夺原料产地和投资场所，获取高额垄断利润。

（摘自：三天读懂经济学，九州出版社）

7.2 完全垄断市场的需求曲线、平均收益与边际收益

在完全垄断市场，整个行业只有垄断者这一个卖者，厂商需求曲线就是行业需求曲线。但完全垄断厂商不同于完全竞争厂商的重要区别是完全垄断厂商能影响其产品价格，如果垄断者降低价格，需求量就会增加，也可以通过减少供给量来提高价格。如图 7—1 所示，完全垄断厂商的需求曲线是向右下方倾斜的。平均收益 AR 就是总收益 TR 除以销售量 Q 的商，也就是价格 P。在任何市场类型中，平均收益 AR 一定等于价格。在完全垄断市场，平均收益曲线和需求曲线是完全重合的。

完全垄断市场中，由于厂商的需求曲线向右下方倾斜，厂商要多销售一单位产品，就必须降低价格。每多销售一单位产品所带来的总收益的增加量总是小于产品单价，即边际收益小于平均收益。因此完全垄断市场中边际收益曲线也向右下方倾斜，但位于平均收益曲线的下方。

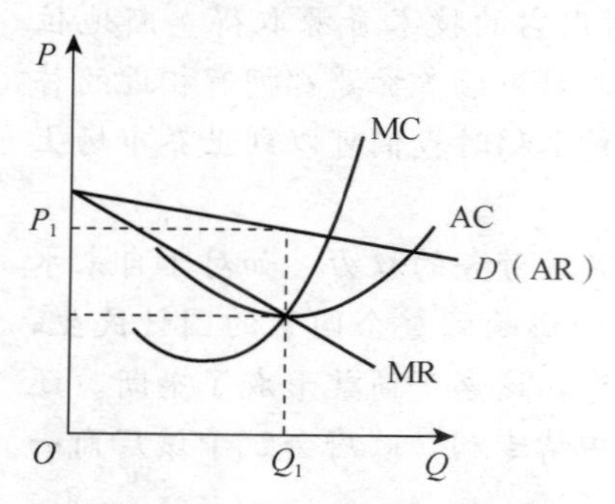

图 7—1 完全垄断厂商的需求曲线、平均收益曲线与边际收益曲线

在完全垄断市场上，平均收益仍等于价格，因此，平均收益曲线 AR 仍然与需求曲线重合。但是，在完全垄断市场上，当销售量增加时，产品的价格会下降，从而边际收益减少，边际收益曲线 MR 就再也不与需求曲线重合了，而是位于需求曲线下方，而且，随着产量的增加，边际收益曲线与需求曲线的距离越来越大，表示边际收益比价格下降得更快。

7.3　完全垄断市场上的均衡

7.3.1　完全垄断市场上的短期均衡

在短期内，厂商的各种固定生产要素无法调整，只能通过供给量和价格的调整来实现利润最大或亏损最小。在完全垄断市场中，垄断厂商同样遵循利润最大化原则 MR＝MC 来决定产品价格或供给量。

在完全垄断市场上，厂商仍然根据边际收益与边际成本相等（MR＝MC）的原则来决定产量，这种产量决定后，在短期内，厂商对产量调整也要受到限制，因为在短期内，产量调整同样要受到固定生产要素无法调整的限制。这样，也可能出现产品供给大于需求或者供给小于需求的情况，当然也可能是供求相等。在供大于求的情况下，会有亏损；在供小于求的情况下，会有超额利润；供求相等时，则只有正常利润。完全垄断市场上产量、价格、总成本、总利润、边际收益与边际成本的变动情况及其相互之间的数量关系可以用表 7—1 说明。

表 7—1　完全垄断的需求与收益

产量（Q）	价格（P）	总收益（TR）	总成本（TC）	总利润	边际收益（MR）	边际成本（MC）
0	110	0	120	−120		
1	101	101	154	−53	101	34
2	92	184	183	1	83	29
3	83	249	210	39	65	27
4	74	296	236	60	47	26
5	65	325	265	60	29	29
6	56	336	300	36	11	35
7	47	329	350	−21	−7	50
8	38	304	424	−120	−25	74
9	29	261	540	−279	−43	116

从表中可见：①当产量 Q 为 5 时，边际收益 MR 等于边际成本 MC，此时总利润最大；②当产量 Q 大于 7 时，总利润为负，即厂商出现亏损，这时是否继续生产仍取决于停止营业点，即总收益是否可以弥补总成本中的可变成本部分。下面用图式进一步说明。

1. *获超额利润的情形*

在图 7—2 中，完全垄断市场上的厂商要实现利润最大化，需要符合 MR＝MC，短期均衡产量为 OQ_1。当价格为 P_1 的时候，总收益等于均衡产量乘以价格 P_1，即图中 OQ_1EP_1 的面积；总成本等于均衡产量乘以均衡产量下对应的平均成本，即图 7—2 中 OQ_1FP_2 的面积。这样，总收益大于总成本，厂商可获得超额利润，即图 7—2 中 P_2FEP_1 的面积。（余类推，下面两种情况作简要说明，请同学们作图并标出相应的面积。）

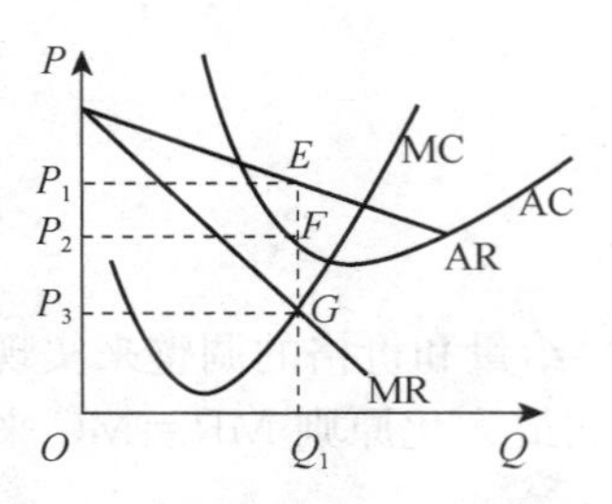

图 7—2　完全垄断厂商的短期均衡

2. 获正常利润的情形

在图 7—2 中，完全垄断市场上的厂商要实现利润最大化，需要符合 MR＝MC，短期均衡产量为 OQ_1。当价格为 P_2 的时候，总收益等于均衡产量乘以价格 P_2；总成本等于均衡产量乘以均衡产量下对应的平均成本。总收益等于总成本，厂商既不亏损也没有超额利润。

3. 亏损的情形

在图 7—2 中，完全垄断市场上的厂商要实现利润最大化，需要符合 MR＝MC，短期均衡产量为 OQ_1。当价格为 P_3 的时候，总收益等于均衡产量乘以价格 P_3；总成本等于均衡产量乘以均衡产量下对应的平均成本。总收益小于总成本，厂商出现亏损。

在完全垄断市场，虽然一个行业只有一个厂商，但也可能面临生产成本过高和市场需求过小的问题。因此垄断厂商在短期内并不能保证获得超额利润，也有可能处于盈亏平衡的状态或亏损状态。当厂商处于亏损状态时，是选择停产还是继续营业，取决于价格与平均可变成本的关系。当 AVC＜P＜SAC 时，意味着继续生产所获得的收益不仅可以补偿因为生产而发生的全部变动成本，剩余部分还可以补偿部分固定成本。所以当市场价格小于平均成本但是大于平均变动成本时，应该继续生产。当 P＜AVC 时，继续生产所获得的收益连因为生产而发生的变动成本都无法补偿。所以当市场价格不仅小于平均成本，而且小于平均变动成本时，应该停止生产。

4. 垄断厂商生产规模的调整

在图 7—3 中，当市场均衡数量为 Q_0 时，厂商处于亏损状态。在这一产量水平上，厂商是否停止营业，不仅取决于 SMC 和 SAC 之间的对比，而且还要看 SMC 和 AVC 之间的对比。在实际经营过程中，由于在完全垄断竞争市场上厂商是价格的制定者，对于 Q_0 这一产量水平，厂商只要产品价格高于 AVC 就可以继续生产，因为在这时厂商在补偿可变成本后，还能减少一部分固定成本的损失。如果产品价格低于 AVC，就要停止生产了，因为这时厂商的销售收入不仅不能补偿固定成本，而且连可变成本也无法全部收回了。所以在图 7—3 中的 Q_0 就是垄断厂商的停止营业点。

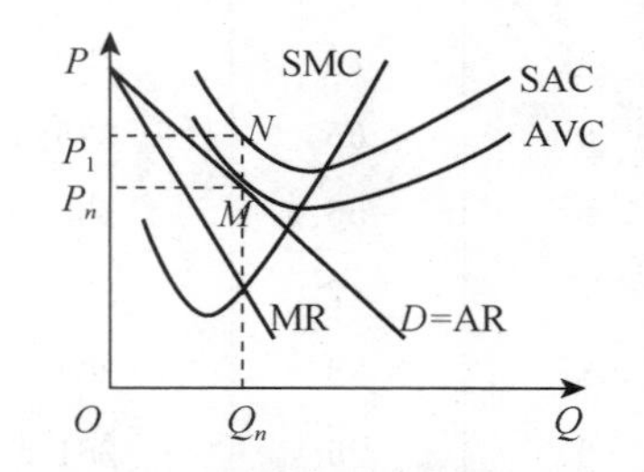

图 7—3　亏损厂商的经营规模调整

7.3.2　完全垄断市场上的长期均衡

长期中，厂商为实现利润最大化，可以调整所有生产要素的投入。如果厂商在短期内是亏损的，在长期中，厂商可以通过调整生产规模来争取利润，如果在长期中也不存在一个使它盈利的生产规模，则该厂商会退出该行业；但如果长期中存在这样一个生产规模，垄断厂商可以获得利润，那么无论短期中是盈利还是亏损，厂商都会留在这个行业，通过生产规模的调整，获得比短期更大的利润。

在长期中，垄断厂商可以通过调节产量与价格来实现利润最大化。这时厂商均衡的条件是：MR＝LMC和MR＝SMC，即MR＝LMC＝SMC。可以用图7—4来说明这一点。

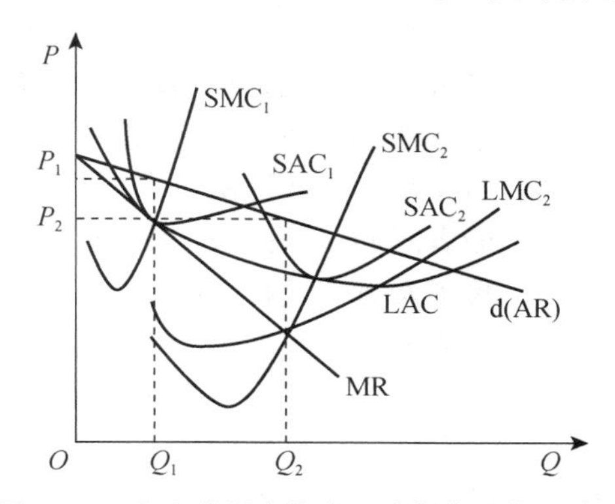

图7—4 完全垄断市场上厂商长期均衡示意图

在图7—4中，假设垄断厂商现有设备的短期平均成本曲线为SAC_1，为了赚得最大利润，他销售的产量是（MR与SMC_1相交之点相应的）Q_1，销售价格为P_1。因为在产量为Q_1时，$SMC_1 \neq LMC$，所以这样的均衡是短期均衡，而不是长期均衡。在长期内，厂商将扩大其厂房设备的规模，使产品产量增加。厂商通过调整厂房设备增加产品产量，当产量增加到Q_2时，其短期平均成本曲线为SAC_2，短期边际成本曲线SMC_2与MR相交，销售价格为P_2，这时$MR=LMC=SMC_2$，实现了长期均衡。

短期均衡的条件是：MR＝SMC，

长期均衡的条件是：MR＝LMC＝SMC。

长期均衡与短期均衡的区别是，后者不要求长期边际成本LMC与边际收益MR相等，而前者则要求它们相等。

通过上述图形分析说明，在短期中，垄断厂商无法调整全部生产要素，因此不一定能实现利润最大化。但在长期中，厂商可以调整全部生产要素，因此可以实现利润最大化，这时就可以产生垄断利润。由于垄断厂商是市场价格的决定者，在长期中，垄断厂商可以在渗透性定价策略与撇脂性定价策略之中进行选择，以使自己能够在所达到的产量规模上实现利润最大化。

7.3.3 完全垄断市场的定价策略

与完全竞争市场所有商品按同一市场价格销售不同，完全垄断厂商是市场价格的制定者，厂商可以根据市场情况和自身利益选取不同的定价策略来确定产品的市场销售价格。现实中完全垄断厂商往往实施价格歧视策略。价格歧视（Price Discrimination）就是指同样的商品向不同的消费者收取不同的价格，并且此时的价格差异并不是由于生产厂商成本不同所造成的。歧视定价可以实现更大的利润，其基本原则是：对需求富有弹性的消费者收取低价，而对需求缺乏弹性的消费者收取高价。完全垄断厂商可以决定其产量和价格，因而为获得最大可能的垄断利润，可以通过价格歧视来增加其总收益。

由于价格歧视是垄断者在同一时间内对同一成本的产品向不同的购买者收取不同的价格，或是对不同成本的产品向不同的购买者收取相同的价格。这种定价的方法不可能出现于完全竞争的市场，因为完全竞争市场的个别厂商的行为不能影响价格，而垄断者却可以做到。实行价格歧视是为了获得垄断利润，要使价格歧视得以实行，一般要具备以下三个条件。①市场存在不完善性。当市场不存在竞争，市场信息流动不畅，或者因为各种原因存在许多分割时，垄断者就可以利用这种方便条件进行价格歧视。②各个市场对同种产品的价格弹性不同。这样垄断者就可以对需求弹性小的市场实行较高的价格，以获得垄断利润。③不同市场可以相互分离。价格歧视能否实现，主要取决于垄断厂商能否使它们面临的市场相互分离。如果市场是一体化的，当垄断者对同一商品收取两种不同的价格时，以低价购买商品的消费者就可能会有可能转卖给高价消费者，这样价格歧视就难以实现。比如航空公司对于旅游公司和公务人员索取不同的票价来增加收入。但要做到这一点，必须能够正确区分旅游人员和公务人员，如利用身份证明等。相对而言，汽车和家用电器等制造业的产品由于转卖比较容易因而很难实行价格歧视，而劳务等不易转卖的商品则比较容易实行价格歧视。

由于价格歧视是厂商在出售同类产品时，对不同的消费者索取不同的价格，这些价格并不完全反映其产品的真实价值，所以价格歧视运用了非线性定价策略。价格歧视作为一种理论，属于定价策略的范畴，无任何褒贬之意。价格歧视如果被垄断者所用，依靠其垄断地位采取高于单一价格的歧视性高价时，将会造成对消费者利益的损害，使社会福利受到损失，同时会削弱竞争，进一步加强垄断。这一行为应当受到政府部门的禁止和管制。但在垄断市场上，在具有较多竞争对手、竞争激烈的行业里，价格歧视以各种各样的灵活形式被广泛运用。它是一种有效的价格策略，不仅有助于增强厂商竞争力，实现其经营目标，并且顺应了消费者的心理差异，满足了消费者多层次的需要。比如服装市场，一些规模比较小的店铺（非统一定价）对同一件衣服就会根据消费者不同而收取不同的价格。

一般根据价格差别的程度把价格歧视分为三种类型。

1. 一级价格歧视

一级价格歧视（Perfect Price Discrimination）也称为完全价格歧视，是指完全垄断厂商在销售其产品时，每个产品均以不同的价格出售以获得最大可能性收入。根据效用理论，商品的价格是按边际效用的大小来确定的，对边际效用高的商品，消费者愿意支付的价格则高，反之则低。可是商品的市场价格大都定在某一个价格水平上，并不会根据消费者的边际效用取价。这样，消费者根据其边际效用大小而愿意付出的价格总和同实际付出的价格总和之间便会出现差额，这就是所谓“消费者剩余”。如图 7—5 所示。消费者购买第 1 个单位商品时的支付意愿是 7 元，第 2 单位的价格是 6 元，……第 6 个单位的价格是 2 元。可是一般市场上每个商品的销售价格均为 2 元。“消费者剩余”是消费者根据其边际效用大小而愿意付出的价格总和同实际付出的价格总和之间的差额。图 7—5 中阴影部分为消费者实际支付的价格，空白部分为消费者愿意支付的价格和实际支付的价格之间的差额，也就是消费者剩余。D 是商品的需求曲线。

一级价格歧视是假定完全垄断厂商能够做到根据每一个产品对每一个消费者所产生的效用大小来确定商品价格，如对第 1 个单位的产品索取价格是 7 元，第 2 单位的价格是 6 元，……第 6 个单位的价格是 2 元。在一级价格歧视下每由于销售一单位商品的价格都等于消费者的最大支付意愿，因此不存在消费者剩余，在图 7—5 中所表示的空白部分不复存在。

在实际生活中，采取一级价格歧视的定价方法非常罕见，它只有在两种情况下才有可能：一种情况是完全垄断厂商的产品销售对象数量很少；另一种情况是完全垄断厂商能够精确地知道每个消费者所愿意接受的最高价格。这种价格歧视的典型事例是乡村的一个医生，根据不同求医人的能力和愿意支付的最高价格，对于相同的治疗收取不同的医疗费用。

2. 二级价格歧视

二级价格歧视（Second-degree Price Discrimination），是指垄断者对某个特定消费者，按其购买数量的不同制定不同的价格，以获得较大收益的一种方法。如图7—6所示，垄断厂商为了鼓励消费者多购买，它规定购买量为Q_1时，每单位产品价格为P_1；购买量扩大为Q_2时，单位价格可降到P_2；购买量增加到Q_3时，单位价格还可降到P_3。这种定价方式与在Q_3处实行单一价格P_3相比，垄断者的利润会因此而增加。因为在实行单一价格P_3时，总收益为P_3Q_3；实行差别价格后，销售Q_1单位的产品，收益为P_1Q_1；扩大销售（Q_2-Q_1），收益为$P_2\times(Q_2-Q_1)$；继续增加销售（Q_3-Q_2），收益为$P_3\times(Q_3-Q_2)$，这样实行差别定价后的总收益就是三部分收益之和：$P_3Q_3+(P_2-P_3)\times Q_2+(P_1-P_2)\times Q_1$，从图上看，就是A、B、C三部分面积之和。因为在完全竞争市场上实行单一价格，消费者付出的购买费用是P_3Q_3，只是A部分的面积。厂商增加的收益是B和C两部分面积之和，这种收益的增加是由于消费者在低产量时面临高价格而来的。二级价格歧视在实际生活中比较常见。例如在水、电、煤气、邮政、电信等社会公用事业中，多采用这种定价方法。比如电信公司根据每天24小时中不同时间，按不同标准收取电话费用，邮政局根据邮件的数量和重量不同所收取的邮资也不同。

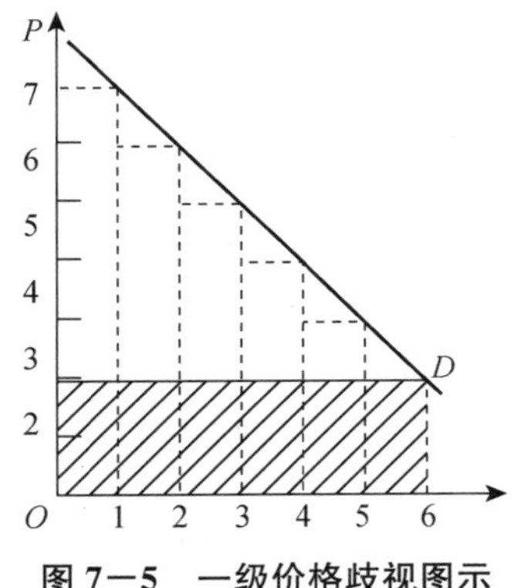

图7—5 一级价格歧视图示

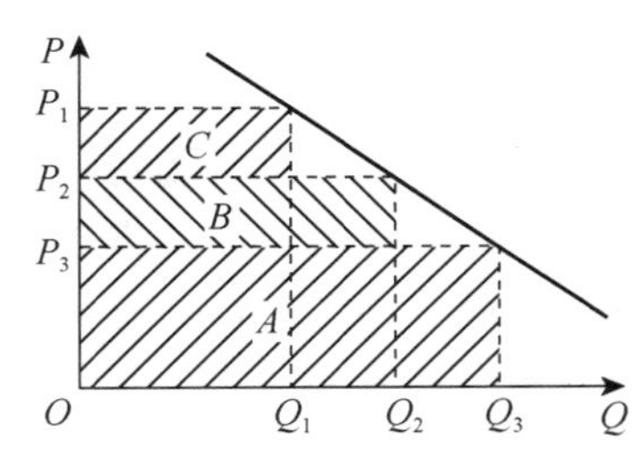

图7—6 二级价格歧视图示

3. 三级价格歧视

三级价格歧视是垄断厂商对不同市场的不同消费者实行不同的价格。一个垄断者在不止一个市场上销售商品并且这种商品不能从一个市场转移到另一个市场上再销售，因此厂商可以在不同市场上制定不同的价格。即对于同一商品，完全垄断厂商根据不同市场上的需求价格弹性不同，实施不同的价格。如电厂对于弹性较大的工业用电实行低价格，而对弹性较小的家庭用电采用高价格。

所谓三级价格歧视（Third-degree Price Discrimination），又称市场分割的差别价格，就是垄断者对同样的产品在不同的市场取不同的价格，而所售出的最后一个单位产品所获得的边际收益相同。实行三级价格歧视，垄断厂商把消费者划分为两种或两种以上的类别或阶层，对每一阶层收取不同的价格。这里，每一个阶层就是一个单独的市场。这个所谓的市场，不仅是指不同的地理区域或市场，而且是指由于消费者的偏好不同，收入不同等原因形成的市场部分。只要市场可以区分并有不同的价格弹性，厂商就可以用不同的价格以获得较多的利润。作为垄断者来说，为了追求利润最大化，会对较低需求价格弹性的消费者收取较高的价格，而对较高需求价格弹性的消费者收取比较低的价格。实行三级价格歧视体现在许多场合，例如电力公司对普通家庭用电和工业用电这两个不同的市场分别采取不同的收费标准。再如在国际贸易方面，销售同一产品时，对本国市场与别国市场分别制定不同的价格。一般来说，外国市场价格偏低，而本国市场价格偏高。这是因为外国市场的需求价格弹性通常高于国内市场的缘故。

捆绑销售

捆绑销售是共生营销的一种形式，是指两个或两个以上的品牌或公司在促销过程中进行合作，从而扩大它们的影响力，它作为一种跨行业和跨品牌的新型营销方式，开始被越来越多的厂商重视和运用。捆绑式销售被越来越多的厂商重视和运用，在国内走在前面的当属荣事达集团与宝洁公司、联想与可口可乐等厂商的合作比较成功。荣事达在销售洗衣机的时候赠送宝洁公司的碧浪洗衣粉，并在宣传单页上推荐碧浪，而碧浪洗衣粉的包装上打出荣事达洗衣机的字样，同时宝洁公司为荣事达做洗衣机与洗衣粉的联合影视演示广告。

捆绑式销售的源头大概可以追溯到麦当劳与可口可乐、肯德基与百事可乐的联合销售。在国际上，捆绑式销售模式被越来越多的跨国公司推崇。美国在线公司（ALO）和TARGET百货公司启动联合促销，《今日美国》和AT&T联合推出新的服务项目，美国电报电话公司和时代华纳也在尝试捆绑销售。捆绑式销售不同于赠品促销。赠品促销只有一个品牌主体，另一个或更多的品牌处于附属的被动地位，或者干脆厂商赠送自己生产的产品，只有一个品牌。目前赠品促销被太多的商家运用，越来越不被理性的消费者买账，几乎起不到应有的作用。而捆绑式销售则不同，它是两个或者多个品牌处于平等的地位，互相推广，把市场做大，达到“双赢”的目的。

（资料来源：百度文库）

7.4 对完全垄断市场的评价

与完全竞争市场相比完全垄断市场被认为是低效率的，具体表现如下。

1. 社会生产资源的浪费

与完全竞争市场相比，完全垄断厂商的平均成本和价格较高，而产量较低。也就是资源不能得到充分利用，存在浪费，其效率低于完全竞争市场。因为在完全垄断厂商里，往往用较少的追加资源可以生产出较高价值的产品，从社会资源合理分配的角度看，说明厂商的产量不是最优，生产效率不高，存在生产资源的浪费。

2. 社会福利的损失

垄断厂商实行价格歧视，即价格差别，消费者所付的价格高，就使消费者剩余减少，这种减少是社会福利的损失。这种损失是由于资源浪费形成的纯社会福利损失。由图7－7可以说明。如果在完全竞争市场上，价格为 P_1，产量为 Q_1，这时的消费者剩余为 P_1HE。但在完全垄断市场上，价格为 P_2，产量为 Q_2，消费者剩余减少为 P_2GE，原来消费者剩余中的 P_1NGP_2 部分转变为垄断厂商的超额利润，而 NHG 这个三角形所代表的部分，就是由于垄断引起的社会福利损失，这一部分消费者没有得到，垄断厂商也没有得到，而是由于资源浪费形成的社会福利损失。

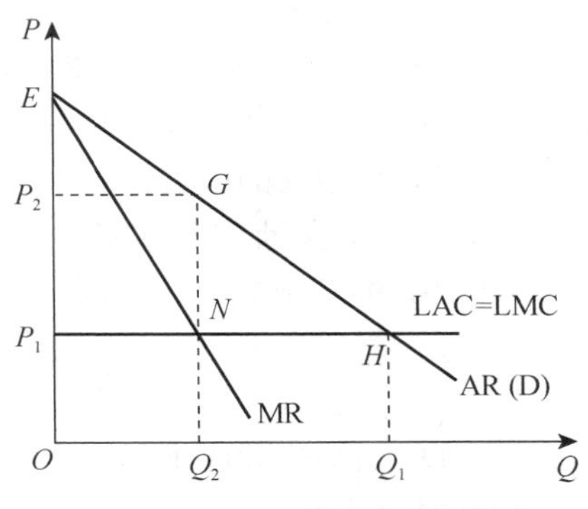

图 7—7 垄断造成的社会福利损失

3. 对社会公平的影响

由于垄断厂商能够利用其垄断地位长期获得超额利润，这种超额利润是以全社会消费者利益的减少为代价，对消费者是不公平的，它造成和加剧社会分配不公。同时，垄断也容易引起腐败，妨碍社会进步，在大多数情况下，垄断会扼杀竞争。

因此，在大多数市场经济国家，政府都对垄断厂商进行管制。如对垄断厂商征税，目的是把厂商的超额（垄断）利润抽走，使分配趋向公平；对市场结构进行控制，尽量增加市场的竞争性，减少垄断性；政府对垄断厂商的价格直接进行控制，以减少超额利润，促使增加产量等。在法律上诸如《反托拉斯法》等，我国的《反不正当竞争法》也属对垄断厂商的限制。

但也有许多经济学家认为，垄断也有其有利的一面。首先，垄断有利于一些行业实现规模经济；其次，垄断厂商以自己雄厚的资金与人才实力实现重大的技术突破，有利于技术进步；再次，尽管某些厂商在一国之内是垄断的，存在效率损失，但在国际市场上有竞争力，有利于一国世界竞争力的提高。最后，有些垄断，特别是一些投资大，收益低，又关系国计民生的重要公共事业，由政府或其代理实行垄断是有积极作用的，但也会出现由于官僚主义造成的低效率。

复习思考题

一、基本概念

完全垄断　价格歧视　一级价格歧视　二级价格歧视　三级价格歧视

二、选择题

1. 对完全垄断厂商来说，（　　）。
   A. 提高价格一定能增加收益　　B. 降低价格一定会减少收益
   C. 提高价格未必能增加收益　　D. 以上都不对
2. 完全垄断厂商满足长期均衡的条件是（　　）
   A. MR＝MC　　B. MR＝SMC＝LMC
   C. MR＝SMC＝LMC＝SAC　　D. MR＝SMC＝LMC＝SAC＝LAC
3. 下列不能成为进入一个垄断行业壁垒的是（　　）。

A. 垄断利润　　B. 立法　　C. 专利权　　D. 资源控制

4. 以下最不可能成为垄断者的是（　）。

A. 一个小镇上唯一的一名医生　　B. 可口可乐公司

C. 某地区的电力公司　　D. 某地区的自来水公司

5. 下列对垄断厂商和完全竞争厂商的描述中，不正确的是（　）。

A. 都试图最大化利润

B. 都把产量确定在边际收益等于边际成本那一点

C. 都面对着一条完全有弹性的需求曲线

D. 如果边际成本超过边际收益，都将减少生产

6. 对一个垄断厂商而言，销售额外一单位产品的边际收益等于（　）。

A. 这额外一单位产品的售价

B. 因所有其他产品以新的更低的价格而造成的收益损失

C. 这额外一单位产品的售价减去因为所有其他单位商品以新的更低的价格出售而造成的收益损失

D. 这额外一单位产品的售价减去支付给生产这一单位产品的工人的工资

7. 对一个垄断厂商而言，边际收益小于价格，是因为（　）。

A. 为了销售更多的数量，厂商必须降低所有单位的价格

B. 它不能控制价格

C. 在市场价格下，厂商可以销售它希望销售的任意数量

D. 它的产量只占市场总产量的一个很小的份额

8. 垄断厂商拥有控制市场的权力，这意味着（　）。

A. 垄断厂商面对一条向下倾斜的需求曲线

B. 如果它的产品增加一个单位，则全部产品的销售价格必须降低

C. 垄断厂商的边际收益曲线低于其需求曲线

D. 以上都正确

9. 一个垄断厂商面对的需求曲线是（　）。

A. 市场需求曲线

B. 完全无弹性的，因为只有一个销售者

C. 完全有弹性的，因为只有一个销售者

D. 其弹性比行业需求曲线的弹性小

10. 一垄断者如果有一线性需求函数，总收益增加时（　）。

A. 边际收益为正值且递增　　B. 边际收益为正值且递减

C. 边际收益为负值　　D. 边际收益为零

11. 在完全垄断厂商的需求曲线是直线的时候，其边际收益曲线是需求曲线斜率的（　）。

A. 2 倍　　B. 0.5 倍　　C. 1 倍　　D. 4 倍

12. 对于一个垄断厂商来说，其确切的供给曲线（　）。

A. 向上方倾斜　　B. 等同于其边际成本曲线

C. 等同于其边际收益曲线　　D. 不存在

13. 垄断厂商利润极大时（　）。

A. P=MR=MC　　B. P>MR>MC
C. P>MR=MC　　D. P>MC=AC

14. 在完全垄断厂商的最好或最优产量处（　　）。
A. P=MC　　B. P=SAC 的最低点的值
C. P 最高　　D. MR=MC

15. 完全垄断厂商如果处于（　　）。
A. 长期均衡时，一定处于短期均衡
B. 长期均衡时，不一定处于短期均衡
C. 短期均衡时，一定处于长期均衡
D. 以上都不是

16. 在竞争性市场和垄断市场中，厂商将扩大其产出水平的情况是（　　）。
A. 价格低于边际成本　　B. 价格高于边际成本
C. 边际收益低于边际成本　　D. 边际收益高于边际成本

17. 无论是一个竞争性厂商还是一个垄断性厂商，当其利润最大化时，总能满足的条件是（　　）。
A. 价格等于长期平均成本的最低点
B. 价格等于边际成本
C. 边际收益等于边际成本
D. 价格等于平均成本

18. 一个垄断厂商在长期中一直获得经济利润，那么（　　）。
A. 该厂商的生产比竞争性市场的厂商更有效率
B. 其他厂商无法进入该行业与其竞争
C. 政府和垄断厂商之间必定串谋来维持一个高价格
D. 垄断厂商的需求曲线缺乏弹性，从而使其获得更多的收益

19. 如果垄断者的长期平均成本超过市场价格，该厂商将（　　）。
A. 停留在这一营业水平上，因为它使资本得到了一个正常报酬
B. 停留在这一营业水平上，尽管其固定成本没有得到补偿
C. 歇业并清理资产
D. 暂时停业

20. 如果完全垄断厂商在两个分割的市场中具有相同的需求曲线，那么垄断厂商（　　）。
A. 可以实行差别价格　　B. 不能实行差别价格
C. 既能也不能实行差别价格　　D. 上述都不对

三、判断题

1. 垄断厂商出现亏损是不可能的。（　　）
2. 价格歧视就是价格差别。（　　）
3. 垄断厂商的平均收益曲线与边际收入收益曲线是一致的。（　　）
4. 一级价格歧视使得消费者剩余几乎等于零。（　　）
5. 凡是垄断都是要被打破的。（　　）

6. 完全垄断厂商是市场唯一的供给者，所以不必进行推销努力。（ ）

7. 完全垄断厂商具有垄断权力，所以可以“价格不封顶，质量不保底”。（ ）

8. 完全垄断厂商的平均收益曲线与边际收益曲线是同一条曲线。（ ）

9. 只有在完全竞争的条件下，才存在行业产出的供给曲线。（ ）

10. 一个处于完全竞争的厂商，由于它所面临的需求曲线是完全弹性的，因此它不能够自行定价；而一个垄断者，由于面临的需求曲线的弹性比完全弹性小，因此它可依利润最大化原则而自行定价。因此，如果可能，垄断者总是选择在需求曲线缺乏弹性的地方经营。（ ）

11. 如果垄断者经营一个厂商，该厂商规模使得垄断者在取得利润最大化产出时具有最低的平均成本，则这个厂商达到了长期垄断均衡。（ ）

12. 只要市场价格高于边际成本，垄断厂商必定扩大产量。（ ）

13. 当一个追求利润最大化的垄断者在不同的市场上定出不同的价格时，则价格的差别必然反映出在两个市场上供给产品的成本差别。（ ）

14. 由于垄断对于消费者是件“坏事”，对于生产者是件“好事”，因此，综合起来我们难以判断它到底是否有效率。（ ）

15. 拥有一个厂商的垄断者在两个不同的市场上出售产品，两个市场的需求曲线在同一价格上具有不同的弹性，因此具有不同水平的边际收益，如果禁止差别价格，则在两个市场上边际成本不能同时等于边际收益。因此有如下结论：如果它仍然要同时在两个市场上出售产品，它至少在一个市场上无法满足利润最大化的条件。（ ）

16. 完全垄断厂商在价格歧视中，将在需求价格弹性较大的市场上，以较低的价格销售较大的产量。（ ）

17. 一个垄断者在两个地区的市场上以差别价格进行销售，它将选择在需求弹性大的市场上销售更多的产品。（ ）

18. 实行三级价格歧视的两个市场中的需求价格弹性一定不一样。（ ）

19. 第三级差别定价情况下，垄断厂商利润最大化的条件是总的边际收益等于各个市场的边际收益之和。（ ）

20. 在垄断行业的资源配置是无效率的，因为垄断厂商获得了超额利润；如果取消这些利润，资源配置的情况将好转。（ ）

四、思考题

1. 垄断厂商一定能保证获得超额利润吗？如果在最优产量处亏损，它在短期内会继续生产吗？在长期内又会怎样？

2. 试分析为什么在完全竞争条件下，厂商的价格等于边际收益，而垄断厂商的价格大于边际收益。

3. 试作图描述垄断厂商的长期均衡，并说明垄断厂商长期均衡点是否能和完全竞争行业中的厂商一样，位于长期平均成本最低点？

4. 为什么垄断厂商实行二级价格差别比实行一级价格差别容易些？

5. 什么叫完全垄断？产生垄断的原因有哪些？

6. 成为垄断者的厂商可以任意定价，这种说法对吗？

五、计算题

1. 设垄断厂商产品的需求函数为 $P=12-0.4Q$，总成本函数 $\mathrm{TC}=0.6Q2+4Q+5$，求：

（1）Q 为多少时总利润最大？价格、总收益、总利润各为多少？

（2）Q 为多少时总收益最大？价格、总收益、总利润各为多少？

2. 假定某垄断者面临的需求曲线为 $P=100-4Q$，总成本函数为 $\mathrm{TC}=50+20Q$，求：

（1）垄断者利润极大化时的利润、产量、价格；

（2）假设垄断者遵从完全竞争法则，那么厂商的利润、产量及价格如何？并与（1）进行比较，你能得出什么样的结论？

3. 已知某垄断者的成本函数为 $\mathrm{TC}=0.5Q^2+10Q$，产品的需求函数为 $P=90-0.5Q$，计算利润极大时的产量、价格和利润。

二、选择题

1. C　2. B　3. A　4. B　5. C　6. C　7. A　8. D　9. A　10. B　11. A　12. D　13. C　14. D　15. A　16. D　17. C　18. B　19. C　20. A

三、判断题

1. 错　2. 对　3. 错　4. 对　5. 错　6. 错　7. 错　8. 错　9. 对　10. 对　11. 错　12. 错　13. 错　14. 错　15. 错　16. 对　17. 错　18. 对　19. 对　20. 错

五、计算题

1.

解：（1）因为需求函数为 $P=12-0.4Q$，$\mathrm{MR}=12-0.8Q$

总成本函数 $\mathrm{TC}=0.6Q^2+4Q+5$

求导，$\mathrm{MC}=1.2Q+4$

利润最大化时：$\mathrm{MR}=\mathrm{MC}$，$Q=4$

$P=12-0.4Q$，$P=10.4$

总收益 $=P\times Q=41.6$

总利润 $=41.6-\mathrm{TC}=11$

（2）总收益 $=(12-0.4Q)\times Q$

求导：$\mathrm{MR}=12-0.8Q=0$ 时，总收益最大

$Q=15$

价格 $=12-0.4\times 15=6$

总收益 $=90$

总利润 $=$ 总收益 $-$ 总成本 $=-110$

2.

解：

（1）$P=100-4Q$，则 $TR=100Q-4Q2$，故 $MR=100-8Q$；

$TC=50+20Q$，则 $MC=20$

根据 $MR=MC$，得 $Q=10$，$P=60$，利润为 350

（2）又根据完全竞争法则 $P=MC$，得 $Q=20$，此时利润为 -50，亏损。

结论：完全竞争和完全垄断相比，产量增加 10，价格下降 40，利润减少 400。在完全垄断情况下垄断者可以获得垄断超额利润 350，而在完全竞争情况下垄断者却亏损 50。说明完全竞争比完全垄断竞争资源配置更有效率。

3.

解：$TC=0.5Q^2+10Q$，

对 TC 求导，得 $MC=Q+10$；

$AR=P=90-0.5Q$，则 $TR=AR\times Q=90Q-0.5Q^2$

对 TR 求导，得 $MR=90-Q$；

令 $MC=MR$，得 $Q=40$，

进而 $P=70$，利润$=1600$

第 8 章　寡头和垄断竞争市场

前面介绍了两种极端的市场结构，但在现实生活中，更多的是处于两种极端结构之间的市场结构，即寡头市场和垄断竞争市场。在本章中将介绍在这两种市场结构下，企业价格、产量的选择与决策。

8.1　寡头市场

8.1.1　寡头市场的特征

在现实生活中，还存在这样一种市场，既不是只有一个厂商存在，也不是很多厂商竞争着，而是由少数几个厂商控制着某一行业，这种市场就是寡头垄断（Oligopoly）市场。寡头垄断市场又称寡头市场，指由少数几家大型厂商控制某种产品供给的大部分市场份额的一种市场结构。寡头垄断是介于垄断竞争与垄断之间的一种市场结构。寡头厂商之间生产的产品可以是同质的，如钢铁、水泥、石油、有色金属、塑料、橡胶等行业；而在另一些行业中，产品则是有差别的，如汽车、飞机、家用电器、铁路运输、电信服务业等。一般而言，寡头垄断市场应具备以下特征。

（1）厂商数目屈指可数，厂商在一定程度上控制某种产品价格和绝大部分的市场份额。

（2）产品差别可有可无。寡头垄断厂商提供的产品可以是相同的，也可以是有差别的。由此分为无差别寡头垄断市场和有差别寡头垄断市场。

（3）存在进入的障碍，其他厂商无法顺利地进入该行业。一种可能性是这些寡头行业存在规模经济，使得大规模的生产占有强大的成本优势和产量优势，大企业不断发展壮大，而小企业则无法生存，最终形成少数几个厂商竞争的局面；有时寡头厂商之间相互勾结，构筑进入的壁垒，阻止其他厂商进入；寡头厂商为了减少其竞争压力，也会采用收购、兼并一些小企业等形式来减少厂商的数目。在有的行业，寡头市场的形成则直接由于政府的产业政策所致（厂商数目较稳定）。

（4）寡头垄断之间相互利害关系极为密切，双方均是反应后再决策。

由于市场中厂商的数目较少，每个厂商在市场中都占有很大的份额，对市场都有举足轻重的影响力。一个厂商的价格和产量变动，不仅影响到它自己的市场份额和所得利润，而且会直接影响到其他厂商的市场份额和利润，因而厂商所做的价格—产量决策也很容易遭到其竞争对手的报复。所以，寡头厂商在做出决策的时候必须把其竞争对手可能采取的对策考虑进去，而竞争对手的可能对策又是难以推测的。因此，寡头垄断厂商的决策具有重要的不确定性。寡头厂商的价格—产量决策过程就是该寡头厂商与其他寡头厂商之间相互博弈的过程，价格的确定实际上是一个搜寻的过程。我们知道，完全竞争厂商是价格的被动接受者，而垄断厂商则是价格的主动制定者，但寡头厂商则只能是“价格搜寻者”。正是由于寡头厂商之间价格决策的不确定性，厂商之间往往尽力避免打“价格战”。在寡头行业中除价格竞争之外，更经常进行的是非价格竞争，比如广告竞争、品牌竞争、服务竞争等。

8.1.2 寡头市场的成因

形成寡头市场的原因主要有：首先是规模经济，在某些行业中，只有一个企业的产量在整个行业中占有较大的比重，否则不可能取得较低的成本，因此，在这样的行业中，企业的数目将变得非常少；其次，行业中几家企业对自然资源拥有控制权或者专利权；第三，政府的扶植，比如中国的石油行业。寡头市场的成因与完全垄断市场的成因很类似，只是程度上有所区别。

8.1.3 寡头模型

在寡头市场中，单个企业的产量变化将会在很大程度上影响整个市场的产量，从而影响市场价格。由于市场价格是由所有企业的产量决定的，在不知道其他企业产量的情况下，单个企业无法确定它所面临的价格和产量的关系。

当一个企业增加产量时，市场价格如何变化决定于其他企业的行为。如果想确定市场价格如何变化，必须假定其他企业的行为。关于其他企业的行为，可以选择的假设有多个，不同的假设得出不同的结论。这些模型主要有以下五种。

1. 古诺模型

古诺是19世纪著名的法国经济学家。法国经济学家在学术风格上属于欧洲大陆的唯理论传统，重视思辨，重视演绎，强调以数理方法对经济事实进行抽象，这与传统的英国学派重视经验事实，主张从事实中进行归纳的经验论风格是迥然不同的。他在1838年发表的《对财富理论的数学原理的研究》中，给出了两个企业博弈均衡的经典式证明，直到今天仍具有生命力。

（1）市场结构。古诺均衡设市场上只有两家企业，且生产完全相同的产品。企业的决策变量是产量，且两家企业同时决定产量多少。市场上的价格是两个企业产量之和的函数。即需求函数是：

$$P=P(q_1+q_2) \tag{8-1}$$

每个企业的利润为

$$\pi_i=P(q_1+q_2)q_i-C(q_i) \tag{8-2}$$

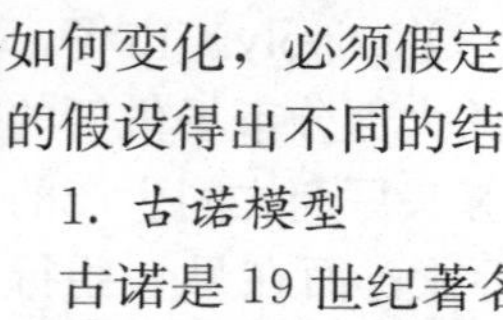

图8—1 寡头的反应曲线

（2）反应函数及反应线。对于任一给定的关于企业2的产量，都会有相应的企业1的产量选择。于是企业1的最佳产量说穿了是其对企业2产量的函数。反之亦然。如图8—1所示，其函数式为：

$$q_1=f(q_2) \tag{8-3}$$

$$q_2=f(q_1) \tag{8-4}$$

（3）古诺均衡。根据上述假设及利润最大化要求，满足 $q_1=f(q_2)$ 且 $q_2=f(q_1)$ 的 (q_1, q_2) 即为古诺均衡解。古诺均衡已不仅仅是供求相等的均衡了。这里的均衡除满足供求相等外，参与各方都达到了利润最大化。该均衡也称为纳什均衡。

2. 斯威齐模型

大约在古诺给出古诺模型 50 年后，另一位法国经济学家 Joseph Bertrand（1883 年）在其一篇论文中讨论了两个寡头企业以定价作为决策变量的同时博弈。

（1）市场结构。市场上只有两家厂商，生产的产品完全相同；企业的成本也完全相同，生产的边际成本＝单位成本＝c，设固定成本为零。市场需求为

$$Q_d=\alpha-\beta P \tag{8-5}$$

这里实际上是“价格战”博弈。因为当我们只考察企业 1 的状况时，就不难看到有：

$$\pi_1(P_1, P_2)=\begin{cases}(P_1-c)(\alpha-\beta P_1), & 0<P_1<P_2\\ \frac{1}{2}(P_1-c)(\alpha-\beta P_1), & 0<P_1=P_2\\ 0, & 0<P_2<P_1\end{cases} \tag{8-6}$$

即企业 1 的定价如高于企业 2 的定价，则会失去整个市场；如果 $P_1<P_2$，便会得到整个市场；如果 $P_1=P_2$，则平分市场。此时寡头厂商定价不仅要考虑消费者反应，还需考虑竞争者反应。

（2）斯威齐均衡解。Bertrand 均衡解是唯一的。即两家企业的价格相同且等于边际成本，利润等于零（正常利润仍是有的）。

因为利润函数是非连续的，因此不能通过求导的办法来解一阶条件，只有通过常识推理来证明。

首先，如果两家企业进行价格竞争，因为低价的企业会拥有整个市场，而高价的企业会丧失整个市场。所以，每个企业总有动力去降价，直到 $P_i=c$ 为止。

其次，在 $P_i=c$ 时，每个企业获得 $\frac{1}{2}(P_i-c)(\alpha-\beta P_i)$ 的利润，即零利润。它们可不可以通过改变价格去增加利润呢？不能。因为若 $P_i>c$，当另一家企业 $P_j=c$ 时，i 会丧失整个市场。

斯威齐均衡的含义在于：如果同业中的两家企业经营同样的产品，且成本一样，则价格战必定使每家企业按 $P_i=c$ 的原则来经营，即只获取正常利润。但是如果两家企业的成本不同，则从长期来看，成本低的企业必定挤走成本高的企业。

3. 斯塔克博格模型

这是由德国学者斯塔克博格在 1934 年的一篇论文中提出的分析范式。

斯塔克博格模型是用来描述这样一个行业，在该行业中存在着一个支配企业，比如我国计算机行业中的联想集团，银行业中的招商银行，保险公司中的平安保险，除此以外，该行业中还有几个小企业。这些小企业经常是先等待支配企业宣布其产量计划，然后相应地调整自己的产量。形成领导—追随关系。

对于产量决策的序列博弈模型，采取逆向归纳法的思路。先分析追随型企业的反应函数；然后把这个反应函数纳入领导型企业的决策过程，进而导出领导型企业的产量决策。

（1）追随者的问题。假定领导者（企业 1）宣布了自己的产量决策 q_1，对于追随者来说，q_1 就是一给定的量，这样，追随者（企业 2）的问题便是：

$$\max_{q_2}\{P(q_1+q_2)q_2-c_2(q_2)\} \tag{8-7}$$

求其一阶导数，可以解出追随者的反应函数

$$q_2=f_2(q_1)$$

（2）领导者的问题。一旦领导者知道他给出了 q_1 会导致 $q_2=f_2(q_1)$，他就会给出一个对自己利润化目标有利的 q_1 去影响追随者的反应函数 $q_2=f_2(q_1)$，从而使自己的利润最大。

于是，领导者的问题变为：

$$\max_{q_1}\{P(q_1+q_2)q_1-c_1(q_1)\}$$

$$s.t.\ q_2=f_2(q_1)$$

把 $q_2=f_2(q_1)$ 代入领导者的利润函数，则领导者的问题就成为

$$\max_{q_1}\{P[q_1+f_2(q_1)]q_1-c_1(q_1)\}$$

【例 8－1】 如市场需求为 $P=100-0.5(q_1+q_2)$，$C_1=5q_1$，$C_2=0.5q_2^2$，求斯塔克博格均衡解，并相应地求出 π_1 与 π_2。

解：（1）追随者的利润函数为：

$$\pi_2(q_1,q_2)=[100-0.5(q_1+q_2)]q_2-0.5q_2^2$$

令其对 q_2 的一阶条件为 0，得

$$\frac{\partial\pi_2}{\partial q_2}=100-q_2-0.5q_1-q_2=0$$

于是追随者的反应函数为：$q_2=\dfrac{100-0.5q_1}{2}$

（2）领导者把追随者的反应函数纳入自己的利润函数，则企业 1 的利润函数便为：

$$\pi_1(q_1)=\left[100-0.5\left(q_1+\frac{100-0.5q_1}{2}\right)\right]q_1-5q_1$$

$$\frac{\partial\pi_1}{\partial q_1}=70-0.75q_1=0$$

所以

$$q_1=93\frac{1}{3},\ q_2=26\frac{2}{3}$$

$$\pi_1=3266\frac{2}{3},\ \pi_2=711\frac{1}{9}$$

（3）先行者的优势。不难看出，与古诺均衡解（80，30）相比，总产量不同，产量在两个企业间的分割也是不同的。领导者企业 1 比在古诺均衡中的产量增加 $93\frac{1}{3}-80=13\frac{1}{3}$，利润增加 $3266\frac{2}{3}-3200=66\frac{2}{3}$，这便是先行一步给领导者带来的优势。

4．价格领导模型

（1）追随者的行为与残差需求。当领导者给定产品价格 P，追随者在均衡时必须接受领导者给定的价格。因为如果追随者的喊价低于 P，那么整个市场转向跟随者，这样一来，追随者就不成其为“追随者”了。如果追随者的喊价高于领导者的定价，则追随者会丧失整个市场。因此，均衡时，追随者必须接受领导者的定价。追随者的行为只能是选择一个产量水平，使其利润极大化。这实质上是决定追随者（企业 2）的供给线 $S_2(P)$。

此时，市场需求留给领导型企业（企业 1）的残差需求便为：$R(P)=D(P)-S_2(P)$。

（2）领导者的最优价格选择。领导者知道一旦给出 P，自己面临的需求只为残差需求。所以，它的问题是从残差需求出发，按边际成本＝边际收益的原则来决定产出 q_1，最后解

出相应的价格水平 P。

据上，具体步骤如下。

①按 $MC_2=P$ 的原则确定 $S_2(P)$；

②按 $R(P)=D(P)-S_2(P)$ 的原则求出领导者面临的残差需求线；

③从残差需求线出发，按 $MR_1=MC_1$ 的原则来确定领导者的均衡产量 q_1；

④按③解得的 q_1，定出领导者的价格水平 P。

【例 8－2】 假定市场需求为 $D(P)=a-bP$，追随者的成本函数为 $C_2(q_2)=\frac{q_2^2}{2}$，领导者的成本函数为 $C_1(q_1)=cq_1$，求价格竞争序列博弈时的领导者均衡价格与均衡产量。

解：(1) 先求追随者的供给函数。在追随者接受 P 价格并利润最大时，有 $MC_2=P$。即 $q_2=P$，也即 $S_2(P)=q_2=P$。

(2) 求出领导者所面临的残差需求。$R(P)=D(P)-S_2(P)=a-bP-P=a-(b+1)P=q_1$

解之，得：

$$P=\frac{a-q_1}{b+1}$$

(3) 领导者利润为：$\pi_1(q_1)=\frac{a-q_1}{b+1}q_1-cq_1$

$$\frac{\partial\pi_1}{\partial q_1}=\frac{a-2q_1}{b+1}-c=0$$

所以，

$$q_1=\frac{a-c(b+1)}{2},$$

(4) 将此代入价格方程，得 $P=\frac{a}{2(b+1)}+\frac{c}{2}$

5. 卡特尔

这是寡头市场的厂商采取协议的形式。各寡头勾结起来共同协商定价，各寡头之间进行公开的勾结，组成卡特尔。卡特尔是寡头的价格联盟，共同协商，确定价格。但是，由于卡特尔各成员之间的矛盾，有时达成的协议也很难兑现，或引起卡特尔解体。

为什么会产生上述现象？因为在寡头垄断的市场上，由于相互之间的依存和牵制，单个厂商在采取行动之前，会估计、猜测其他厂商对这一行动的反应，而后决定是否付诸实施。也就是说，单个厂商的决策会因其他厂商的不同行为反应而改变，相互之间存在一种博弈关系。

下面用“囚犯困境”这个经典的博弈故事来加以说明。

假设有两个犯人 A 和 B 共同犯罪被警察抓住，则犯人 A 和犯人 B 为局中人，由于警方缺乏充分的证据来定罪，此局属于双人博弈。警方将两人分别置于不同的两个房间内进行审讯，对每一个犯罪嫌疑人，警方给出的政策是：如果两个犯罪嫌疑人都坦白供认，各判刑 5 年；如果一个犯罪嫌疑人坦白另一个不坦白，坦白者从轻判刑 1 年，不坦白者从重判刑 10 年；如果两人都不坦白，则从警方现在掌握的证据来看，两个人各判刑 2 年。他们每个人可以选择的行为有两种：交代或不交代。他们无法勾结（不能合作），各自选择的结果要取决于对方的选择。共有 4 种可能的决策，也有 4 种可能的结果。

如表 8－1 所示为这个博弈的支付矩阵（Payoffs Matrix）。左边是犯人 B 的支付，右边是犯人 A 的支付。

表 8—1　支付矩阵

		犯人 A	
		坦白	不坦白
犯人 B	坦白	5 年，5 年	10 年，1 年
	不坦白	1 年，10 年	2 年，2 年

下面分析这个博弈可能的结果是什么。对 A 来说，尽管他不知道 B 作何选择，但他知道无论 B 选择什么，他选择“坦白”总是最优的。显然，根据对称性，B 也会选择“坦白”，结果是两人都被判刑 5 年。但是，倘若他们都选择“不坦白”，每人只被判刑 2 年。不难看出，A 和 B 都会按照坦白策略行事，博弈的最终结果是两个人都坦白，即每个人都被监禁 5 年。

但其实从支付矩阵也能看出，两人都选择不坦白才是对彼此都好的结果。但这种结果要求两人有足够的信任，或事先已经达成抵赖的协议。否则如果 A 相信 B 会遵守协议，一直不坦白，而 B 却选择了坦白，那么 A 就会陷入最糟糕的境地，监禁 10 年。同样的，如果 B 不坦白而 A 坦白，则 B 也会被监禁 10 年。因此只要是局中人以利己主义的原则行事，就不可能达成最好的结果。

正因如此，出于各自对于自身利益的考虑，卡特尔最后的结局往往是自动解体。例如 OPEC 于 1960 年 9 月由 5 个主要输出国——伊朗、伊拉克、科威特、沙特和委内瑞拉设立。它的目的就是通过限制每个国家的石油输出量，达到提高石油价格的目的。但实际上，各成员国因为配额分配、提交幅度等不同而经常争吵。后来随着俄罗斯石油输出、英国北海石油开采，OPEC 对世界石油市场的影响逐步减弱。

中国电信业的寡头现状

中国电信，最初被称为“中国邮电电信总局”，由于政企合一的地位，电信业的快速发展受到阻碍，发展和管理之间的矛盾日益突出。1994 年 3 月，国务院将邮政总局、电信总局拆分，以期引入竞争及实现政企分开。1994 年 7 月中国联通成立，中国电信运营业出现了具有竞争意义的公司。这一举措形成了双寡头竞争的局面，当时的电子部联合铁道部、电力部及广电部成立了中国联通，主要是经营寻呼业务。

随着移动通信技术的高速发展和普及，加上 3G 时代牌照发放的因素，原有的电信市场格局需要做出新的调整。在此期间，移动业务开始一步步蚕食固话市场，形成了新的垄断。针对以上局面，信息产业部在 2007 年表示将积极推动电信企业全业务经营方案出台。2008 年 5 月工息部、发改委、财政部发布电信业重组公告：中国电信收购联通 CDMA 网，联通与网通合并，卫通的基础电信业务并入中国电信，中国铁通并入中国移动。就此 6 家电信运营商重组为电信、联通、网通三家运营商，但移动一家独大的地位更加巩固，电信和联通垄断宽带的状况也没得到改变。

2008年，中国移动净利润为1128亿元，中国电信净利润200.66亿元，中国联通净利润143.3亿元。假设三大运营商占有了全国所有的通信市场份额，以运营商的净利润为依据，则中国移动市场份额为0.76，中国电信为0.13，中国联通为0.097。那么中国通信市场的HHI（赫希曼指数，某特定行业市场上所有企业的市场份额的平方和。常运用在反垄断经济分析之中，HHI值越大，表明市场集中度越高）便是0.6。结果表明，电信市场是集中度高度垄断的市场。在这个大市场中，中国移动、联通和中国电信成了当之无愧的寡头运营商。

（资料来源：非常识网）

8.1.4　对寡头市场的评价

寡头市场在经济中是十分重要的，对其积极的评价是：①由于企业巨大的经济实力，一般能够较好地实现规模经济，从而降低生产经营成本，提高效率；②有利于促进技术进步，寡头市场不同于垄断市场，它不是一个企业垄断一个行业，而是由为数不多的几家大企业组成一个行业，因此寡头企业也需要在竞争中取胜，这样就促使寡头企业提高效率，创新技术和产品，以战胜对手，因此，竞争成为促使寡头创新的动力。

对寡头的批评主要是：寡头企业之间是既竞争有勾结的关系，当寡头企业为他们的共同利益勾结时，往往会抬高产品价格，由此损害社会经济福利和消费者利益。

8.2　垄断竞争市场

在现实社会中，完全竞争市场和完全垄断市场是极为罕见的，比较常见的是介于两者之间的、既有垄断又有竞争的混合体——垄断竞争市场和寡头垄断市场，又被称为不完全竞争市场。垄断竞争更接近于完全竞争市场，而寡头垄断更接近于完全垄断市场。所谓垄断竞争（Monopolistic Competition）市场，是指在一个市场中有许多厂商生产和销售相近又有差别的商品。垄断竞争是一种介于完全竞争和完全垄断之间的市场组织形式，在这种市场中，既存在着激烈的竞争，又具有垄断的因素。比如现在的手机市场就属于垄断竞争市场。

8.2.1　垄断竞争市场的特征

垄断竞争市场具有以下基本特征。

（1）市场中存在着较多数目的厂商，彼此之间存在着较为激烈的竞争。由于每个厂商都认为自己的产量在整个市场中只占有一个很小的比例，因而厂商会认为自己改变产量和价格，不会招致其竞争对手们相应行动的报复。

（2）厂商所生产的产品是有差别的。产品差别是指同一产品在价格、外观、性能、质量、构造、颜色、包装、形象、品牌、服务及商标广告等方面的差别，以及消费者想象为基础的差别。由于存在着这些差别，使得产品成了带有自身特点的“唯一”产品了，也使得消费者有了选择的必然，使得厂商对自己独特产品的生产销售量和价格具有控制力，即具有了一定的垄断能力，而垄断能力的大小则取决于它的产品区别于其他厂商产品的程度。产品差别程度越大，垄断程度越高。

（3）厂商进入或退出该行业都比较容易。垄断竞争市场是常见的一种市场结构，如肥皂、洗发水、毛巾、服装等日用品市场，餐馆、旅馆、超市等服务业市场，牛奶、方便面等食品类市场大都属于此类。

8.2.2 垄断竞争市场的需求曲线、平均收益与边际收益

由于垄断竞争厂商生产的是有差别的产品，因而对该产品都具有一定的垄断能力，和完全竞争的厂商只是被动地接受市场的价格不同，垄断竞争厂商对价格有一定的影响力。比如，厂商如果将它的产品价格稍作提高，则习惯于消费该产品的消费者可能不会放弃该产品的消费，该产品的需求不会大幅度下降。但若厂商大幅度提价的话，由于存在着大量的替代品，消费者就可能舍弃这种偏好，转而购买该商品的替代品。因此，垄断竞争厂商所面临的需求曲线相对于完全竞争厂商而言要更陡一些，而相对于垄断厂商来讲需求曲线要更缓，即更富有弹性的需求曲线。

由于厂商的平均收益（AR）总是等于该销售量的价格，因此平均收益曲线就是厂商的需求曲线。需求曲线向右下方倾斜，则平均收益曲线也是向右下方倾斜的，且两线重合。平均收益递减，则边际收益（MR）必定也是递减的，并且小于平均收益。所以与垄断厂商类似，垄断竞争厂商的边际收益曲线也是位于平均收益曲线之下且较平均收益曲线更为陡峭。如图 8－2 所示。

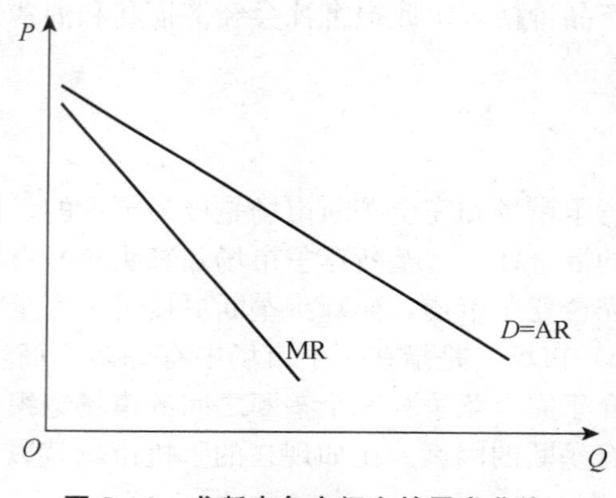

图 8－2 垄断竞争市场上的需求曲线、平均收益曲线、边际收益曲线

8.2.3 垄断竞争市场上的短期均衡

短期内，垄断竞争厂商同样遵循利润最大化原则 MR＝MC 来确定均衡产量和价格。处于垄断竞争市场中的厂商，在短期内可能有正利润、零利润和负利润。在短期内，厂商的各种固定生产要素无法调整，只能通过供给量和价格的调整来实现利润最大或亏损最小。

1. 获得超额利润的情形

在图 8－3 中，以 MR＝MC 确定产量为 Q_E，短期均衡点为 E，均衡价格为 P_E，平均成本曲线 SAC 与产量 Q_E 相交于 B 点，总收益大于总成本（$P_EEQ_EO>P_CBQ_EO$），厂商可获得超额利润，超额利润的大小即为图中长方形 P_EP_CBE 的面积。

2. 获得正常利润的情形

在图8—3中可以看到垄断竞争厂商获得了超额利润，这时，必然会有其他厂商进入该市场，期望获得超额利润，或者该厂商自己也会扩大生产，以满足市场需求。由于新厂商的进入和生产规模的扩大，SAC曲线必然上移，从图8—4中可以看出，短期均衡点为E，此时均衡价格等于平均成本，总收益与总成本大小相当，厂商在此点处于盈亏平衡状态。

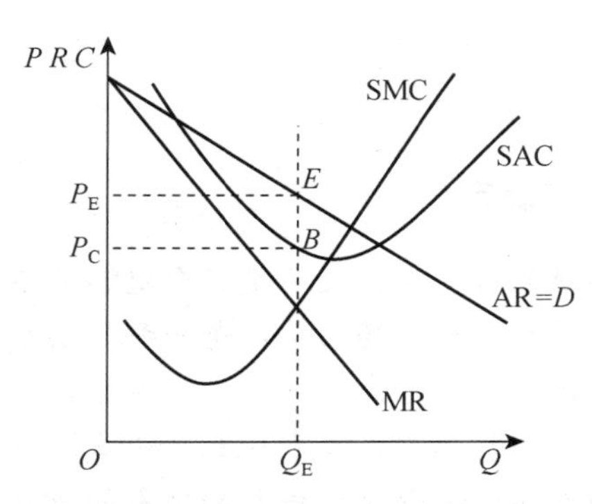

图8—3　垄断竞争厂商的短期均衡

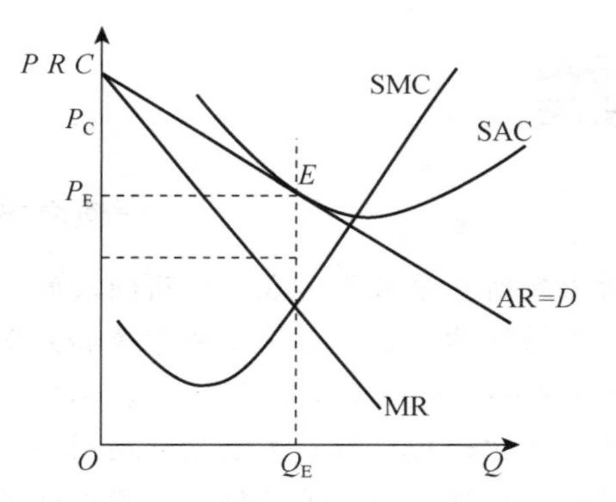

图8—4　垄断竞争厂商的短期均衡

3. 亏损的情况

在图8—5中，根据利润最大化原则确定的均衡点为E点，平均成本曲线SAC与产量Q_E相交于C点，均衡价格为P_E，因此，总收益小于总成本（$P_EOQ_EE<P_COQ_EC$），所以，厂商处于亏损状态，亏损额的大小为图中长方形P_CP_EEC的面积。

由上述三种情况，仍可以得出垄断竞争厂商的短期均衡条件为：边际收益等于短期边际成本。公式为：

$$MR=SMC \tag{8—8}$$

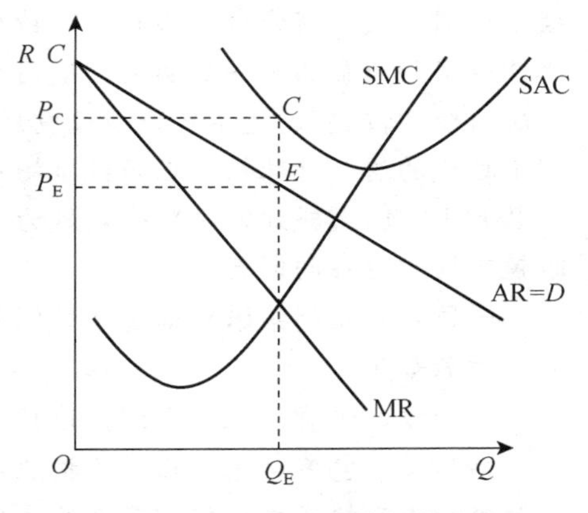

图8—5　垄断竞争厂商的短期均衡

8.2.4　垄断竞争市场上的长期均衡

垄断竞争厂商在短期中可能获得超额利润，也可能亏损。但在长期中，短期亏损的厂商将调整生产规模，消灭亏损，如果不能找到这样一个生产规模，厂商会退出市场。如果厂商在长期内能获得超额利润，集团外厂商会进入市场，行业内厂商也会扩大供给数量，引起价格下降，原有的超额利润消失。一方面没有超额利润的吸引，不再有新厂商进入；另一方面，行业内厂商虽然不能获得超额利润，但是有正常利润，也不会退出市场，达到长期均衡。

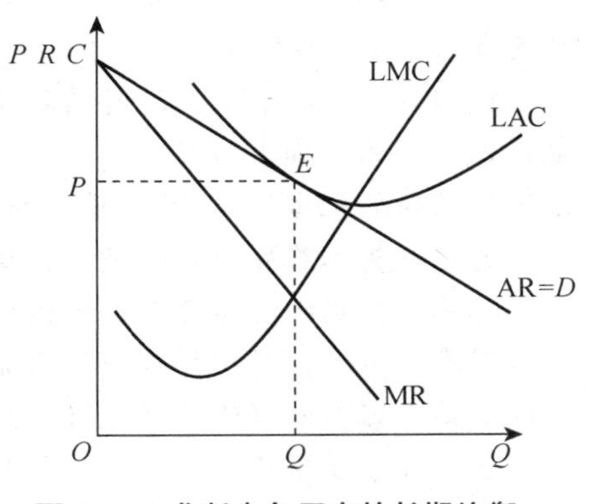

图8—6　垄断竞争厂商的长期均衡

在图8—6中，根据利润最大化原则确定的长期均

衡点为 E，均衡产量为 OQ，均衡价格为 OP，由于在该产量上，LAC 曲线与需求曲线相切于 E 点，均衡价格与平均成本相等，厂商不亏不赚，只能获得正常利润。

可以得出垄断竞争厂商的长期均衡条件为：

$$MR=LMC \tag{8-9}$$

$$AR=LAC=P \tag{8-10}$$

垄断竞争厂商价格确定

所谓垄断竞争是指由众多厂商组成的、既有垄断又有竞争、既不是完全垄断又不是完全竞争的市场结构。它是介于完全竞争和完全垄断之间的一种市场结构，是一种现实经济中常见的市场结构。一般来说，轻工业、零售业都属于这种市场形态。

眼镜属于一种典型的垄断竞争类型的商品，眼镜的特殊性主要表现在：①由于近视患者对眼镜的依赖性，决定了眼镜属于需求弹性较小的商品；②眼镜由镜片和镜架两种互补商品组成，除了佩戴的舒适性要求外，消费者对眼镜（尤其是镜架）存在装饰性的需求；③由于缺乏识别手段，消费者很难判断眼镜质量（特别是镜架）的优劣；④对消费者而言，眼镜属于“耐用”消费品，一旦购买，使用期较长，短期内不存在再选择的问题（也就是说，即使此次消费“被骗”，也不可能通过重新选择来淘汰这个销售眼镜的经销商）。眼镜经销商正是利用眼镜的这些特殊性，在眼镜市场中通过不正当的手段，蒙骗消费者，以获取暴利。2004 年 9 月 13 日，《钱江晚报》一篇题为“眼镜价格，你有多少水分”的调查文章披露了杭州市眼镜市场中存在的问题。

一位负责杭州某眼镜店进货的经营者向记者介绍了一副 170 元的眼镜是如何翻到上千元的。步骤如下。

第一步，进货。经销商到产地按照镜片 50 元、镜架 120 元（合计 170 元）进货。

第二步，包装运输。出货方按照买主要求对镜片和镜架进行按类别重新包装，几角钱的包装纸加上运输成本，经销商会给这个环节计算大概眼镜本价的 50%～200% 成本。

第三步，重新贴牌。材料进店后，根据消费者的偏好进行贴牌，或干脆贴一个谁也看不懂的英文标贴（这也许就是不少所谓“进口”眼镜的来源）。贴牌和不贴牌的眼镜材料价格会有 50%～200% 的差价。

第四步，上柜成交。这时的眼镜已经是“面目全非”，玻璃柜台里的眼镜配以各种灯光显得尤其高档。加上房租、人工、税收后，其价格一般都会再翻上 200%。简单计算一下，经过经销商的几番“忙活”，眼镜的价格最终定在 680～2020 元左右。

通过分析不难发现，眼镜经销商高价卖出眼镜的获利法宝无不与眼镜的特殊性相关。

其一，根据经济学原理，弹性小的商品提高价格有利于厂商收益水平的提高，反之，则收益下降。不过，对于弹性小的商品，如果市场竞争是充分的，厂商试图通过提高价格来增加收益是不容易的（除非通过限产）。

其二，眼镜市场应该属于垄断竞争市场，厂商之间生产有差别的产品，市场中有较多的厂商展开竞争。差别经营是经营者在市场竞争中获胜的手段之一，通过差别经营，增加其商品的垄断性，利于经营者对所经营的商品制订较高的价格。这种差别经营包括产品的质量、销售地点、品牌和服务等。由于眼镜佩戴的装饰性，消费者对品牌有独特的要求。根据这一特点，为迎合消费者的偏好，眼镜经销商通过贴不同的标签进行“品牌差别”经营。而由于信息的缺失，消费者无法对眼镜的“性价比”进行比较。消费者目前没有正当的途径来获取信息，或者即便有，也由于获取信息的成本过高，而放弃获取信息的权力。

其三，由于眼镜的“耐用性”，经销商也许认为通过诚信经营拉来“回头客”不是其近期的目标。因此，从目前的眼镜市场来看，经销商似乎不需要价格诚信。这无疑也应该是眼镜卖价高的原因之一。

（资料来源：圣才学习王）

8.2.5 垄断竞争市场上的非价格竞争

垄断竞争厂商生产的产品或多或少存在相互替代的关系，但是它们之间存在差异，并非是完全可替代的。产品差异化是垄断竞争市场上常见的一种现象，垄断竞争厂商的产品差异化包括产品本身的差异和人为的差异，后者包括了方位的差异、服务的差异、包装的差异、营销手法的差异等，企业往往希望通过产品差异化来刺激产品的需求。企业的产品差异竞争（即非价格竞争）一般通过产品、服务和品牌三个方面来体现。

企业的上述思路又被认为是通过非价格手段进行竞争。这种竞争也会引起对方的反应，但此时的反应比起价格竞争引起的反应要慢得多。这是因为非价格因素的变化，一般不易被对方所发觉，即使对方发觉之后，到有所反应也需要一个过程（如设计新产品、训练推销人员需要时间）。非价格竞争的效果集中到一点就是改善消费者对本企业产品的看法，使本企业的产品在消费者头脑中与企业的产品区别开来。显然，一旦企业在竞争中取得了这种效果，对方要把消费者重新夺回去就不是很容易了，因为这需要把消费者对产品的看法重新扭转过来。

前面研究了四种不同的市场结构：完全竞争、垄断竞争、寡头垄断、垄断。这四种市场结构具有不同的特点，不同市场结构中的厂商的价格决策、产量决策都不相同，其竞争策略和竞争程度也不一样，因而经济效率也就不同。下面仅对这四种市场结构做一简单比较。

完全竞争厂商实现长期均衡时价格与长期平均成本的最低点相等，这时平均成本最低，并且均衡价格最低，均衡产量最高。垄断竞争厂商长期均衡时，和完全竞争一样经济利润为0，但均衡点却位于长期平均成本曲线最低点的左边，因而产量更低，平均成本更高；寡头垄断和垄断的情况，产量要更低，价格高出长期平均成本曲线的最低点更多。所以垄断程度越高，厂商的长期平均成本及产品价格都更高，但产量却更低。平均成本高、产量低，说明厂商的生产是无效率的，价格高说明消费者要为此付出更高的代价。因而从全社会的角度看，垄断程度越高，效率越低。

完全竞争和垄断竞争行业都是小的厂商，因而缺乏规模经济，成本较高。寡头垄断厂商和垄断厂商往往是一些大企业，可以进行大规模的生产，因而能够获得规模经济，因此可以大大地降低成本和价格。在很多行业如钢铁、冶金、汽车、石油化工等都是如此，而在有的行业，引入竞争机制反而会造成社会资源的浪费或损害消费者利益，比如城市居民的取暖、邮政等。

复习思考题

一、基本概念

寡头市场　古诺模型　斯威齐模型　囚徒困境　垄断竞争

二、选择题

1. 在垄断竞争市场上，（　　）。
   A. 只有为数很少的几个厂商在生产和销售有差别的同种产品
   B. 有许多厂商在生产和销售同质的产品
   C. 只有为数很少的几个厂商在生产和销售同质产品
   D. 有许多厂商在生产和销售有差别的同种产品
2. 最接近垄断竞争的产品市场是（　　）。
   A. 玉米　B. 啤酒、糖果
   C. 汽车钢铁　D. 水电等公用事业
3. 当一个垄断竞争厂商实现短期均衡时，（　　）。
   A. 它一定能获得超额利润
   B. 它一定不能获得超额利润
   C. 只能获得正常利润
   D. 它获得超额利润、发生亏损及只获得正常利润这三种情况都可能发生
4. 寡头垄断和垄断竞争之间的主要区别是（　　）。
   A. 厂商的广告开支不同
   B. 非价格竞争的数量不同
   C. 厂商之间相互影响的程度不同
   D. 以上都不对
5. 垄断竞争厂商长期均衡的条件是（　　）。
   A. MR＝MC
   B. MR＝LMC＝SMC＝LAC＝SAC
   C. MR＝LMC＝SMC　AR＝LAC＝SAC
   D. MR＝LMC＝AMC
6. 厂商之间关系最密切的市场是（　　）。
   A. 完全竞争市场　B. 寡头垄断市场
   C. 垄断竞争市场　D. 完全垄断市场
7. 在垄断竞争中（　　）。
   A. 只有为数很少的几个厂商生产有差异的产品
   B. 有许多厂商生产同质产品
   C. 只有为数很少的几个厂商生产同质产品
   D. 有许多厂商生产有差异的产品

8. 在垄断竞争中，利润会趋于零是由于（　　）。
A. 产品差异　　B. 进入该行业相对容易
C. 成本最小化　　D. 收益最大化

9. 寡头垄断的特征是（　　）。
A. 企业数量很多，每个企业都必须考虑其竞争对手的行为
B. 企业数量很多，每个企业的行为不受其竞争对手行为的影响
C. 企业数量很少，每个企业都必须考虑其竞争对手的行为
D. 企业数量很少，且都不具有市场力量

10. 寡头垄断厂商的产品（　　）。
A. 同质的
B. 有差异的
C. 既可以是同质的，也可以是有差异的
D. 以上都不对

三、判断题

1. 在垄断竞争条件下，短期均衡要求每个厂商都有 MR＝MC，不论是否存在 AR＝AC；反之，长期均衡要求有 AR＝AC，而不论是否存在 MR＝MC。（　　）
2. 寡头垄断厂商之间的产品都是有差异的。（　　）
3. 垄断竞争与完全竞争的关键差别是垄断竞争存在产品差别。（　　）
4. 垄断竞争厂商的 AR 曲线与 MR 曲线相互重合。（　　）
5. 垄断竞争市场上没有短期均衡与长期均衡的差别。（　　）
6. 寡头垄断市场上有精确的价格和产量线。（　　）
7. 由于寡头之间可以进行勾结，所以，它们之间并不存在竞争。（　　）
8. 寡头垄断市场的形成与产品是否有差别并没有什么关系。（　　）
9. 当有 n 个寡头时，每个寡头的供给量是 $1/N$。（　　）
10. 寡头垄断市场的一个明显特征是寡头间的相互独立性。（　　）
11. 垄断竞争长期均衡与完全竞争的一样，都是零利润均衡，因此垄断竞争市场的价格也是最低的。（　　）
12. 垄断竞争企业短期内不一定存在利润，长期中一定不存在利润。（　　）
13. 长期中，由于新企业的进入，使得垄断竞争市场的价格等于厂商的最小长期平均成本。（　　）
14. 垄断竞争厂商的短期均衡的位置只能是它刚好获得正常利润。（　　）
15. 垄断竞争厂商的长期均衡的位置是在长期平均成本曲线的上升部分。（　　）
16. 在完全竞争条件下，当平均可变成本曲线向下倾斜时，厂商不可能处于均衡状态；但在垄断竞争条件下，除非它的平均成本曲线向下倾斜，厂商不可能处于均衡状态。（　　）

四、思考题

1. 寡头垄断市场的特征与优缺点。
2. 参加卡特尔的各厂商会按相同的价格出售产品，但不会要求生产相等的产量，为

什么？

3. 什么是垄断竞争市场？该市场的条件有哪些？

4. 为什么说垄断竞争兼有竞争和垄断的因素？

5. 对比分析垄断竞争市场结构与完全竞争市场结构。

6. 简述完全垄断与寡头垄断的区别。

答 案

二、选择题

1. D 2. B 3. D 4. C 5. C 6. B 7. D 8. B 9. C 10. C

三、判断题

1. 错 2. 错 3. 对 4. 错 5. 错 6. 错 7. 错 8. 对 9. 错 10. 错 11. 错 12. 对 13. 对 14. 对 15. 错 16. 错

第 9 章　生产要素理论

在市场经济中，所有的生产要素本身也是商品，对生产要素的需求与供给也受市场规律的约束，生产要素的供求决定了生产要素本身的价格，而不同要素价格的高低又决定了要素所有者的收入，因此对生产要素决定的研究，就是对收入分配的研究。本章将介绍不同生产要素的价格决定及相关内容。

9.1　生产要素市场

生产要素市场是市场经济中市场体系的一部分。生产要素市场中，居民户提供并出售自己所拥有的生产要素，而厂商则在这里购买企业生产和经营中所需要的生产要素，在经济分析中生产要素一般归结为：劳动、土地、资本和企业家才能（本章不讨论企业家才能）等，通过要素市场从居民流向厂商，同时厂商向居民支付工资、租金、利息和利润。要素市场与产品市场非常相似。在完全竞争条件下，要素市场中的每一种生产要素都会通过价格和数量的不断调节实现市场的均衡状态。

9.1.1　生产要素市场的需求

1. 生产要素需求的性质

生产要素的需求是一种由生产需要而引致的间接需求，又被称为“派生”需求或“引致”需求（Derived Demand）。企业之所以要购买生产要素不是为了满足自身需求，而是为了用购买的不同生产要素及相关组合生产市场所需的产品并销售，以实现企业利润的最大化。

生产要素的需求也是一种联合的需求，或相互依赖的需求。任何生产行为所需要的都不是某一种生产要素，而是多种生产要素的适当组合，各种要素之间是互补的，而且在一定范围内，也是互相可以替代的。

2. 影响生产要素需求的主要因素

（1）市场对产品的需求及产品的价格。市场需求及价格这两个因素直接影响产品的生产和厂商的利润，从而也就要影响厂商对生产要素的需求。一般而言，市场对某种产品的需求越大，该产品的价格越高，则生产这种产品所用的各种生产要素的需求也就越大；反之，这种需求就越少。

（2）生产技术状况。生产技术决定了对某种生产要素需求的大小及不同生产要素的组合。如果生产是资本密集型的，则对资本的需求很大；如果生产是劳动密集型的，对劳动的需求就很大。

（3）生产要素的价格。各种生产要素之间有一定的替代性，如何进行替代在一定范围内取决于各种生产要素本身的价格。厂商一般要用价格较低的生产要素替代价格较高的要素，从而要素本身的价格对其需求就有直接的影响。

生产要素需求的联合性和派生性，决定了对生产要素的需求比对产品的需求要复杂得多，因此，在分析生产要素需求时，还应考虑市场结构对生产要素需求的影响：①产品市场结构是完全竞争还是不完全竞争；②生产要素本身的市场结构是完全竞争还是不完全竞争；③一个厂商对生产要素的需求与该行业对生产要素需求的联系与区别；④一种生产要素变动与多种生产要素变动的关系。下面以完全竞争厂商为例说明市场对生产要素的需求。

3. 完全竞争市场厂商对生产要素需求

现在假设厂商面临的产品市场及生产要素市场均为完全竞争的状态。由于厂商对生产要素的需求是“派生”需求，因此厂商选择生产要素的使用量时也要遵循利润最大化原则，即MR＝MC，在生产要素市场上可解释为：对使用要素的边际收益（MR）等于使用要素的边际成本（MC）。因此，可以作下述分析。

（1）使用要素的“边际收益”。使用要素的“边际收益”可以用货币形式表示，即边际产品价值（Value of Marginal Product，VMP），指的是增加一单位某种生产要素的投入所带给厂商的收益，即

$$VMP = MP \times P \tag{9-1}$$

式中：MP——边际产量；

P——价格。

（2）使用要素的边际成本——要素价格。由于是完全竞争市场，边际产品成本就是所使用的生产要素的价格。如果生产要素以劳动为例，那么这个边际产品成本也就是劳动的工资（W），因为在这样的条件下，每增加一单位劳动就需要多支付一单位工资。

（3）完全竞争厂商使用生产要素的原则。在确定了要素收益和成本之后，企业需要考虑的就是如何能使利润达到最大化。厂商使用要素的原则与产品市场相似，也就是使用要素的“边际收益”等于使用要素的边际成本，如果以劳动（L）这种生产要素为例，有下述等式成立，即

$$VMP_L = W \tag{9-2}$$

或

$$VMP_L \times P = W \tag{9-3}$$

由上述等式可以得知，如果 $VMP_L > W$，即劳动的边际收益大于劳动的工资，这就意味着增加一单位劳动所能增加的产品，为厂商带来的收益大于厂商为此支付的成本，这时增加劳动的投入量就会提高厂商的利润，于是厂商就会增加劳动的投入量。反之，如果 $VMP_L < W$，就说明增加该单位劳动带来的收益增加量小于为此支付的成本，因此减少该单位劳动的使用就会增加利润，这样厂商就会减少劳动的使用量。这说明只有当劳动使用要素的边际收益等于劳动的边际成本，即劳动价格时，才是厂商使用生产要素的利润最大化原则。

4. 生产要素的需求曲线

在 $VMP_L \times P = W$ 中，由于完全竞争市场的前提，所以 P 是既定常数。因此该式实际上构成了 VMP_L 和 W 的函数关系。如果工资水平（W）过高，则只能通过提高 VMP_L 使该公式平衡。也就是说，需要调整劳动的使用量 L。因为边际产量是递减的，想要提高 VMP_L 就应该减少 L；反之，亦然。因此可以得出劳动的需求曲线是一条向右下方倾斜的曲线（见

图 9—1)。事实上，其他生产要素的需求曲线也符合这个规律。

将单个竞争企业的生产要素需求曲线简单水平相加，即可近似地得到整个市场的需求曲线。单个企业生产要素需求曲线是向右下方倾斜的，则加总所有企业的需求曲线而得到的市场需求曲线也必定向右下方倾斜（见图 9—1（b））。

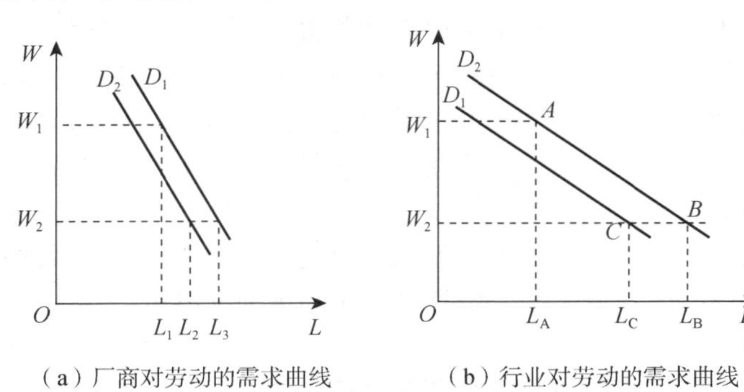

（a）厂商对劳动的需求曲线　　（b）行业对劳动的需求曲线

图 9—1　生产要素需求曲线

9.1.2　生产要素市场的供给

生产要素的供给来自居民，比如劳动、资本、土地、企业家才能等，居民是否愿意提供或提供多少取决于他们因此而获得的报酬，而这种报酬就是对应于每种生产要素的价格。通常来讲，报酬越高，居民愿意和可能提供的生产要素也就越多，但对于某些要素来讲，也具有一定的特殊性。以后几个单元中将分别讨论不同种类要素供给方面的特点，在这里不一一赘述。

9.2　劳动的供给曲线

9.2.1　劳动和闲暇的假定

经济学家认为，消费者对劳动供给的决策要考虑自己的时间如何有效地分配。消费者的时间可以分为两部分：一部分时间用于劳动，通过从事生产活动获取收入，同时，劳动需要耗费体力和脑力，给消费者带来负效用。另一部分时间用于闲暇，用于恢复体力、娱乐、消费或从事其他个人感兴趣的活动。由于消费者每天的时间是固定的，当用于劳动的时间增加时，闲暇时间就会减少，反之，闲暇时间就会增加。换句话说，消费者的劳动供给就是消费者如何在闲暇和劳动收入之间进行选择。

9.2.2　劳动的供给曲线

劳动的供给有自己特殊的规律。一般来讲，劳动的供给取决于收入的高低，即工资的变化，而工资的变化对劳动供给又会产生替代效应和收入效应。

替代效应是指由于工资提高，使得人们愿意减少闲暇，增加劳动时间，以获取更多的收入，也就意味着劳动供给量会提高；收入效应是指工资的提高使劳动者的收入提高，收入提高使劳动者有能力购买更多的商品，当然这些商品中也包括闲暇。而闲暇增加就必然意味着劳动供给的减少（因为一天 24 小时是不会改变的），也就是劳动者提供较少的时间用于劳动。

替代效应和收入效应发生作用的方向是相反的。在工资较低时，替代效应大于收入效应，这样就使劳动供给量有正的净增量，劳动供给量随劳动价格的提高而增加，劳动供给曲线为正斜率，即向右上方倾斜；但当工资率继续提高，到一定水平时，两种效应相互抵消，即工资的提高并不能够导致劳动供给量的增加；如果工资率继续提高，收入效应就要大于替代效应，劳动供给量随劳动价格（即工资水平）的提高而减少，劳动供给曲线为负斜率，向左上方弯曲。由此看来，居民的劳动供给曲线并非是一直向右上倾斜的，而是如图 9－2 所示到达一定水平后向后弯曲。

所有这一切，简言之：当工资的提高使人们富足到一定程度后，人们会更加珍视闲暇，而不愿意提供更多的劳动。因此，当工资达到一定高度而又继续提高时，人们的劳动供给量不但不会增加，反而会减少。

就整个市场而言，劳动供给量是单个劳动供给量的总和，将所有单个劳动者的劳动供给曲线水平相加，即可得到整个市场的劳动供给曲线。尽管单个劳动者的劳动供给曲线可能会向后弯曲，但在整个劳动力市场，较高的工资水平会吸引更多的劳动者加入，因而劳动供给总量还是会随着工资的上升而增加，由此可得向右上倾斜的市场供给曲线，如图 9－3 所示。

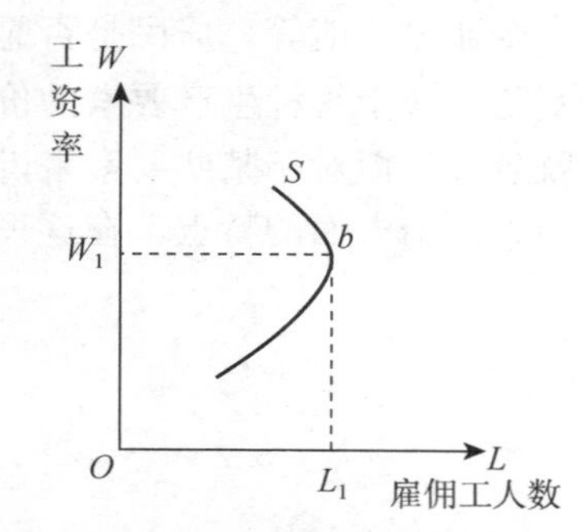

图 9－2　向后弯曲的劳动供给曲线

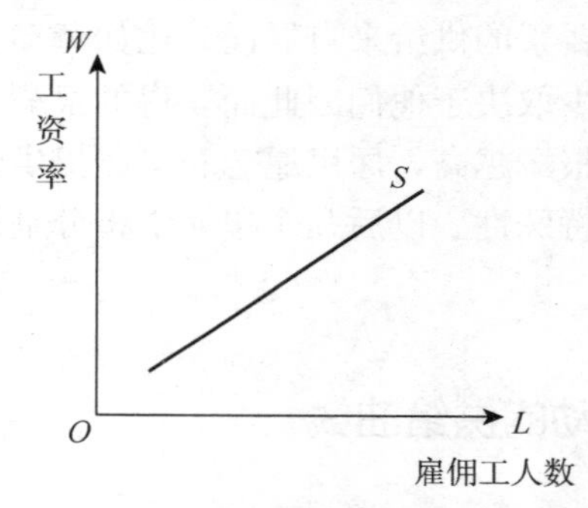

图 9－3　劳动的市场供给曲线

9.2.3　劳动的市场供给曲线和均衡工资的决定

一般来说，社会总工资水平由劳动的总供给曲线和劳动的总需求曲线的交点决定，如图 9－4 所示。

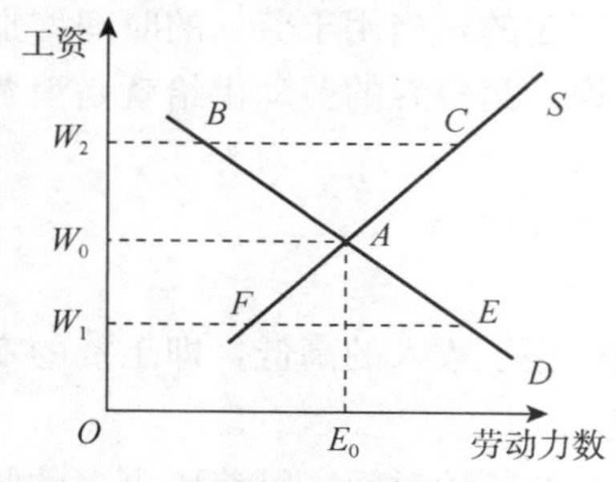

图 9－4　劳动市场均衡及工资的确定

在图 9－4 中，劳动的需求曲线 D 和劳动的供给曲线 S 的交点 A 是劳动市场的均衡点，该均衡点决定了工资水平为 W_0，这时劳动的供给量和需求量都是 E_0。

当劳动的需求大于供给时，工资会上升（W_0-W_2），从而增加劳动的供给，减少劳动的需求；当劳动的需求小于供给时，工资会下降（W_0-W_1），从而减少劳动的供给，增加劳动的需求。正如价格的调节使产品市场实现供求平衡一样，工资的调节也使劳动市场实现供求相等，并保证充分就业。

9.2.4 工资差异的原因

既然劳动市场的整体供求决定了社会的整体工资水平，那么为什么还会出现工资水平的实际差异呢？

1. 补偿性工资差别

不同职业在安全、声誉、辛苦、环境等方面有很大差异，因而劳动对人产生的心理成本是不同的，凡是牵涉肮脏、神经紧张、讨厌的责任、承担风险、单调乏味、缺乏自主性、社会等级低、季节性停业等方面的职业，都易使就业者感到不快，所以，必须保持一定的工资差别，给予那些心理成本较高、人们不愿从事的职业以特殊的收入补偿，这样才能保证这些部门的劳动供求达到均衡，这就是补偿性工资差别。如这是化工企业职工收入高于普通制造业职工的原因。

2. 非补偿性工资差别

在劳动者之间由于智力、体力、受教育程度和技术能力等方面不同，而存在着质的差异。这种差异造成劳动者在同等环境中实现的边际生产力不同，由此形成工资的差别，这种差别被称为非补偿性工资差别。如工程师的工资比一般工人要高很多等。

3. 歧视造成的工资差别

这是社会传统观念和社会不公造成的工资差别，可以归为歧视的原因主要包括：年龄歧视，上了年纪的工人得到的工资较低（因为他转换工作较困难）；性别歧视，男女同工不同酬；籍贯歧视，外来工人的工资低于本地工人；职业歧视，社会地位较低的阶层很少有机会得到收入更好的工作，如我国农民工进城后的不公平待遇，是非常典型的歧视。

4. 市场不完全竞争造成的工资差别

在现实生活中，由于信息的流动性和准确性、人们的乡土地域观念、在西方国家工会组织对雇主的某些压力等，都会造成劳动者在不同地区和不同行业间难以流动，由此不完全的劳动力流动性很容易造成工资差别。

另外，因为不同的职业间缺乏竞争，也是造成工资差别的原因之一，人们在不同的工作之间进行流动的困难很大，从而无法通过更大范围的竞争来消除工资差别。如医生和数学工作者就属于非竞争的两类职业，即使医生短缺从而工资很高，数学工作者过剩而工资很低，数学工作者也无法加入行医行列，因为一个专业人员进入其他市场不仅面临高昂的再学习成本，也将付出昂贵的人力资本专用性方面的机会成本。

9.3 资本与利息

经济学中的资本是由经济制度本身所生产出来的并被用作投入要素，以便进一步生产更多的商品和服务的物品。因此，作为与劳动和土地并列的一种生产要素，资本的独特特点可以概括为如下：①资本是由人类的经济活动所生产，因而它的总量是可以改变的；②资本之所以被生产出来，并非为了消费，而是为了能够生产出更多的商品和劳务；③资本在生产过程中被作为投入要素长期使用。经济学中分析的资本主要是指实物资本，其表现形态为机器、设备和厂房等。一般所说的金融资本实际上是一种媒介物，对应的是实物资本。

利息是资本这种生产要素的价格。它不是用货币的绝对数来表示，而是用相对数利息率来表示，利息率是指对借入的资本金所支付的价格，等于利息在每一单位时间内占借入资本金数额的比率。利息率的高低是由资本的供求关系决定的。

9.3.1 利息的决定

1. 资本的供给曲线

资本的供给主要取决于消费者的储蓄决策。消费者会把收入的一部分消费掉，而把另一部分储蓄起来，留待以后消费。假设消费者今年储蓄100元，明年他能够得到110元，那么这增加的10元就是利息，以10元利息除以储蓄额100元，得到利息率10%，这个利息率就是资本供给的价格。可以看出，消费者之所以没有把他的所有收入都在当年消费掉，而是储蓄了一部分，是由于储蓄可以获取利息，所以，利息越高，人们越愿意储蓄，利息越低，人们就会减少储蓄。这样，利息与储蓄呈同方向变动，从而资本的供给曲线是一条向右上方倾斜的曲线。

2. 均衡利息的决定

在资本市场上，利息是由资本的需求和供给共同决定的。如图9—5所示。在图9—5中，资本的需求曲线D和资本的供给曲线S的交点E是资本市场的均衡点，该均衡点决定了均衡利息为i_0，均衡资本量为K_0。

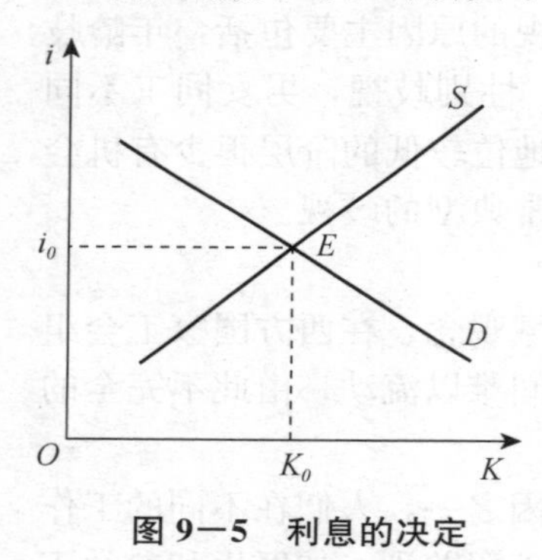

图9—5 利息的决定

当利息高于均衡利息，资本需求量小于供给量，资本市场上存在剩余的资本，银行为了将之贷出，便会减低利息以提高市场上的资本需求量。随着资金使用成本的降低，资本需求者也更愿意使用资本来增加投入，比如购买原材料、建设厂房等。利息降低，对于资本供给者——居民来讲，意味着以未来消费替代当前消费能获得的补偿更少，于是他们也就会减少储蓄，以增加当期消费，从而导致资本供给量减少。在经过一系列变化之后，资本的供给量和需求量又可以达到平衡。相反，如果利息低于均衡利息，资本供给量小于需求量，银行没有足够的资金供企业使用，便会提高利息以减少需求；利息提高了，居民也就更愿意延期消费，将多余的资金用于储蓄，增加资本供给量，最终，仍能使利息处于平衡状态。

9.3.2 利息在经济中的作用

1. 利息对宏观经济的影响

由于利息对社会经济的影响是通过利息率来实现的，且利息率与全社会的投资率成反比，因此，利息率降低有利于刺激经济的发展，而利息率的升高又可抑制通货膨胀。利息率与全社会的储蓄率成正比。因此，利息率的升高有利于集中全社会的闲散资金；而利息率的降低，则可增加资金的供给，扩大内需、刺激消费。

利息率升高将会吸引投资者持有本国货币，则汇率上升，该国货币升值，这样则会抑制该国的出口。反之，利息率降低会使持有该国货币的收益下降，投资者抛出该国货币，则汇率下降，该国货币贬值，这样会刺激该国的出口。

2. 利息对企业的影响

利息率调整会改变企业的利息支出，改变企业的投资成本。同时，还会影响企业的融资成本，促使企业融资结构发生变化。在利息率上升时，会增加企业贷款的成本，一方面增加企业的债务风险，另一方面也会影响企业的经营状况。反之，则会减轻企业的债务负担，一方面减少企业的债务风险，另一方面也会改善企业的经营状况。

3. 利息对个人的影响

在较高利息率水平下，个人倾向于选择储蓄并且减少消费，从而减少市场上可流通的货币量，有利于通货膨胀的消除。在较低利息率水平下，个人倾向于选择诸如证券、期货等收益较高的投资方式，同时增加个人消费，从而最大限度地刺激经济发展，消除通货紧缩的影响。正是因为利息有这样的作用，所以利用利息率来调整经济是必要的。

9.4 地租的决定

地租是使用土地的报酬或使用土地的价格，也是土地的供给和需求共同作用的结果。西方经济学中所谓的土地，是一个广义的概念，不仅包括一般意义上的陆地上的土地，还包括江河、山川、海洋、矿藏、森林、阳光等一切自然资源，所有这些，都是大自然所赋予，而不是人为地生产出来的。正因为如此，一般认为，土地的总量（即供给量）是既定的，与市场价格的变化无关。所以，土地的供给曲线是一条垂直于横轴的曲线，无论价格如何变化，其供给量都不会变动。

如图9—6所示，垂线S为土地供给曲线，D为土地需求曲线，两条曲线共同决定了均衡点E，对应均衡地租R_0和均衡土地数量N。随着经济的发展，对土地的需求量不断上升，需求曲线向上平移，但土地供给是固定的，所以就促成了不断上升的地租（D_0-D_1），如图9—7所示。由于土地供给是固定的，因此地租只取决于土地需求，地租与对土地的需求呈同方向变化，即对土地需求增加，地租就上升。

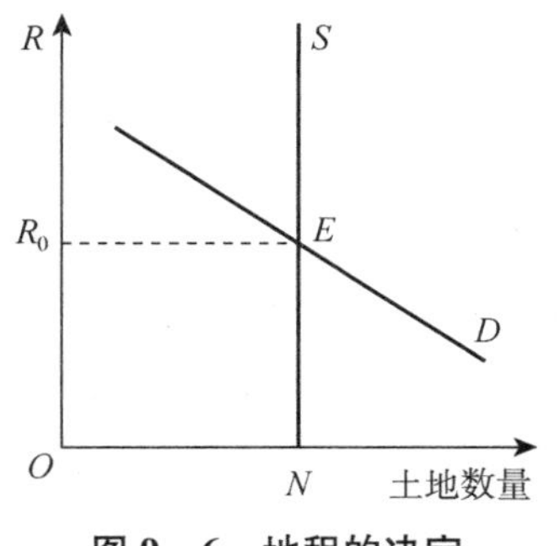

图9—6 地租的决定

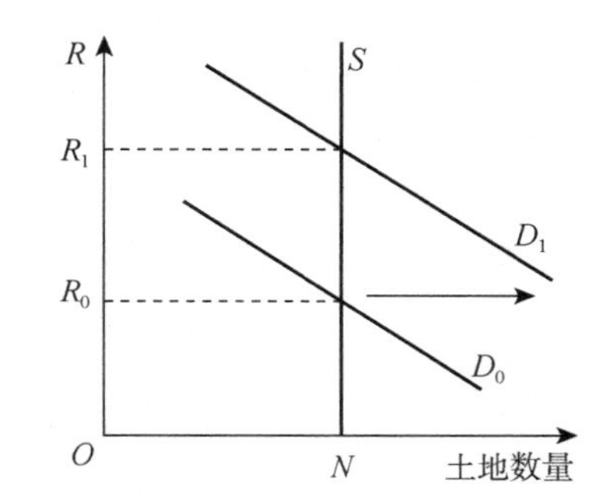

图9—7 需求拉动的地租上升

通过上面的分析可知，支付给任何一种生产要素——劳动、土地或资本——的价格等于那种要素的边际产量值。任何一种要素的边际产量又取决于可以得到的那种要素量。由于收益递减，一种供给充分的要素边际产量低，从而价格低，而一种供给稀缺的要素边际产量高，价格也高。因此，当某种要素供给减少时，它的均衡要素价格将上升。

然而当某种要素的供给发生变化时，它对市场的影响并不仅局限于那种要素本身。在大多数情况下，多种生产要素组合在一起使用，这就使得每种要素的生产率都取决于生产过程中使用的其他要素的可供应量。其结果是：任何一种生产要素的价格发生变化都会改变所有要素的收入。

复习思考题

一、基本概念

边际收益产量　平均收益产量　边际要素成本　工资　利息　地租边际生产力　边际产品价值

二、选择题

1. 生产要素的需求是一种（　　）。
   A. 派生需求　B. 引致需求
   C. 最终产品需求　D. A，B 两者
2. 生产要素的需求曲线之所以向右下方倾斜，是因为（　　）。
   A. 要素的边际收益产量递减　B. 要素生产的产品的边际效用递减
   C. 要素参加生产的规模报酬递减　D. 以上均不正确
3. 工资率上升所引起的替代效应是指（　　）。
   A. 工作同样长的时间可以得到更多的收入
   B. 工作较短的时间也可以得到更多的收入
   C. 工人宁愿工作更长的时间，用收入带来的效用替代闲暇的效用
   D. 以上都对
4. 某一时期科技进步很快，人们越来越倾向于资本密集生产方式，这将导致（　　）。
   A. 劳动的供给曲线向右移动　B. 劳动的需求曲线向右移动
   C. 劳动的供给曲线向左移动　D. 劳动的需求曲线向左移动
5. 随着我国卫生医疗条件的改善，越来越多的青少年成长为劳动力，这促进劳动的供给曲线（　　）。
   A. 向左移动　B. 向右移动　C. 不移动　D. 以上均不是
6. 对资本供给曲线与均衡利息率变动的描述正确的是（　　）。
   A. 当产品市场上产品价格提高时，资本的需求曲线向左移动
   B. 在生产过程中资本的边际产量提高时，市场均衡利息率将降低
   C. 在生产过程中资本的边际产量降低时，市场均衡利息率将提高
   D. 当产品市场上产品价格下降时，资本的需求曲线向左移动
7. 在完全竞争市场上，土地的需求曲线与供给曲线分别是（　　）形状。
   A. 水平，垂直　B. 向左下方倾斜，向右下方倾斜
   C. 向右下方倾斜，向左下方倾斜　D. 向右下方倾斜，垂直于数量轴
8. 关于生产要素的价格，其经济含义是（　　）。
   A. 指支付一个单位生产要素在某段时间内所提供的服务的代价

B. 购买生产要素本身所需要支付的代价
C. 固定不变
D. 取决于厂商的看法

9. 在下列各项中，不属于生产要素的是（　　）。
A. 农民拥有土地
B. 企业家的才能
C. 在柜台上销售的产品——服装
D. 煤矿工人采煤时所付出的低廉的劳动

10. 厂商的要素需求曲线向右下方倾斜的原因在于（　　）。
A. 边际成本递减　　B. 边际产量递减
C. 边际效应递减　　D. 规模报酬递减

11. 全体厂商对某种生产要素的需求曲线，与单个厂商对这种生产要素的需求曲线相比，结果是（　　）。
A. 前者与后者重合　　B. 前者比后者陡峭
C. 前者比后者平坦　　D. 无法确定

12. 工资水平较高时，劳动供给曲线向后弯折的原因是（　　）。
A. 闲暇的收入效应等于替代效应
B. 闲暇的收入效应小于替代效应
C. 闲暇的收入效应大于替代效应
D. 以上都不对

13. 在完全竞争市场上，生产要素的需求曲线向右下方倾斜是由于（　　）。
A. 要素生产的产品的边际效用递减
B. 要素的边际产量递减
C. 投入越多，产出越大，从而产品价格越低
D. 要素所生产的产品的需求减少

三、判断题

1. 某公司为扩大销售额而对营销人才的需求引致需求。（　　）

2. 在完全竞争市场条件下，厂商使用要素的利润最大原则是要素的边际收益产量等于要素的价格。（　　）

3. 劳动者对闲暇数量的选择是任意的，是不受限制的。（　　）

4. 厂商的要素需求曲线向右下方倾斜的原因在于边际效用递减。（　　）

5. 厂商对生产要素的需求取决于生产要素的边际收益。（　　）

6. 一个竞争性的厂商，在其最后雇用的那个工人所创造的产值大于其雇佣的全部工人的平均产值时，他必定没有实现最大的利润。（　　）

7. 对于一种要素，全体厂商的总需求曲线一定比个别厂商的需求曲线更平坦。（　　）

8. 土地的供给曲线是一条垂直的线，原因是土地资源的有限的。（　　）

9. 劳动的供给曲线向后弯折部分是因为随着工资的提高，替代效应大于收入效应。（　　）

四、思考题

1. 试述厂商的要素使用原则。

2. 试述个人的要素供给原则。

3. 解释个人的劳动供给曲线为什么向后弯曲。

4. 说明完全竞争厂商对生产要素的需求曲线。

5. 说明在完全竞争市场，单个厂商对要素调整的需求曲线和全行业对要素调整的需求曲线的区别。

二、选择题

1. D　2. A　3. A　4. D　5. B　6. D　7. B　8. B　9. C　10. C　11. B　12. B　13. B

三、判断题

1. 对　2. 错　3. 错　4. 对　5. 对　6. 对　7. 错　8. 对　9. 对

第 10 章　政府和资源配置

前述各章的微观经济学部分论证了“看不见的手”通常会使市场有效地配置资源。但是，市场虽然有效却不是万能的。由于各种原因，有时它也会起不到作用。这时就需要外部力量的干预，最有效的外部力量就是政府。本章开始研究经济学十大原理中的另外一个原理：政府有时可以改善和调节市场自发形成的结果。这部分将围绕为什么市场有时不能有效地配置资源，政府政策如何潜在地改善市场配置，校正市场自发调整的不足，以及如何看待公平和效率问题。

10.1　市场失灵

10.1.1　市场失灵及其原因

1. 市场失灵的定义

市场失灵（Market Failure），是指市场机制本身在某些场合下并不能导致资源有效配置的结果。根据古典经济学家亚当·斯密推论，市场上一群互不相关的人，每个人都追求自身的利益，力图应用自己的资源，使其产品能得到最大的价值，但在一只看不见的手的引导之下，它经常促进了社会利益，其效果要比它真正想促进社会利益时所得到的效果为大。

斯密认为市场机制能够导致资源的合理配置，极大地增加社会福利。但斯密推论的前提条件是完全竞争的市场假设，即买卖双方数量都多到谁都不能影响市场价格、进入与退出市场无任何障碍、产品是同质的、市场参与者具有完全信息、不存在公共产品、不存在“外部性”。但在现代经济中，完全竞争的市场假设是不存在的，不完全的信息会造成市场机制的扭曲，会造成各种“市场失灵”，影响着市场机制发挥自动调节经济的作用，也就是说，市场机制在资源配置上存在一定的缺陷。

2. 市场为什么失灵

所谓资源的有效配置，是指能够使得社会效率达到最大的资源配置。要使社会效率达到最大，一个必要的条件是：所有资源的社会边际收益与社会边际成本都要相等。如果在某个地方，资源的社会边际收益大于社会边际成本，则意味着，在该处配置的资源数量相对较少，当使之增加至社会边际收益等于社会边际成本时，才能使资源配置再一次实现均衡。因为在社会边际收益大于社会边际成本时，增加一单位资源使社会增加的收益要大于社会增加的成本。反之，如果在某个地方，资源的社会边际成本大于社会边际收益，则这意味着，在该处配置的资源相对较多，应当减少。因为在这种情况下，减少一单位资源使社会减少的成本要大于社会减少的收益。由此可见，只有在社会边际收益和社会边际成本恰好相等时，资源配置才能够达到最优状态。

一般来说，市场机制本身至多只能保证资源配置的私人边际收益和私人边际成本相等，而无法保证社会边际收益和社会边际成本相等。市场经济本身还存在着各种各样的“不完全性”。正是这些不完全性造成了经济活动的社会边际成本和社会边际收益不相一致，造成了潜在的互利交换和生产不能得到实现，造成市场机制的失灵。

10.1.2 市场失灵的类型

市场失灵导致市场配置资源功能降低，使资源配置的效率无法实现最大化，其具体表现形式如下。

1. 垄断导致的低效率

垄断的低效率主要表现在垄断条件下，厂商均衡时的 $P\neq MC$，从社会的角度看，垄断条件下，产品生产的太少，增加产品的生产能够增加社会福利。

如图10－1所示，假设初始的垄断价格为 P_0，现在下降到 P_1，交易量就从 Q_0 增加到 Q_1。价格下降，对于消费者来说，消费者剩余增加，其增加量由矩形 P_1P_0AF 与三角形 AFB 面积之和表示；对于生产者来说，一方面，产量的增加使生产者剩余增加，其增加量由三角形面积 FEB 表示；另一方面，现在的价格低于以前的价格，生产者剩余又会减少，其减少量由矩形面积 P_1P_0AF 表示。最终生产者剩余的变动量为三角形 FEB 与矩形 P_1P_0AF 面积之差。社会福利的变动量等于消费者剩余的变动量与生产者剩余的变动量之和，即（矩形面积 P_1P_0AF＋三角形面积 AFB）＋（三角形面积 FEB－矩形面积 P_1P_0AF）＝（三角形面积 AFB＋三角形面积 FEB）。显然社会福利随着产量的增加而增加。反过来说，从竞争转向垄断，将减少社会福利。

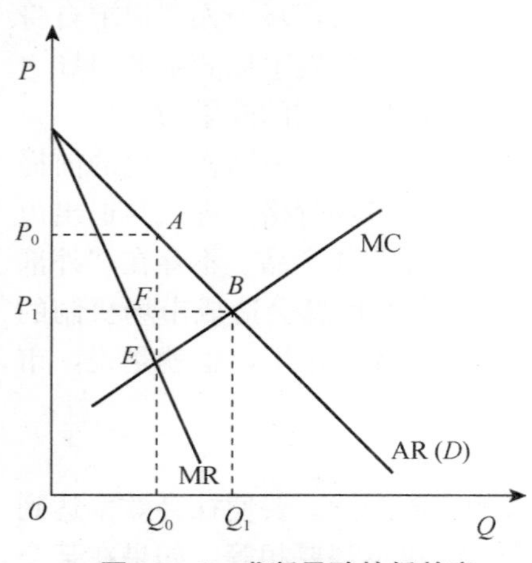

图10－1　垄断导致的低效率

那么垄断厂商能不能通过增加产量从而能增加社会福利呢？垄断厂商均衡时 $P>MC$。如果能够固定住均衡时的产量（Q_0）的价格（P_0）不变，那么，只要新增加的产量在 Q_0Q_1 产量范围内，厂商就愿意增加产量。因为此时新增加的产量的（原先的产量的价格不变），意味着，厂商增加产量能够增加利润（三角形面积 FEB）。当然，消费者也能从产量的增加中获得更多的福利（三角形面积 AFB）。

但这种可能性不会实现，因为当厂商增加产量时，不仅新增加的产量（Q_0Q_1）的价格会降低，而且原先产量（OQ_0）的价格也会降低（导致），从而使厂商从增加的产量中所得到的收益小于因原先产量价格的降低所遭受的损失，故理性的厂商不愿意增加产量。

2. 外部性

（1）外部性的含义。外部性（Externalities）是指某一经济单位的经济活动对其他经济单位所施加的非市场性影响，非市场性是指一种活动所产生的影响是无意识强加于他人的，其代价或利益未能通过市场价格反映出来。

某人在自己家门口种树，给其他人带来了环境的变化，获得了利益，但其他人并不会向他做出任何支付。某人在公众场合抽烟、扔垃圾等会给其他人带来危害，但他并不因此向受害者支付任何赔偿。同样，污染环境的企业也不会向受害者支付赔偿。给人免疫的医疗服务也会引起正的外部性，但我们考虑的仅仅是个人的利益和个人的成本，并不会考虑这种行为对其他人的好处。凡此种种表明：当外部性存在时，经济运行的结果将不可能必然导致市场资源配置有效，因此，外部性成为导致市场失效的一个管理权限原因。

（2）外部性的类型。

① 正外部性。正的外部性，也称为外部经济，这是指一个经济主体对其他经济主体产生积极影响，无偿为其他人带来利益。它分为生产正外部性与消费正外部性两种。

当一个生产者采取的经济行动对他人产生了有利的影响，而自己却不能从中得到报酬时，便产生了生产的外部经济。生产的外部经济的例子很多。例如，一个企业对其所雇用的工人进行培训，而这些工人可能转到其他单位去工作。该企业并不能从其他单位索回培训费用或得到其他形式的补偿。因此，该企业从培训工人中得到的私人利益就小于该活动的社会利益。

当一个消费者采取的行动对他人产生了有利的影响，而自己却不能从中得到补偿时，便产生了消费的外部经济。例如，当某个人对自己的房屋和草坪进行保养时，他的隔壁邻居也从中得到了不用支付报酬的好处。此外，一个人对自己的孩子进行教育，把他们培养成更值得信赖的公民，这显然也使其隔壁邻居甚至整个社会都得到了好处。

② 负外部性。负的外部性，又称外部不经济，这是指经济主体的活动给其他经济主体带来了消极影响，对他人施加了成本。同样分为生产负外部性与消费负外部性两种（例如生产污染与抽烟）。

当一个生产者采取的行动使他人付出了代价而又未给他人以补偿时，便产生了生产的外部不经济。生产的外部不经济的例子也很多。例如，一个企业可能因为排放脏水而污染了河流，或者因为排放烟尘而污染了空气。这种行为使附近的人们和整个社会都遭到了损失。再如，因生产的扩大可能造成交通拥挤及对风景的破坏，等等。

当一个消费者采取的行动使他人付出了代价而又未给他人以补偿时，便产生了消费的外部不经济。和生产者造成污染的情况类似，消费者也可能造成污染而损害他人。吸烟便是一个明显的例子。吸烟者的行为危害了被动吸烟者的身体健康，但并未为此而支付任何东西。此外，还有在公共场所随意丢弃果皮、瓜壳，等等。

上述各种外部影响可以说是无所不在、无时不在。尽管就每一个单个生产者或消费者来说，他造成的外部经济或外部不经济对整个社会的影响也许微不足道，但所有这些消费者和生产者加总起来，所造成的外部经济或不经济的总的效果将是巨大的。

（3）外部性导致市场失灵。外部性对经济效率的影响在于它使得私人行为与社会需要的数量出现差异，这一点可以由私人成本和社会成本加以说明。

私人成本是指一个经济单位从事某次经济活动所需要支付的费用，一项经济活动的社会成本是指全社会为了这项活动需要支付的费用，包括从事该项经济活动的私人成本加上这一活动给其他经济单位带来的成本。如果一项经济活动产生外部不经济，则社会成本大于私人成本；如果一项经济活动产生外部经济，则社会成本小于私人成本。

同样的分析可以用于私人收益与社会收益（外部经济带来的利益）。

① 负外部性对产量的影响。假定某造纸厂在造纸过程中向外排放污染，每生产一吨纸就把一定的污水排入河流，对河两岸居民的健康构成危害，这是一种典型的负外部性。由于这种外部性，生产纸的社会成本大于纸厂的私人成本。社会成本包括纸的私人成本和由于河水受到污染对两岸居民的损害所带来的成本，包含社会成本的纸的供给曲线在私人企业供给曲线的左边。这两条线的差别反映了排放污染的成本（如图 10－2 所示）。

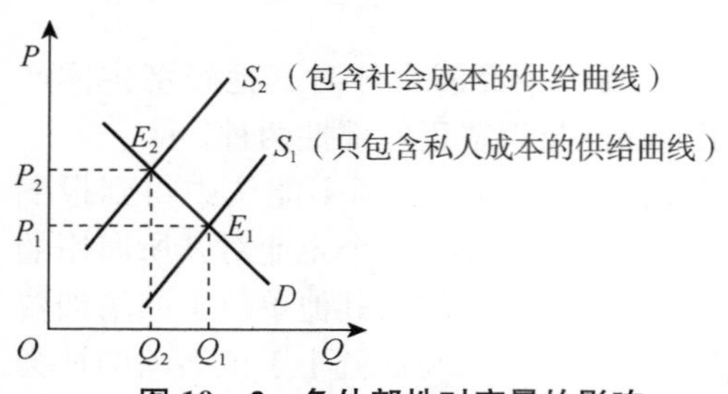

图 10－2　负外部性对产量的影响

我们知道，市场均衡时的生产和消费的数量在使生产者剩余和消费者剩余最大化这一点上是有效率的。这说是说，市场是以一种使消费者的总价值减去生产者的总成本最大化（总剩余最大）的方式来使资源配置有效率。

在图 10－2 中，E_1是没有负的外部性时的均衡点，D 为市场上纸的需求曲线，S_1为私人企业的供给曲线，市场上均衡数量为 Q_1。但是，此时的市场需求只反映了私人成本。由于造纸厂所产生的污染，对居民产生的不利影响需要消除。假定环保部门要求造纸厂治理污染，治理污染增加了企业的成本（这也是社会成本的表现形式）。成本的增加使供给曲线左移至 S_2。S_2与需求曲线 D 相交于 E_2，形成了新的均衡点。与新的均衡点相对的产量 Q_2表示污染治理后的均衡数量，因此，这一产量为最适宜产量。这一产量小于不计社会成本时市场的均衡产量。对环保部门来说，增加企业成本的方法不仅表现在要求私人企业治理污染，也可以是对造纸厂征收环境污染税等。移动后的供给曲线与社会成本曲线相一致。因此纸的产量为 Q_2，社会总剩余（社会福利）将会增加。图 10－2 能说明当今很多排污企业不愿治理污染的原因，因为治理污染直接或间接加大企业与社会成本。

② 正外部性对产量的影响。尽管在许多场合，生产的社会成本大于私人成本，但也有一些场合却正好相反。在这些场合，生产的外部性使其他人受益。因此，生产的社会成本小于生产的私人成本，如工业机器人的生产就是一个例子。

机器人是技术迅速变化的前沿。在生产机器人的过程中，需要不断地改进设计，从而使后一代机器人比前一代机器人更先进。这种进步不仅会对生产企业产生有利的影响，而且对整个社会的经济发展也具有重要的意义，因为这种进步增加了技术知识。这种正的外部性称为技术溢出效应。如图 10－3 所示。

S_1表示没有技术溢出效应时的供给曲线，S_2表示存在外部经济时的供给曲线。E_1表示私人生产者的均衡点，其对应的产量为 Q_1，即市场的均衡数量，由于生产的外部经济造成技术溢出效应，所以社会成本低于私人成本。包含社会成本的供给曲线右移至 S_2，E_2为新的均衡点，其对应的产量 Q_2表示社会最适宜的生产量。Q_2大于 Q_1，因此社会适宜的生产量大于私人市场的均衡数量。

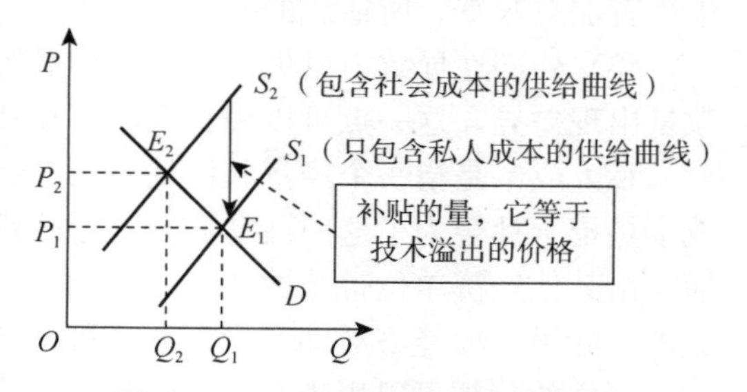

图 10－3　正外部性对产量的影响

对政府而言，出现这种情况时，政府应想法

使私人企业的产量扩大至Q_1，与外部不经济时征税等方法不同，此时可以通过补贴等措施，使私人的供给曲线右移来增加产量。供给曲线移动距离即为补贴量，它应该等于技术溢出的价值，或者等于正外部性所带来的社会边际收益减去私人成本，这样才能保证私人企业生产的产量达到社会最适宜的量。

由上可得出结论：在存在外部不经济的条件下，私人厂商的最优产量大于社会最优产量；在存在外部经济的条件下，私人厂商的最优产量小于社会最优产量。同理，在存在外部不经济的条件下，私人消费最优数量大于社会消费最优数量；在存在外部经济的条件下，私人消费最优数量小于社会消费最优数量。例如教育的消费，如图10—4所示。

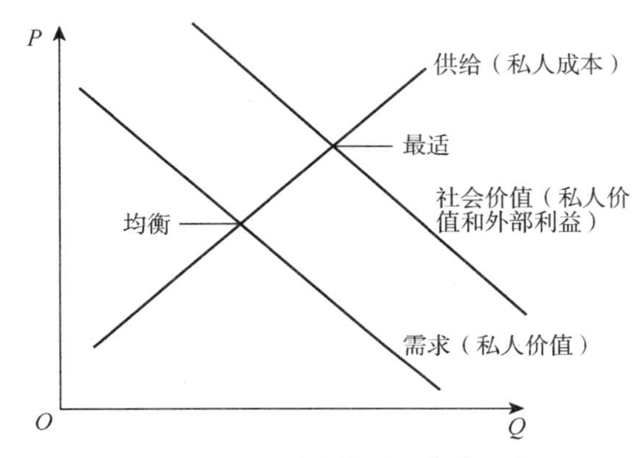

图10—4 正外部性对消费的影响

因此，无论一个经济单位对其他经济单位的影响是正或是负，私人自主决策所决定的最优产量是缺乏效率的，这就需要政府适当地进行微观调控。

由于外部性造成资源配置缺乏效率的原因是私人部门用于决策的成本与社会实际付出的成本之间出现偏差，因此矫正外部性影响的指导思想是：外部经济影响内在化，为决策者提供了衡量其决策的外部性动机。

3. 公共物品

（1）物品的分类。在第1章，我们把世界上的各种物品按稀缺性分为经济物品和自由取用物品。经济学主要研究稀缺的经济物品。在现实经济中，大部分物品是通过市场配置，消费者为了获得消费品，必须支付价格。对这样的产品而言，价格会引起买卖双方经济行为的变化。但是当一些产品可以免费得到时，价格的调节作用就会丧失，从而经济中配置资源的市场力量也就不存在了。在经济学中用物品是否具有排他性和竞争性两个标准将物品进行分类，即把产品分为公共物品、私人物品、公有资源和自然垄断。

①物品是否具有排他性。排他性是指消费者在购买一种物品后，就可以把其他的消费者排斥在获得该物品的消费之外。如某人购买了一件衣服，就排除了其他人购买这件衣服的可能，这就是物品的排他性。反之，非排他性就是，当一个人消费某物品时，不会排斥社会其他成员对该物品的消费。非排他性表明要采取收费方式限制任何人使用该产品是非常困难，甚至是不可能的。任何人都可以免费消费该物品或服务。典型的例子是国防。

②物品在使用过程中是否具有竞争性。竞争性是指消费者或消费数量的增加引起的物品生产成本的增加。如某人多买一双鞋子，生产者就要多生产一双鞋子，而多生产一双鞋子需

要增加一定的成本。从资源角度看，就要减少其他物品的生产。这就是说，增加一种物品会对其他物品的生产带来竞争。但是也有一些物品不具有这一特点，如广播、有线电视、路灯等提供集体服务的产品，其共有的特点是：消费者人数的增加并不影响这类物品供给者的成本。增加一些人听广播、看电视并不会影响广播电台和电视台的发射成本。反过来，如果没有一个人听广播、看电视，广播电台和电视台也要支付一样的成本。海上的航标等都有类似的特点，这类物品具有非竞争性，即对于任何给定的产出水平，增加额外一个人消费不会引起该物品成本的任何增加，也就是消费者人数的增加所引起的物品边际成本等于零。

经济学根据物品是否符合这两个特点，把物品分为以下几类。

• 私人物品。这种物品的特点是：既有竞争性又有排他性。如你购买了一瓶矿泉水，这瓶矿泉水就同时符合这两个特点。这瓶矿泉水之所以具有排他性，是因为你可以阻止其他人饮用，只要你不把这瓶水送人，就不会再有人得到这瓶水；这瓶水之所以具有竞争性，是因为如果你喝了，其他人就不能再喝同一瓶矿泉水。经济生活中的大多数产品都是像矿泉水这样的私人物品。以上分析的也是这类物品。

• 公共物品。公共物品的特点是：既不具有竞争性，又不具有排他性。这就是说，不能排除其他人使用一种公共产品。如国防是一种公共物品，它要保护一国的人民不受外国的入侵，就不可能排除任何一个人不享受这种公共产品的好处。当一个人享受国防带来的利益时，并不减少其他任何人享受国防带来的利益。而且，增加一人享受国防的利益时并不会增加国防的开支。

• 公共资源。这种物品的特点是：消费中有竞争性但没有排他性。例如，在海洋中利用渔具捕鱼的活动就具有竞争性：当一个人捕到鱼时，留给其他捕鱼者的鱼就少了。但是这些鱼并不是具有排他性的物品，因为在浩瀚的海洋中，阻止渔民在海中捕鱼是非常困难的。

• 自然垄断。这种物品的特点是：消费中有排他性但没有竞争。例如有线电视，增加一个人看有线电视并不影响其他人观看的质量和电视台的成本，没有竞争性，但是有线电视付费使得到它具有了排他性，即不付费者无法看有线电视。

（2）公共物品和市场失灵。公共物品的非排他性使得通过市场获得公共物品消费的机制失灵。对于追求最大利润的私人企业而言，生产者必须拒绝不付费的消费者占有其生产的产品，否则企业就不能弥补生产成本。对追求最大满足程度的消费者而言，他在市场上的购买行为显示了他对于商品的偏好。同需要衣食住行等一系列商品一样，消费者也需要一些公共物品，如国防、良好的大气环境、较低的犯罪率，但是没有一定的机制显示消费者对这类物品的偏好。一旦“青山秀水、清风明月”这样的公共产品被生产出来，每一个消费者都可以不付费就消费。这说是说，公共物品被生产出来后，每一个消费者都可以做一个不买票就乘车的“搭便车”者。这就意味着公共物品的供给者经常得不到抵补生产成本的收益，长期而言，公共物品的供给就会受到影响，从而造成市场失灵。

公共物品的非竞争性特点表明，尽管有些公共物品的排他性也能被实施，如在过桥的必经之处建立收费站，但这样做未必是有效率的。按照效率条件，企业定价的原则是边际成本等于价格，如果公路桥是由私人提供，它又会收取等于边际成本的价格，但增加一辆车的边际成本为零，显然价格也为零，结果，私人是不可能提供公共物品的。

由于经济人的自利动机使外显的消费者愿意支付的价格远远小于真实的支付意愿，同时由于供给者无法采用收费的方式来获得收益，所以公共物品通常不能通过市场方式来配置。

公共物品会产生“搭便车”的行为。假如某农村在新农村建设中考虑实施建立公厕而取消露天厕所的计划，该计划需要投入5万元，计划的制订者坚定地认为实施该计划将使农村的环境卫生大大改善。因而人们的真实支付意愿远大于成本。但是，该计划不能给出资者带来利润。因为你不能强迫人们为这一计划付费，更不可能让人们按照他们对环境改善的真实的主观评价来支付费用。

根本问题在于，建立公厕给农村带来的生活环境改善的效果对于村民而言具有非排他性。建立公厕对每个村民都有好处，但却无法把没有出资的村民排除在外，于是人们就会产生“搭便车”的机会主义动机：即使我不付费，其他人付费实施这一项目后，我仍可以从中获取利益。虽然从道德的角度来评价，可以说这类想法太损人。但在实际生活中，人们在表达对公共物品的支付意愿时，通常有压低真实水平的主观倾向。由于公开表达的支付意愿被压低，需求曲线下移，所以会影响均衡数量，显然，此时的均衡数量低于最有效率的数量。

下面列举一些重要的公共物品。

① 政府管理。好的政府管理具有公共物品的特点。所以好的政府管理也是一种最重要的公共物品。每一位社会成员都能从有效率的、反应灵敏的政府管理中得到益处。

② 国防。保卫国家免受外敌入侵是公共物品最典型的例子。国防是一项巨大的支出。虽然人们对这一支出的提法并不一致，但没有人怀疑这项支出的必要性。甚至于那些主张小政府的经济学家也同意国防是政府应该提供的公共物品。

③ 基础研究。知识的创造是一种公共物品。如果一个数学家证明了一个新的定理，该定理就成为人类知识宝库的组成部分，人们可以免费使用。由于基础研究所创造的知识是一种公共物品，所以企业就可以免费使用别人创造的知识，这样，结果是用于基础研究的资源就会变得非常少。

在评价有关知识创新的政策时，需要区分一般的知识创新和特殊的技术创新。特殊的技术创新如发明一个高效节能的电池等应用技术，可以申请专利，因此发明者得到了大部分好处。与此相比，从事基础研究的科学家却不能为自己的发明申请专利，正像数学家不能为自己发现的定理申请专利一样，每个人都能免费得到基础研究的成果。这就是说，专利使特殊应用技术具有排他性，而一般性的知识（基础研究的成果）不具有排他性。所以政府努力以各种方式提供一般性的知识。大多数国家的政府也都是把基础研究作为公共物品向全社会来提供的。

4. 不完全信息或不对称信息

（1）不对称信息的含义。买卖双方掌握的信息多少不均等叫作不对称信息。在有些市场，买方掌握的信息较多，例如保险市场；在另一些市场，卖方掌握的信息较多，例如旧车市场。也有学者迈克尔·帕金（Michael Parkin）将不对称信息称为私人信息（Private Information），是指某个人可以得到但其他任何人无论花多大成本都无法得到的信息，如自己的健康状况、驾驶技术、工作的努力程度、旧车质量等。

（2）信息不对称和市场失灵。在信息不对称条件下，如果卖方知道的信息多于买方知道的信息，降低商品和生产要素价格不一定刺激消费者对该商品的需求；如果卖方知道的信息少于买方知道的信息，提高商品和生产要素价格不一定刺激生产者的供给，这就是市场失灵（即价格无法有效地调节供给和需求）。

信息不对称导致的市场失灵表现为以下两个方面。

① 道德风险或败德行为。道德风险或败德行为（风险是指引起损失的概率；不确定性是指多种结局或事件都有可能出现但人们不知道出现哪一种结局的状态）是指交易合约中的某一方在合约达成以后，具有损人利己的激励，或做出损人利己的活动。也叫机会主义。

由于不确定性与不完全信息的原因，交易合同常常是有缺陷的与不完全的，使经济主体不能承担自己行为所产生的全部损失。如果某个百货公司的老板对所雇用的售货员支付固定的工资，那么这个售货员就遇到了道德风险：售货员有付出最小努力不积极售货的激励。这必然减少百货公司的利润。由于这个原因，通常售货员的工资收入分成两部分：一部分是基本工资，与售货量无关；另一部分工资与售货量紧密相关：售货量越多，这部分工资也就越多。道德风险在很多经济活动中都会出现。如买了家庭财产保险的人，就没有多大的热情安装家庭各种防盗装置了。

② 逆向选择。逆向选择是指买卖双方在信息不对称的情况下，高质量商品被低质量商品逐出市场的情况。当交易双方的其中一方对于交易可能出现的风险状况比另一方知道得更多时，便会产生逆向选择问题。这与货币流通中的劣币驱逐良币现象类似。

例如，在二手车市场与保险市场上就存在逆向选择。在没有担保的二手车市场上，若卖者有 200 辆质量不同的车供出售，同时买者对二手车的需求量也正好是 200 辆。200 辆车中，100 辆是高质量车，卖者愿意接受的最低价格为 80 000 元，买者愿意支付的最高价格为 100 000 元；另外 100 辆是低质量车，卖者愿意接受的最低价格为 40 000 元，买者愿意支付的最高价格为 50 000 元。若买卖双方拥有完全的信息，二手车市场一定会出清。

然而二手车的质量高低是一种私人信息，只有卖主知道，而买主不知道。假定买者知道 200 辆二手车中有一半是高质量车，在交易中买到好车与否的概率是 0.5，于是每一位买者对要购买的二手车所愿意支付的最高价格为 75 000 元。在这种需求价格下，好车必然退出市场。

当买者知道二手车市场上都是低质量的二手车时，他们所愿意支付的最高价格就是 50 000元。于是二手车市场上进行交易的都是低质量的二手车，高质量的二手车无法进行交易。最终交易的数量低于双方想要进行交易的数量，存在市场失灵。

二手车市场之所以存在逆向选择，是因为买卖双方的信息不对称，存在卖者有将低质量二手车宣称为高质量二手车的激励这种道德风险。

保险市场也存在逆向选择问题。假设在医疗保险市场上存在健康的与疾病缠身的两类人，前者每年的医疗费用为 2 000 元，后者每年的医疗费用为 8 000 元。投保人知道自己的身体健康状况，而保险公司不知道。于是保险公司确定一种平均的医疗保险费为 5 000 元。面对如此昂贵的保费，那些健康的人就选择不投保。由于保险市场上只剩下疾病缠身的人来投保，保险公司必然将保费提高到 8 000 元。这样，保险市场上患病风险高的客户将患病风险低的客户逐出了市场。保险市场上的交易量因此少于帕雷托最优条件下的数量，存在市场失灵。

10.2 政府的干预政策

由于市场失灵的存在，政府对资源配置进行必要的干预将有助于克服市场失灵带来的社会经济问题。

10.2.1 针对垄断的政策

1. 针对一般性垄断的政策

对一般性的垄断，制定与实施遏制垄断的反托拉斯政策，以避免或减少垄断。反托拉斯政策试图防止垄断或各种反竞争行为，以激励竞争，提高市场经济的效率。反托拉斯法的基本框架主要由以下三个法律组成。

(1) 谢尔曼法（1890年）。1890年通过的《谢尔曼法》，成为美国反托拉斯法的奠基石。《谢尔曼法》第一条，限制任何“企图限制贸易”的合同、联合与共谋。第二条则禁止垄断和任何意在垄断的勾结。

但该法律条文本身与相关解释都没有明确垄断的概念和被禁止的行为，使得人们没有清晰的标准来判定有关的经济活动是合法还是非法。后来的一些法律越来越清楚地阐释了该法律条文的含义。

(2) 克莱顿法（1914年）。通过《克莱顿法》是为了澄清和强化《谢尔曼法》。克莱顿法禁止捆绑性销售契约（在这种契约中，如果顾客想要A商品，就必须购买B商品），规定价格歧视和排他性经营为非法；该法禁止连锁董事会（同一产业中的某个人同时是几个公司的董事），还禁止通过收购竞争对手公司的普通股票进行的兼并。这些行动本身并不一定违法，但是当这类行动实际上在明显减少竞争时，它们就违法。《克莱顿法》既强调惩罚也强调预防。

(3) 联邦贸易委员会法（1914年修正案）。1914年成立了联邦贸易委员会（FTC），以禁止“不公平的竞争手段”和向那些违背竞争的兼并行为发出警告。1938年，FTC还被授权禁止欺骗性的不真实的广告。

尽管反托拉斯的基本法律很明确，但要在具体的经济活动中加以应用却并非易事。实际的相关法律是在经济理论和实际案例的相互作用中发展和完善的（反托拉斯法实施的案例略）。

微软案件

最近涉及垄断的一个大案是政府对微软公司的市场结构所进行的调查。早在1990年，美国联邦贸易委员会就开始秘密调查微软捆绑销售其应用软件与操作系统的行为。政府调查宣布微软垄断了操作系统的市场，那时世界上80%以上的电脑都在运行微软的操作系统。如MS-DOS和Windows。政府主要的担心是微软可能利用其操作系统的市场力量来进入应用软件市场，这是有可能的。因为微软会将应用软件或网络浏览器捆绑在其操作系统上。政府的另一点担忧是微软可能会对它的操作系统采取掠夺式定价。微软极力为自己辩解。1994年，政府和微软达成一致意见，微软同意改变其定价方式。但会继续开发应用软件，政府会继续密切监督微软的一举一动。

1998年，联邦政府和19个州政府共同提出了一个影响深远的诉讼，指控微软公司非法维护其在操作系统市场的领导地位，并利用这一地位侵吞其他的市场，如互联网浏览器市场。政府声称："微软运用了多种违法的手段，意图阻挠操作系统市场上新的竞争者，以维护自己根深蒂固的垄断地位。"

起诉书指控微软从事了各种各样的反竞争活动，如掠夺式的定价行为、非法捆绑销售以及违反《谢尔曼法》的排他性协议等行为。虽然通过公平的手段取得垄断地位是合法的，但阻碍竞争确实违法。

起诉书指出，微软采用的一项反竞争手段就是将"网络开拓者浏览器"捆绑在"Windows 98"上免费发行。这相当于掠夺式定价，微软利用自己在操作系统市场上的垄断地位对网景公司实行低价竞争。

在《实施调查报告》中，审理该案件的美国地区法院法官托马斯·潘菲尔德·杰克逊宣称，微软是一个自1990年以来控制了个人电脑操作系统90%份额的垄断者，而且微软滥用其市场力量，并通过扭曲竞争，伤害了消费者。他指出："三个主要的事实说明微软享有垄断地位：第一，微软在英特尔处理器兼容的个人电脑操作系统市场的份额极大而且稳定；第二，微软压倒性的市场地位受到了高市场进入壁垒的保护；第三，主要由于这一壁垒，微软的用户缺乏商业上可行的Windows系统的替代品……

在《法律调查报告》中，杰克逊法官裁定微软违反了《谢尔曼法》的第一条和第二条。他裁定："微软通过反竞争手段维护了自己的垄断地位，试图垄断网络浏览器市场……将网络浏览器与操作系统违法捆绑销售，违反了……《谢尔曼法》。"

2000年6月7日16时30分（北京时间8日凌晨4时30分），美国地区法院法官托马斯·潘菲尔德·杰克逊对微软垄断案做出判决，下令将微软分解为两个独立的公司，以防止软件业巨头微软公司利用其在计算机操作系统的垄断地位进行不正当竞争。

微软对以上裁决提出了上诉。上诉法院于2000年11月推翻了杰克逊法官将微软公司一分为二的裁决；美国司法部也宣布不再寻求拆分微软公司的办法，转而与微软公司达成和解协议。

微软的竞争对手和九个州的总检察官认为和解协议不能保证竞争者与微软平等地进行竞争，希望法院加重对微软的处罚力度。

美上诉法院将这一案件转交美国联邦地区法官科琳·科勒·科特妮审理。2002年11月1日，美国华盛顿地区联邦法院科特妮法官宣布，同意微软公司和司法部达成的反垄断和解协议的绝大部分内容，对微软公司与美国政府及9个州达成的和解协议的主要内容表示认可，同时驳回另外9个州要求对微软进行更严厉处罚的要求。微软彻底摆脱了被一分为二的危险。

科特妮法官在判决书中，要求微软切实履行协议，并提前向竞争对手公开部分敏感技术。

根据和解协议，微软将面对至少为期5年的惩罚性措施，以削弱其垄断地位，增加行业竞争性。这些措施包括微软不能达成有害于其他竞争者的排他性交易，要求微软与电脑制造商签订统一的合同条款；应允许电脑制造商自由选择Windows桌面，去除微软的标志图符，向其他软件开发商开放部分内核技术，使微软的竞争者也能在Windows操作系统上编写应用程序等。

美国司法部长阿什克罗夫特对裁决表示赞同，称裁决结果是"消费者和商界的重大胜利"。他表示司法部将确保微软履行协议。

微软也在一项声明中对裁决表示欢迎，认为协议是一个公平的折中方案。微软创始人比尔·盖茨表示了对协议的支持，称公司已经意识到了公众的关注及公司的责任。微软股价在判决书公布后上扬了7%，投资者对微软案的结果十分欢喜。

（资料来源：百度百科，有删节。）

2. 针对自然垄断的政策

在自然垄断行业，对新厂商进入行业所必须具备的条件、产品标准与价格等方面进行管制。

政府管制（Regulation）是指政府制定条例和设计市场激励机制，控制厂商的价格、销售与生产决策，以提高资源的配置效率。政府管制分经济管制与社会管制两类。经济管制是指对产品价格、市场进入与退出条件、产品与服务标准等方面进行的管制。社会管制主要是为了保护环境、保证劳工和消费者的健康和安全。政府管制经济的原因有3个。

（1）抑制市场的垄断力量所产生的低效率（垄断下的产量的少，价格高）。

（2）矫正信息的不完全性，以便给交易双方尤其是给消费者提供更多更好的有关交易的信息。例如，政府只允许已被证明是安全而有效的药品上市，禁止误导的或虚假的广告（广告法规里也有一规定：不得用患者治疗效果做广告宣传），要求上市公司向社会提供真实的公司的财务现状与发展前景材料并遵守严格的会计准则。

（3）处理外部性问题。金融业、通信业、自来水、煤气、电力、铁路、民航、城市出租车、公共交通、电视、报纸、教育等行业，都受到政府的管制。在美国建立的第一个全国性的管制机构是成立于1887年的州及贸易委员会。从那时起一直到20世纪70年代后期，经济管制一直在加强。但从20世纪70年代后期以来，政府逐渐减轻经济管制。

10.2.2 针对外部性的对策

1. 政府干预

（1）命令与控制政策：管制。政府可以通过规定或禁止某些行为来解决外部性。例如，把有毒的化学物质倒入供水系统是一种犯罪行为。在这种情况下，社会的外部成本远远大于排污者的利益。因此，政府制定了完全禁止这种行为的命令与控制政策。

但是，在污染的大多数情况下，事情并不是这么简单。例如，各种形式的交通工具，甚至马车都会带来一些污染物。然而让政府完全禁止使用所有交通工具显然是不明智的。因此，社会不是要完全消除污染，而是要权衡成本与利益，以便决定允许哪种污染及允许多少污染。在我国，环境保护部就是一个提出并实施旨在保护环境的管制的政府机构。环境管制可以采取多种形式，有时环境保护部规定工厂可以排放的最高污染水平，有时要求企业采用某种减少排污量的技术。

（2）以市场为基础的政策：矫正性税收与补贴。对正的外部性，给予一定的补贴或减免税收，增加私人利益，使私人利益与社会利益相等，以增加该产品的生产；对负的外部性，征收一定的费用或增加税收，增加私人成本，使私人成本与社会成本相等，以减少该产品的生产。其中，用于纠正负外部性影响的税收被称为矫正税（Corrective Tax），也叫庇古税（Pigovian Tax），它是以最早主张采用这种税收的经济学家阿瑟·庇古（Arthur Pigou，1877—1959年）的名字命名的。

无论是何种情况，只要政府采取措施使得私人成本和私人利益与相应的社会成本和社会利益相等，则资源配置便可达到帕累托最优状态。

阿瑟·塞西尔·庇古

庇古（Arthur Cecil Pigou，1877—1959 年）是英国著名经济学家，剑桥学派的主要代表人物之一，出生在英国一个军人家庭。入剑桥大学学习。受当时英国著名经济学家马歇尔的影响，并在其鼓励下转学经济学。毕业后投身于教书生涯，成为宣传他的老师马歇尔的经济学说的一位学者。他担任过英国伦敦大学杰文斯纪念讲座讲师和剑桥大学经济学讲座教授，被认为是剑桥学派领袖马歇尔的继承人。他年仅 31 岁时，是剑桥大学历来担任这个职务最年轻的人。任期长达 35 年，直到 1943 年退休为止。退休后，他仍留任剑桥大学从事著述研究工作。另外他还任英国皇家科学院院士、国际经济学会名誉会长、英国通货外汇委员会委员和所得税委员会委员等职。

庇古的学术生涯及学术研究成就了这位经济学家是经济学史上最奇特的人物之一，他有一个相当奇怪的名字，但他的个性和怪僻与名字的怪异非常吻合——他就是庇古。在其学术生涯中，庇古前后判若两人。此外，他还是新古典学派思想的重要典范。事实上，约翰·梅纳德·凯恩斯就是将庇古作为新古典主义学派中持充分就业分析观点的代表人物来进行攻击的。庇古也进行了反击，称凯恩斯的《通论》是错误观点的混合物。对许多更年轻的经济学学生来说，庇古的名字总是不可避免地和“庇古效应”相联系，这是他回应凯恩斯的一个论据，他试图在古典主义有关工资和价格弹性的假设下通过逻辑完全性的演示，恢复新古典主义就业理论的地位。

庇古首先注意到私人活动会产生不良的社会影响，并且他还是当时攻击自由放任模型的重要人物。庇古早在 1912 年就在他的《财富和福利》一书中提出了这些令人困扰的问题。近半个世纪之后，经济学家们才意识到庇古曾经设法解决的论题是繁荣的经济所面临的最重要的问题之一，这个问题实际上将威胁到整个体系的合理性。但是那时几乎没有经济学家能够理解庇古的分析所具有的突破性本质。庇古对资本主义的批判已经开始质疑这个系统本身的稳定性，并开始为其他可供选择的体系的经济秩序辩护。随着凯恩斯革命逐渐为人们所了解，加上 30 年代和 40 年代的政治分歧也在福利资本主义的体系中得到协调，经济学家们越来越多地面临庇古曾经关注的那类政策问题，在这些分析中，他是先驱者。

作为以古怪个性而著称的这一学科中最奇怪的人物之一，庇古的性格经历了一次极端的转变。在早年，他是一个快乐的、爱开玩笑的、爱社交的、好客的单身汉，但是后来他变成了一个相当怪僻的隐士。他的朋友和同事 C. R. 费伊（Fay）如下解释他的转变：“第一次世界大战对他是一个很大的冲击，战后他就不再是原来那样了。”他将自己在剑桥的大部分假期用于到法国、比利时和意大利的战争前线参加志愿急救工作。在他职业生涯的早期，就认识到社会和经济问题之间的密切关系，反映了他对人性和科学问题的热情。从剑桥英王学院毕业后，他将时间主要用于演讲、出版和致力于关税改革的争论，直到晚年，他对这个问题一直保持着浓厚的兴趣。

他的一个学生将他在 20 世纪 40 年代中期的外貌描绘为高而挺拔，着装怪异，偶尔会在乡间漫步，或者斜靠在英王学院草地上的帆布椅上。为了表示对希特勒的蔑视，在纳粹空袭的时候，他一直坐在帆布椅上。庇古因为着装而享有很高的声誉，20世纪50年代，他穿着第一次世界大战前的服装骄傲地出现在马歇尔图书馆。

（资料来源：百度百科，有删节。）

2. 明晰产权

在许多情况下，外部影响之所以导致资源配置失当，是由于财产权不明确。如果财产权是完全确定的并得到充分保障，则有些外部影响就可能不会发生。例如，某条河流的上游污染者使下游用水者受到损害。如果给予下游用水者以使用一定质量水源的财产权，则上游的污染者将因把下游水质降到特定质量之下而受罚。在这种情况下，上游污染者便会同下游用水者协商，将这种权利从他们那里买过来，然后再让河流受到一定程度的污染。同时，遭到损害的下游用水者也会使用他出售污染权而得到的收入来治理河水。总之，由于污染者为其不好的外部影响支付了代价，故其私人成本与社会成本之间不存在差别。

（1）产权与交易成本的含义。产权是指人类对某种资源的所有权、使用权与处置权的总和。由于使用权与处置权归属于所有权，因此，产权也可以简单地定义为所有权。产权有时也可以理解成使自己受益或使他人受损的权利。

交易成本是指为了达成一笔交易所需要的费用，包括搜寻交易信息的费用、谈判签订合同的费用和执行及监督合同履行的费用。

（2）科斯定理。科斯定理（Coase theorem）是罗纳德·科斯（Ronald Coase）提出的一种观点，认为在某些条件下，经济的外部性或曰非效率可以通过当事人的谈判而得到纠正，从而达到社会效益最大化。

科斯定理：只要产权明晰且交易成本为零，那么，不论初始的产权如何分配，市场机制或市场交换将消除外部性，实现资源的合理配置。如果存在交易成本，在产权明晰下的资源配置效率也要高于产权不明晰下的资源配置效率。

科斯定理的缺陷：并不是所有的产权都可以明晰的，很多共有财产如国有资产、环境、空气、阳光等的产权无法明晰；已经明晰的产权也不一定能够交易：有时交易成本很高，使得某些产权的交易无法进行。

罗纳德·哈里·科斯

罗纳德·哈里·科斯（Ronald Harry Coase，1910年12月29日出生于伦敦的威尔斯登，科斯是个有腿疾的男孩子，常需要在腿上附加铁制的零件。）是产权理论的创始人，荣获1991年度诺贝尔经济学奖。2013年9月2日在美国去世，享年103岁。

科斯本人从未将定理写成文字，而其他人如果试图将科斯定理写成文字，则无法避免表达偏差。关于科斯定理，比较流行的说法是：只要财产权是明确的，并且交易成本为零或者很小，那么，无论在开始时将财产权赋予谁，市场均衡的最终结果都是有效率的，实现资源配置的帕累托最优。

按照瑞典皇家科学院的公告，1991年诺贝尔经济学奖的获得者罗纳德·哈里·科斯的主要学术贡献在于，揭示了“交易价值”在经济组织结构的产权和功能中的重要性。他的杰出贡献是发现并阐明了交换成本和产权在经济组织和制度结构中的重要性及其在经济活动中的作用。

科斯的代表作是两篇著名的论文。其一是1937年发表的《企业的性质》，该文独辟蹊径地讨论了产业企业存在的原因及其扩展规模的界限问题，科斯创造了“交易成本”（Transaction Costs）这一重要的范畴来予以解释。所谓交易成本，即“利用价格机制的费用”或“利用市场的交换手段进行交易的费用”，包括提供价格的费用、讨价还价的费用、订立和执行合同的费用等。科斯认为，当市场交易成本高于企业内部的管理协调成本时，企业便产生了，企业的存在正是为了节约市场交易费用，即用费用较低的企业内交易代替费用较高的市场交易；当市场交易的边际成本等于企业内部的管理协调的边际成本时，就是企业规模扩张的界限。另一篇著名论文是1960年发表的《社会成本问题》，该文重新研究了交易成本为零时合约行为的特征，批评了庇古关于“外部性”问题的补偿原则（政府干预），并论证了在产权明晰的前提下，市场交易即使在出现社会成本（即外部性）的场合也同样有效。科斯发现，一旦假定交易成本为零，而且对产权（指财产使用权，即运行和操作中的财产权利）界定是清晰的，那么法律规范并不影响合约行为的结果，即最优化结果保持不变。换言之，只要交易成本为零，那么无论产权归谁，都可以通过市场自由交易达到资源的最佳配置。施蒂格里茨将科斯的这一思想概括为“在完全竞争条件下，私人成本等于社会成本”，并命名为“科斯定理”。科斯被认为是新制度经济学的鼻祖。

罗纳德·哈里·科斯是产权理论的创始人，早在1937年，在以他的本科论文为基础发表的《企业的性质》一文中，就阐明了该理论的一些基本概念，人们至今仍应为他当时的洞察力深感惊奇。但该书完在以后，并没有得到人们的太多关注。沉默了近三十年，产权理论才受到重视。20世纪80年代后随着自由放任思想潮的高涨，产权理论受到高度评价，科斯也正是因此获得诺贝尔经济学奖。

（资料来源：百度百科）

3. 合并企业：使外部性内在化

例如，一个企业的生产影响到另外一个企业。如果影响是正的（外部经济），则第一个企业的生产就会低于社会最优水平；反之，如果影响是负的（外部不经济），则第一个企业的生产就会超过社会最优水平。但是如果把这两个企业合并为一个企业，则此时的外部影响就“消失”了，即被“内部化”了。合并后的单个企业为了自己的利益将使自己的生产确定在其边际成本等于边际收益的水平上。而由于此时不存在外部影响，故合并企业的成本与收益就等于社会的成本与收益。于是资源配置达到帕累托最优状态。

帕累托最优

维尔弗雷多·帕累托（Vilfredo Pareto）（1848—1923年），经典精英理论的创始人，社会系统论的代表人物。

帕累托最优是指这样一种状态，即任何改变资源配置的现状都不可能在不损害任何一个人的处境的前提下使其他任何一个人的处境变好，这就意味着生产资源的配置已达到最优状态，从而社会经济福利达到极大值。

帕累托最优状态实际上是把国民收入分配作为既定的前提来考察生产资源的最优配置，也就是说，帕累托最优状态没有考虑影响社会福利的收入分配因素，而是单纯地从资源配置的效率来论证社会福利最大化。按照帕累托的这一理论，要使一个国家的较贫困阶层收入增加的唯一办法是提高整个国家的收入，或者说，对收入实行重新分配是不可能的。

10.2.3　针对公共产品供给过少的对策

对于公共产品的干预，政府可以在不同的方案中进行选择和组合。

（1）政府直接投资提供公共产品。政府可以直接投资主办和经营及提供那些不能由市场机制控制的公共产品的供给。如国防对于国家来说具有重要的利益，由于这一公共产品涉及机密性和敏感性，具有特殊性，需要政府直接提供。如果政府认为邮政不能被市场原则支配和控制，可以对邮政实施国有化政策，由国家经营。

（2）为私人部门提供公共产品给予激励，如政府可以鼓励私人资本开办原来由政府直接投资的教育、医疗等公共服务事业。

（3）用行政和法律手段直接影响私人供给者采取行动，如强制性要求某专业市场符合消防要求等。

10.2.4　针对不完全信息的对策

1. 政府干预

例如医疗卫生领域与老年人的健康保险方面（医生、病人与保险公司之间存在信息的不对称：病人只能根据医生的建议选择适当的治疗方法。有时，当病人被推入急诊室时，他根本就无法选择所应接受的治疗。由于需求完全依赖于供给者，因此政府必须干预，以免消费者为了不必要的医疗或以次充好的药物及过于昂贵的服务而花钱），就需要政府干预。在1999年，美国政府在医疗保健方面的支出占国民收入的比重达到15%以上（世界平均水平是4%，我国不到2%）。或者，由政府免费向社会公众提供传统上由生产者控制的信息，如某种商品的平均市场价格、不同地区的差价、最高最低价格等信息，供购买者参考，而这些信息生产者是不会主动提供给购买者的。

2. 记号方法的运用

所谓记号方法是一种有助于减少由于信息不对称可能导致风险的方法。这种方法对于逆向选择与道德风险所产生的低效率，可以起到消除或降低的作用。

例如，在二手车市场上，做记号的方法是高质量车的卖主或第三者向买主担保一定时期内，所购车辆免费修理。显然，消费者会相信，有这种担保的车一定是好车，否则就是质量不好的车。这是因为如果做这种虚假的记号（即欺骗消费者），其代价是高昂的，不仅要支付昂贵的维修费用，而且自己的信誉也会越来越不好。

同样，学历与文凭在某种程度上也是雇工向雇主做的记号或发送的信息，以证明其具有某种能力或能够适应某种工作。

10.3 公平与效率

1. 公平与效率的含义

关于公平的含义，亚当·斯密在《国民财富的性质和原因的研究》中叙述：公平是指在市场经济的自由竞争中，每个人都应当具有平等竞争的机会和权利，或是指在机会公平和规则公平的前提下，社会收入分配差距要适度，不造成两极分化。

经济学中认为，收入分配一般有三种标准。

（1）贡献标准，即按社会成员的贡献分配社会产品，如前面讲到的按照生产要素的价格进行分配，这种方法能够保证经济效率，但由于社会成员的能力、机遇等原因，易引起收入分配在实际占有上的不平等。

（2）需要标准，即按社会成员对生活必需品的需要分配社会产品，这是一种理想化的分配模式，但现阶段还不具备这种分配模式的社会基础。

（3）平等标准，即按照社会某种公平的准则来分配社会产品。后两种方式有利于分配的平等，但不利于效率的提高。所以公平与效率，一直是经济学家争论的一对矛盾。当今，这一矛盾的调节一般是通过政府政策来解决。

关于效率的含义，主要是一个经济学概念，是指一定条件下的投入与产出或成本与收益之间的比率。

2. 公平与效率的关系

社会中的每个集团都希望尽可能少纳税，尽可能多获得收益，而对公平的抱怨之声却不绝于耳。经济学家担心，为了保证每个人都有公平的一份，至少有某些做法可能会使将被分配的馅饼变小，以至于每个人的境况都变得更糟。

经济学家研究再分配的目的是为了澄清各种计划（包括不同的税制）的成本及后果。如果对富人课以重税，或者即使穷人有工作能力（除非处于失业状态）仍然对他们提供支持，那么这种税制可能会对激励产生不利影响。经济学家试图准确计算这些影响到底有多重要。

效率与公平之间存在着这样的一种相互制约、相互影响的关系。

（1）效率是公平的基础。从历史上看，只有效率提高到产生了剩余物品的程度，才会形成公平问题。在效率低下、还没有产生剩余物品时，空谈公平就失去了意义。也就是说，效率使公平建立在更雄厚的物质基础上，公平的最终实现要以效率的极大提高为基础。

（2）公平促进效率。分配公平合理能够使各个阶层的劳动者充分发挥其主动性、创造性和积极性，能够促使社会的稳定发展，从而全面促进劳动效率的提高。相反，严重的分配不公，无论是平均主义的分配方式，还是收入差距的过大乃至产生两极分化，都会降低劳动者的积极性，增加社会的不稳定因素甚至发生社会骚动，影响效率。

经济学家集中研究了下面这两种取舍关系，即在公平（如何分配馅饼）与效率（馅饼的大小）之间的取舍，以及降低生活水平的风险（通过提供社会保险）与经济激励之间的取舍关系。隐藏在这些背后的是基本的社会价值观问题：如果承认能够做出选择的经济约束条件，我们想要一种什么样的社会？这些价值观不但涉及效率、公平和经济保障问题，而且还涉及个人权利和社会责任问题。

3. 衡量收入分配的工具——洛伦兹曲线与基尼系数

（1）洛伦兹曲线。洛伦兹曲线（Lorenz curve）是由美国统计学家 M. O. 洛伦兹提出来的，旨在用以比较和分析一个国家在不同时代，或者不同国家在同一时代的收入和财富的分配与占有平等情况。该曲线作为一个总结收入和财富分配信息的便利的图形方法得到广泛应用。

通过洛伦兹曲线，可以直观地看到一个国家收入分配平等或不平等的状况。该曲线的具体做法是：首先将人们的收入由低到高的顺序排队，然后统计经济中收入最低的 10% 人群的总收入在整个经济的总收入中所占的比例，再统计经济中收入最低的 20% 的人群的总收入在整个经济的总收入中所占比例，……，依此类推。然后将这样的人口累计百分比和收入累计百分比的对应关系描绘在图形上，便得到洛伦兹曲线。如图 10—5 所示。

图中横轴 OH 表示人口（按收入由低到高分组）百分比，纵轴 OM 表示收入的累计百分比，曲线 ODL 就是洛伦兹曲线。与洛伦兹曲线相对应的还有两条曲线，一条是 45°线 OL，它表示总人口中每一定百分比的人口所拥有的收入，在总收入中也占相同的百分比，即每个人的收入是均等的，因此称为绝对平均线；另一条是折线 OHL，表示社会全部收入为一人所全部占有，其余的人收入为零，称为绝对不平均线。

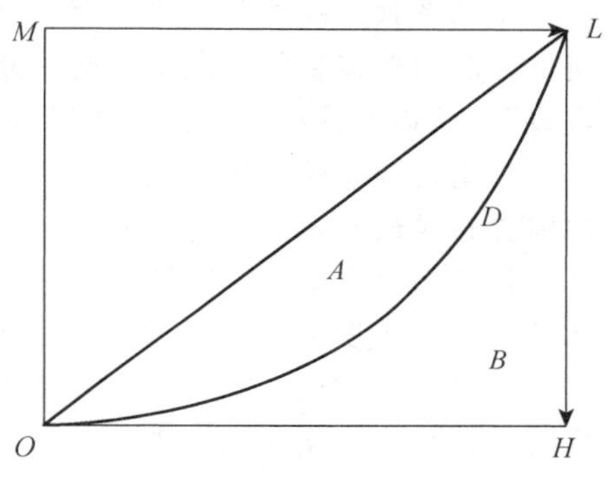

图 10—5　洛伦兹曲线

当然，绝对平均和绝对不平均是收入分配中的两种极端情况，在现实社会中是不存在的，因此，绝对平均线与绝对不平均线也仅仅限于理论上的研究。实际的社会收入分配状况总是介于绝对平均和绝对不平均之间，反映实际收入分配状况的洛伦兹曲线也就介于上述两条曲线之间，洛伦兹曲线与绝对平均线越接近，曲线越直，说明社会收入愈平均；反之，洛伦兹曲线与绝对不平均线越接近，曲线越弯，说明社会收入分配越悬殊，两极分化越严重。

（2）基尼系数。基尼系数（Gini Coefficient）是意大利经济学家基尼（Corrado Gini，1884—1965 年）于 1922 年提出的，是用于定量测定收入分配差异程度或平等程度的指标。

将洛伦兹曲线与绝对平均线之间的部分 A 叫作“不平等面积”，当收入分配达到完全不平等时，洛伦兹曲线成为折线 OHL，OHL 与绝对平均线之间的面积 $A+B$ 叫作“完全不平等面积”。不平等面积与完全不平等面积之比，即为基尼系数，表示为 $G=A/(A+B)$。显然，基尼系数的值在 0 和 1 之间波动。越接近 0 就表明收入分配越是趋向平等，反之，收入分配越是趋向不平等。按照国际一般标准，0.4 以上的基尼系数表示收入差距较大，当基尼系数达到 0.6 以上时，则表示收入差距很大。

基尼系数的经济学含义是：在全部居民收入中，用于进行不平等分配的那部分收入占总收入的百分比。基尼系数最大为“1”，最小为“0”。前者表示居民之间的收入分配绝对不平均，即 100% 的收入被一个单位的人全部占有了；而后者则表示居民之间的收入分配绝对平均，即人与人之间收入完全平等，没有任何差异。但这两种情况只是在理论上的绝对化形式，在实际生活中一般不会出现。因此，基尼系数的实际数值只能介于 0～1 之间。

目前，国际上用来分析和反映居民收入分配差距的方法和指标很多。基尼系数由于给出了反映居民之间贫富差异程度的数量界线，可以较客观、直观地反映和监测居民之间的贫富差距，预报、预警和防止居民之间出现贫富两极分化，因此得到世界各国的广泛认同和普遍采用。

我国的基尼系数

国家统计局局长马建堂于2013年1月18日表示，中国全国居民收入的基尼系数，2003年是0.479，2004年是0.473，2005年0.485，2006年0.487，2007年0.484，2008年0.491。然后逐步回落，2009年0.490，2010年0.481，2011年0.477，2012年0.474。

基尼系数是经济学中用于衡量居民收入差距的常用指标，基尼指数在0和1之间，数值越低，表明财富在社会成员之间的分配越均匀。国际上通常把0.4作为收入分配差距的“警戒线”。根据世界银行数据，2010年全球基尼系数平均为0.44。

西南财经大学中国家庭金融调查与研究中心在2012年12月曾发布报告称，2010年中国家庭收入的基尼系数为0.61。

据马建堂介绍，世界银行测算的中国基尼系数2008年是0.474。2009年，阿根廷0.46、巴西0.55、俄罗斯0.40，墨西哥2008年的基尼系数是0.48、印度2005年的基尼系数是0.33。

马建堂介绍道，“从去年12月1日开始，全国40万户居民已经按照全国统一的城乡可比的统计标准、指标体系进行记账。根据这个新的全国统一城乡可比的统计标准分类口径，我们对历史的分城乡的老口径的住户基础资料，特别是收入资料，进行了整理、计算，然后得出2003年到2011年全国居民基尼系数。”

对于怎么看待上述基尼系数，马建堂说，“第一，这些数据、这个曲线说明了我们国家加快收入分配改革、缩小收入差距的紧迫性。因为0.47到0.49之间的基尼系数不算低。第二，说明了从2008年金融危机以后，随着我国各级政府采取了惠民生的若干强有力的措施，中国的基尼系数从2008年最高的0.491逐步地有所回落。”

马建堂说，“下一步，我们还是要立足中国的基本国情。中国的基本国情就是社会主义初级阶段、发展中国家，立足于这个基本国情，正确处理市场与效率、发展与分配的关系，一手抓科学发展，把我们的蛋糕做得更大，另一手狠抓收入分配，把我们的蛋糕分得更好，从而使我们在全面建成小康社会的时候，不只是我们居民人均收入和GDP翻了一番，而且我们的分配要分得更好，中低收入居民的收入力争要增加得更多一些。”

马建堂说，“研究中国的收入差异，有两个基本的事实。中国农民是一个什么样的生产方式？基本上建立了承包制基础上的土地占有相对比较平均的农业生产方式，都有自己的承包地，但不多。在这种基础上，农村居民的收入一定会和土地制度有关系，与土地占有的差异不是特别有关系。意思就是说，中国农民的土地占有差异不大。中国城镇就业人口大约是3.7亿，很多在政府机关、国有企事业单位工作。当然，不是说中国收入分配差距问题不突出。0.49～0.47的基尼系数应该反映收入差距还是比较大的，城乡差距大概有3倍。按照城镇工资统计，高收入行业和低收入行业大概有4倍左右的差距。”总之，要科学地、客观地、理性地分析中国的收入差距。只有这样，才能制订出科学的、理性的收入分配改革方案。

（资料来源：财经网，《国家统计局：2012年中国基尼系数0.474　2008年后逐步回落》2013年1月18日，有删节。）

复习思考题

一、基本概念

市场失灵 外部性 正外部性（外部经济） 负外部性（外部不经济） 公共物品 私人物品 不对称信息 道德风险 逆向选择 政府管制 矫正税 产权 交易成本 科斯定理 洛伦兹曲线 基尼系数

二、选择题

1. 市场失灵是指（　　）。
   A. 在私人部门和公共部门之间资源配置不均
   B. 不能产生任何有用成果的市场过程
   C. 以市场为基础的对资源的低效率配置
   D. 收入分配不平等
2. 下面会导致市场失灵的情况是（　　）。
   A. 完全竞争　　B. 垄断
   C. 广告竞争太激烈　　D. 不断的创新活动
3. 导致市场失灵是因为经济中存在（　　）。
   A. 竞争不完全和信息不完全　　B. 公共物品
   C. 外部性　　D. 以上都是
4. 在政府对自然垄断管制的政策中，经常使用价格管制，政府通常使垄断厂商的价格等于（　　）。
   A. 平均成本　　B. 边际成本　　C. 平均收益　　D. 边际收益
5. 在不完全竞争市场中出现低效率的资源配置是因为产品价格（　　）边际成本。
   A. 小于　　B. 大于　　C. 等于　　D. 可能不等于
6. 为了提高资源配置效率，政府对竞争性行业厂商的垄断行为（　　）。
   A. 是限制的　　B. 是提倡的
   C. 不管的　　D. 有条件地加以支持的
7. 某一经济活动存在外部不经济是指该经济活动（　　）。
   A. 私人成本大于社会成本　　B. 私人成本小于社会成本
   C. 私人利益大于社会利益　　D. 私人利益小于社会利益
8. 可用来描述一个养蜂主与其邻近的经营果园的农场主之间的影响的术语是（　　）。
   A. 外部不经济　　B. 外部经济
   C. 外部有害　　D. 以上都不是
9. 某个厂商的一项经济活动对其他厂商产生的有利影响，称作（　　）。
   A. 生产的外部不经济　　B. 消费的外部不经济
   C. 生产的外部经济　　D. 消费的外部经济

10. 某人的吸烟行为属于（　　）。

A. 生产的外部经济　　B. 消费的外部经济

C. 生产的外部不经济　　D. 消费的外部不经济

11. 政府提供的物品（　　）。

A. 一定是公共物品　　B. 不都是公共物品

C. 大部分是公共物品　　D. 少部分是公共物品

12. 公共产品的产权是属于社会，而不属于任何个人是指它的（　　）。

A. 排他性　　B. 非排他性　　C. 竞争性　　D. 非竞争性

13. 市场不能提供纯粹的公共物品，是因为（　　）。

A. 公共物品不具有排他性　　B. 公共物品不具有竞争性

C. 消费者都想免费“搭便车”　　D. 以上三种情况都是

14. 卖主比买主知道更多关于商品的信息，这种情况被称为（　　）。

A. 信息不对称问题　　B. 搭便车问题

C. 道德陷阱　　D. 逆向选择

15. 下列最有可能存在信息不对称问题的是（　　）市场。

A. 牙膏　　B. 电器　　C. 旧车　　D. 香皂

16. 为减少对环境的污染，政府可以采取的方法是（　　）。

A. 对污染排放征税　　B. 对治理污染补贴

C. 可交易许可证　　D. 以上均可

17. 为了提高资源配置效率，政府对自然垄断部门的垄断行为是（　　）。

A. 不加管制的　　B. 加以管制的

C. 尽可能支持的　　D. 坚决反对的

18. 衡量社会收入分配公平程度的曲线是（　　）。

A. 洛伦兹曲线　　B. 菲利普斯曲线

C. 契约线　　D. 工资曲线

19. 如果收入分配不均等，洛伦兹曲线就会（　　）。

A. 越直　　B. 越弯曲　　C. 越小　　D. 越长

20. 根据基尼系数的大小，下列四个国家中分配最为平均的国家是（　　）。

A. 甲国的基尼系数为0.1　　B. 乙国的基尼系数为0.15

C. 丙国的基尼系数为0.2　　D. 丁国的基尼系数为0.18

三、判断题

1. 市场失灵是指市场没有达到可能达到的最佳效果。（　　）

2. 市场经济在任何情况下都能充分有效地发挥资源的配置作用。（　　）

3. 外部经济说明私人利益大于社会利益。（　　）

4. 由于垄断会使效率下降，因此任何垄断都是要不得的。（　　）

5. 在垄断存在的情况下，政府必须进行控制，其目标是实现帕累托最优，同时兼顾公平。（　　）

6. 在不完全信息条件下，降低商品和要素价格一定会刺激消费者对该商品的需求。（　　）

7. 产生逆向选择时，不一定都需要进行行政干预，可以通过有效的制度安排和有力措施加以排除。(　　)

8. 完全竞争市场一定比垄断更能保证生产资源的有效利用。(　　)

9. 公共物品既不具有竞争性，又不具有排他性。(　　)

10. 科斯主张用产权明确化的办法，来解决外部性问题。(　　)

四、思考题

1. 什么叫市场失灵？哪些情况会导致市场失灵？

2. 垄断为什么不能实现帕累托最优？

3. 外部性如何干扰市场对资源的配置？经济学中认为应当如何解决外部性问题？

4. 公共物品和私人物品的区别是什么？为什么说在公共物品的生产上市场是失灵的？

5. 请举例说明为什么信息不对称会导致市场机制不能使资源配置达到最大效率？

答 案

二、选择题

1. C　2. B　3. D　4. A　5. B　6. A　7. B　8. B　9. C　10. D　11. B　12. B　13. D　14. A　15. C　16. D　17. B　18. A　19. B　20. A

三、判断题

1. 对　2. 错　3. 错　4. 错　5. 对　6. 错　7. 对　8. 错　9. 对　10. 对

第二部分

宏观经济学

经过微观经济学的学习之后，我们对于单个经济体如何做出决策，产品和生产要素的产量和价格如何决定及市场机制如何实现社会福利等方面有了较为系统的认识。现在，把分析视角从个量分析转向一个国家或一个经济体，开始学习宏观经济学。

自20世纪30年代凯恩斯发表《通论》以来，现代宏观经济学的产生和发展只有半个多世纪的历史。正如导论所言，宏观经济学是研究国民经济系统整体运行的经济理论。宏观经济学采用总量分析方法，对经济运行的总量及其影响因素进行考察，特别是对经济社会中商品和劳务的总产量、价格水平和就业水平进行分析，说明这些有意义的宏观总量如何决定及引起这些总量波动的原因，并且提出促进增长和减少波动的对策。

第11章　国民收入核算

作为研究一国整体经济活动的宏观经济学，其重要基础之一是对整体经济活动的衡量，这种衡量就是联合国经济和社会事务部统计处公布的国民经济账户体系（The System of National Accounts），简称为SNA体系。这一体系目前被世界上大多数国家采用。本章将介绍该体系下的主要指标。

11.1　经济的收入与支出

判断一个人，一个家庭在经济上是否成功，首先看他的收入，高收入者负担得起生活必需品和奢侈品。同样的逻辑也适用于一国的整体经济，当衡量一国经济是贫穷还是富有时，自然就会考察经济中所有人赚到的总收入。

在本章中，我们用GDP（国内生产总值）来衡量一国经济的状况，也就是经济中所有人的总收入和用于经济中物品与劳务产出的总支出。由于经济活动的每一次交易都有两方，即买者和卖者，所以对于整体经济而言，其收入必定等于支出。所以GDP既衡量收入又衡量支出。说明收入和支出相等的另一种方法是用图11—1所示的循环流向图（Circular-flow Diagram）。为了简化复杂的经济，这个模型假设一个经济体由两类决策者（家庭和企业）所组成，即两部门经济（全面分析则是加入政府和国际贸易在内的四部门经济）。

图11—1描述了一个封闭的经济体，在这个经济体中，由家庭和企业做出决策，家庭和企业在物品与劳务市场（在这个市场上，家庭是买者而企业是卖者）及生产要素市场（在这个市场上，企业是买者而家庭是卖者）上相互交易。外圈的箭头表示货币的流向，内圈的箭

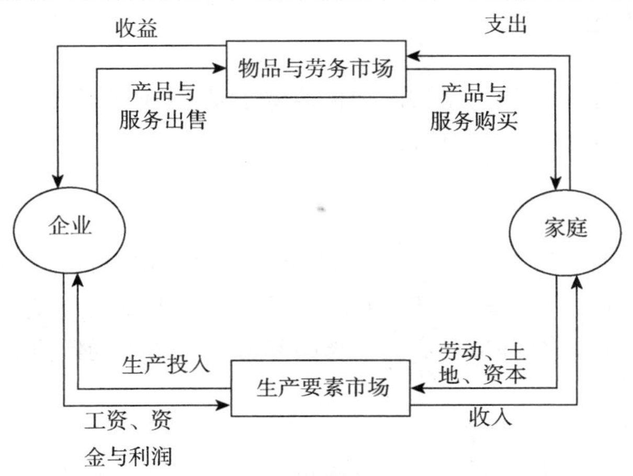

图11—1　循环流向图

头表示相应的物品与劳务的流向。

在这个模型中，经济决策由家庭和企业各自做出。企业用劳动、土地和资本（建筑物和机器）这些投入来生产物品和劳务，这些投入就是前面分析的生产要素。家庭拥有生产要素并消费企业生产的所有物品与劳务。

家庭和企业在两类市场上相互交易。在物品和劳务市场上，家庭是买者，而企业是卖者。特别是家庭购买企业生产的物品与劳务；在生产要素市场上，家庭是卖者，而企业是买者。在这些市场上，家庭向企业提供用于生产物品与劳务的投入，如劳动、土地和资本。循环流向图提供了一个把家庭与企业之间发生的所有经济交易组织在一起的简单方法。

循环流向图里面一圈表明家庭与企业之间物品与劳务的流向。家庭在生产要素市场上把劳动、土地和资本出售给企业使用。然后企业用这些要素生产物品与劳务，这些物品与劳务又在物品与劳务市场上出售给家庭。因此，生产要素从家庭流向企业，而物品与劳务由企业流向家庭。

循环流向图外面一圈表明相应的货币流向。家庭支出货币去购买企业的物品与劳务。企业用这种销售的部分收益对生产要素进行支付，例如，企业支付工人的工资。所剩下的是企业所有者的利润，企业所有者本人也是家庭成员。因此，对物品与劳务的支出从家庭流向企业，而收入以工资、租金和利润的形式从企业流向家庭。

于是，在这个模型中，家庭从企业购买物品与劳务，同时这些支出通过物品和劳务市场流动；而企业用销售所得收入来支付工人工资、地主的租金和企业所有者的利润，这些收入通过生产要素市场流动。货币从家庭流向企业，然后又流回家庭。GDP 衡量这个过程中的货币流量，GDP 既等于家庭在市场上为物品和劳务支付的总额，也等于企业在市场上为生产要素支付的工资、租金和利润总额。因此从循环流向图中，可以得到用两种方法（加总家庭的总支出或加总企业支付的总收入）计算出的 GDP 是相同的。

但是现实经济比图 11－1 所描述的经济要复杂得多，比如家庭可能并没有支出其全部收入，但基本的经验是相同的，无论对于家庭还是企业购买的物品和劳务，交易总有买者和卖者。所以，对于总体经济而言，支出等于收入。

11.2 国内生产总值的衡量

在国民经济账户体系中，最为重要的指标或概念是 GDP（国内生产总值），本节将介绍国内生产总值的基本含义及一般核算方法。

11.2.1 GDP 的含义

在上一节中，大致介绍了国内生产总值的含义，本节将更详细地说明如何衡量这个指标。国内生产总值（Gross Domestic Product，GDP）是指在某一既定时期（通常指一年）一个国家（或地区）生产的全部最终产品（物品和劳务）的市场价值总和。这一定义含有以下几个方面的意思。

1. GDP 是一个市场价值的概念

各种最终产品的价值都是使用货币加以衡量的。产品的市场价值就是用最终产品的单位价格乘以产量得到的。如某国一年生产 100 万台计算机，平均每台计算机的价格是 600 美元，则该国一年生产计算机的市场价值为 6 亿美元，也就意味着该年度中该国的计算机产业为该国的 GDP 总量贡献了 6 亿美元的量。

由此看来，具体 GDP 的值会受到产品当年市场价格水平的影响，关于这一点，将会在后面继续讨论。

2. GDP 是衡量所有最终产品的市场价值

由于 GDP 衡量的是所有最终产品的市场价值，所以，中间产品不计入 GDP，否则会造成重复计算。所谓最终产品是在一定时期内由最终使用人购买的产品和服务，而中间产品则是由企业购买并生产最终产品的产品和服务。在现代经济中，许多产品都经历若干生产阶段。例如生产面包：农民种植小麦，以一元的价格卖给面粉厂，面粉厂把小麦磨成面粉，并以 2 元的价格卖给面包房，面包房将面粉制成面包后，在市场上以 4 元的价格卖给消费者，那么一个面包的生产应该有 4 元计入 GDP。如果对中间产品和最终产品不加以区分，将所有产品价值进行加总（1 元＋2 元＋4 元＝7 元）计入 GDP，就会出现重复计算，GDP 就会被夸大。因为中间产品的价值已经转移到最终产品中，也就是说，面包的市场价值已经包括了小麦和面粉的市场价值。

但是在实际经济中，有时候很难区分一种产品是属于最终产品还是中间产品。例如木材可以作为中间产品用于家居行业的生产原料，但是也可以作为最终产品用于家庭生活中的生火、做饭、取暖等。为了解决这个问题，在 GDP 的实际计算中采用了增值法（又称增加值法），即加总每一生产阶段的价值增加值。每一阶段的增加值等于该阶段产品的价值减掉购入的中间产品的价值。以生产面包为例，如表 11－1 所示，其增加值总额是 4 元（1 元＋1 元＋2 元＝4 元），即等于最终产品面包的价值 4 元。

表 11－1　一个面包在生产中的增加值

生产阶段	中间产品价值	产品售价	增加值
种植	—	1	1
磨面	1	2	1
面包	2	4	2

另外，当生产出来的中间产品没有被使用，而是增加了企业以后使用或存货时，中间产品被暂时作为最终物品，其价值作为存货投资计算在 GDP 内，因此存货计入当期的 GDP 统计中，当存货被使用或出售时，再从 GDP 中扣除。

3. GDP 衡量的是所有的最终产品

GDP 所衡量的是所有的最终产品，它包括在一个经济体中生产并在市场上合法销售的所有产品和服务，比如计算机、纽扣、图书、理发、房租、医疗等的市场价值总和。但是，现实经济中由于衡量困难，还有一些物品没有或无法纳入 GDP 当中，例如非法的毒品、地下经济等。GDP 也不包括在家庭内部生产和消费却没有进入市场的产品和服务，如家务劳动、自给自足生产等非市场活动。举个例子，一个女佣人给一个单身男主人提供有偿家务劳动，她所得到的报酬计入 GDP，但是一旦她嫁给了男主人，同样的劳动却不能计入 GDP。

地下经济

按照广义的定义，地下经济，有时又被称作灰色经济、非正式经济或影子经济等，包括合法但没有报告或记录的交易。这是一张大网，包括清扫家庭的费用，与邻居一起修缮房屋的费用等。但这却不是全部，例如，毒品交易、卖淫、赌博等这些非法交易单纯从经济的角度来分析，也符合GDP构成的要素。但是其交易金额根本无从估计，所以大家更关心地下交易中合法交易的规模。

经济的发达程度会影响到地下经济占GDP的比率。在发达的经济体中，由于社会分工细致，所以社会生产的产品和劳务更加容易在市场中流通，因此地下经济所占比重相对较小。而在一些经济不发达的地区，经济更加偏向于自给自足，以至社会生产的大部分产品和劳务根本不能出现在市场流通之中，因此，地下经济所占比重较大。因此，经济学家普遍认为，发展中国家的影子经济更严重，这和这些国家臭名昭著的官僚作风和腐败不无关系。如表11—2所示。

表11—2　各国地下经济占比

国别	地下经济占GDP的比率/%
玻利维亚	68
津巴布韦	63
秘鲁	61
泰国	54
墨西哥	33
阿根廷	29
瑞典	18
澳大利亚	13
英国	12
日本	11
瑞士	9
美国	8

（资料来源：Friedrich Schneider. Figures are for 2002。）

（资料来源：曼昆．经济学基础［M］．梁小民，译．北京：中国人民大学出版社，2010.）

4. GDP是一定时期内的价值量

GDP是计算期内（如2014年）所生产的最终产品的价值，包括当期（当年）生产的物品与劳务，不包括过去生产物品的交易。因而是流量而不是存量。流量是一定时期内发生的变量，存量是一定时点上存在的变量。当一个人花了2万美元买了一辆二手车时，这2万美元不能计入GDP，因为它在生产年份已经计算过了，但买卖这辆车的经纪人的费用可计入

GDP，因为这笔费用是经纪人买卖二手车过程中获得的劳务报酬。

5. GDP核算的范围

GDP是指一个经济体（一般指一个国家，也可以是特定的经济体范围）范围内生产的最终产品的市场价值，它是一个地域概念，衡量的生产价值局限于一个国家的地理范围之内。与此相联系的国民生产总值（GNP）则是一个国民概念，它指的是某国国民所拥有的全部生产要素所生产的最终产品的市场价值。因此，一个在美国工作的中国公民的收入要计入中国的GNP中，但不计入中国的GDP中，而是计入美国的GDP中。

通过以上对GDP的分析，可以看出这个定义的中心是把GDP作为经济中的总支出，但是由于经济中每一次交易都有双方，收入必然等于支出，所以，还可以用加总经济中总收入的办法来计算GDP。理论上讲这两种衡量方法的结果应该是相同的，但实际数据来源可能并不完全一致。因此，GDP这两种计算结果之间的差额称为统计误差。

11.2.2 衡量国民收入的其他指标

在国民收入核算体系中，还包括与GDP定义略有不同的其他总量指标，以下一一介绍。

1. 国民生产总值

国民生产总值（Gross National Product，GNP）是指一个国家（或地区）所有国民在一定时间内，运用其所拥有的生产要素生产的所有最终产品和劳务的市场价值的总和。GDP是按国土原则计算，而GNP是按国民原则计算。

GNP包含本国国民从国外取得的工资、投资收益、利息收入等，但同时也要扣除本国支付给国外的相应部分支出。即：

国民生产总值（GNP）＝国内生产总值（GDP）＋本国公民在国外获得的要素收入－外国公民在本国获得的要素收入

GDP则不考虑从国外获得的收入和对国外的相应支出。GNP的概念弥补了GDP的不足之处，相对于GDP来说，GNP更能反映一国的实际富裕程度。

2. 国内生产净值与国民生产净值

GDP和GNP只考虑相应经济单位在既定时期内生产的产品和服务，并未考虑同时期为生产这些产品和服务而产生的资本设备折旧。如果在GDP和GNP中扣除了这些资本设备折旧，则构成了国内生产净值（Net Demostic Product，NDP）和国民生产净值（Net National Product，NNP）。即：

国民生产净值（NNP）＝国民生产总值（GNP）－折旧

国内生产净值（NDP）＝国内生产总值（GDP）－折旧

NDP和NNP更接近于相应经济单位在既定时期内生产产品和劳务的净值。

3. 国民收入

此处国民收入是狭义的国民收入概念，是指一国在一定时期内，按生产要素报酬计算的国民收入，即工资、利息、租金和利润的总和。从国民生产净值中扣除企业间接税和企业转移支付，再加上政府补助金就得到这一狭义国民收入（National Income，NI）。即：

国民收入（NI）＝国民生产净值（NNP）－间接税＋补助金

因为间接税和企业转移支付是计入产品价格的，但是却不参与要素分配，所以要扣除；而政府补助金却相反，不计入价格，但却成为要素收入，因此要加上。

4. 个人收入

个人收入（Personal Income，PI）是指一国在一定时期内，所有个人实际得到的全部收入。国民收入中三个部分不会成个人收入，它们是公司未分配利润、公司所得税及社会保险费；另一方面，人们还会从政府获得失业救济金、退休金等政府转移支付和利息调整作为个人收入。因此，国民收入减去公司未分配利润、公司所得税和社会保险税，加上政府转移支付，就得到个人收入。

个人收入(PI)＝国民收入(NI)－(公司所得税＋社会保险税＋公司未分配利润)＋政府和企业给个人的转移支付＋利息调整

5. 个人可支配收入

个人可支配收入（Disposable Personal Income，DPI）是指一国在一定时期内，个人可随意用来消费或储蓄的收入数量。个人收入扣除个人所得税即为个人可支配收入。

个人可支配收入（DPI）＝个人收入（PI）－个人所得税

虽然各种收入衡量指标在细节上不同，但是它们说明了相同的经济状况。当 GDP 迅速增长时，这些收入衡量指标也迅速增长；当 GDP 减少时，这些衡量指标也减少。就监测经济整体的波动来说，用哪一种收入衡量指标无关紧要。

从 MPS 到 SNA

世界上曾经存在两种不同模式的国民经济核算体系：一种是“国民账户体系”（The System of National Accounts，SNA)；另一种是“物质产品平衡表体系”（The System of Material Product Balances，MPS)。MPS 是基于马克思的剩余价值理论而建立起来的国民经济核算体系，主要是为适应计划经济体制而设计、产生和发展的，20 世纪 90 年代以前，这种核算体系在苏联、东欧、中国等计划经济国家广泛使用。但随着计划经济体逐步转向市场经济，MPS 现在基本被弃用。

当前世界各国普遍使用的是 SNA，SNA 是基于凯恩斯的所得支出方法，经过斯通(Richard Stone)和库兹涅茨（Simon Kuznets）改造而建立起来的国民经济核算体系，称为国民账户体系。其基础是联合国 1947 年公布的《国民收入的计量和社会核算表的编制》及 1953 年公布的《国民核算表及补充表体系》(称旧 SNA)。SNA 以国民收入生产、分配和使用过程为基础来描述国民经济运行。1968 年联合国公布了《国民账户核算体系》(The System of National Accounts，SNA)，并于 1970 年在世界各国推行实施，20 世纪 90 年代发展到在 170 多个国家推行采用。1993 年联合国第 27 届统计委员会会议又通过了关于 SNA 的修改方案，在总结各国 SNA 实践和应用基础上，进一步改进和完善了国民经济核算体系。目前国际上基本全部实行 SNA 基础上的国民经济核算体系，国民经济核算体系实现了全球一体化。

我国原来实行的是计划经济条件下的 MPS。1992 年我国提出了国民经济核算体系的试行方案，并确定在 1992—1995 年期间分两步实施。这标志着我国国民经济核算体系工作正式步入国际一体化的 SNA 体系行列。1998 年国家统计局在总结多年实践的基础上，制定了新的国民经济核算体系，并于1998年在《中国统计年鉴》中正式定期公布国民经济核算体系统计数据。

SNA体系中，广义的国民收入是由一系列的概念构成的，它一般被认为通常包括以下几个总量：国内生产总值、国民生产总值、国内生产净值、狭义的国民收入、个人收入和个人可支配收入。对于这些总量的核算构成了广义的国民收入核算。国民收入核算是宏观经济学研究的基础和前提。

11.2.3 名义GDP与实际GDP

如前所述，国内生产总值GDP是一个市场价值的概念，是用货币来计算的，因此，一国GDP数值的变动由两个因素造成：①所生产的物品与劳务的数量变动；②所生产的物品和劳务价格的变动。

名义GDP是用当年的价格计算的全部最终产品和劳务的市场价值。数量变动引起的国内生产总值的变动，反映了国民产品总量的实际变动；而价格变动引起的国内生产总值变动，不能真实地反映国民产品总量的实际变动，如果要比较不同年份国民产品总量的大小，就必须剔除价格变动对国内生产总值的影响。为此，需要引入实际GDP这个概念。实际GDP是指用从前某一年作为基期的价格水平（即不变价格）来计算现期（当年）的全部最终产品的市场价值。

例如，假设某国某年生产的所有最终产品和劳务的数量分别为Q_1，Q_2，…，Q_n，当年各产品和劳务的价格水平分别为P_1，P_2，…，P_n，而这些产品和劳务在基年的价格分别为Pb_1，Pb_2，…，Pb_n，则该年的名义GDP和实际GDP的计算分别为：

$$名义GDP=Q_1P_1+Q_2P_2+\cdots+Q_nP_n \quad (11-1)$$

$$实际GDP=Q_1Pb_1+Q_2Pb_2+\cdots+Q_nPb_n \quad (11-2)$$

例如，假设某国只生产两种产品——小麦和衣服，两种产品在2000年、2001年和2002年的价格和产量如表11—3所示。

表11—3 名义GDP与实际GDP

年份	小麦/(元/斤)	小麦产量/斤	衣服/(元/件)	衣服产量/件	名义GDP/元	实际GDP/元	GDP平减指数
2013	1	1 000	2	500	2 000	2 000	100
2014	2	1 300	4	900	6 200	3 100	200
2015	4	1 200	6	1 100	11 400	3 400	335

2013年名义GDP的核算，是用2013年的价格×2013年的产出，即小麦的单价×小麦的产量+衣服的单价×衣服的产量=1×1 000+2×500=2 000元；

2014年的名义GDP的核算，是用2014年的价格×2014年的产出，即小麦的单价×小麦的产量+衣服的单价×衣服的产量=2×1 300+4×900=6 200元；

2015年的名义GDP的核算，是用2015年的价格×2015年的产出，即小麦的单价×小麦的产量+衣服的单价×衣服的产量=4×1 200+6×1 100=11 400元；

如果将某一年份，例如2013年确定为基期，按基期价格来计算3年的实际GDP如下：

2013年的实际GDP的核算，使用2013年的价格×2013年的产出，即小麦的基期单价×小麦的产量＋衣服的基期单价×衣服的产量＝1×1 000＋2×500＝2 000元；

2014年的实际GDP的核算，使用2013年的价格×2014年的产出，即小麦的基期单价×小麦的产量＋衣服的基期单价×衣服的产量＝1×1 300＋2×900＝3 100元；

2015年的实际GDP的核算，使用2013年的价格×2014年的产出，即小麦的基期单价×小麦的产量＋衣服的基期单价×衣服的产量＝1×1 200＋2×1 100＝3 400元；

表11－2中，2014年的名义GDP比2013年的名义GDP增加了210％（(6 200－2 000)÷2 000×100％），2015年的名义GDP则比2014年的名义GDP增加了83.8％（(11 400－6 200)÷6 200×100％）。剔除物价变动因素，2014年的实际GDP比2013年的实际GDP只增加了55％（(3 100－2 000)÷2 000×100％），2015年的实际GDP比2014年的实际GDP只增加了9.7％（(3 400－3 100)÷3 100×100％），此处的增加完全是由于产量的增加所带来的。

由此可见，实际GDP的计算可以消除价格变动的影响，使我们清楚了解到该时期相对于其他时期的产品和劳务产量的实际变化程度，通过把价格固定在基期水平得到实际GDP，就能比较不同年份国民产品总量的大小，从而反映社会福利的实际改善，所以当经济学家谈到GDP时，通常是指实际GDP。

某一年名义GDP与实际GDP之比，又被称作国内生产总值平减指数（也称为缩减指数、GDP折算数等）。即：

$$\text{GDP平减指数}=(\text{名义 GDP}/\text{实际 GDP})\times 100 \tag{11－3}$$

在上例中，基期（2013年）的GDP平减指数为100；2014年平减指数为200，表明2014年相比于基期（2013年）物价水平上涨了100％；2015年平减指数为335，表明2015年相比于基期（2013年）物价水平上涨了235％；因此，GDP平减指数能够反映出本年度的价格水平相对于基年的价格水平的变动幅度。同时GDP平减指数也是反映通货膨胀的重要指标，这一点我们将在后面介绍。

11.2.4 人均GDP

人均GDP（Real GDP per capita），也称作“人均国内生产总值”，常作为发展经济学中衡量经济发展状况的指标，是反映一个国家经济发达程度的重要指标。在衡量一国的经济发达程度或在比较各国经济发展水平时，用实际GDP只能比较一国经济总量的变化，并无其他实际意义，因为一个经济相对落后大国的GDP可能比一个经济相对发达小国的GDP高得多。因此应当用人均GDP来反映一国的经济发达程度。表11－4是IMF（国际货币基金组织）公布的世界各国家和地区人均GDP（2011）前20强。其中，中国人均GDP排名第87名，人均GDP为5 432美元。

人均GDP的计算方法是：

$$\text{人均 GDP}=\frac{\text{GDP}}{\text{年平均总人口}}=\frac{\text{GDP}}{(\text{年初总人口}+\text{年末总人口})/2}$$

表11－4 2011年世界人均GDP排名

排名	国家或地区	人均GDP/美元
1	卢森堡	122 272
2	卡塔尔	97 967
3	挪威	96 591
4	瑞士	84 983
5	澳大利亚	66 984
6	阿联酋	66 625
7	丹麦	63 003
8	瑞典	61 098
9	荷兰	51 410
10	加拿大	51 147
11	新加坡	50 714
12	奥地利	50 504
13	芬兰	50 090
14	爱尔兰	48 517
15	美国	48 147
16	比利时	48 110
17	科威特	46 461
18	日本	45 774
19	德国	44 558
20	法国	44 401

资料来源：国际货币基金组织。

11.3 GDP的组成部分

上面说到，核算GDP可以用支出法、收入法，另外还可以着眼企业，用生产法核算。下面重点介绍支出法和收入法。

11.3.1 支出法

支出法，又称最终支出法，产品流动法，是通过核算在一定时期内整个社会购买最终产品的总支出来计量GDP。经济中支出有多种形式，在现实生活中，对于产品和劳务的最后使用，除了居民消费，还有企业投资、政府购买和出口。因此，用支出法核算GDP（Y）就是核算经济社会（一国或一地区）在一定时期内消费（C）、投资（I）、政府购买（G）及净出口（NX）这几方面支出的总和。即

$$Y=C+I+G+\mathrm{NX}$$

其中，净出口＝出口－进口

下面进一步考察这四部分。

1. 消费

消费（Consumption）一般用C表示，是指居民私人的消费。它不同于我们平时所说的

消费概念，不包括政府部门和企业的消费性开支，例如，政府购买一辆汽车通常不被计入此处的消费支出，而被计入政府采购；而企业采购一辆汽车通常被计入投资支出。消费支出是家庭购买物品（包括耐用品如汽车、家电等和非耐用品如食品、衣服等）和劳务（包括理发、医疗、旅游等）的支出。但是购买新建住宅的支出则不包括在内。

2. 投资

投资（Investment）一般用 I 表示，是指对于用于再生产最终产品和劳务的采购支出。投资支出通常包括对企业的机器设备、存货的购买支出，以及对新建房屋的购买支出。新建住房的购买支出同时包含企业厂房的购买和居民住房的购买。在理解投资时要注意折旧这一概念，资本品在使用中由于损耗造成的价值减少称为折旧。折旧不但包括资本物品的物质磨损，还包括其他因素导致的价值减少，例如，一台机器使用年限虽然未到，但是过时了，其价值依然会贬损。GDP 的计算不考虑折旧因素，GDP 扣除折旧之后为 NDP（国内生产净值：Net Domestic Production）。

投资包括固定资产投资和存货投资两大类，固定资产投资指企业购买新厂房、新设备、新商业用房及新住宅的增加。居民购买新住宅属于居民投资而不是消费，因为住宅可以出租，和厂房、商业用房一样可以获得租金，即使自用住宅不出租时，理论上也可以估算房租，所以理论上购买新住宅应计入投资。

存货投资是企业某年度的存货价值的增加或减少。企业为了保持连续的生产和经营，必须掌握一定的存货，从这个意义上讲，存货同厂房、设备一样，是使人们生产出来的用于生产其他产品的资本财货，所以，存货的价值变动被看作是投资。如果全国企业年末的存货为 2 000亿美元而年初存货为 800 亿美元，则存货价值增加，存货投资为 2 000－800＝1 200（亿美元），存货投资是正值。如果年末存货价值小于年初存货，存货价值减少，存货投资为负值。

投资是一定时期内增加到资本存量中的资本流量，而资本存量则是经济社会在某一时点上的资本总量。例如，某国 2010 年投资 800 亿美元，该国 2010 年年末资本存量是 5 000 亿美元，假定由于机器厂房等不断磨损产生折旧 300 亿美元，则 800 亿美元投资中就有 300 亿美元是用于重置资本设备的，故称重置投资。净投资加重置投资称为总投资。用支出法计算 GDP 时的投资指的是总投资。

3. 政府购买

政府购买（Government Purchase）一般用 G 表示，包括中央和各级地方政府对物品和劳务的购买支出，例如，政府设立法院、提供国防、修筑道路及支付政府工作人员工资等。但是政府购买不等于政府的所有支出，政府支出的另一部分如支付社会保障等转移支付不计入 GDP，因为它们并不用于交换现期生产的物品与劳务。例如，政府向一位城市低保户支付最低生活保障金时，该项支付是政府的支出之一，但是却不属于政府购买的范围，因为政府并未向该低保户采购任何物品或劳务。该项转移支付改变了家庭收入，但是并未反映经济的生产。

4. 净出口

净出口（Net Export）一般用 NX 表示，净出口指进出口的差额。X 表示出口，M 表示进口，则 $X-M$ 就是净出口。本国出口到他国的产品和劳务，虽然由他国支出消费，但却是本国生产，自然属于本国 GDP 的计算范围；但是本国从他国进口的产品和劳务虽然由本国支出消费，却不属于本国生产，应该从本国的GDP中扣除，因此计算时只有用出口额减去进口额求得净出口才能正确核算GDP。净出口有可能为正，也有可能为负。

综上所述，用支出法计算GDP的公式可以写为：

$$Y=C+I+G+NX \tag{11-5}$$

我国2000—2012年用支出法核算的GDP如表11－5所示，作为比较，美国2011年用支出法得到的GDP如表11－6所示。

表11－5　按支出法计算的我国2000—2012年的GDP　（单位：亿元）

年份	国内生产总值	最终消费支出	资本形成总额	产品和服务净出口
2000	98 749.00	61 516.00	34 842.80	2 390.20
2004	160 956.58	87 552.58	69 168.40	4 235.60
2005	187 423.47	99 357.54	77 856.82	10 209.10
2006	222 712.53	113 103.85	92 954.08	16 654.60
2007	266 599.21	132 232.87	110 943.25	23 423.10
2008	315 974.60	153 422.49	138 325.30	24 226.80
2009	348 775.12	169 274.80	164 463.22	15 037.10
2010	402 816.47	194 114.96	193 603.91	15 097.60
2011	472 619.00	232 112.00	228 344.00	12 163.00
2012	527 608.00	259 600.00	253 524.00	14 484.00

（资料来源：《中国统计年鉴》《金砖国家联合统计手册2013》）

表11－6　按支出法计算的美国2011年的GDP

项目	数额/（亿美元）	占GDP百分比/%
居民消费（C）	107 226	71.1
国内私人总投资（I）	19 136	12.6
政府购买（G）	30 297	20.1
净出口（$X-M$）	－5782	－3.8
国内生产总值（Y）	150 877	100.0

（资料来源：美国商务部经济分析局网站）

11.3.2　收入法

收入法，又被称作要素收入法或者要素支付法，是企业为使用生产要素支付的报酬之和。生产要素基本可以分为四种：劳动、资本、土地和企业家才能，所以对应的收入分配也分为四种：劳动工资、资本利息、土地租金和企业家利润。当然，收入法核算GDP还要考虑间接税、未分配利润及资本折旧等内容，所以一般包括以下项目。

1. 公司企业中的工资、利息和租金等生产要素的报酬

工资应当是税前全部工资，包括对所有工作的酬金、补助、各项福利支付及社会保险

等。利息是指人们向企业提供资金借贷时在本期所获得的所有利息收入，例如，银行存款利息和企业债券利息，但是政府公债利息和消费信贷利息不计算在内，而是被看作转移支付。租金则包括个人出租土地、房屋等给企业用于生产的租赁收入。

2. 非公司企业收入

它指各种类别的非公司型企业的纯收入，例如农民、医生、律师及个体企业主等的收入。他们被自己雇佣，使用自有资金和房屋，因此他们的工资、利息、租金及利润等通常是混在一起作为非公司企业收入的。

3. 公司的税前利润

它包括公司所得税、社会保险税、股东分红（股息），以及公司的未分配利润等。

4. 企业的转移支付及企业间接税

前者是指公司对非营利组织的社会慈善捐款及消费呆账，后者是指企业所缴纳的各种流转税、销售税或货物税。这些虽然不属于生产要素创造的收入，但是要通过产品加价转移给产品购买者，应看作生产成本计入 GDP。

5. 资本折旧

它虽不是要素收入，但是由于在支出法中计入了 GDP，故而此处也应计入。

综上所述，用收入法计算 GDP 的公式可以写为：

$$\text{GDP}=\text{工资}+\text{利息}+\text{租金}+\text{利润}+\text{间接税}+\text{企业转移支付}+\text{折旧}$$

11.3.3 生产法

生产法又叫部门法，是指将一国一年内各行业生产的所有最终产品的价值加总起来计算国内生产总值。从生产的角度来看，是指该经济体中各个生产部门所生产的所有产品和劳务的市场价值，即各部门的 GDP 贡献值的总和。因此，不论各个部门采用支出法或者收入法，只要计算出它们的 GDP 贡献值，然后加总就可以计算出 GDP。为了避免重复计算，各部门在计算其贡献值时，采用增值法。而对于无法计算增值的部门，例如政府部门，则按照该部门员工的收入来计算，以工资代表他们所提供的劳务价值。各国在核算时采用的部门分类不尽相同，但是大多数都是按照一、二、三产业进行大类划分，然后再进行具体细分。

支出法、收入法和生产法在 GDP 的核算中各有不同的作用，支出法可以反映产品和劳务的消费方向，收入法可以反映社会收入的分配方向，而生产法则可以反映 GDP 的部门构成。从理论上讲，无论是采用支出法、收入法或生产法，GDP 核算的结果应该是一致的，但在实际核算中往往存在误差而导致结果不一致。国民经济核算体系以支出法为基本核算方法，即以支出法计算出的结果作为 GDP 的标准值。如果采用收入法或生产法核算出的结果与此不一致，就要通过误差调整项来调整，以达到一致。

11.3.4 国民收入核算恒等式

以上讨论了国民收入核算的三种方法，从理论上讲，GDP 既是一个经济体的总收入 (Y)，又是用于经济中物品与劳务产出的总支出。

$$Y=C+I+G+\text{NX}$$

为了简化分析，假设经济处在封闭状态下，不与其他任何国家进行物品与劳务的国际贸易，也不进行国际借贷，其出口和进口为零，即净出口为零。则在这种情况下：

$$Y=C+I+G$$

这个等式表明，GDP 是消费、投资和政府购买的总和。为了说明这个恒等式对于金融市场的意义，从这个等式两边减去 C 和 G，得到：

$$Y-C-G=I$$

等式左边（$Y-C-G$）是用于消费和政府购买后剩下的一个经济体的总收入，这个量称为国民储蓄（National Saving），简称储蓄（Saving），用 S 表示，则上式可以写成：

$$S=I$$

这个等式说明，储蓄等于投资。

继续考察这个等式，假设 T 表示政府以税收的形式从家庭得到的数量和返还给家庭的数量。这样，国民储蓄可以写成：

$$S=Y-C-G$$

将等式右边同时加上一个 T 并减掉一个 T，等式的值不变，即：

$$S=(Y-T-C)+(T-G)$$

在这个等式中，国民储蓄被分成了两部分：私人储蓄（$Y-T-C$）和公共储蓄（$T-G$）。很容易理解，私人储蓄（Private Saving）是家庭在支付了税收和消费之后剩下来的收入量。家庭得到的收入是 Y，支付税收 T 和消费支出 C，便得到私人储蓄 $Y-T-C$。公共储蓄（Public Saving）是政府在支付其支出后剩下来的税收收入量。政府得到税收收入 T，并支出用于购买物品与劳务的 G，如果 T 大于 G，政府收入大于其支出而有预算盈余；如果 G 大于 T，则政府支出大于收入而有预算赤字。

必须强调的是，等式 $S=I$ 说明了对于整体经济而言，储蓄必定等于投资。但在实际经济生活中，储蓄主要由居民户进行，投资主要由企业进行，个人储蓄动机和企业投资动机也不相同，这就会形成计划储蓄和计划投资不一致，形成总需求和总供给的不均衡，引起经济的收缩和扩张。这里讲的储蓄和投资恒等，是从国民收入会计角度看，事后的储蓄和投资总是相等。另外，协调一国储蓄和投资匹配的机制是该国的金融体系，关于这点，在下面的章节中予以说明。

11.3.5 GDP 的统计缺陷

现有的 GDP 核算体系被世界各国普遍采用，GDP 被作为衡量某一国经济发展水平的重要指标，同时也是衡量社会经济福利的最好指标。但是作为一项统计指标，GDP 并不是衡量福利的完美指标，GDP 核算体系也存在着各种缺陷。

罗伯特·肯尼迪的一段话

美国参议员罗伯特·肯尼迪在 1968 年竞选总统时说过这样一段话。

我们的国民生产总值已经超过八千亿美元。这个数值却包括了空气污染、香烟广告、奔走运送公路车祸伤患的救护车。家户防贼还有监狱关贼的特殊门锁都在这个数值里。红木森林遭到大举砍伐、城乡胡乱扩张所造成的自然奇观损耗也在这个数值里。汽油弹、核弹头、对抗街头暴动的警用装甲车也在数值里。还算进了为了卖玩具而宣扬暴力的儿童电视节目。然而，国民生产总值却不把儿童的健康、他们受的教育好坏、他们玩耍的喜悦欢笑算进来。也不算进诗的优美、婚姻的品质、公共辩论的知识水平、公职人员的操守。它也不测量我们的风趣或勇气，不算进智慧或学习，不算进慈悲心或爱国心。总之，除了能增添人生意义的，不然它都算进去了。它可以透露美国的一切，只是说不出美国人为什么感到自豪。

——肯尼迪，1968年3月18日，堪萨斯大学演讲。

（转引自《正义：一场思辨之旅》，桑德尔著，乐为良译）

从上述罗伯特·肯尼迪的“GDP论”中可以推断，GDP有很重要的作用，但也有局限性。其主要缺陷表现如下。

1. GDP不能反映经济发展对资源环境所造成的负面影响

人类要发展经济就不可能不消耗自然资源。资源是有限的，如果当前的经济发展过度地消耗了自然资源（如森林的急剧减少），或造成了环境的恶化（空气或水质量的恶化），那么这样的发展带来的福利损失实际上要大于更多生产所带来的福利利益。但是，GDP在反映经济发展的同时，没有反映它所带来的资源耗减和环境损失的代价。

为了弥补传统GDP在资源和环境核算方面存在的诸多缺陷，一些政府组织和国家逐步开展绿色GDP账户体系试算工作，并取得了一定的进展。例如，在中国，一些地方启动绿色GDP试点工作，在原有核算基础之上，加上资源环境核算，建立绿色GDP账户。

2. GDP不能反映某些重要的非市场经济活动

有些非市场活动在人们的日常生活中占有很重要的位置。比如家庭妇女做饭、照顾老人、养育孩子，义务工作者为社会福利做贡献等，但这些活动没有发生支付行为，按照国际标准，GDP不反映这些活动。但是，如果这些工作由雇佣的保姆来承担，顾主就要向保姆支付报酬，按照国际标准，相应的活动就必须反映在GDP中。可见，由于GDP不能反映某些非市场活动，使得它在某种程度上损失了可比性。同样或几乎同样的家务劳动，发达的市场经济国家市场化程度高，对GDP的贡献就大；发展中国家市场化程度低，对GDP的贡献就小。因此，就这一点来说，发展中国家的GDP与发达国家的GDP并不完全可比。

3. GDP不能全面地反映人们的福利状况

GDP只能反映社会财富的增加现状，但人们的福利涉及许多方面，比如休闲和家庭享乐。如果人们从事更多的生产活动，得到更多的收入，从而能够购买更多的产品满足个人的需要，那么，他们在为社会创造GDP的同时，个人的福利也增加了。但是，如果他们始终忙于生产活动，没有时间与家人团聚，享受天伦之乐，尽管社会的GDP因此增加了，但他们的个人福利并不一定增加，因为虽然他们因为个人收入的增加而能够消费更多的产品，但他们也失去了很多享乐的机会，前者增加的福利可能会被后者损失的福利所抵消。

4. GDP不能反映收入分配的平等程度

人们的福利状况会由于GDP的提高、个人收入的增加而得到改善，但是从人均GDP中看不出由于收入分配的差异而产生的人均社会福利的差异状况。因为在经济高速发展时期，社会对效率的关注度很高，单纯关注效率必然造成收入分配差距加大，不同个人或群体收入水平的差异，会导致一些人的实际福利水平下降。GDP无法反映不同群体或个人实际福利的高低变化，掩盖了社会收入分配不公。

虽然 GDP 有上述缺陷，但仍是当今世界最可信、最精确反映一个经济体实际经济水平的指标体系。

绿色 GDP

绿色 GDP 是指绿色国内生产总值，它是对 GDP 指标的一种调整，是扣除经济活动中投入的环境成本后的国内生产总值。国内外许多专家多年来致力于此项研究，虽然取得了重大进展，却也存在着不少争论。目前，有些国家已开始试行绿色 GDP，但迄今为止，全世界上还没有一套公认的绿色 GDP 核算模式，也没有一个国家以政府的名义发布绿色 GDP 结果。

这是因为实施绿色 GDP 核算体系，面临两大难点。

一是技术上的难点，GDP 通常以市场交易为前提，产品和劳务一进入市场，其价值就由市场供求关系来决定，它传达出来的是以货币为手段的市场价格信号。一个产品值多少钱，得在市场销售中才能确认。这就是说，市场供求规律所决定的自由市场价格，是 GDP 权威性的唯一来源。

但我们如何来衡量环境要素的价值呢？环境要素并没有进入市场买卖。例如砍伐一片森林，卖掉原木，原木的销售价，即可表现出价格，即可以纳入 GDP 统计。但因为森林砍伐而导致依赖森林生存的许多哺乳动物、鸟类或微生物的灭绝，这个损失是多大呢？再因为森林砍伐而造成的大面积水土流失，这个账又该如何核算呢？

这些野生的鸟类、哺乳动物、微生物与流失的水土并没有市场价格，也没有货币符号，我们的确不知用什么数据来确定它们的价值。专家们提出过许多办法，其中一个是倒算法，按市场成本来估算一个专题。例如，使黄河变清要花多少钱？恢复一片原始森林要花多少钱？如果做不到，那就是价值无限，不准砍伐，不准破坏。另外，按市场价格，有的具体项目的环境成本也可以科学推测。

二是观念上的难点。绿色 GDP 意味着观念的深刻转变，意味着全新的发展观与政绩观。GDP 是单纯的经济增长观念，它只反映出国民经济收入总量，它不统计环境污染，不统计生态破坏，不反映经济增长的可持续性。

绿色 GDP 则力求将经济增长与环境保护统一起来，综合性地反映国民的经济活动的成果与代价，包括生活环境的变化。绿色 GDP 建立在以人为本、协调统筹、可持续发展的观念之上。一旦实施绿色 GDP，人们心中的发展内涵与衡量标准就变了，扣除了环境损失成本，当然会使一些地区的经济增长数据大大下降。一旦实施绿色 GDP，将经济增长与社会发展、环境保护放在一起综合考评，这会使很多利益相关人想不通，会因此形成诸多阻力。

绿色 GDP 的环境核算虽然困难，但在发达国家还是取得了很大成绩。

挪威在 1978 年开始资源环境核算，是世界上第一个实行绿色 GDP 的国家。挪威核算的重点是矿物资源、生物资源、流动性资源（水力）等环境资源，还有土地、空气污染及两类水污染物（氮和磷）。为此，挪威建立起了包括能源核算、鱼类存量核算、森林存量核算，以及空气排放、水排泄物（主要人口和农业的排泄物）、废旧物品再生利用、环境费用支出等项目的详尽统计制度，为绿色 GDP 核算体系奠定了重要基础。

紧随着挪威，芬兰也建立起了自然资源核算框架体系。其资源环境核算的内容有三项：森林资源核算、环境保护支出费用统计和空气排放调查。其中最重要的是森林资源核算。森林资源和空气排放的核算，采用实物量核算法；而环境保护支出费用的核算，则采用价值量核算法。

目前国际上实行绿色GDP的国家主要有欧美发达国家，如法国、美国等。发展中国家率先实行绿色GDP的是墨西哥。随后，印尼、泰国、巴布亚新几内亚等国纷纷仿效，并已开始实施。

1990年，在联合国支持下，墨西哥将石油、各种用地、水、空气、土壤和森林列入环境经济核算范围，再将这些自然资产及其变化编制成实物指标数据，最后通过估价将各种自然资产的实物量数据转化为货币数据。这便在传统国内生产净产出（NDP）基础上，得出了石油、木材、地下水的耗减成本和土地转移引起的损失成本。然后，又进一步得出了环境退化成本。与此同时，在资本形成概念基础上还产生了两个净积累概念：经济资产净积累和环境资产净积累。

联合国统计署于1989年和1993年先后发布了《综合环境与经济核算体系（SEEA）》，为建立绿色国民经济核算总量、自然资源账户和污染账户提供了一个共同的框架。

1995年，世界银行首次公布了用“扩展的财富”指标作为衡量全球或区域发展的新指标。扩展的财富概念中包含了“自然资本”、“生产资本”、“人力资本”、“社会资本”四大组要素。“财富”的内涵更为丰富了。

2003年开始，我国国家统计局对全国的自然资源进行了实物核算。物流核算是绿色GDP核算的重要基础。2004年开始，国家统计局和国家环保总局已成立了绿色GDP联合课题小组，正在组织力量积极进行研究和试验。

（资料来源：潘岳文选，有删改。）

复习思考题

一、基本概念

循环流向图　国内生产总值　国民生产总值　最终产品　中间产品　折旧　名义GDP　实际GDP　人均GDP　GDP平减指数　消费　投资　政府购买　净出口

二、选择题

1. 下列不能计入GDP的变量是（　　）。

A. 消费　　B. 工资

C. 政府购买支出　　D. 政府转移支付

2. 一国的国内生产总值小于国民生产总值，说明该国公民从外国取得的收入（　　）。外国公民从该国取得的收入。

A. 大于　　B. 小于

C. 等于　　D. 可能大于也可能小于

3. 在用支出法计算国民生产总值时，不属于投资的是（　　）。
A. 通用汽车公司购买政府债券
B. 通用汽车公司增加500辆汽车的存货
C. 通用汽车公司购买了一台机床
D. 通用汽车公司建立了另一条新装配线
4. 当煤炭有多种用途时，作为最终产品的是（　　）。
A. 家庭用于做饭和取暖　　B. 餐馆用于做饭
C. 供热公司用于供应暖气　　D. 化工厂作为原料
5. 净出口是指（　　）。
A. 出口减进口　　B. 出口加进口
C. 出口加政府转移支付　　D. 进口减出口
6. 某国2004年的名义GDP总值为1 500亿美元，以2000年为基期的实际GDP总值为1 200亿美元，则2004年的价格平减指数为（　　）。
A. 125　　B. 96　　C. 125%　　D. 96%
7. 对政府雇员支付的报酬属于（　　）。
A. 政府支出　　B. 转移支付　　C. 税收　　D. 消费
8. 从国民生产总值减去下列项目称为国民生产净值（　　）。
A. 折旧　　B. 原材料支出　　C. 直接税　　D. 间接税
9. 下面属于政府对居民户的转移支付的是（　　）。
A. 政府为其雇员支付工资　　B. 政府为购买企业生产的飞机而进行的支付
C. 政府为其债券支付的利息　　D. 政府为失业工人提供的失业救济金
10. 经济学上的投资是指（　　）。
A. 企业增加一笔存货　　B. 建造一座住宅
C. 企业购买一台计算机　　D. 以上都是

三、判断题

1. 农民生产并用于自己消费的粮食不应计入GNP。（　　）
2. 在国民收入核算中，产出一定等于收入，但不一定等于支出。（　　）
3. 当我们测度一个特定时期所发生的事时，我们涉及的是一个流量。（　　）
4. 在进行国民收入核算时，政府为公务人员加薪，应视为政府购买。（　　）
5. 用支出法计算的GNP包括消费支出、投资支出、政府购买和净出口的总和。（　　）
6. 用收入法计算的GNP中包括折旧，但折旧不属于要素收入。（　　）
7. 用支出法计算GNP时的投资是净投资。（　　）
8. 从NNP中扣除间接税、政府转移支出，再加上政府补助金就等于国民收入。（　　）
9. 住宅建筑是消费者的耐用品，在国民收入账户中，被作为消费者支出处理。（　　）
10. 在国民收入核算中所说的储蓄恒等于投资，是指计划的储蓄恒等于计划的投资。（　　）
11. 对一个国外净要素收入为负的国家而言，GDP应小于GNP。（　　）
12. 同样是建筑物，如果被居民和企业购买属于投资，如果被政府购买则属于政府购

买。（　　）

13. 如果某生产厂商今年比去年多卖了 200 台电脑，则该厂商本年度对 GDP 的贡献也相应地会增加。（　　）

14. 如果政府雇用原来领取失业救济金的人成为工作人员，则 GDP 不会发生任何变化。（　　）

15. 如果某企业用 6 台新机器替换 6 台旧机器，则 GDP 没有发生变化，因为机器数量未变。（　　）

16. 根据国民收入恒等式的性质，储蓄对投资的超额量等于预算赤字与净出口之和（不考虑转移支付）。（　　）

四、思考题

1. 怎样理解产出等于收入及产出等于支出？
2. 计算 GDP 时应注意哪些问题？
3. 某厂已将积压数年的产品推销出去了，这对当年的 GDP 会产生什么影响，为什么？
4. GDP 作为衡量各国综合国力的重要指标，存在着哪些缺陷？
5. 国民经济核算中的五个总量指标存在怎样的数量关系？
6. 假定某国某年仅发生下列经济活动：软件公司支付 15 万元给员工开发出一套软件产品，并以 25 万元的售价卖给一家软件经销商；软件经销商支付 4 万元给销售人员，并以 38 万元的价格卖给一家商场（最终使用者）。

（1）用最终产品生产法计算 GDP；

（2）每个阶段创造多少价值？用增值法计算 GDP；

（3）用收入法计算 GDP。

7. 某国的国民收入资料如下：国内生产总值 4800（单位：万元，下同），总投资 800，将投资 300，消费 3000，政府购买 960，政府预算盈余 30。

试计算该国的国内生产净值、净出口、政府税收减去转移支付的收入、个人可支配收入、个人储蓄。

8. 某国某年的国民收入经济数据如表 11－7 所示。用支出法计算 GDP、国内生产净值、国民收入，用收入法计算国民收入。

表 11－7　国民收入经济数据　　单位：亿元

项目	数值
个人租金收入	31.8
折旧	287.3
雇员报酬	1596.3
个人消费支出	1672.8
营业税和国内货物税	212.3
企业转移支付	10.5
统计误差	－0.7
国内私人总投资	395.3

续表

产品和劳务出口	339.8
政府对企业的净补贴	4.6
政府对产品和劳务的购买	534.7
产品和劳务进口	316.5
净利息	179.8
财产所有者收入	130.6
公司利润	182.7

答 案

二、选择题

1. D 2. A 3. A 4. A 5. C 6. C 7. A 8. A 9. D 10. D

三、判断题

1. 对 2. 错 3. 对 4. 对 5. 对 6. 对 7. 错 8. 错 9. 错 10. 错 11. 错 12. 错 13. 错 14. 错 15. 错 16. 对

四、思考题（计算部分）

6. 【解题思路】：本题考查三种国民收入的核算方法：最终产品法、增值法和收入法。

【解析】：(1) 最终产品为经销商的软件，售价38万元，因此，GDP为38万元。

(2) 第一阶段的增值：25－0＝25（万元）

第二阶段的增值：38－25＝13（万元）

因此，用增值法计算的GDP为38万元

(3) 收入法计算的GDP如表11－8所示。

表11－8 收入法计算的GDP 单位：万元

公司	工资	利润
软件公司	15	25－15＝10
经销商	4	38－4－25＝9
合计	19	19

因此，用收入法计算的GDP＝19＋19＝38（万元）

7. 【解题思路】：本题考查对国民收入有关核算公式的运用。

【解析】：(1) 折旧＝总投资－净投资＝800－300＝500

国内生产净值＝国内生产总值－折旧＝4 800－500＝4 300

（2）国内生产总值＝消费＋总投资＋政府购买＋净出口

因此，净出口＝4 800－3 000－800－960＝40

（3）政府预算盈余＝政府税收减去转移支付的收入－政府购买

因此，政府税收减去转移支付的收入＝960＋30＝990

（4）根据已知条件，个人可支配收入＝国内生产净值－政府税收减去转移支付的收入

＝4 300－990＝3 310

（5）个人储蓄＝个人可支配收入－消费＝3 310－3 000＝310

8.【解题思路】：本题主要考查国民收入的两种基本核算方法：支出法和收入法，关键的问题是对有关项目的正确归类，以避免出现遗漏和重复计算。

【解析】：（1）用支出法计算 Y：

$$Y=C+I+G+(X-M)$$

＝1 672.8＋395.3＋534.7＋（339.8－316.5）

＝2 626.1（单位：亿元，下同）

（2）国内生产净值＝国内生产总值－折旧

＝2 626.1－287.3

＝2 338.8

（3）用支出法计算国民收入：

国民收入＝国内生产净值－间接税－企业转移支付＋政府对企业的净补贴

＝2 338.8－212.3－10.5＋4.6

＝2 120.6

用收入法计算国民收入：

国民收入＝个人租金收入＋雇员报酬＋净利息＋财产所有者的收入＋公司利润

＝31.8＋1 596.3＋179.8＋130.6＋182.7

＝2 121.2

第12章 货币市场的均衡

一国货币市场是整体宏观经济的重要构成，本章通过介绍一国金融体制、货币市场的供求规律，以及建立在货币供求基础上的利率变化，利率变化如何影响投资、净出口等有关总量的变动，进而说明货币市场的均衡及相关问题。

12.1 货币概述

12.1.1 金融体系

从一般性意义上看，金融体系（Financial System）是一个经济体中资金流动的基本框架，它是资金流动的工具（金融资产）、市场参与者（中介机构）和交易方式（市场）等各金融要素构成的综合体，同时，由于金融活动具有很强的外部性，在一定程度上可以视为准公共产品，因此，政府的管制框架也是金融体系中一个密不可分的组成部分。

一般的，一国金融体系包括金融调控体系、金融企业体系（组织体系）、金融监管体系、金融市场体系、金融环境体系五个方面。

1. 金融调控体系

金融调控体系既是国家宏观调控体系的组成部分，包括货币政策与财政政策的配合、保持币值稳定和总量平衡、健全传导机制、做好统计监测工作，提高调控水平等；也是金融宏观调控机制，包括利率市场化、利率形成机制、汇率形成机制、资本项目可兑换、支付清算系统、金融市场（货币、资本、保险）的有机结合等。

2. 金融企业体系

金融企业体系，既包括商业银行、证券公司、保险公司、信托投资公司等现代金融企业，也包括中央银行、国有商业银行上市、政策性银行、金融资产管理公司、中小金融机构的重组改革、发展各种所有制金融企业、农村信用社等。

3. 金融监管体系

金融监管体系（金融监管体制）包括健全金融风险监控、预警和处置机制，实行市场退出制度，增强监管信息透明度，接受社会监督，处理好监管与支持金融创新的关系，建立监管协调机制（银行、证券、保险及与央行、财政部门）等。

4. 金融市场体系

金融市场体系（资本市场）包括扩大直接融资，建立多层次资本市场体系，完善资本市场结构，丰富资本市场产品，推进风险投资和创业板市场建设，拓展债券市场，扩大公司债券发行规模，发展机构投资者，完善交易、登记和结算体系，稳步发展期货市场。

5. 金融环境体系

金融环境体系包括建立健全现代产权制度、完善公司法人治理结构、建设全国统一市场、建立健全社会信用体系、转变政府经济管理职能、深化投资体制改革。

在现实中，世界各国具有不同的金融体系，很难应用一个相对统一的模式进行概括。下面以我国为例说明金融体系的构成。

我国的金融机构体系包括以下几个部分。

（1）金融管理机构。我国现行的金融管理机构由中国人民银行、银行监督管理委员会、证券监督管理委员会、保险监督管理委员会，即“一行三会”组成。

• 中国人民银行是我国的中央银行，是在国务院领导下监督管理金融事业、制定和实施货币政策的国家机关，是我国金融机构体系的核心。央行的业务职能主要表现在以下三个方面。

①发行的银行。央行是有权发行银行券的银行，央行垄断货币发行权，是国家唯一的货币发行中心。这种发行权的垄断，一是有利于防止分散发行造成的信用膨胀、货币紊乱；二是有利于调节和控制货币流通，为央行调节金融活动提供操作工具和资金。

②国家的银行（政府的银行）。这不是指银行的资本所有权属于国家，而是说央行代表国家执行金融政策，代为管理国家财政收支及为国家提供各种金融服务。

③银行的银行。这是指央行以商业银行和其他金融机构为交易对象，而不与工商企业和私人发生直接关系。之所以这样，一是，因为央行在金融体系中处于领导地位，决定了它不能以其特有的条件与商业银行展开业务竞争，而只能在资金上支持商业银行并对其进行管理；二是，在管理控制货币方面，商业银行创造“存款货币”的能力一直是央行进行调节的主要对象。

央行的三大职能的具体职责活动包括：从事有关的金融活动，经理国库，经营外汇储备，经营黄金储备，作为银行的最后贷款者，金融业票据结算中心，集中存款准备金，等等。中国人民银行还负责防范和化解金融风险，制定货币政策，维护国家金融稳定等。

• 银行监督管理委员会（简称中国银监会）于2003年4月28日成立。通过审慎有效的监管，保护广大存款人和消费者的利益；增进市场信心；通过宣传教育和信息披露，增进公众对现代银行业金融产品、服务的了解和相应风险的识别；努力减少银行业金融犯罪，维护金融稳定。

• 证券监督管理委员会（简称中国证监会）成立于1992年10月，经国务院授权，中国证监会依法对全国证券期货市场进行集中统一监管。

• 保险监督管理委员会（简称中国保监会）成立于1998年11月18日，其基本目的是为了深化金融体制改革，进一步防范和化解金融风险，根据国务院授权履行行政管理职能，依照法律、法规统一监督和管理保险市场。

（2）金融中介机构。融资类金融中介机构包括国有商业银行、政策性银行、股份制商业银行、外资银行及与基层合作金融中介机构等。

投资类金融中介机构包括证券公司、证券期货交易所、证券结算公司、基金管理公司，金融信托投资公司和金融租赁公司等。

保障类金融中介机构包括财产保险公司、人身保险公司、保险集团，保险代理公司等。

信息咨询服务类金融中介机构包括证券评级机构、资信评级机构、会计事务所和律师事务所等。

12.1.2 货币的定义和职能

在经济学中货币是指经济中人们经常用于购买物品与劳务的一组资产，或者说，货币是现代交换的媒介，是表示价格和债务的标准单位。货币有以下几个职能。

1. 流通手段

货币在商品交换过程中发挥媒介作用时，便执行流通手段职能，即购买手段的职能。货币作为流通手段必须是现实的货币，其主要特点是在商品买卖中，商品的让渡和货币的让渡在同一时间内完成，通俗地说是一手交钱、一手交货。货币这个媒介的出现，使得商品交换不受时空、需求巧合的限制。

2. 价值尺度

价值尺度是指货币充当衡量商品所包含价值量大小的社会尺度。通过这一职能，商品的价值就可通过货币加以衡量，不同商品在量上可以互相比较。货币在执行价值尺度职能时，只是作为观念的或想象的货币，不需要现实的货币存在。货币之所以能执行价值尺度职能，是因为货币本身也具有价值，因而能以自身价值作为尺度来衡量其他商品所包含的价值量。

3. 储藏手段

储藏手段是指货币退出流通领域作为社会财富的一般代表被保存起来的职能。作为储藏货币，不能是观念上的货币，也不能是不足值的货币或一种符号货币，而应该是足值的金属货币或作为货币材料的贵金属。当然，货币不是经济中唯一的价值贮藏手段，人们也可以通过持有诸如股票、债券来执行这一职能。作为储藏手段能够自发地调节流通中的货币量。当流通中需要的货币量减少时，多余的货币就退出流通；当流通中需要的货币量增加时，部分被储藏的货币就进入流通。

4. 支付手段

支付手段是随着商品赊账买卖的产生而出现的。在赊销赊购中，货币被用来处理债务。后来，它又被用来支付地租、利息、税款、工资等。它是商品价值脱离使用价值单独转移或运动而产生的职能。这一职能的产生发展是和信用关系的产生和发展密切相关的。货币作为流通手段克服了物物交换的种种局限性，而作为支付手段，又进一步克服了作为流通手段一手交钱一手交货的局限性，极大地促进了商品交换。

12.1.3 货币的形式

几千年来，货币的形式随着商品交换和商品经济的发展在不断地发展变化。从总的趋势来看，货币形式随着商品产生流通的发展，随着经济发展程度的提高，不断从低级向高级发展演变，迄今为止，货币形式大致经历实物货币、金属货币、信用货币几个发展阶段。

1. 实物货币

实物货币是指作为货币，其价值与其作为普通商品价值相等的货币。在商品交换的长期发展过程中产生的最初的货币形式，是商品间接交换的一般价值形态的表现，最初被固定在某些特定种类的商品上。在中国，大致在新石器时代晚期开始出现牲畜、龟背、农具等实物货币。夏商周时期是中国实物货币发展的鼎盛期，同时也是衰落期，这一时期主要是由布帛、天然贝等来充当实物货币。

2. 金属货币

金属货币是指货币以金属作为货币材料，充当一般等价物的货币。金属货币在流通使用中逐渐取代了自然物货币和其他商品货币，是世界各国货币发展的必然趋势。原因在于，首先，金属货币坚固耐磨，不易腐蚀，既便于流通，也适合于保存。因为货币既然作为交换媒介，就需要长久地在商品生产者中间流通，要经过无数人的手接触抚摸。有些人还把货币作为储藏手段，长期保存，以备不时之需，而布帛、粮食、茶砖、可可等商品货币就缺乏这种性能。其次，金属质地均匀，便于任意分割，分割后也可以再熔化后恢复原形，这一点特别适合于作货币。

货币是用来衡量其他商品价值的尺码，商品价值有大小，这种量的差别应当在货币身上反映出来。金属作为单纯的物质来说，这一块和那一块往往是相同的，这种质的同一性，就使它们能够成为一个标准的尺码，而其他商品作货币就相形见绌了。

3. 信用货币

信用货币是由国家法律规定的，强制流通不以任何贵金属为基础的独立发挥货币职能的货币。目前世界各国发行的货币（主要是纸币、硬币、银行卡等），基本都属于信用货币。信用货币是由银行提供的信用流通工具，其本身价值远远低于其货币值，而且与代用货币不同，它与贵金属完全脱钩，不再直接代表任何贵金属。它是货币形式进一步发展的产物，是金属货币制度崩溃的直接结果。在20世纪30年代，发生了世界性的经济危机，引起经济的恐慌和金融混乱，迫使主要资本主义国家先后脱离金本位和银本位，国家所发行的纸币不能再兑换金属货币，因此，信用货币便应运而生。当今世界各国几乎都采用这一货币形态。

一张信用卡的秘密

这是一张又薄又小，被称作信用卡的塑料卡片，1毫米厚，40平方厘米大。它的使命就是被人刷来刷去。

别看这是一张小小的卡片，运作它，总共需要28个软件系统平台，另外还需要至少8个外包服务公司参与业务合作，涉及一大堆利益方。

我们以小吴持有的A银行信用卡为例说明。假设小吴将信用卡带到咖啡厅，并消费了200元，就这笔200元的咖啡账单来说，首先参与利益分配的是中国银联。

商家要为这次交易支付1.2%的佣金，也就是2.4元人民币。凡是使用POS机的商家都要承担这个费用。1.2%这一比例是中国银联规定的。完成刷卡的同时，2.4元的佣金也就进了银联的腰包，商家其实只得到197.6元。

商家也乐意吃点亏，因为这样会吸引更多持卡人前来消费。

银联拿到这2.4元的佣金后，并不独吞，而是要进行二次分配。

这家咖啡馆里的POS机是B银行安装的，人们称这样的银行为收单方。发行信用卡的A银行被称为发卡方。银联二次分配的原则是：发卡方、收单方和银联按照7 2 1的比例分成，也就是说，2.4元中，三方分别会得到1.68元、0.48元和0.24元。

通过这张卡片进行利益分成的渠道，不仅仅是刷卡，还有ATM机取现。比如，小吴那天急需用钱，就近在C银行的ATM机上用信用卡取出了1 000元现金。

如此一来，银联就要向发卡的A银行收取2.6元的手续费，然后，再把其中的2元钱给布设ATM机的C银行，剩下0.6元钱留给自己。如果上述取现属于异地跨行，那么手续就变为3.6元，C银行收取其中的3元。

C银行安装一台ATM机，就要花费一二十万元，理所当然要拿手续费的大头。不过，A银行可不是光赔不赚，在这一次交易中，A银行会向小吴收取20元钱，这2%的金额叫作取现交易费。

银联可以理解为信用卡支付的一条道路，在国内，目前必须走这条道才能实现交易。

（资料来源：选自《中国周刊》，作者：张友红，有删节。）

12.1.4 货币的度量

为了更好地观察经济中货币的总量，经济学家依据货币流动性程度的高低，将货币分为不同的种类或层次。下面以中国和美国为例分别加以说明。

1. 中国

中央银行一般根据宏观监测和宏观调控的需要，根据流动性的大小将货币供应量划分为不同的层次。我国现行货币统计制度将货币供应量划分为四个层次：

M0：流通中的现金；

M1：M0＋企业活期存款＋机关团体部队存款＋农村存款＋个人持有的信用卡类存款；

M2：M1＋城乡居民储蓄存款＋企业存款中具有定期性质的存款＋外币存款＋信托类存款；

M3：M2＋金融债券＋商业票据＋大额可转让存单等。

其中，M1是通常所说的狭义货币量，流动性较强，是国家中央银行重点调控对象。M2是广义货币量，M2与M1的差额是准货币，流动性较弱；M3是考虑到金融创新的现状而设立的，目前尚未公布数据。

2. 美国

美联储度量货币的狭义方法是M1，包括流通现钞、活期存款（无利息的支票账户存款）及旅行支票。这些资产流动性极好，很明显就是货币，因为它们都可以直接用来作为支付交易的媒介。美国直到20世纪70年代中期，只有商业银行被允许给其客户开设支票账户，但不允许向该账户里的存款派利息。随后，随着金融创新和放松管制，其他种类的银行像储蓄和贷款机构、互惠存款银行、信用团体等都陆续被允许给其客户开设支票账户。

美联储的M2货币总量是在M1的基础上再加上包括货币市场存款账户、货币市场共同基金（非机构）及其他流动性较强的资产，如小额定期存款（10万美元以下）、储蓄存款、隔夜回购协议和隔夜存于欧洲非美国银行的元等。

美联储的M3货币总量是在M2的基础上再加上一些流动性不强的资产，如大额定期存款（10万美元或以上）、货币市场共同基金（机构）、中长期回购协议及中长期存于欧洲非美国银行的元。

12.2 货币供给

12.2.1 银行和货币供给

货币供给（Money Supply）是指某一国或货币区的银行系统向经济体中投入、创造、扩张（或收缩）货币的金融过程。

由于货币供给要通过银行制度来实现，所以首先介绍现代银行体系、金融市场、商业银行创造货币的机制和货币乘数等。

在现代市场经济中，银行体系主要是由中央银行和商业银行构成。另外还有保险公司、信用协会及各种基金等其他金融中介机构。

1. 中央银行

中央银行并不是真正意义上的银行。它不以盈利为目的，是一个国家最高的金融管理机关，代表政府管理全国金融事务，制定一国的货币政策。中央银行主要职能，即上一节所讲的三大职能：发行的银行、银行的银行、政府的银行。此不再赘述。

当今世界几乎所有的独立国家和地区都设立了中央银行，例如，美国的中央银行是美国联邦储备委员会，英国的是英格兰银行，中国是中国人民银行，欧元区则是位于德国法兰克福的欧洲中央银行。

中国央行成全球第一字号

在过去的五年，中国人民银行的总资产增长了119%，并于2011年年末达到4.5万亿美元。而美联储、欧洲央行在2011年年末资产规模分别为3万亿美元和3.5万亿美元。谁是世界央行？十年前回答这个问题，美联储当之无愧；十年后，有人对这个判断提出了质疑。

“全球流动性的主要提供者已变身为中国央行，并非是大家印象中的美联储或者欧洲央行。周小川不仅是中国央行的行长，还是全球的央行行长。”渣打银行在其最近的一份报告中做出上述表示。

确实，在过去的五年，中国人民银行的总资产增长了119%，并于2011年年末达到28万亿人民币（约合4.5万亿美元）。而知名度更高的美联储、欧洲央行在2011年年末资产规模分别为3万亿美元和3.5万亿美元。

与之相对应，中国的广义货币（M2）在过去五年中也增长了146%，2011年年末余额已达到85.2万亿元。根据渣打银行的测算，在刚刚过去的2011年，中国新增M2的规模全球占比达52%。

做出中国央行是世界央行的判断，渣打银行主要是从流动性的角度寻找依据：目前，在全球广义货币（M2）的存量和增量方面，中国都已位居世界首位。

存量方面，截至2011年年末，中国广义货币供应量（M2）的规模达到85.2万亿元人民币，约合13.5万亿美元，位居世界首位。与此相对应，美国去年年末M2规模仅有9.6

万亿美元。到了今年2月底，中国的M2再次刷新至86.7万亿元人民币，约合13.8万亿美元。

“在我们看来，更重要的变化是中国央行对全球货币供给的作用。”渣打银行报告称，根据其测算，2011年，中国的M2增量已经占到世界新增M2规模的52%。

事实上，这并不是一个近期的现象，在金融危机爆发之后的三年（2009—2011年），全球新增M2的规模中有48%来自中国。渣打银行认为，在中国推动下，全球M2规模将向50万亿美元迈进。

为什么中国要投放如此多的M2?

渣打银行给出了三点理由。其一，中国的金融体系由银行业主导。银行的信贷扩张，导致的M2增长，要大于以资本市场为基础的金融体系。

其二，为了应对经济减速，中国通过创造需求和扩张银行贷款刺激经济，但其他国家主要以财政刺激为主，在经济滑坡时，这些国家的银行业反而更为审慎。中国的这种应对措施在2009—2010年、1992—1993年、1998—1999年及2002—2003年也都曾出现过。M2常规性的快速增长，导致了其基数的快速扩大。

最后一个原因，为应对外汇流入，稳定人民币汇率，中国央行大规模扩张了资产负债表。2011年年末，中国央行资产规模达到28万亿人民币，约合4.5万亿美元。与之相对应，美联储、欧洲央行在2011年年末资产规模分别为3万亿美元和3.5万亿美元。

（资料来源：中国经济网，作者：聂伟柱，全文有删节。）

2. 商业银行

商业银行是指以吸收公众存款、发放贷款和办理结算为其基本业务的银行。商业银行是不同于中央银行的。它是一个以盈利为目的，以多种金融负债筹集资金、多种金融资产为经营对象，具有信用创造功能的金融机构。商业银行没有货币的发行权，商业银行属于金融领域的一个重要机构。

商业银行作为信用中介机构，主要是用他人的钱来放款，即以增加负债来增加资产。其业务主要包括：负债业务、资产业务、中间业务等。

（1）负债业务。包括以下几个部分。①存款业务，这是银行最主要的资金来源，包括活期存款、定期存款、其他储蓄存款。②借入款。包括：银行长期资本债券，即银行向社会发行的金融债券；中央银行借款，一般有再贴现、再抵押；同业拆借，即银行间的短期资金融通；结算过程中的短期资金占用，即在为客户办理转账结算等业务中可短期占用的客户资金；国际市场借款。

（2）资产业务。是指将银行通过负债业务所筹集的资金加以运用以取得收益的业务。包括以下几个部分。①贷款；②贴现；③投资，主要是指证券投资，是商业银行以其资金在金融市场上购买各种有价证券的活动，一般是为增加收益和资产的流动性，但各国为稳定证券市场一般都对银行此项业务加以限制；④现金资产，主要是库存现金、存放的法定和超额准备金、存放在同业银行的存款、托收未达款。现金资产不给银行带来直接收入，但流动性最强。

（3）中间业务及其他。凡是银行不需要运用自己的资金而代理客户承办支付和其他委托事项并收取手续费的业务统称中间业务。

3. 金融市场

金融市场（Financial Market）是资金融通市场，是指资金供应者和资金需求者双方通过信用工具进行交易而融通资金的市场，广而言之，是实现货币借贷和资金融通、办理各种票据和有价证券交易活动的市场。中央银行在金融市场上公开买进和卖出政府债券的公开市场业务行为是实现中央银行货币政策功能的重要工具。

金融市场的构成十分复杂，它是由许多不同的市场组成的一个庞大体系。根据金融市场上交易工具的性质及债务类型，把金融市场分为货币市场、资本市场和套期保值市场三大类。其中，货币市场是融通短期资金的市场，包括金融同业拆借市场、回购协议市场、商业票据市场、银行承兑汇票市场、短期政府债券市场、大面额可转让存单市场等；资本市场是融通长期资金的市场，包括债券市场、抵押市场和股票市场。货币市场和资本市场尽管职能有所差异，但内在联系十分紧密，二者属于现货市场。而套期保值市场则是期货市场，通过套期保值的交易，降低证券持有者风险的市场，它包括外汇市场、商品期货市场、金融期货市场和期权市场。

12.2.2 货币创造和货币乘数

1. 货币创造

货币创造（Money Creation）是整个国家货币供给过程的基础。货币创造机制是指商业银行在吸收存款的基础上发放贷款，在支票的流通和转账结算的基础上，贷款可以转化为存款，在存款不提取的情况下，就增加了商业银行的资金来源，最后，整个银行体系可以形成数倍于原始存款的派生存款。

为了简化货币创造的过程，设立两个假设：①银行客户将其全部货币收入都存入银行，而不持有现金（即没有货币的漏出）；②银行按照法定存款准备金率提取存款准备金。分析如下。

假设A银行接收到了现金存款10万元，按照准备金制度规定，A银行以20%比例保留存款准备金2万元，其余8万元用以发放贷款。当A银行向客户贷出8万元后，客户又会把得到的贷款8万元存入A银行或B银行，如果存入B银行，则引起B银行的存款增加8万元，B银行以20%比例保留存款准备金1.6万元，其余的6.4万元用以发放贷款，而由B银行贷出的这笔6.4万元的贷款又会被客户转存进第三家C银行。C银行同样留下20%比例的准备金后，其余贷出去……如此类推，从A银行到B银行，再到C银行、D银行等，持续不断地由存款到贷款，再由贷款到存款，就会产生如表12—1所列的结果。

表12—1　商业银行创造货币的机制

银行存款/（万元）	存款准备金/（20%）	贷款
A 10（原始）	2	8
B 8	1.6	6.4
C 6.4	1.28	5.12
D 5.12	1.024	4.096
⋮	⋮	⋮

合计 10＋8＋6.4＋…＝10＋10×（1－20%）＋10×（1－20%）×（1－20%）＋…＝50

简单观察表12－1就可发现，经过派生后的存款总额实际上是原始存款的一定倍数，其倍数值正好为准备金比率的倒数。

如果将上例中的A、B、C等各银行的留存准备金比例看作法定存款准备率，用r（$0<r<1$）表示；用A表示原始存款，D代表存款的增加额，即创造出的货币，则商业银行创造出的货币量的公式为：

$$D=A(1/r) \tag{12-1}$$

例如，有一笔最初的存款为100万元，此时的法定准备金率为10%，则该笔存款存入银行后创造出的货币量为：

$$D=A(1/r)=100\times10=1\ 000\text{万元}$$

但是，如果考虑现实经济的其他因素，则倍数公式需要进一步修正。因为除了上缴的法定准备金以外，银行往往还要自留必要的准备金（通常称为超额准备金），以应付客户提现的要求，这个比率越高，存款派生的倍数也越小。另外，客户可能会有现金需求，即出现所谓现金漏出，现金漏出越多，派生存款越少。

2. 货币乘数

如前所述，商业银行创造货币的机制说明了如果中央银行发行1元的货币，而实际的货币增加量并不是1元，因为这1元的钞票被存入商业银行的情况下，还会创造出新的货币量。通常用货币乘数（Money Multiplier）来说明中央银行发行的货币量所引起的实际货币供给量增加的倍数。

中央银行发行的货币为基础货币（Monetary Base），是指货币供应量的基础，包括货币当局发行的所有即期负债和其他可以随时转化为这种负债的资产，基础货币的使用（即对基础货币的需求）就是公众持有的流通中的货币（或通货）和商业银行的存款准备金。基础货币发挥着流通货币的蓄水池作用，其创造的渠道主要包括：①当中央银行从对外部门获得官方储备时（黄金和外汇），就创造了基础货币；②中央银行在一级或二级市场购买政府债券时，可以创造基础货币；③中央银行通过票据再贴现或再贷款创造基础货币。

由于这种货币具有创造出更多货币量的能力，因此是一种高能量或者说活动力强大的货币，故又称作高能货币。用H来表示高能货币，用M来代表增加一单位高能货币所增加的货币供给量，则货币乘数mm的公式为：

$$\text{mm}=M/H \tag{12-2}$$

假如中央银行发行了一单位高能货币，社会货币供给量增加了三单位，即货币乘数为3。同理，根据已知的货币乘数和中央银行发行的高能货币的数量也可以计算出货币供给量会增加多少。货币乘数取决于居民手中所持现金与存款的比例，以及商业银行实际准备金率的大小。例如，居民手中所持现金比例越高，则说明现金退出存款货币的扩张过程而流入日常流通的量越多，因而直接减少了银行的可贷资金量，制约了存款派生能力，货币乘数就越小；反之，居民手中所持现金比例越低，则货币乘数越大。同样，商业银行实际准备金率的提高，也相应减少了银行创造派生存款的能力，因此，实际商业银行准备金率与货币乘数之间也呈反方向变动关系，实际准备金率越高，货币乘数越小；反之，货币乘数就越大。在分析货币政策时，理解货币乘数的概念非常重要。

12.2.3 货币供给与利率的关系

关于货币供给和利率的关系，一般的货币理论常常假设货币供给与利率完全无关，如图 12—1 所示，货币供给是外生的，即完全是由政府根据经济状况决定的，所以货币供给曲线是一条垂直于横轴的垂线。r 表示利率，M_s表示一定时期的货币供给量。

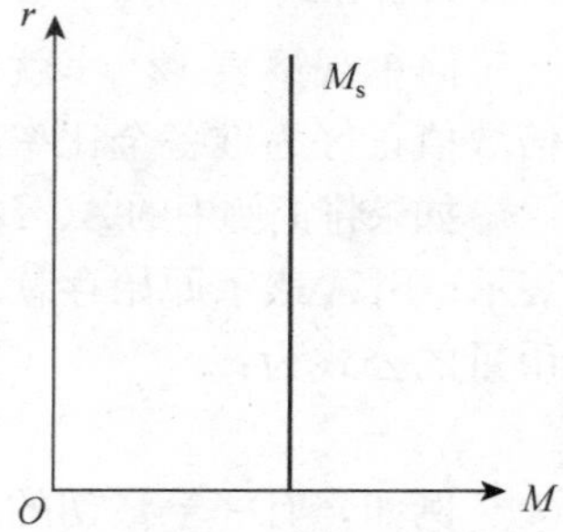

图 12—1 货币的供给

12.3 货币需求

12.3.1 货币需求含义

在考察了货币的功能及其度量方式之后，下面进一步关注货币的需求。现实生活中，人们可以选择以各种不同的形式持有财富。货币需求（Demand for Money）就是指社会各部门在既定的收入或财富范围内能够而且愿意以货币形式持有的数量。

在现代高度货币化的经济社会里，社会各部门需要持有一定的货币去媒介交换、支付费用、偿还债务、从事投资或保存价值，因此便产生了货币需求。货币需求通常表现为一国在既定时间上社会各部门所持有的货币量。对于货币需求含义的理解，还需把握以下几点。

第一，货币需求是一个存量的概念。它考察的是在某个时点和空间内（如：2012 年底，中国），社会各部门在其拥有的全部资产中愿意以货币形式持有的数量或份额。而不是在某一段时间内（如：从 2011 年年底到 2012 年年底），各部门所持有的货币数额的变化量。因此，货币需求是个存量概念，而非流量概念。

第二，货币需求量是有条件限制的，是一种能力与愿望的统一。它以收入或财富的存在为前提，是在具备获得或持有货币的能力范围之内愿意持有的货币量。因此，构成货币需求需要同时具备两个条件：①必须有能力获得或持有货币；②必须愿意以货币形式保有其财产。二者缺一不可，有能力而不愿意持有货币不会形成对货币的需求；有愿望却无能力获得货币也只是一种不现实的幻想。

第三，现实中的货币需求不仅包括对现金的需求，而且包括对存款货币的需求。因为货币需求是所有商品、劳务的流通及有关一切货币支付所提出的需求。这种需求不仅现金可以满足，存款货币也同样可以满足。如果把货币需求仅仅局限于现金，显然是片面的。

第四，人们对货币的需求既包括了执行流通手段和支付手段职能的货币需求，也包括了执行价值储藏手段职能的货币需求。二者的差别只在于持有货币的动机不同或货币发挥职能作用的不同，但都在货币需求的范畴之内。

12.3.2 古典学派货币数量论

欧文·费雪 1911 年的《货币的购买力》中提出的交易方程式（12—3）是货币数量论理论体系建立的重要标志。

$$MV=PT \tag{12—3}$$

货币基本功能是交换媒介，在式（12—3）中，概括了交易需要与货币需求的关系。

它原本是一个恒等式，在一定条件下反映了货币供给量与价格的关系，体现了宏观货币需求量，探究是什么决定整个社会在一定时期内所需要的货币量。费雪从货币的流通手段出发，认为货币旨在用来交易，是从有多少货币为商品交易服务的角度研究货币数量与物价的关系的。如果以M表示一定时期内实际参加交易的货币数量，即流通的货币数量。V表示货币在一定时期内参加商品交易的次数，既流通速度；P表示价格水平，T表示各类商品实际交易的数量。则PT表示各种商品和服务交易的总价值。由于难以获得交易量数据，通常用国民收入代替交易量，则有交易方程式：

$$MV=PY \qquad (12-4)$$

式中：Y——一定时期内以不变的价格表示的国民收入；

PY——名义国民收入。

这两个等式表明，交易中的货币支付总额MV等于被交易的商品的服务的总价值PY。然而，货币速度V取决于人们的支付习惯、信用发达程度、运输与通信条件等因素，与流通中的货币量无关。V只会发生缓慢变动，在短期内变化不大，因而实际的货币需要量取决于交易数量，式（12—4）可以表示为：$M=(1/V)PY$，这就把货币需求归结为以国民收入代表的交易需求，名义国民收入越高，货币需求越大；反之亦然。

经济学家欧文·费雪

欧文·费雪（Irving Fisher，1867—1947年）：美国经济学家、数学家，经济计量学的先驱者之一，美国第一位数理经济学家，耶鲁大学教授。

费雪生于1867年，1891年在耶鲁获得博士学位。1898年的时候，一场肺结核几乎要了他的命，正是这样的一份经历使得费雪成了一个终身的健康活动家——致力于饮食、新鲜空气、禁酒及公共健康，他还一度推行过优生学。正是因为他活动的领域，再加上缺乏幽默感及高度的以自我为中心，这使得他不是那么为人所知。

费雪被公认为美国第一位数理经济学家，他使经济学变成了一门更精密的科学。他提高了现代经济界对于货币量和总体物价水平之间关系的认识。他的交换方程大概是解释通货膨胀的原因的理论中最成功的。费雪认为可以保持总体物价水平的稳定，而价格水平的稳定会使得整个经济保持稳定。1923年，他创办了数量协会，是第一家以数据形式向大众提供系统指数信息的组织。费雪是经济计量学发展的领导者，加大了统计方法在经济理论中的应用。

在经济学中，费雪对一般均衡理论、数理经济学、物价指数编制、宏观经济学和货币理论都有重要贡献。费雪的代表作之一是1922年出版的《指数的编制》，这本书利用时间逆转测验法和因子逆转测验法编制物价指数，对以后物价指数的编制影响颇大。

在今天人们仍然经常提到费雪，是由于他对货币数量论和宏观经济学的贡献。这方面他的代表作是《货币的购买力》（1911年）和《利息理论》。美国加州柏克利大学经济学教授J. B. 迪龙（J. B. De Long）在评论货币主义时把费雪称为"第一代货币主义者"，就是指费雪的货币数量论是最早的货币主义。费雪货币数量论的中心是交易总量（T）乘以价格（P）等于货币量（M）乘以货币流通速度（V）（$T\cdot P=M\cdot V$），当T和V不变时，物价水平（P）取决于货币数量（M）。这也正是弗里德曼现代货币数量论的中心思想。费雪提出，通货膨胀率加实际利率等于名义利率，强调了预期通货膨胀对名义利率一对一的影响。这种观点被称为费雪效应，现在仍是每一本宏观经济学教科书的基本内容。

费雪一生涉猎的领域相当广泛，据他的儿子 I. N. 费雪为他所写的传记所列，他一生共发表论著 2 000 多种，合著 400 多种，用著作等身来形容并不为过。

12.3.3 凯恩斯的货币需求理论

货币需求是由人们对货币的流动性偏好引起的，因此，货币需求又被称作流动性偏好。凯恩斯认为，与其他资产相比，货币具有很强的流动性，即货币很容易与其他资产进行交换。正是货币的这种流动性，使人们对货币产生了偏好。流动偏好的动机主要有三种：一是交易动机；二是预防性动机；三是投机动机。

(1) 交易动机是指个人和企业为了进行正常的交易活动而需要货币的动机，由此产生的货币需求叫作货币的交易需求；交易动机所持有货币的多少，与人们收入的多少有关。一般地，收入越多，人们为交易目的而持有的货币就越多，反之亦然。

(2) 预防动机又叫谨慎动机，是指人们为预防意外支出而需要持有一部分货币的动机，如疾病、失业和其他天灾人祸。由此产生的货币需求叫作货币的预防需求。货币的交易需求和预防需求都取决于国民收入，其在短期内是相对稳定的。为简化分析，用字母 L_1 来代表这两种货币需求，它可以表示为：

$$L_1 = L_1(Y) \qquad (12-5)$$

(3) 投机动机是指人们为了抓住各种投机机会（一般指购买有价证券）而需要持有一部分货币的动机，由此产生的货币需求叫作货币的投机需求。投机需求取决于投机的收益与成本，其成本就是利息。一般的利率越高，有价证券的价格越低，人们若认为价格已降到正常水平以下，预计很快会回升，就抓住有利机会及时买进有价证券，因而人们手中出于投机性动机所持有的货币量就会减少。反之，利率下降有价证券的价值则提高，对有价证券的需求减少，因而投机性货币需求相应增加。因此货币的投机需求和利息率呈反方向变化。用 L_2 来表示投机需求，则有：

$$L_2 = L_2(r) \qquad (12-6)$$

于是，用 L 表示总货币需求即：

$$L = L_1 + L_2 \qquad (12-7)$$

货币的需求曲线可以用图 12－2 表示。

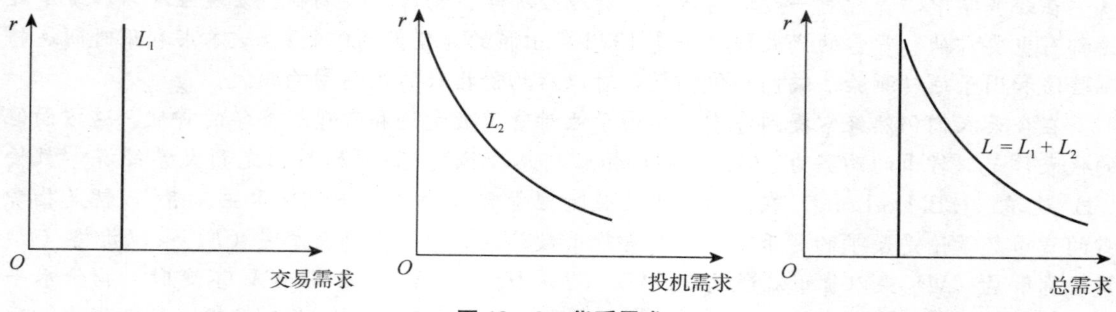

图 12－2　货币需求

经济学家约翰·梅纳德·凯恩斯

约翰·梅纳德·凯恩斯（John Maynard Keynes，1883—1946 年），英国经济学家，他创立的宏观经济学与弗洛伊德所创立的精神分析法和爱因斯坦发现的相对论一起并称为 20 世纪人类知识界的三大革命。

凯恩斯于 1883 年 6 月 5 日出生在一个大学教授的家庭。他的父亲约翰·内维尔·凯恩斯（John Neville Keynes）自 1870 年代起于剑桥大学的彭布罗克学院做特别研究员，之后成为哲学和政治经济学的教授，并著有逻辑学与经济学方法论的教科书，后来又被推选为剑桥大学的教务主任（Registrary）。他的母亲弗洛朗斯·艾达·布朗是一位成功的作家和社会改革的先驱之一。

凯恩斯可谓经济学界最具影响的人物之一。他发表于 1936 年的主要作品《就业、利息和货币通论》（*The General Theory of Employment*，*Interest and Money*，简称《通论》）引起了经济学的革命。这部作品对人们对经济学和政府在社会生活中作用的看法产生了深远的影响。凯恩斯发展了关于生产和就业水平的一般理论。其具有革命性的理论主要内容如下。

关于存在非自愿失业条件下的均衡：在有效需求处于一定水平的时候，非自愿失业是可能的。与古典经济学派相反，他认为单纯的价格机制无法解决失业问题。

引入不稳定和预期性，建立了流动性偏好倾向基础上的货币理论：投资边际效应概念的引入推翻了扎伊尔定律和储蓄与投资之间的因果关系。

他的这些思想为政府干涉经济以摆脱经济萧条和防止经济过热提供了理论依据，创立了宏观经济学的基本思想。凯恩斯一生对经济学做出了极大的贡献，曾被誉为资本主义的“救星”、“战后繁荣之父”。

12.4　货币市场的均衡

12.4.1　古典均衡利率决定

古典均衡利率理论也称真实利率理论，代表人物有庞巴维克、费雪和马歇尔。基本观点是认为利率由储蓄和投资所决定，即由资本的供给和资本的需求双方共同决定。如图 12—3 所示。

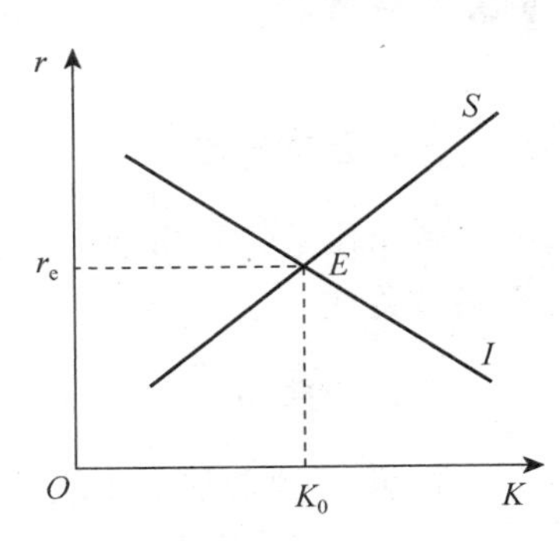

图 12—3　古典利率理论

图中 I 为投资曲线，投资是对资金的需求，随利率上升而减少；S 为储蓄曲线，储蓄是对资金的供给，随利率上升而增加，两条曲线的交点所决定的利率 r_e 为均衡利率。依照该理论，只要利率是灵活变动的，他就和商品价格一样，具有自动调节储蓄和投资使其达到均衡状态的功能。

12.4.2 凯恩斯均衡利率决定

20世纪30年代的经济大危机，摧毁了以利率自动调节为核心的古典利率理论。凯恩斯的利息理论应运而生。

凯恩斯认为，货币供给（M_s）是外生变量，由中央银行直接控制。因此，货币供给独立于利率的变动，在图上表现为一条垂线，如图12－4所示。

货币需求（L）则取决于公众的流动性偏好，其流动性偏好的动机包括交易动机、预防动机和投机动机。其中，交易动机和预防动机形成的交易需求与收入成正比，与利率无关。投机动机形成的投机需求与利率成反比。如前所述，用L_1表示交易需求，用L_2表示投机需求，则L_1（Y）为收入Y的递增函数，L_2（r）为利率r的递减函数。货币总需求L可表述为：$L=L_1(Y)+L_2(r)$，如图12－4所示，它是一条由左上方向右下方倾斜的曲线。

但是，当利率下降到某一很低水平时，市场就会产生未来利率上升的预期，这样，货币的投机需求就会达到无穷大，这时，无论中央银行供应多少货币，都会被相应的投机需求所吸收，从而使利率不能继续下降而“锁定”在这一水平，这就是所谓的“流动性陷阱”(Liquidity Trap)。（图12－4中L曲线的水平部分）

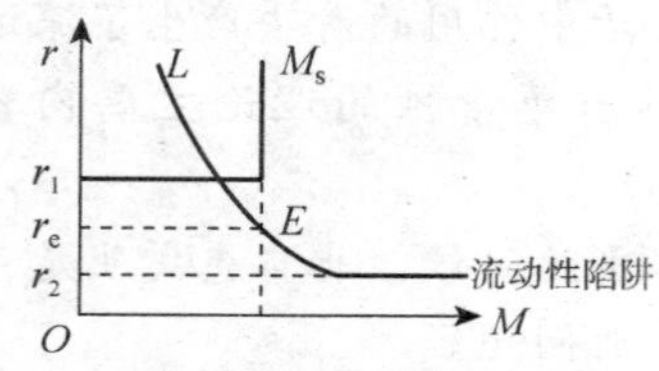

图12－4 凯恩斯均衡利率决定

图中E为货币需求和货币供给的均衡点，r_e为均衡的利率。当货币供给固定时，利率的高低取决于货币需求，如果L曲线向上移动，则利率上升，反之则下降。而当货币需求不变时，利率的高低就取决于M_s，如果货币供应量增加，利率就会下降，反之则升高。因此利率的高低由货币需求和货币供给所决定。

当利率低于均衡利率时，即$r_2<r_e$时，人们愿意持有的货币量大于其手中持有的货币量。为了得到更多的货币，人们将在市场上出售债券，于是债券的价格下降，由于债券的价格和利率成反比，则利率上升，这一过程持续到r_2上升到r_e为止。反之。当利率高于均衡水平时，即$r_1>r_e$，人们持有的货币大于他们的意愿持有量，人们将手中多余的货币换成债券，于是债券价格上升，利率下降，这一过程持续到r_1下降到r_e为止。

复习思考题

一、基本概念

货币供给　货币乘数　货币需求　交易动机　预防动机　投机动机　流动性陷阱　费雪交易方程式

二、选择题

1. 货币的最基本职能是（　　）。
   A. 交换媒介　　B. 价值储藏　　C. 价值尺度　　D. 延期支付

2. 当利率升得很高时，人们购买债券的风险将会（　　）。
A. 变得很大　　B. 变得很小
C. 可能很大，也可能很小　　D. 不发生变化
3. 下列各种资产中流动性最大的是（　　）。
A. 股票　　B. 名画　　C. 长期国债　　D. 活期存款
4. 交易型货币数量学说是由（　　）提出来的。
A. 庇古　　B. 凯恩斯　　C. 弗里德曼　　D. 费雪
5. 费雪的交易方程式中最活跃的因素是（　　）。
A. 物价水平　　B. 商品交易量
C. 货币量　　D. 劳务交易量
6. 费雪的交易方程式反映的是（　　）。
A. 货币量决定货币价值的理论　　B. 货币价值决定物价水平的理论
C. 货币量决定物价水平的理论　　D. 物价水平决定货币量的理论
7. 由于利率的不确定性，根据对市场利率变化的预期需要持有货币以便从中获利的动机是（　　）。
A. 交易动机　　B. 预防动机　　C. 投资动机　　D. 投机动机
8. 货币供给的机制分析侧重于（　　）。
A. 货币的创造过程　　B. 分析决定货币供应量的因素
C. 分析供给原因　　D. 货币供给量
9. 我国狭义货币供应量包括流通中的现金和（　　）。
A. 银行活期存款　　B. 银行定期存款
C. 证券公司客户保证金　　D. 储蓄存款
10. 能够扩张信用、创造派生存款的金融机构是（　　）。
A. 中央银行　　B. 商业银行　　C. 政策性银行　　D. 专业银行
11. 在现代信用货币制度下，经常出现的货币失衡形式是（　　）。
A. 货币供应量相对于货币需求量偏大
B. 货币供应量相对于货币需求量偏小
C. 总量性失衡
D. 结构性失衡

三、判断题

1. 凯恩斯的货币需求取决于债券收益和边际消费倾向。（　　）

2. 投机货币需求随着利息率的提高而减少，同时在各个利息率水平上，投机者总是既持有一些证券、又持有一些货币。（　　）

3. 支票和信用卡实际上都不是严格意义上的货币。（　　）

4. 只要人们普遍把“万宝路”香烟作为交换媒介而接受，“万宝路”香烟就是货币。（　　）

四、思考题

1. 货币的职能有哪几个方面?
2. 依据货币流动性程度高低可将货币分为几种不同层次?
3. 简述古典学派货币数量论。
4. 简述凯恩斯的货币需求理论。
5. 简述凯恩斯均衡利率如何决定。

答案

二、选择题

1. A　2. B　3. D　4. D　5. C　6. C　7. D　8. A　9. A　10. B　11. A

三、判断题

1. 错　2. 错　3. 对　4. 对

第 13 章　失业与通货膨胀

失业、通货膨胀与经济增长被认为是三大宏观经济问题。市场经济时代，人们经常遭受失业和通货膨胀的痛苦和损害。即使到现在，这依然是无法避免的两个重要问题。为了避免这种痛苦和损害，经济学家们对失业和通货膨胀进行了比较系统的研究。本章将围绕失业、通货膨胀的内涵、种类与产生原因，以及二者之间的关系展开讨论。

13.1　失业

由于失业是世界各国普遍存在并高度关注的社会经济现象，且各国对失业的界定有很大不同，因此，本节只是从一般意义上对失业进行理论分析。

13.1.1　失业的定义和衡量方法

在经济学中对失业（Unemployment）的定义：指有劳动能力、接受现行工资条件、愿意工作而没有找到工作的人所处的状况，处于此种状况的劳动者被称为失业者。把握失业的含义，须注意以下三点。

第一，失业者不包含非劳动力，非劳动力是指那些不在就业年龄范围的人，如全日制学生、退休者及丧失劳动能力的残疾人等。各国对就业年龄有不同的规定。例如美国就业年龄是 16～65 岁；中国一般规定年满 16 周岁为法定就业年龄。

第二，失业者必须是非自愿的。对于有工作愿望且接受现行工资水平的人来说，尽管积极寻找工作但仍然没有找到工作，就属于失业者。如果没有工作的愿望，或虽然有工作愿望但不接受现行的工资水平而没有工作的人，也不属于失业者。但是，有工作能力而没有工作，毕竟是一种劳动力的闲置。为了把这种劳动力的闲置与失业区别开，经济学把符合工作条件但不按现行工资寻找工作的人叫作自愿失业者，而把有工作愿望且接受现行工资水平、正在积极寻找工作但仍然没有找到工作的失业者叫作非自愿失业者。失业者是相对于具有某种工作条件人来说的，比如达到法定的劳动年龄、具有劳动能力和劳动技能等。

第三，失业者必须具有劳动能力。如果一个人没有工作过程中所需要的工作能力，没有劳动技能，虽然没有工作，也不属于失业者。这样就排除了那些“无法雇佣的人”，如身体有严重残疾或精神有问题而不能工作的人。

失业状况有两种衡量方法，一种用人数来衡量，如失业人口 500 万；另一种用失业率来衡量，如失业率达 5%。失业率是失业人数（失业量）与劳动力总量（劳动总量）的比例。用公式表示：

$$失业率=\frac{失业者人数}{失业者人数+就业者人数}\times 100\%=\frac{失业者人数}{劳动力总数}\times 100\% \tag{13-1}$$

因此，失业率取决于劳动总量、就业人数（就业量），失业量＝劳动总量－就业量。用 E 表示就业量，U 表示失业量，L 表示劳动总量，n 表示就业率，u 表示失业率，那么有：

$$n=\frac{E}{L}，u=\frac{U}{L}$$

这样，失业率 u 可以通过就业率 n 得到，因为 $u=1-n$。同样，知道了失业率 u，也可以得到就业率 n。因此，研究失业问题，实际上也是研究就业问题。减少失业，就是扩大就业。

失业率并不能全面准确地反映一个国家或地区的失业状况，因为一方面官方统计数据很可能把未登记的失业者排除在外；另一方面由于人们频繁地进入和退出劳动力队伍使得统计数字存在误差。但是，尽管失业率是一个不完善的指标，但它仍然是一个重要的宏观经济指标，它不仅在一定程度上反映了一国失业的状况，还可以反映出失业的一些重要特征。

非自愿失业和自愿失业

要探究导致失业这一宏观经济现象，应分析其形成的微观基础，可以从自愿失业和非自愿事业两个方面进行分析。

1. 非自愿失业

非自愿失业是指在现有工资水平下，愿意接受工作的人却找不到工作职位而产生的失业。如果工资能够灵活变化，市场调节的作用会出清劳动力市场。但在大多数情况下，工资的变化是不灵活的，企业或社会并不能随时随地进行工资调整，于是如图 13－1（a）所示，这是一个存在过高工资的劳动力市场，工资水平为 W_2，且不易调整，在这一工资水平下，W_2F_1（即上面的整条虚线部分）为劳动力总人数，与供给 AS、需求 AD 曲线分别相交于 G、H 两点，愿意工作的人数为 W_2G，而企业愿意雇用的人数为 W_2H，整体失业的人为 HF_1，这其中又分为两部分：GF_1 是不接受现行工资而自愿失业的人数；HG 则是愿意接受现行工资水平，但仍无法找到工作的人，即非自愿失业的人。

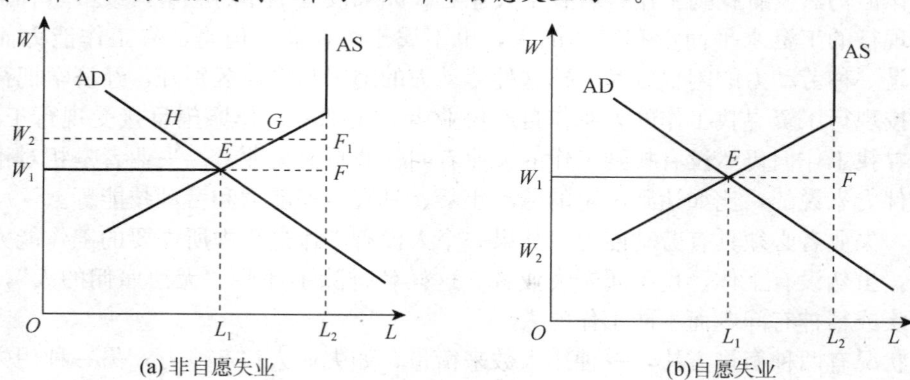

图 13－1　失业

2. 自愿失业

自愿失业是指当存在就业机会时，失业者不愿意接受现行工资水平和劳动条件而产生的失业。图13－1（b）中劳动供给曲线AS和劳动需求曲线AD，横轴上的L_2代表劳动者总量，供给曲线在这一点变得完全无弹性，表明工资再提高也无法增加劳动供给。E点是劳动市场的均衡点，当获得均衡时，工资水平为W_1，愿意在此工资水平下工作的人数为L_1，厂商愿意雇用的人数也是L_1，但在全部劳动者中有相当于EF这一段数量的劳动者没有工作（也即L_1L_2），只有提高工资他们才愿意工作，这部分人就是在现有工资下的"自愿"失业者。

13.1.2　失业的类型

经济学中通常将失业分为三种：自然失业、周期性失业和隐蔽性失业。

1. 自然失业

自然失业（Natural Unemployment），又称正常失业，是指由于经济中某些难以预料的原因所引起的失业，在任何动态市场经济中，这种失业都是不可避免的。

自然失业又包括摩擦性失业、结构性失业、季节性失业和技术性失业。

（1）摩擦性失业。摩擦性失业（Frictional Unemployment）是指因劳动市场运行机制不完好或因经济变动过程中工作转换而产生的失业。它被看作是一种求职性失业，即一方面存在着职位空缺，另一方面存在着与此数量对应的寻找工作的失业者。

这是由于劳动力市场是不断变动的，信息并不是非常完备的，而且寻找工作的人和拥有工作空位的雇主发现对方都需要一定的时间。即使劳动力的人数保持不变，在每一个时期都会有一批新的人员进入劳动力市场寻找工作，同时也有一些在工作的或失业的人退出劳动力市场。一些人为了找到更好的工作而辞去现有的工作。

更多的情况是，消费者的偏好会随着时间的推移而改变，从而使某些行业衰退，产生过剩劳动力，另一些新兴行业，需要大量增加劳动力，但劳动者从一种职业或一个行业流向另一种职业或另一个行业会因流动成本、职业技能、个人特长和居住地区等原因而出现困难，从而造成暂时的失业，尽管同时存在着职位空缺。求职者的情况和工作的性质等信息不能很快地被知晓或评价，使得求职者和潜在的雇主必须花一定的时间才能找到合适的工作和人选。因此，总的来看，即使劳动力需求等于劳动力供给时，摩擦性失业仍然是存在的，并将随着经济结构变化的加快而有增大的趋势，但西方经济学家认为，摩擦失业的存在与充分就业并不矛盾。摩擦性失业经常被看作是一种"自愿失业"。

（2）结构性失业。结构性失业（Structural Unemployment），是指由劳动的供给结构与劳动的需求结构不一致而导致的失业。劳动的需求结构是由包括产业结构、产品结构在内的经济结构决定的，劳动的供给结构是由人口总量和人口结构决定的，教育也是影响劳动的供给结构的重要变量。当经济结构变化时，比如有些部门或产业迅速发展，一些地区正在开发，同时，某些部门或产业正在衰落，这就使得对劳动的需求发生了变化。当劳动力因技术、性别、心理等原因而不能适应劳动需求的变化时，就会出现工作岗位与劳动人口的非均衡，从而形成结构性失业。

如果工资是完全自由浮动的而且工作变动或迁移的成本很低，那么市场通过调整很快就可以消除这种失业。但现实并非如此，故结构性失业也就始终存在着。

与摩擦性失业相比，结构性失业问题要严重得多。因为摩擦性失业的失业者能胜任可能获得的工作，而结构性失业的失业者却不具备这种条件。

（3）季节性失业。季节性失业（Seasonal Unemployment）是指某一行业随着季节（包括自然季节、生产或销售季节）的变换而造成的失业。有些行业的生产与服务会随着季节的变化而变化，对劳动的需求也随着季节的变化而变化，生产和销售旺季所需的人手多，生产和销售淡季所需的人手少，因而出现季节性失业。建筑业、农业、旅游业等行业，季节性失业最明显。这种季节性失业也是正常的，而且是无法完全避免的。

（4）技术性失业。技术性失业（Technical Unemployment）是指由于技术进步所引起的失业。在经济增长过程中，技术进步的必然趋势是生产中越来越广泛地采用了先进技术，越来越先进的设备替代了工人的劳动，这样，对劳动需求的相对减小就会使失业增加。此外，在经济增长过程中，资本品价格相对下降和劳动力价格相对上升也加剧了机器取代工人的趋势，从而也加重了这种失业。属于这种失业的工人都是文化技术水平低，不能适应现代化技术要求的工人。

2. 周期性失业

周期性失业（Cyclical Unemployment）是指经济周期中衰退或萧条时期因总需求下降而造成的失业。经济增长具有周期性，当经济增长处于高涨阶段时，就业量增加，失业量减少；经济增长处于下降阶段时，就业量减少而失业量增加。周期性失业就是凯恩斯所说的非自愿失业。按照凯恩斯的说法，当实际的总需求小于充分就业的总需求时，消费疲软，市场不旺，造成企业投资减少从而减少雇佣人员而形成周期性失业。通货紧缩时期的失业也可看作是周期性失业。

3. 隐蔽性失业

隐蔽性失业（Disguised Unemployment）也叫隐性失业，是指劳动者表面上就业而实际上从事与其教育水平或能力不相符的工作的一种社会现象。在市场经济社会中，由于经济衰退等原因，熟练工人被迫去做半熟练的工作，或半熟练工人被迫去做无需任何技能的工作，受过高等教育的人员找不到相应的工作的情况更为常见。不发达国家的隐蔽性失业现象要比发达国家严重得多。隐蔽性失业实质上是人力资源的浪费。

我国是一个人口众多、劳动力资源丰富，而经济又较落后的发展中国家，加上长期以来一直实行“包下来”的“铁饭碗”就业制度，给隐蔽性失业的产生留下了十分肥沃的土壤。据估算，全国隐蔽性失业量要大大超过2.3亿人。如此严重的隐蔽性失业状况，的确是我国劳动力资源配置上的极大浪费。

13.1.3 自然失业率和自然就业率

前面提到，经济社会在任何时期总存在一定比率的失业人口，也就是说，失业率随着就业量的提高而下降，但失业率从来不会降到零。

为此，定义自然失业率为经济社会在正常情况下的失业率。它是劳动市场处于供求稳定状态时的失业率，这里的稳定状态被认为是：既不会造成通货膨胀也不会导致通货紧缩的状态。

当一个国家经济的现实失业率等于自然失业率时，就认为这个国家已经实现了充分就业。为了更好地理解自然失业率，下面给出一种自然失业率的表示方式。

设L代表劳动力，E代表就业者人数，U代表失业者人数，则有$L=E+U$，相应地，失业率为U/L。假定劳动力总数L不变，并重点考察劳动力中的人数在就业与失业之间的转换。

记 l 代表离职率，即每个月失去自己工作的就业者比例；f 代表就职率，即每个月找到工作的失业者的比例。

容易理解，如果失业率既没有上升也没有下降，换句话说，如果劳动市场处于稳定状态，那么，找到工作的人数必定等于失去工作的人数。而找到工作的人数是 fU，失去工作的人数是 lE，因此劳动市场达到稳定状态的条件就是

$$fU=lE$$

又因为 $L=N-U$，上式变为

$$fU=l(L-U)$$

可得到

$$U/L=l/(l+f)$$

上式给出的失业率就是自然失业率，因为在正常时期失业率是稳定的。上式表明，自然失业率取决于离职率 l 和就职率 f。离职率越高，自然失业率越高；就职率越高，自然失业率越低。上述公式的另一个意义在于，给出了一种估计自然失业率的方法。

与自然失业率相联系的一个概念是自然就业率，其含义是与自然失业率相对应的就业率，即充分就业量除以劳动力总量所得到的比率。按照这一界定，显然，一个经济体的自然失业率与自然就业率之和为100%。这意味着知道两者之一，就可以推知另外一个。从这个意义上说，自然失业率和自然就业率就是一回事。在不会产生混淆的情况下，一些西方文献中将它们统称为“自然率”。

13.1.4 失业的影响

1. 奥肯定律

奥肯定律是美国经济学家阿瑟·奥肯（1929—1979年）提出来的失业率上升与经济增长率下降相互关系的原理。阿瑟·奥肯曾任约翰逊总统时期的经济顾问委员会主席。他为了使总统、国会和公众相信，如果把失业率从7%降到4%，会使全国经济受益匪浅，便根据统计资料计算由于降低失业率而带来的实际GDP的增加数额，结果产生了著名的奥肯定律，这个定律是宏观经济学中最可靠的经验定律之一。

奥肯定律指出，实际GDP相对潜在GDP每下降2%，失业率就上升1%。反之，实际GDP增加2%，失业率就下降1%。比如，假定某一时期的GDP等于潜在GDP，失业率为4%，当GDP下降4%时，即现期的GDP为潜在GDP的96%，那么失业率就会上升2%，由原来的4%上升为6%。

奥肯定律揭示了失业与经济增长之间的内在关系，失业的变动引起经济增长的变动，同样，经济增长的变动也引起失业的相应变动。从失业增加引起经济增长减少的角度看，奥肯定律其实说明了失业对经济带来的损失。

2. 失业的影响

（1）失业对个人和家庭的影响。失业使失业者本人家庭造成物质上和精神上的双重损失。失业后，家庭收入急剧下降，生活水平也随之下降。另外，失业打击了失业者的自尊心，对年轻人来说，丧失了学习技能的机会，也丧失了对守时与责任心的工作态度的培养；对老年人来说，将使已有的技能荒废，人力资本贬值。长期的失业还会使人养成恶习，从而

产生更多的社会问题，每次严重的经济萧条都会增加诸如酗酒、打架斗殴、离婚、自杀等社会问题。

(2) 失业对社会的影响。首先是对国民经济的影响。失业增加后，由于家庭消费减少和厂商投资下降，使整个国民经济的增长受到抑制。根据上面的奥肯法则，失业率提高1%，可使经济增长率下降2%。美国在1930—1939年的大萧条时期，平均失业率为18.2%，经济下降带来的损失占该时期潜在GNP的38.5%。美国经济学家萨缪尔森指出：高失业时期的损失是一个现代经济中最大的有记录的损失，它们比垄断所引起的微观经济浪费或关税、配额引起的浪费要大许多倍。

其次，失业对分配的影响也是严重的。失业使本来就比较贫穷的人因为失业将变得更加贫困。失业使失业者得不到收入，这种打击落到了少数人身上，与就业者相比，情况就格外严重。他们不得不放弃以往的生活方式，甚至因为没有收入，而影响到下一代的教育，从而影响后代的财富分配。

再次，失业也会影响社会安定。有证据表明，较高的失业率会导致犯罪、自杀行为的增加，从而引发种种社会问题。美国公共健康的研究表明，失业会导致身体和心理健康的退化：增加心脏病患者、酗酒者和自杀者。研究这个问题的杰出专家，M. 唯维·希伦纳博士估计，连续6年失业率上升1个百分点会导致3.7万人过早死亡。对许多人来说，非自愿失业会对他们造成非常严重的心灵创伤。

欧盟打响就业保卫战

历经三年勒紧腰带过日子后，紧缩政策的副产品——高失业率正在困扰欧盟。

欧盟统计局当地时间2013年7月2日公布的就业数据显示，2012年5月欧元区失业率为11.3%，2013年4月则为12.0%。5月欧元区失业人数大约在1 922万，比上个月增加6.7万。尽管除意大利以外的国家失业人数增长相对温和，多数分析师仍认为，陷于经济疲软期的欧元区失业率将持续上升。

2013年5月，欧元区的失业人口已飙升至1 922万，比上月增加6.7万。其中，23.8%的青年失业率接近欧元区整体失业率的两倍。当时的欧洲，几乎每5个25岁以下的年轻人中就有一个处于失业状态，可谓惊心。

而在"就业重灾区"的西班牙，当时的失业率已触及26.9%，为欧元区最高。在同为南欧国家的希腊，截至2013年3月的数据显示，该国失业率也已触及26.8%。两国的青年失业率也不容乐观。在西班牙，56.5%的年轻人依旧找不到工作。而希腊3月的数据显示，该国青年失业率为欧元区之首，高达59.2%。

此前，为应对经济危机，欧洲多国均采取严厉的紧缩政策以"节衣缩食"，但降低补贴、提高商品增值税、延长工作时间并没有带来预期的效果。由此导致的便是工业产值下滑，工厂关闭，通胀上升，失业人口激增。

更重要的是，欧洲民众对于紧缩政策逐渐丧失了信心。6月底，葡萄牙就率先进行了全国罢工，以抗议政府严苛的紧缩政策损害了劳动者的权益。

在紧缩政策的作用下，劳动力缺乏流动性导致失业率上升，从而加剧衰退，拖累竞争力。太多工人不愿意或无法从一个行业转到另外一个行业，或者从一个地区转到另外一个地区，原因包括房地产价格过高、培训不足及对家庭的依赖等。

为了打赢这场迫在眉睫的“就业保卫战”，欧盟决定今后投入60亿欧元应对不断上升的失业率。其中失业率超过25%的国家将优先获得这笔援助。

同时，欧洲投资银行还表态，将加大对欧盟内部中小型企业的资金扶持，以鼓励这些企业积极吸纳待业青年。

不断蔓延的失业危机已威胁到欧洲国家的稳定与发展。5月底，瑞典爆发最严重的青年骚乱，300多名青年连续三晚纵火和袭击警察。而此前伦敦骚乱的背后则是近20%的青年失业率。

几乎所有国家都认同，这场“就业保卫战”对于整个欧盟区的经济发展来说至关重要。因此，面对这场影响巨大的危机，如何避免其日渐深化，已成为各国政府的一个棘手挑战。

例如，法国、德国和意大利决定共同采取措施，帮助那些害怕永远找不到工作的年轻人。

令不少经济学家困惑的是，当前这群失业的年轻人中，有不少接受过高等教育，如今也沦为了需要政府救助的对象。高学历年轻人沦为经济危机的牺牲品已不再是个新现象。在西班牙20～30岁的失业年轻人中，约40%的人接受过大学教育。在希腊，这一比例为30%。

意大利劳务部长说：“这一代的青年人接受了最好的教育，可现在他们没有用武之地。欧盟各国领导人应该共同面对青年失业问题。”法国总统奥朗德制定了一系列的措施，如承诺25岁以下的年轻人都会有就业机会，提供继续教育和培训的机会。

从根源上说，经济复苏是缓解欧洲失业，尤其是青年失业的关键所在。而欧洲央行最新预测显示，欧元区经济继去年衰退3%之后，今年还将萎缩0.6%；2014年欧元区经济增速有望达到1.1%，欧盟有望达到1.4%。在财政紧缩和经济持续滑坡的困境中，即便欧盟推出倾斜性政策，青年就业问题也难有实质改观。除非欧洲经济复苏速度加快，否则欧洲无法摆脱平均失业率11%的尴尬纪录。

（资料来源：据相关资料收集整理）

13.2 通货膨胀

经济发展的波动性，决定了经济周期的必然存在，经济周期的存在，又必然导致通胀与紧缩的交替出现，这是世界各国都不可避免的问题。本节要介绍的是通货膨胀产生的原因及其对宏观经济的影响。

13.2.1 通货膨胀的定义和衡量方法

关于通货膨胀（Inflation），经济学家从不同角度给出的定义也不尽相同，例如哈耶克从引起通货膨胀原因的角度下定义，认为：“通货膨胀一词的原意和真意是指货币数量的过度增长，这种增长会合乎规律地导致物价的上涨”；弗里德曼从通货膨胀导致结果的角度下定义，认为：“物价的普遍上涨就叫通货膨胀。”D. 莱得勒和M. 帕金从通货膨胀过程一些特征的角度定义，认为：“通货膨胀是一个价格持续上升的过程，也等于说，是一个货币价值持续贬值的过程”。

尽管经济学家们给出的通货膨胀定义强调的角度不同，但它们都将通货膨胀与物价水平的上涨和货币价值的贬值联系在一起。因此，我们将通货膨胀定义为：在一定时期内，一般价格水平普遍和持续上涨的现象。对此有以下几点需要说明。

第一，这里讲的物价上涨不是个别商品价格或少数几种商品价格的局部上涨，而是各种商品价格水平的普遍上涨，是一般物价水平的上涨。

第二，物价的上涨不是暂时地、一次性地上涨，而是一贯地、持续地上涨，有一段较长时期的上涨过程。

通货膨胀的反义是通货紧缩，是指商品和劳务一般价格水平普遍和持续下跌的现象。无通货膨胀或极低通货膨胀率称为稳定性物价。

衡量通货膨胀状况的经济指标是通货膨胀率。一般用以下公式来表示：

$$\pi=\frac{(P_t-P_{t-1})}{P_{t-1}}\times 100\% \tag{13-2}$$

式中：π——t 年的通货膨胀率；

P_t——t 年价格总水平；

P_{t-1}——（$t-1$）年价格总水平。

应当注意的是，通货膨胀衡量的是平均价格水平的走向，而不是单个或部分商品价格的走向。

衡量价格水平的经济指标是物价指数。物价指数是表示若干种商品价格水平的指数，它一般分为消费物价指数、生产者物价指数和国内生产总值（或国民生产总值）折算指数。知道了基期和现期的物价指数，就可以计算出通货膨胀率，其方法是用现期物价指数与基期物价指数的差额，除以基期物价指数。

13.2.2 通货膨胀的分类

1. 按通货膨胀的严重程度分类

（1）温和的通货膨胀（Mild Inflation）。温和的通货膨胀率一般是一位数（3%～10%之间）。它的特点是通货膨胀率低且相当稳定，一般不会对整个经济社会造成不利影响。

（2）奔腾式通货膨胀（Galloping Inflation），又叫加速的通货膨胀。是指较长一段时期内一般物价水平以较大幅度持续上升。通货膨胀率通常在两位数以上（10%～100%），一旦奔腾式通货膨胀站稳了脚跟，就会出现严重的经济扭曲。20 世纪 70 年代巴西出现的通货膨胀就属于这种类型。对此类通货膨胀若不采取措施加以控制，就有可能发展为恶性通货膨胀，对经济造成严重后果。

（3）恶性的通货膨胀（Hyper Inflation），又叫超速通货膨胀。是指价格上涨失去控制的通货膨胀，通常是指年通货膨胀率为三位数以上（100%至无穷大）的通货膨胀。恶性通货膨胀被看作通货膨胀的癌症。这种通货膨胀不仅严重破坏货币体制与正常生活水平，而且会使整个经济体系完全崩溃。

2. 按对价格的影响分类

依据对不同商品价格影响的差别，可以把通货膨胀划分为平衡的通货膨胀和非平衡的通货膨胀。平衡的通货膨胀是指所有商品的价格每年上涨速率相同的通货膨胀，非平衡的通货膨胀是指不同的商品的价格每年上涨速率不相同的通货膨胀。

3. 按通货膨胀的预期分类

依据对通货膨胀的预料程度，把通货膨胀划分为可预期的通货膨胀和非预期的通货膨胀。可预期的通货膨胀是指商品价格上涨速率在人们预料之中的通货膨胀，非预期的通货膨胀是指商品价格上涨速率不在人们预料之中的通货膨胀。一般认为可预期的通货膨胀不会对社会经济和公众心理造成过多的负面影响。而非预期的通货膨胀由于其突发性往往对社会经济造成较大冲击，特别是易造成公众心理恐慌，对社会稳定产生不利影响。

13.2.3　通货膨胀产生的原因

对于通货膨胀发生的原因，不同的经济学家通过不同的理论给出了不同的解释，下面分别进行介绍。

1. 需求拉动型通货膨胀

需求拉动型通货膨胀（Demand-pull Inflation）又称超额需求通货膨胀，是指总需求超过总供给所引起的一般价格水平的持续显著的上涨。这种“通货膨胀”主要发生在经济快速增长的发展中国家。一般说来，总需求的增加会引起物价水平的上升和生产总量的增加，但在达到充分就业的情况下，即达到实际产量的极限之后，总需求任何一点的增加，都会引起价格水平的进一步提高，也就使通货膨胀更加明显。这种通货膨胀被认为是“过多的货币追逐过少的商品”。

（1）充分就业条件下需求拉动型通货膨胀。凯恩斯认为，当经济中实现了充分就业时，如果实际总需求大于实现了充分就业的总需求，其差额就构成了“通货膨胀缺口”，导致通货膨胀，如图 13－2 所示。当总需求不断增加、总需求曲线 AD_1 不断右移至 AD_2、AD_3 时，价格水平就相应由 P_1 上升到 P_2、P_3。同时，收入量也由 y_1 不断增加到 y_2、y_3——这一段的价格上涨是“瓶颈式”通货膨胀。当总需求 AD_3 继续增加至 AD_4 时，由于总供给已经达到充分就业水平，即 AS 曲线呈现垂直形状，总需求的增加不会使收入 y_3 再增加，故在总供给或收入不变的情况下，价格由 P_3 上升到 P_4，这一段的价格上涨就是“需求拉动”的通货膨胀。

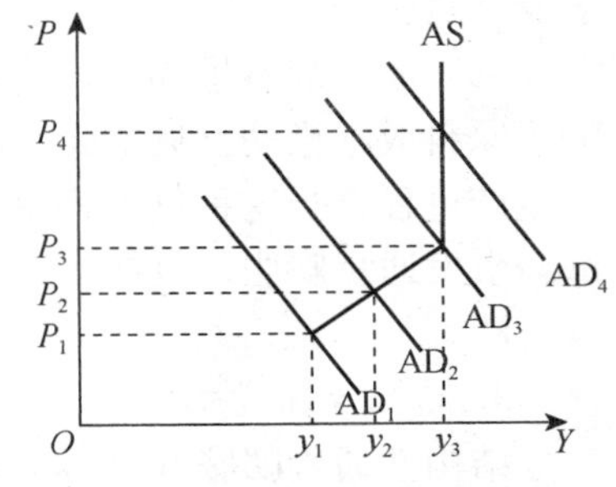

图 13－2　需求拉动型通货膨胀

（2）非充分就业条件下需求拉动型通货膨胀。不仅在实现了充分就业的条件下会出现通货膨胀，在没有实现充分就业的条件下也会出现通货膨胀。未实现充分就业时，总需求增加所引起的通货膨胀率的高低取决于总供给曲线的斜率。总供给曲线的斜率越大，总需求增加所引起的产量就越小，引起的物价上涨的幅度就越大，通货膨胀越严重，如图 13－2 所示。总供给曲线 AS 一定，总需求 AD 不断增加，当从 AD_1 上升到 AD_2 时，国民收入从 y_1 增加到 y_2 而价格相应地从 P_1 上升到 P_2。所以当总供给曲线一定时，连续增加总需求，就会在推动国民收入增长的同时，推动物价水平的上涨。这样，当太多的货币支出追逐太少的商品时，就发生了需求拉动型通货膨胀。

2. 成本推动型通货膨胀

成本推动型通货膨胀（Cost-push Inflation）是从总供给的角度来解释通货膨胀的成因，也称作成本通货膨胀或供给通货膨胀，是指即使没有出现对商品或劳务的过度需求，但由于成本增加，物价也会被推进上涨。或者说，由于成本上升使总供给的减少所引起的一般价格水平普遍和持续的上涨。

如图 13－3 所示，当总需求曲线一定时，总供给曲线因成本提高而向左移动，于是在国民产出降低的同时，物价却上涨了。

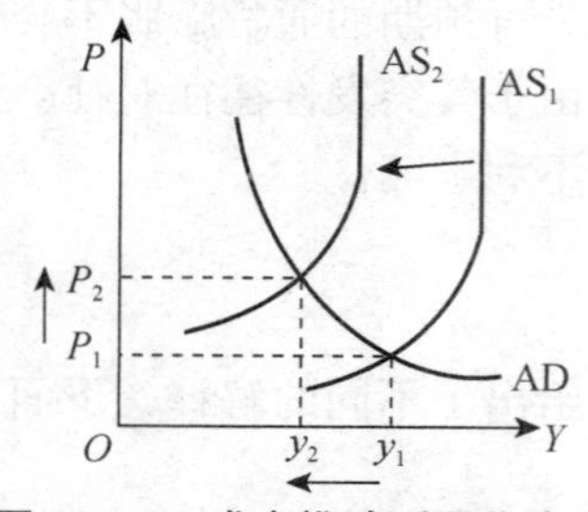

图 13－3　成本推动型通货膨胀

总需求曲线 AD 一定，当总供给减少即总供给曲线由 AS_1 向左移动到 AS_2 时，国民收入由 y_1 减少到 y_2，价格则由 P_1 上升到 P_2。

成本推动型通货膨胀的成因有工资成本增长、利润增长和进口原料成本增加，与此相应，有三种成本推动型通货膨胀理论。一种是关于工资成本推动型通货膨胀的理论，第二种是关于利润推动型通货膨胀的理论，第三种是关于原料成本推动型通货膨胀的理论。

（1）工资成本推动型通货膨胀是指因工资的上涨而引起的物价的普遍上涨。关于工资成本推动型通货膨胀的理论认为，工会组织对增加工资的要求是引起成本推动型通货膨胀的原因。在工会组织的要求下，劳动市场成为不完全竞争的生产要素市场，企业在许多工会会员失业的情况下，仍然支付高工资。由于工资决定中攀比原则的存在，没有工会的企业也支付高工资，因为工资低无法留住企业所需要的工人。于是，工资成本就会普遍上涨，导致物价普遍上涨，出现通货膨胀。

（2）利润推动型通货膨胀是指具有垄断地位的企业为实现更多的利润而提高价格所引起的一般价格水平的普遍上涨。关于利润推动型通货膨胀的理论认为，垄断企业作为产品供给一方，不是市场价格的接受者，而是价格的操纵者，垄断企业能够操纵价格。操纵价格是一种能够得到高额利润的垄断价格。在操纵价格大量存在的条件下，会引起物价的普遍上涨，引发通货膨胀。

（3）原料成本推动型通货膨胀是指由于进口原料的价格提高而引起的物价的普遍上涨。关于原料成本推动型通货膨胀的理论认为，一国从外国进口的商品，有些作为原料进入本国的生产过程。当这种进口商品的价格上涨后，本国的生产成本就会上升，推动本国物价上涨，引发通货膨胀。例如，进口石油的价格上升，就使得以石油为原料的企业的生产经营成本上涨。

3. 结构性通货膨胀

结构性通货膨胀（Structural Inflation）是指经济结构的非均衡状况所引起的一般价格水平普遍和持续的上涨。该理论认为，在没有需求拉动和成本推动的条件下，只是由于经济结构的失衡也可以引发通货膨胀。在现实经济中，有的部门劳动生产率高，有的部门劳动生产率低，有的部门属于先进部门，有的部门属于保守部门。一般说来，工业部门是劳动生产率不断提高的先进部门，而服务业则属于劳动生产率低的保守部门。劳动生产率高的生产部门提高了货币工资后，劳动生产率低的生产部门的货币工资也在“公平”原则下要求提高，否则劳动生产率低的生产部门的工人就感到“不公平”。当劳动生产率低的生产部门的货币工资也提高以后，劳动生产率低的生产部门提供的产品（或服务）的价格也必然提高。这样，整个社会工资增长率高于劳动生产率的增长率，这些部门把增加的工资成本通过提高价格的方式转移到消费者身上，从而引发了一般物价水平持续和普遍的上涨，出现通货膨胀。

4. 货币供给的增加形成通货膨胀

把通货膨胀与货币供给联系起来的经济理论是以货币数量论为理论依据的。货币数量论用交易方程作为分析工具，提出了商品价格决定于货币供给量的理论。

货币数量论者提出的交易方程是：

$$MV=Py$$

式中：M、V、P、y——货币的供给量、货币的流通速度、商品价格水平和实际国民收入。

等式的左边，是经济中的总支出；等式的右边，是名义收入。货币数量论认为，在这个等式中，货币流通速度V和实际国民收入y在短期内都是常数，因此，物价水平P就随着货币供给量的变动而变动。当货币供给量增加时，物价水平就上升，形成通货膨胀。

货币数量论中的传统货币数量论和现代货币数量论在通货膨胀的原因上，具有相同的观点，但是，它们也有一个值得注意的区别，即传统货币数量论认为货币供给量的变动只是影响物价的变动，而现代货币数量论则认为货币供给量的变动会影响总产量或国民收入的变动。

5. 通货膨胀的持续

上面关于需求拉动型通货膨胀和成本推动型通货膨胀的分析表明，对经济的冲击如何移动了总需求曲线和总供给曲线，导致一个新的更高价格水平的均衡。但是，通货膨胀不是价格水平的一次性改变，而是价格水平的持续上升。在大多数情况下通货膨胀似乎有一种惯性。如果经济有了8%的通货膨胀率，那么，这8%的通货膨胀率会有不断持续下去的趋势。这种情况称为通货膨胀螺旋。

美国经济学家萨缪尔森认为，通货膨胀螺旋的具体形式，是由实际失业率与自然失业率的相对关系决定的。当实际失业率小于自然实业率时，通货膨胀螺旋具有上升的趋势；当实际失业率大于自然失业率时，通货膨胀螺旋具有下降的趋势。

斯蒂格利茨认为，通货膨胀不是价格水平的一次性改变，而是价格水平一个月又一个月地持续上升。就像一个滑冰的人，只要开始推他一下，他就会不停地在冰上滑下去一样。他认为通货膨胀螺旋的基本特性是它的自我维持性。

产生这种现象的原因在于，如果经济中大多数人都预期到同样的通货膨胀率，那么，这种通货膨胀预期就会变成经济运行的现实。在通货膨胀时期，劳工与厂方谈判，要求保证工资上升与物价水平的上涨相一致，以使他们的实际工资不会下降。银行在贷款时也希望确保一定的实际收益率，因此，它们在确定贷款利率时，要考虑到它们年末收回的货币值低于年初贷出的货币值这一情况。这就意味着，在以货币计量的一些名义变量（如工资、租金等）的提高和价格上涨间存在着因果关系。以工资为例，工资提高引起价格上涨，价格上涨又引起工资提高。于是，工资提高和价格上涨形成了螺旋式的上升运动。

考虑到上述情况，可以说，单纯用需求拉动或成本推动都不足以说明一般价格水平持续上涨。事实上，无论通货膨胀的原因如何，只要通货膨胀开始，需求拉动和成本推动过程几乎都发挥着作用，即使通货膨胀的初始原因消失了，通货膨胀也可自行持续下去。当工人们预期物价会上涨时，他们就会坚持要求增加工资，而工资的上升，使企业成本增加，从而又导致更高的价格水平。

购买一个泡沫

什么是泡沫？在日常生活中，你很容易回答。可是在经济学界，这却是一个没有标准答案的问题。

美联储前主席格林斯潘说过，泡沫如果不破灭就没法知道那是泡沫。比如上海的房价，从2000年前后的5000来元一平方米，涨到了如今的3万多元一平方米，够夸张的了。如果你每月有2万元收入，想在上海买一套100平方米左右的房子，每天只靠呼吸空气活下来，也起码得存15年的钱。一般的人，都说那绝对是泡沫了。可是，也有人不这么认为。他们告诉你一个数据，在2000年前后，中国的广义货币总量是11万亿元左右，现在是多少呢？70多万亿元。也就是说，现在的钱比12年前多了5倍多，12年前1元钱的购买力相当于现在的6元多钱。这么一算你突然发现，上海的房价上涨居然与广义货币量的增长是同步的！所以，如果房价有泡沫，那么首先是货币的泡沫。

作为一个小老百姓，能制止货币的泡沫吗？不能。你能干什么呢？你能干的就是，去购买一个泡沫，让它与货币的泡沫同步变大。全中国最好的泡沫是什么？你炒股票亏过钱吗？你投资工厂亏过钱吗？你购买房子亏过钱吗？亏损最少的那个东西，就是最没有泡沫的。

再算一下未来的账。中国的金融专家有一个共识，他们认为，要维持经济的可持续发展，人民币的供应量增长在15%～18%是合适的。而从今往后的十来年时间里，中国的GDP将很可能仍然保持8%左右的增速。这意味着什么呢？意味着每年的货币供应增长率是经济增长率的两倍，因此货币贬值的长期趋势是不可遏制的，而且似乎没有人打算去遏制它。

如果未来10年时间里发生通货膨胀，每年物价上涨10%，那就意味着每隔7.2年，人民币就贬值一半。而如果你把钱存在银行里，每年就相当于贬值8%左右。所以，你必须要将手里的钱投资出去，可投资什么又是一个问题。

那么，中国经济如果有泡沫，又该如何观察呢？我认为，有两个“红利”会让泡沫不破灭，但是有一个危机会让泡沫破灭。两个红利，一个是“人口红利”，一个是“基尼红利”。

“人口红利”是中国的城市化。在过去的15年里，中国每年的城市化率提高一个百分点，也就是说每年有1 400万农民变成城里人，他们的消费力将成为经济和消费增长的动力。具体到不同的地区和城市，如果那里每年都有很多新面孔出现，你就不必担心房价下跌。

“基尼红利”，大家听说过的是基尼系数，它的高低标志着一个国家的贫富差距。在过去的10年间，国家统计部门拒绝公布中国的基尼系数，理由是居民的灰色收入太大。国外一些机构和联合国倒统计过，数据从0.48到0.52不等，总而言之，中国的贫富差距很大。这是一个很让人担忧的问题，不过问题的另外一面是，正因为有如此大的贫富差距，人民才仍然没有丧失追求财富的热情。经济学认为，贫富差距会成为经济增长的动力，我这样说有点残酷，但它是事实。欧洲经济为什么停滞了？日本经济为什么不发展了？原因很多，其中最重要的原因之一就是，那里的贫富差距太小了，人们失去了追求财富的动力。

那么，会让泡沫破灭的危机是什么呢？是消费乏力。如果大家都不想着赚钱了，如果农民都不想到城里来了，如果你情人节只给情人发一条温馨的短信而不买 iPad 了，如果你的男朋友不存钱买房了，泡沫就破灭了，中国的经济就完蛋了。说到这里，你就会恍然大悟，为什么政府老是念叨着要“扩大内需”了。这就是当今中国人的命运：我们既是泡沫的制造者，又是泡沫的获益者，同时，我们也可能是泡沫要毁灭的对象。

（资料来源：《东方企业家》，作者：吴晓波，有删节。）

13.2.4　通货膨胀的经济效应

通货膨胀的经济效应就是通货膨胀对社会经济生活带来的影响。由于通货膨胀的影响总是扩散到社会经济生活的各个方面，并且对社会经济生活不同方面有不同的影响，因此，通货膨胀的经济效应总是体现在社会经济生活的各个方面。这里只从以下两个方面来考察通货膨胀的经济效应。

1. 通货膨胀的收入分配效应

从理论上说，在通货膨胀条件下，如果价格上涨一倍，那么，国民收入也会上涨一倍，结果实际国民收入保持不变，人们的总体实际收入就会保持不变。如果人们对未来具有准确的预期，并据以调整自己的经济行为，那么市场上的一切价格就会与物价水平同比例地变动，通货膨胀并不会给一些人以好处，而使另一些人受到损害。但实际上，人们对未来的预期总是不能如愿以偿，同时，自身经济行为的调整也往往受到诸多限制，因此，市场上的不同价格难以完全按通货膨胀率进行调整，这就产生了通货膨胀的收入分配效应。

首先，通货膨胀导致有利于利润收入者而不利于工资收入者的分配。一般说来，利润收入者在通货膨胀中受益，而工资收入者则在通货膨胀中受损。因为在通货膨胀条件下，产品出售价格的调整要快于生产成本、工资的调整。利润收入者将以牺牲工资为代价取得更多的利润，价格上涨的好处由利润收入者占有。当然就利润收入者来说，通货膨胀对他们的影响也不一样。一般的，实力雄厚、处于垄断地位的厂商能自己决定产品的价格，对通货膨胀可以做出迅速的反应，甚至可以将产品的涨价幅度提高到通货膨胀率之上，因此，它们能够从通货膨胀中获取较多的好处。而那些处于完全竞争市场的中小厂商，他们的产品价格是由市场决定的，如果产品的市场价格水平与通货膨胀同比例地增长，或者超过通货膨胀率增长，那么，厂商就可以不受损害或增加收益；否则，其产品市场价格水平低于通货膨胀率增长，那么，厂商也会在通货膨胀中蒙受损失。

通货膨胀对工资收入者的影响也不尽相同。一般的，那些靠固定收入维持生计的人，如救济金领取者、退休金领取者、公共雇员及靠福利等其他转移支付取得收入的人，其货币收入一般是固定的，或有所变动往往也落后于上升的物价水平。他们的实际收入因通货膨胀而变少，他们是通货膨胀的受害者。而那些工会力量强大行业中的工人，他们工资水平可以借助工会的力量迫使厂商按通货膨胀率作调整。通货膨胀给其带来的损失不大。

其次，通货膨胀导致不利于债权人而有利于债务人的收入分配。债权人与债务人究竟谁在通货膨胀中受益，这取决于利率增幅与通货膨胀率的相对变化。如果利率提高的幅度大于通货膨胀率，那么，债权人受益而债务人受损；反之，如果利率提高的幅度小于通货膨胀率，那么，债权人受损而债务人受益。一般的，债务契约是根据签约时的通货膨胀率情况规定名义利率，通货膨胀会使偿还期的通货膨胀率高于签约时的通货膨胀率，因此，一般认为，债权人在通货膨胀中受损，而债务人在通货膨胀中受益。

下面这种情况特别引人重视，即政府是最大的债务人，而公众则是其债权人。通货膨胀常常将收入从居民手中转移到政府手中。

再次，通货膨胀加重公众的税负，形成有利于政府而不利于公众的分配关系。通货膨胀引起公众的货币收入提高，使他们进入更高的累进税纳税级别。这样，公众就要以比以前更大的税率支付税金。公众的实际收入下降，而政府的实际税收增加。政府借助于通货膨胀将公众的收入无形中转移到自己的名下，实际上是政府对公众的一种掠夺。

2. 通货膨胀的产量效应

通货膨胀的产量效应就是通货膨胀对整个经济的产量和就业的影响。许多经济学家认为，通货膨胀有增加产量和就业的效应。因为在这种通货膨胀条件下，产品价格的上涨快于工资和其他生产资源价格的上升，厂商的实际利润增加，从而刺激生产的扩大和就业的增加，产量也会由此增加。未预料到的通货膨胀产生的效应大，而预料到的通货膨胀产生的效应小，甚至没有。因为如果经济中出现未预料到的通货膨胀，由于货币工资以合同的形式被固定下来，其变动滞后于通货膨胀，结果会使得实际工资下降，从而导致厂商增加雇佣工人，提高产出量。这样，通货膨胀对就业和产出产生正效应。

13.3 失业与通货膨胀的关系

本节将运用菲利普斯曲线讨论通货膨胀和失业之间的关系。菲利普斯曲线（Philips Curve）是现代西方经济学家用来说明通货膨胀与失业之间关系的具有代表性的理论和方法。

1. 菲利普斯曲线的提出

1958年，当时在英国伦敦经济学院任教的新西兰籍经济学家菲利普斯（A. W. Philips）通过整理英国1861—1957年近一个世纪的统计资料，发现在货币工资增长率和失业率之间存在一种负相关的联系，即：当失业率较低时，货币工资增长率较高；反之，当失业率较高时，货币工资增长率较低，甚至是负数。根据成本推动的通货膨胀理论，货币工资可以表示通货膨胀率。因此，这条曲线就可以表示失业率与通货膨胀率之间的交替关系。即失业率高表明经济处于萧条阶段，这时工资与物价水平都较低，从而通货膨胀率也就低；反之失业率低，表明经济处于繁荣阶段，这时工资与物价水平都较高，从而通货膨胀率也就高。失业率和通货膨胀率之间存在着反方向变动的关系。

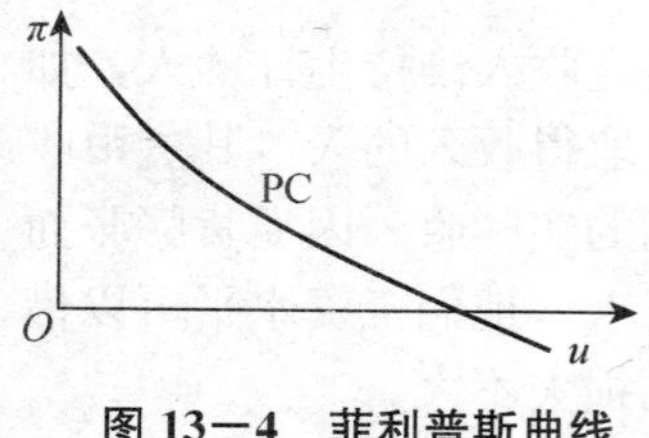

图 13—4 菲利普斯曲线

西方经济学家把这个表示失业率与货币工资变动率（或通货膨胀率）之间此消彼长、互相交替的曲线称为菲利普斯曲线。如图13—4所示。

上图中，横轴u代表失业率，纵轴π代表通货膨胀率，向右下方倾斜的PC即为菲利普斯曲线。

2. 修正的菲利普斯曲线

20世纪70年代以后失业率与通货膨胀率都比以前提高，国外学者对这一问题进行研究，提出了修正的菲利普斯曲线。

（1）货币学派的观点。货币学派或货币主义引进预期因素来说明菲利普斯曲线，使用的是适应性预期，就是人们根据以往经验来形成并调整对未来的预期。据此，把菲利普斯曲线区分为短期菲利普斯曲线和长期菲利普斯曲线。

①短期菲利普斯曲线。短期菲利普斯曲线是可以围绕自然失业率上下波动的菲利普斯曲线，其典型的特征是存在着通货膨胀与失业的替代关系。如图13—5所示。

1968年，美国经济学家弗里德曼指出了菲利普斯曲线忽略了影响工资变动的一个重要因素：工人对通货膨胀的预期。在任何一种工资水平时，工资上升的比率取决于对通货膨胀的预期。如果工人预期价格要上升，他们将要求提高工资。而雇主也将愿意给工人提高工资，这是因为他们相信能够以更高的价格出售他们的产品。

由于结合了通货膨胀预期，菲利普斯曲线向上移动。新位置上的菲利普斯曲线被称为短期通货膨胀曲线，也叫附加预期的通货膨胀曲线。这里所说的“短期”，是指从预期到需要根据通货膨胀做出调整的时间间隔。

20世纪70年代，菲利普斯曲线一直向上移动，直到80年代初才稳定下来。当实际通货膨胀等于预期通货膨胀时，菲利普斯曲线就稳定了。这种情况出现在自然失业率的特定失业水平时，如图13—5中u^*所示。

附加预期的短期菲利普斯曲线表明，在预期的通货膨胀率低于实际的通货膨胀率的短期中，失业率与通货膨胀率之间仍存在着替换关系。由此，向右下方倾斜的短期菲利普斯曲线的政策含义就是，在短期中引起通货膨胀率上升的扩张性财政与货币政策是可以起到减少失业的作用的。

②长期菲利普斯曲线。长期菲利普斯曲线是一条垂直于横轴的直线，它表示在长期中不存在通货膨胀与失业的替代关系。长期菲利普斯曲线是由短期菲利普斯曲线的移动形成的。如图13—6所示。

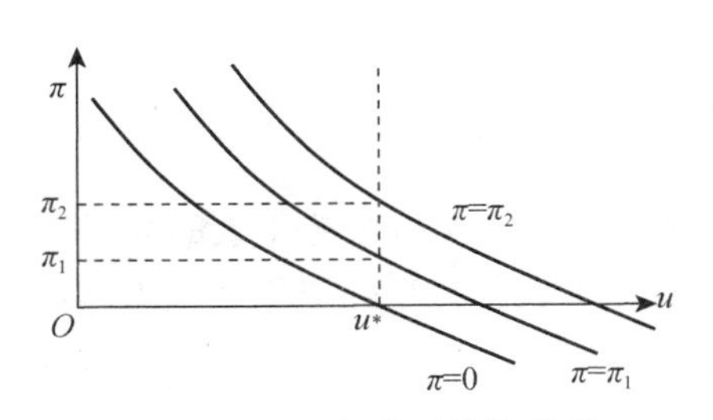

图13—5 短期菲利普斯曲线

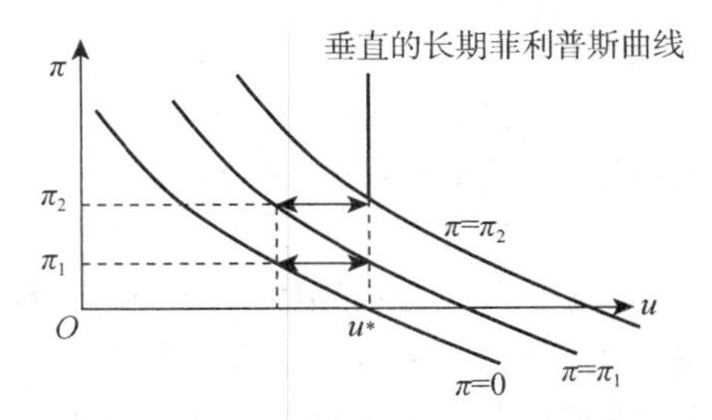

图13—6 垂直的长期菲利普斯曲线*

短期菲利普斯曲线的移动受人们对通货膨胀的预期的影响。当通货膨胀率预期形成后，当失业率低于自然失业率时，通货膨胀率的现实使工人坚信通货膨胀还会持续下去，于是要求提高工资，当工资增加后推动了物价上升，使菲利普斯曲线向上移动。之后，尽管失业率增加到自然失业率的水平，但通货膨胀率仍然停留在通货膨胀预期的水平上。随着对通货膨胀预期的提高，在失业率为自然失业率时的通货膨胀率也相继提高。因此，长期菲利普斯曲线是垂直的，它不存在通货膨胀与失业的替代关系。政府减少失业、刺激就业的通货膨胀政策，在短期内是有效的，但在长期中，由于人们理性预期的存在，就会失去有效性。实行通货膨胀的结果是物价不断上升，但失业并不会减少。

在长期中，政府连续实行扩大需求的政策，会使实际产出与潜在产出的差距越来越小，最终等于零，这时增加货币投放刺激需求，并不能提高总产出和降低失业率，而只是刺激通货膨胀率的上升。长期菲利普斯曲线的政策含义是：要想使刺激需求的政策产生积极效应，就必须提高供给和潜在产出能力。

（2）理性预期学派的观点。理性预期学派所采用的预期概念是理性预期，其特征是预期值与以后发生的实际值是一致的。这样就对菲利普斯曲线给出了另一种解释。在这种预期的假设之下，无论在短期或长期中，预期的通货膨胀率与实际发生的通货膨胀率总是一致的，从而也就无法以通货膨胀为代价来降低失业率。所以，无论在短期或长期中，菲利普斯曲线都是一条从自然失业率出发的垂直线，即失业率与通货膨胀率之间不存在交替关系。由此得出的推论就是：无论在短期还是长期中，宏观经济政策都是无效的。

复习思考题

一、基本概念

摩擦性失业　结构性失业　季节性失业　技术性失业　周期性失业　隐蔽性失业
自然失业率　奥肯定律　通货膨胀率　物价指数　奔腾型通货膨胀　恶性型通货膨胀
需求拉动型通货膨胀　成本推动通货膨胀　结构性通货膨胀　菲利普斯曲线

二、选择题

1. 下列人员属于失业人员的是（　　）。
   A. 调动工作的间歇在家休养者
   B. 公假在家休养者
   C. 对薪水不满意而待在家的大学毕业生
   D. 淡季失去工作的季节工
2. 失业率的计算是用（　　）。
   A. 失业人数的数量除以工人的数量　B. 劳动力总数除以失业工人的数量
   C. 失业工人的数量除以劳动力的总数　D. 就业工人的数量除以失业工人的数量
3. 以下关于自然失业率的说法错误的是（　　）。
   A. 经济社会在正常情况下的失业率
   B. 等于0
   C. 是劳动力市场处于供求稳定状态时的失业率
   D. 大于0
4. 某人由于钢铁行业不景气而失去工作，这种失业属于（　　）。
   A. 永久性失业　B. 摩擦性失业
   C. 周期性失业　D. 结构性失
5. 某人由于不愿意接受现行的工资水平而造成的失业，称为（　　）。
   A. 非自愿性失业　B. 摩擦性失业
   C. 周期性失业　D. 自愿性失业

6. 一般说来，某个大学生毕业后未能立即找到工作，属于（　　）。
   A. 永久性失业　　B. 摩擦性失业
   C. 周期性失业　　D. 结构性失业
7. 以下对通货膨胀的描述正确的是（　　）。
   A. 货币发行量过多而引起的一般物价水平普遍持续的上涨是通货膨胀
   B. 房屋价格的不断上涨，就是通货膨胀
   C. 通货膨胀是价格水平的偶然上涨
   D. 货币发行量超过流通中商品的价值量
8. 以下（　　）情况不能同时发生。
   A. 结构性失业和成本推动型通货膨胀
   B. 需求不足失业和需求拉动型通货膨胀
   C. 摩擦性失业和需求拉动型通货膨胀
   D. 失业和通货膨胀
9. 由于工会垄断力量要求提高工资，导致雇主提高商品售价，最终引发整个社会物价水平上涨，这就是（　　）。
   A. 需求拉动型通货膨胀　　B. 成本推动型通货膨胀
   C. 结构性通货膨胀　　D. 利润推动型通货膨胀
10. 在下列引起通货膨胀的原因中，最可能是成本推动型通货膨胀的原因是（　　）。
   A. 银行贷款的扩张　　B. 预算赤字
   C. 世界性商品价格的上涨　　D. 投资率下降
11. 垄断企业和寡头企业利用市场势力谋取过高利润所导致的通货膨胀属于（　　）。
   A. 成本推动型通货膨胀　　B. 结构型通货膨胀
   C. 需求拉动型通货膨胀　　D. 货币增加形成的通货膨胀
12. 通货膨胀对收入和财富进行再分配的影响是指（　　）。
   A. 造成收入结构的变化　　B. 使收入普遍上升
   C. 使债权人收入上升　　D. 使收入普遍下降
13. 在通货膨胀中受益的群体是（　　）。
   A. 债权人　　B. 债务人　　C. 工资收入者　　D. 退休人员
14. 奔腾型通货膨胀，其通货膨胀率为（　　）。
   A. 10%以内　　B. 10%以上和100%以内
   C. 100%以上　　D. 1000%以上
15. 菲利普斯曲线说明（　　）。
   A. 通货膨胀由于过度需求引起
   B. 通货膨胀导致失业
   C. 通货膨胀与失业率之间呈正相关
   D. 通货膨胀与失业率之间呈负相关
16. 长期菲利普斯曲线说明（　　）。
   A. 通货膨胀和失业之间长期中不存在相互替代关系
   B. 传统的菲利普斯曲线在长期仍然有效

C. 在预期通货膨胀很高的情况下通货膨胀与失业之间仍存在替代关系

D. 对通货膨胀的预期不变，所以通货膨胀与失业不存在相互替代关系

三、判断题

1. 有劳动能力的人都有工作做了，才是充分就业。(　　)
2. 摩擦性失业是一种自愿性失业。(　　)
3. 摩擦性失业和结构性失业相比较而言摩擦性失业更加严重。(　　)
4. 通货膨胀意味着不同的商品价格将按相同的比例上升。(　　)
5. 高价格就是通货膨胀。(　　)
6. 如果你的房东说："工资、公用事业及别的费用都涨了，我也只能提高你的房租。"这属于需求拉动型通货膨胀。(　　)
7. 如果店主说："可以提价，别愁卖不了，店门口排队争购的多着哩!"这属于成本推动型通货膨胀。(　　)
8. 菲利普斯的基本含义是失业和通货膨胀同时上升。(　　)

四、思考题

1. 摩擦性失业与结构性失业相比，哪一种失业问题更严重些?
2. 简述失业所造成的影响。
3. 简述导致通货膨胀发生的原因。
4. 通货膨胀的经济效应有哪些?
5. 什么是菲利斯曲线?短期和长期菲利普斯曲线有什么联系和区别?

五、计算题

1. 设某经济某一时期有 1.9 亿成年人，其中 1.2 亿人有工作，0.1 亿人在寻找工作。0.45 亿人没有工作但也没在找工作。试求：(1) 劳动力人数；(2) 失业率。

2. 设统计部门选用 A、B、C 三种商品来计算消费价格指数，所获数据如表 11－1 所示。

表 11－1　消费价格指数

品种	数量	基期价格/元	本期价格/元
A	2	1.00	1.50
B	1	3.00	4.00
C	3	2.00	4.00

试计算 CPI 及通货膨胀率。

答 案

二、选择题

1.D 2.C 3.B 4.D 5.D 6.B 7.A 8.B 9.B 10.C 11.A 12.A 13.B 14.B 15.D 16.A

三、判断题

1. 错 2. 对 3. 错 4. 错 5. 错 6. 错 7. 错 8. 错

五、计算题

1.（1）劳动力人数＝就业人数＋失业人数＝1.2＋0.1＝1.3亿

（2）失业率＝失业人数/劳动力总数×100%＝0.1/1.3×100%＝7.69%

2.CPI＝（1.50×2＋4.00×1＋4.00×3）/（1.00×2＋3.00×1＋2.00×3）×100＝173

通胀率：（173－100）/100 ＝ 73%

第 14 章　总供给和总需求

均衡的国民收入是指总需求与总供给平衡时的国民收入，那么，均衡的国民收入是如何决定的呢？本章将通过产品市场和货币市场均衡模型、总需求和总供给模型来说明一个经济体经济活动的波动和均衡的决定。

14.1　总供给曲线

14.1.1　总供给曲线含义

总供给（Aggregate Supply）是经济社会的总产出水平，它描述经济社会的基本资源用于生产时可能有的产出水平。总供给一般是由劳动、资本和技术水平三方面决定的。

总供给曲线（Aggregate Supply Curve，简称 AS 曲线）表示总供给和价格水平之间的关系。它反映在一定价格水平时，社会所有厂商愿意提供的产品和劳务的总和。

总供给取决于资源的利用情况。在不同资源利用情况下，总供给曲线，即总供给与价格水平之间的关系是不同的。如图 14－1 所示。

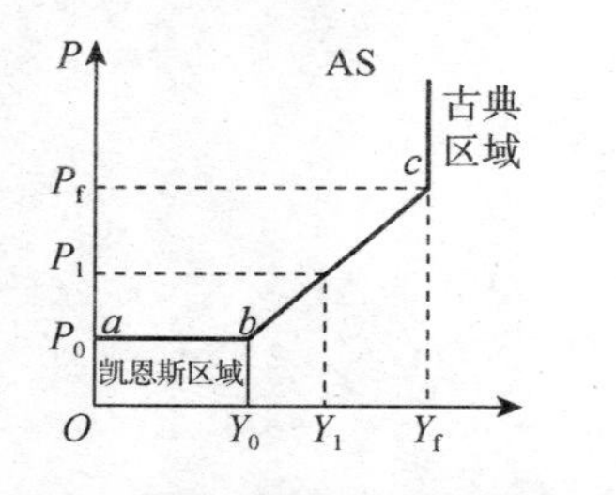

图 14－1　完整总供给曲线的三种形态

1. 凯恩斯区域

在图 14－1 中，a 与 b 之间是一条与横轴平行的直线，这意味着在价格水平（P_0）没有变化的条件下，总产出水平可以自由伸缩，这是因为在这个区间没有实现充分就业、资源还未得到充分利用。在现行价格水平下，企业可以在价格不变时得到所需的任何数量的劳动力，不会造成生产成本的上升，从而也不会导致物价的上涨，因此，企业愿意在充分利用现有资源的条件下生产并出售任何数量的产品。这条水平的总供给曲线是未充分就业时的总供给曲线。这种情况是凯恩斯提出来的，所以这个区间被称为“凯恩斯区间”或“凯恩斯主义总供给曲线”。这是一种超短期的情况。

需要指出的是，凯恩斯主义总供给曲线的思想发端于大萧条时期，当时由于可以把大量闲置的资本和劳动力投入生产，因而使产出似乎可以在价格不发生上涨的情况下无限扩张。在一般情况下，当短期内需求发生变动时，厂商们不愿意改变价格和工资，而会通过增加或减少产量对市场需求变动做出反应。因此，总供给曲线在短期内是相当平坦的，这与凯恩斯主义总供给曲线状态相当接近。

2. 中间区域

在总供给曲线 b 与 c 之间是一条向右上方倾斜的曲线。它表示总供给和价格水平呈同方向变化，也就是随着总产出的增加，价格水平呈现上升趋势。这是在充分就业前或资源接近充分利用情况下，产量增加使得生产要素价格上升，成本增加，最终使得价格水平上升。这是短期中存在的情况，又是经常出现的，所以被称作"短期总供给曲线"或"正常的总供给曲线"。

3. 古典区域

在总供给曲线 c 点以上，总供给曲线是一条垂直于横轴的直线，表明无论价格水平如何上升，总供给无法实现继续增加，这是基于资源已经得到充分利用（即实现了经济中的充分就业）的假定。在充分就业条件下，由于按一定工资水平愿意就业的劳动力都已就业，产量无法再扩大，这时如果总需求持续扩张，只能导致物价水平的上升。这是一种长期的趋势，所以，被称作"长期总供给曲线"。这一部分也被称作"古典区域"。而我们将长期的产出水平称为潜在产出（即潜在的 GDP），即图 14－1 中的 Y_f。在这一产出水平上，经济资源得到充分利用，失业率为自然失业率。当经济积聚资源并出现技术进步时，潜在 GDP 会随着时间的推移而增长，因而古典总供给曲线的位置将随着时间而逐渐右移。这里要强调的是，尽管潜在 GDP 会发生变动，但这种变动并不取决于价格水平。

（需要注意的是，此处所谓的"长期"也是一个相对的概念，如果从一个更长的时期来看，充分就业时的总供给也有可能因为新资源的发现、人口的增长或者技术的进步而发生变化，这就成了经济增长所要研究的问题）。

14.1.2　总供给曲线移动

总供给曲线的位置和移动取决于两个不同的因素：潜在的产出水平和生产成本。决定总供给的基本因素是经济体的生产能力，即潜在产出，或者说，在劳动、资本、土地数量及其他资源既定的条件下经济体所能提供的最大可持续产出。

1. 长期总供给曲线的移动

从长期来看，总供给主要依赖于潜在产出，长期 AS 曲线的位置是由潜在产出水平所决定的，潜在产出取决于劳动力的数量和质量、其他投入品的数量和质量及自然资源、技术和生产效率水平。因此投入的增加及技术的进步引起潜在产出增长时，总供给曲线向右移动。如图 14－2 所示。

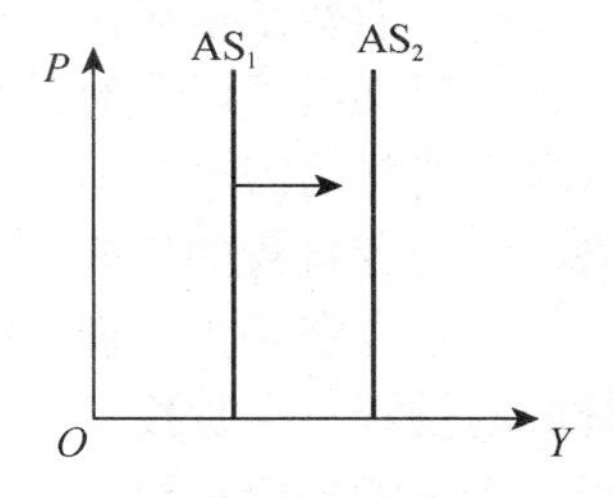

图 14－2　技术进步使长期总供给曲线右移

2. 短期总供给曲线的移动

在短期内，短期总供给曲线是可以随着一些经济要素的变化而变动的。例如，当由于技术进步等因素引起总供给增加时，将会导致短期总供给曲线向右下方移动（见图 14－3），而由于资源减少引起总供给减少时，将会导致总供给曲线向左上方移动。

在短期内，总供给曲线受生产成本变动的影响最大。当生产成本上升时，只有在较高的价格水平上，企业才愿意提供一定数量的产出，因此，在同样的产出水平上，价格上升，AS 曲线会向左上方移动，生产成本下降时 AS 曲线向右下方移动（见图 14－3）。

有多种因素影响生产成本变化，而这些因素影响总供给变动的程度取决于它们在经济中的重要性，如 20 世纪 70 年代的两次石油危机导致石油价格暴涨，使大多数工业化国家的生

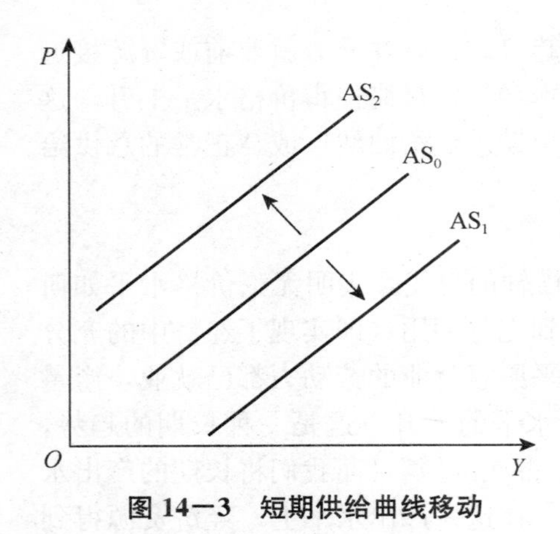

图 14—3 短期供给曲线移动

产成本暴涨，拉动了AS曲线左上方移动。在现实生活中，引起总成本变化的因素如下。

（1）自然和人为灾害。灾害会引起总供给曲线剧烈变动，如地震和战争会减少经济中的资源，导致产出量下降，使总供给曲线向左移动。

（2）技术变动。技术的变动（主要是提高）使任一给定投入组合生产的产出数量增加，所以，技术进步影响总供给曲线向右移动。

（3）工资率变动。当工资水平较低时，对于任何给定价格厂商愿意供给更多的产品，因而，降低工资将使总成本曲线向右移动。

（4）预期物价水平变化。当预期未来物价水平将下降时，短期总供给曲线将向右移动，反之，如果预期物价水平将上升，短期供给曲线将向左移动。

（5）其他，如进口产品价格的变化；对经济风险的感知和承担风险的意愿与能力等都将影响总供给曲线的移动变化。

14.2 总需求曲线

14.2.1 总需求的含义与均衡的国民收入决定

1. 总需求的内涵

总需求（Aggregate Demand）：总需求是经济社会在每一价格水平上对产品和劳务的需求总量。总需求由消费需求、投资需求、政府需求和净出口需求构成。

（1）消费是指居民对产品和劳务的需求或支出，包括耐用消费品支出、非耐用消费品支出、房租支出，以及对其他劳务的支出。根据西方经济学家的长期统计研究资料分析，在总需求中消费的需求是最为稳定的。影响消费的因素有很多，如消费者的收入水平、商品的价格、消费者自身的偏好、风俗习惯等，但在这些因素中，具有决定性作用的是收入水平。

（2）投资是指厂商对投资品的需求或支出，包括企业固定投资，例如厂房、设备等固定资产的投资；存货投资，例如用于原材料、半成品及未销售的成品的投资；以及居民住房投资。实际的投资在经济中波动很大。但是在简单的国民收入决定模型中，我们假设投资水平固定，即不随利率和产量变动。

（3）政府支出是政府对各种产品和劳务的需求，或者说是政府购买产品和劳务的支出。现代经济中，政府利用财政政策来干预经济，所以政府支出不仅包括政府本身雇佣人员和办公费用的支出，而且还包括政府对一些大型基础设施的投资支出，因此，政府支出在总需求中的比例一直在提高。

（4）进出口在分析国民收入决定时是指净出口，即出口与进口之差。

为了进一步简化分析，本节研究两部门时的国民收入决定，假设不存在政府和进出口，只有居民和厂商，也就是消费行为和储蓄行为都发生在居民中，生产和投资行为都发生在厂商部门，投资水平还是固定的。这样实际上我们只研究存在两部门时的国民收入的决定。

2. 总需求与均衡的国民收入决定

由前面的分析得知，总需求和总供给决定了均衡的国民收入。当不考虑总供给因素时，均衡的国民收入水平就是由总需求决定的。这一点可以用图14—4来说明。

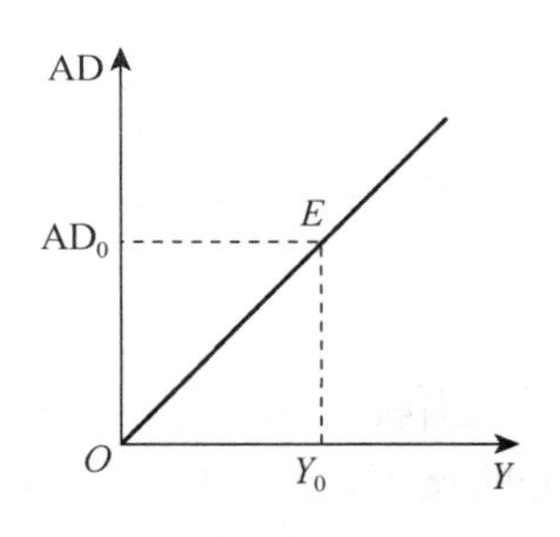

图14—4 不考虑总供给的均衡国民收入

在图14—4中，横轴代表国民收入Y，纵轴代表总需求AD，用一条从原点出发的倾斜45°的斜线代表总供给和总需求相等。根据均衡国民收入的概念，这就意味着在斜线上的任何一点所对应的国民收入Y是相应总需求AD下的均衡国民收入。如果此时的AD是一个固定的值AD_0，那么AD_0与斜线的交点E所对应横轴上的Y_0就是此时的均衡国民收入水平。在Y_0左边的区域，AD大于AS，所以国民收入水平会随着AD向Y_0方向增加，而在右边的区域，AD小于AS，所以国民收入水平会随着AD向Y_0方向减少。

3. 消费与均衡国民收入的决定

简单国民收入决定模型既然研究产品市场均衡条件下消费对于国民收入决定的影响，那么就需要先了解消费函数和与其相关的储蓄函数。

（1）消费函数（Consumption Function）是描述消费与收入之间依存关系的函数。影响消费的因素有很多，其中收入是最为重要的。在其他条件不变的情况下，消费随着收入的增加而增加，但是随着人们收入的增加，增量收入中用于消费的比重将逐渐递减，也就是说随着人们收入的增加，消费以递减的速度增加。消费函数可以表示为：

$$C=C(Y)=a+bY \tag{14—1}$$

式中：C——消费；

Y——收入；

a——收入为零时的消费，称为自发消费。

自发消费是指一个人的基本生活消费，如维持生存的衣、食、住、行等，无论收入高低，这部分消费是不可少的，在经济分析中，自发消费就是指由人的生存需要决定的，不随收入的变动而变动；b的经济含义指增加的每单位收入中用于消费部分的比率，bY是随着收入变化而变化的消费量，被称为引致消费，即指由收入引起的消费，这部分消费的大小取决于收入与边际消费倾向。

由此引入两个表示消费与收入关系的概念，即平均消费倾向（Average Propensity to Consume，APC）和边际消费倾向（Marginal Propensity to Consume，MPC）。

平均消费倾向是指消费在收入中所占的比例，记为：

$$\mathrm{APC}=c/y \tag{14—2}$$

边际消费倾向是指增加的每单位收入中用于消费部分的比率，即消费函数中的系数b。由定义可知，边际消费倾向b的取值范围在0与1之间。记为：

$$\mathrm{MPC}=\Delta c/\Delta y \tag{14—3}$$

（2）储蓄函数是用来描述储蓄与收入之间依存关系的函数。储蓄是指收入中未被消费的部分，在其他条件不变的情况下，储蓄随着收入的增加而增加，并且随着收入的增加，增量收入中用于储蓄的比重逐渐递增，也就是说随着收入的增加，储蓄以递减的速度增加。从消费函数来看，储蓄函数表达式如下：

$$S=S(Y)=Y-C$$
$$=Y-(a+bY)$$
$$=-a+(1-b)Y \quad (14-4)$$

式中：S——储蓄；

Y——收入；

$-a$——自发储蓄。

当收入为零时，自发储蓄为负。$(1-b)$ 的经济含义指增加的每单位收入中用于储蓄部分的比率，$(1-b)Y$ 是随着收入变化而变化的储蓄量，$(1-b)Y$ 也被称为引致储蓄。

由此引入两个表示储蓄与收入关系的概念，即平均储蓄倾向（Average Propensity to Save，APS）和边际储蓄倾向（Marginal Propensity to Save，MPS）。

平均储蓄倾向是指储蓄在收入中所占的比例，其计算公式如下：

$$\mathrm{APS}=s/y \quad (14-5)$$

边际储蓄倾向是指增加的每单位收入中用于储蓄部分的比率，即储蓄函数中的系数 $(1-b)$。由定义可知，边际储蓄倾向 $(1-b)$ 的取值范围也在 0 与 1 之间。其计算公式如下：

$$\mathrm{MPS}=\Delta s/\Delta y \quad (14-6)$$

由于全部的收入用于消费和储蓄，所以：APC＋APS＝1　(14－7)

同样，全部增加的收入分为增加的消费和增加的储蓄，所以：

$$\mathrm{MPC}+\mathrm{MPS}=b+(1-b)=1 \quad (14-8)$$

由于总需求包括消费和投资，消费又分为自发消费和引致消费，且假设投资不变，则总需求公式变为：

$$\mathrm{AD}=C+I=a+bY+I=(a+I)+bY \quad (14-9)$$

其中 $(a+I)$ 又被称作自发总需求，它不随收入变化而变化。这时均衡的国民收入如图14－5所示。

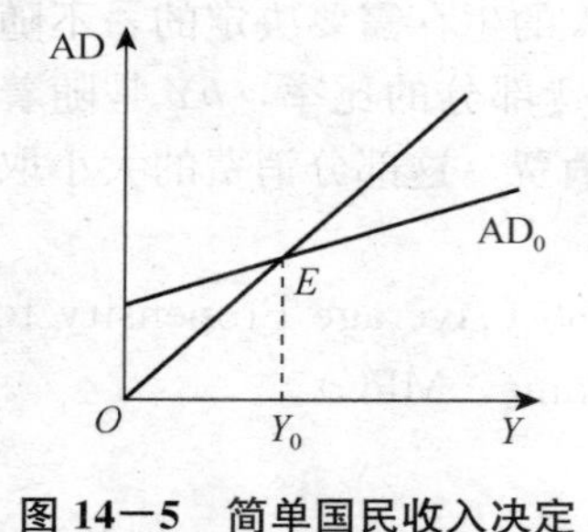

图 14－5　简单国民收入决定

此时的 AD_0 不再是一个固定值，而是一条随着收入变化而变化的斜线，其截距为 $(a+I)$，斜率为边际消费倾向 b。AD_0 与斜线的交点 E 所对应横轴上的 Y_0 仍然是此时的均衡国民收入水平。这时的国民收入 Y 可以表示为：

$$Y=\mathrm{AS}=\mathrm{AD} \quad (14-10)$$

而式（14－9）中，$\mathrm{AD}=(a+I)+bY$

所以，$Y=(a+I)+bY$　(14－11)

这样就可以解出：$Y_0=a+I/(1-b)$　(14－12)

上式说明了简单国民收入决定模型中均衡的国民收入 Y_0 的决定。

在该模型中，由式（14－11）知 $Y=(a+I)+bY$，

而收入 Y 又分为消费 $(a+bY)$ 和储蓄 S，所以，

$$(a+bY)+S=(a+I)+bY \quad (14-13)$$

两边同时减掉 a 和 bY　　即 $S=I$　(14－14)

由此可以得出，简单国民收入模型的前提是产品市场的均衡，即储蓄等于投资 $(S=I)$。

这一点也可以用来解释均衡国民收入的实现，当社会实际产量小于均衡水平时，表明$I>S$，社会生产供不应求，企业存货减少，企业就会扩大生产，使国民收入增加到均衡水平；反之，当社会实际产量大于均衡水平时，表明 $I<S$，社会生产供过于求，企业存货增多，企业就会减少生产，使国民收入水平减少到均衡水平。

简单国民收入决定模型可以用来反映在短期内消费的变化对国民收入水平的影响，如图 14—6 所示。

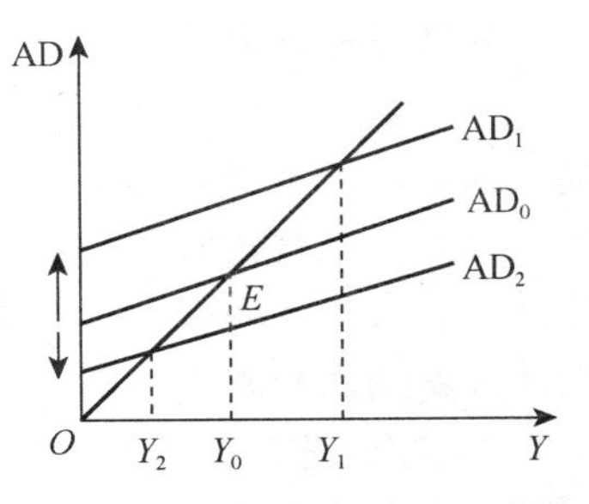

图 14—6　消费对国民收入的影响

在图 14－6 中，当自发消费增加时，引致自发总需求($a+I$)增加，所以斜线 AD_0 将向上移动至 AD_1，此时对应的均衡国民收入增加为 Y_1；反之，自发消费减少时，引致自发总需求减少，所以斜线 AD_0 将向下移动至 AD_2，此时对应的均衡国民收入减少为 Y_2。由此可见，在短期内消费与国民收入水平呈同方向变化。

简单国民收入决定理论是宏观经济财政政策的理论基础。当政府采用积极的财政政策时，政府采取措施鼓励消费，从而实现提高国民收入水平的目的；当政府采用紧缩的财政政策时，政府采取措施抑制消费，从而实现减缓国民收入过快增长的目的。此部分内容将在第 16 章中具体讲述。

消费函数的三种理论

绝对收入假说

绝对收入假说也称为绝对收入理论、绝对收入假设。是凯恩斯消费理论关于收入的假定。也是在此之前我们一直考察的理论。绝对收入假说认为，在短期中，收入与消费是相关的，即消费取决于收入，消费与收入之间的关系也就是消费倾向。同时，随着收入的增加消费也将增加，但消费的增长低于收入的增长，消费增量在收入增量中所占的比重是递减的，也就是我们所说的边际消费倾向递减。

绝对收入假说在肯定收入对储蓄约束和心理功能影响这两个方面是有积极作用的，但是它的局限在于这个理论只和短期行为很相符，不太适合长期消费行为。有证据显示，从长期看，人们的消费占可支配收入的比例大致保持不变。另外，该理论忽视每个人的消费、储蓄行为受他人影响的事实，肯定个人消费、储蓄是孤立的行为，从而忽视社会因素对消费、储蓄的影响，结果把居民储蓄变动看成孤立的个人行为；并且排斥每个人收入的跨期预算，从而忽视储蓄心理预期和生命周期功能，结果不能从动态的、长期的角度反映储蓄变动的态势。

相对收入假说

相对收入假说是 1949 年美国经济学家詹姆斯·S. 杜森贝里提出来的。同年，莫迪利安尼在所著的《储蓄—收入比率的波动：经济预测问题》一文中，也独立地提出了类似的观点，它是早期较有影响的一种消费理论。该假说间接地说明了消费对于经济周期稳定的作用。

由于消费是一种社会行为，因此它具有很强的示范效应。相对收入假说强调了人们消费行为之间的相互影响，特别是高收入集团对低收入集团的示范效应，这一点是十分有意义的。相对收入假说中关于棘轮效应的论述解释了消费的稳定性，说明了消费对经济稳定的作用。但是，相对收入假说同样缺乏充分而有力的经验证明，弗里德曼认为可以把相对收入假说作为持久收入假说的一个特例。

永久性收入假说

永久性收入假说是由美国著名经济学家弗里德曼提出来的。他认为居民消费不取决于现期收入的绝对水平，也不取决于现期收入和以前最高收入的关系，而是取决于居民的永久收入。永久收入理论将居民收入分为永久收入和暂时收入，永久收入是指在相当长时间里可以得到的收入，是一种长期平均的预期内得到的收入，一般用过去几年的平均收入来表示。暂时收入是指在短期内得到的收入，是一种暂时性偶然的收入，可能是正值（如意外获得的奖金），也可能是负值（如被盗等）。弗里德曼认为从长期来看，消费支出取决于永久性收入。对于消费支出取决于可支配收入这一点，所有经济学家都是没有分歧的，分歧在于可支配收入的含义是什么。凯恩斯把可支配收入解释为现期绝对收入水平，美国经济学家杜森贝里把可支配收入解释为相对收入水平，永久收入假说则解释为永久收入。

（资料来源：百度百科，有改动。）

14.2.2 总需求曲线含义

总需求曲线（Aggregate Demand Curve，简称 AD 曲线），表示在每一种物价水平 P 时居民、企业、政府和国外客户想要购买的物品与劳务的数量，是反映价格水平和总需求量之间关系的曲线。其中总需求通常用产量（Y）来表示。总需求曲线在坐标系中向右下方倾斜，如图 14－7 所示。在其他条件相同的情况下，经济中物价总水平的下降（P_1下降为 P_2），会增加物品与劳务的需求量（Y_1增加到 Y_0）；相反，物价水平上升会减少物品与劳务的需求量。

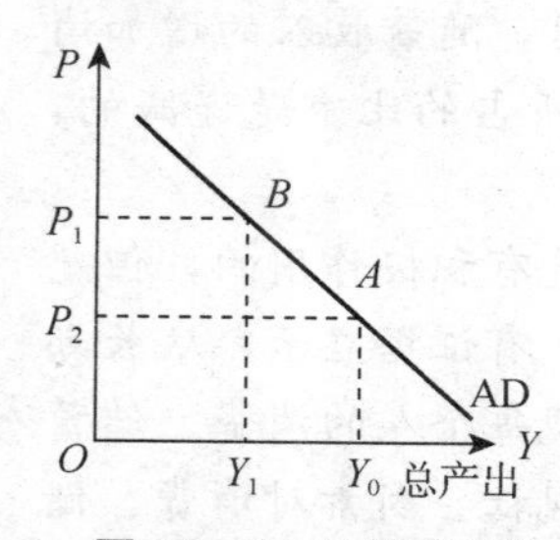

图 14－7　总需求曲线

总需求曲线向右下方倾斜的原因有以下三个。

（1）利率效应。物价水平是货币需求量的一个决定因素，物价水平越低，家庭为购买产品和劳务所持有的货币量就越少，所以，当物价水平下降时，家庭可能会把手里的超额货币借出，使得货币市场上可借资金数量上升，货币供给大于货币需求，利率下降，投资上升，总需求量增加。反之，价格水平上升时实际货币供给下降，货币供给小于货币需求，导致利率上升，投资下降，总需求量减少。

（2）财富效应。物价水平下降提高了货币的真实价值，使得消费者更加富有，于是他们有可能增加支出，这意味着对物品和劳务的需求量更大，总需求增加。相反，物价水平上升降低了货币的真实价值，人们实际拥有的财富减少，人们的消费水平下降，总需求减少。

（3）净出口效应。国内物价水平上升，在汇率不变的条件下，使进口商品的价格相对下降，出口商品的价格相对上升，导致本国居民增加对国外商品的购买，外国居民购买本国商品减少。因此，净出口减少，总需求减少。

14.2.3 总需求曲线移动

总需求曲线向右下方倾斜表明物价水平和总需求量呈反向相关关系。但是在一个特定的价格总水平下，任何引起总支出变动的因素都将导致总需求曲线的移动。如总支出增加，总需求曲线向右上方移动；反之，总支出减少，总需求曲线向左下方移动。根据前面的分析，可知总支出来自于居民消费（*C*）、政府投资（*I*）、企业购买（*G*）和净出口（NX）四个方面的总和。下面分别加以说明。

1. 消费变动引起的移动

在既定的物价水平下，假设人们突然变得更为关注退休后的生活从而减少现期的消费，人们对物品与劳务的总需求量减少，总需求曲线向左下方移动。反之股市的高涨使得人们更加富有，从而增加当期消费，则既定价格水平下总需求量增加，总需求曲线向右上方移动。

可见，在既定价格水平下人们改变消费量会引起总需求曲线的移动。税收政策也具有这种效应，当政府减税时，鼓励人们更多支出，总需求曲线向右上方移动；反之，当政府增税时，鼓励人们更多支出，总需求曲线向左下方移动。

2. 政府投资变动引起的移动

在既定的物价水平下，厂商投资增加导致总支出增加，从而使得总需求曲线向右下方移动；反之，如果厂商对未来经济持悲观态度，则厂商投资减少，总需求曲线向左下方移动。

同样，税收政策也可以通过投资影响总需求。投资税收优惠增加了厂商在既定利率下的投资需求，因此，总需求曲线向右上方移动。反之，取消投资税收优惠减少了厂商投资需求，总需求曲线向左下方移动。

除此之外，货币供给也通过投资影响总需求。当货币供给量增加时，利息率下降，从而投资成本下降，企业投资增加，总需求曲线向右上方移动；反之，货币供给量减少，总需求曲线向左下方移动。许多经济学家认为，货币政策的变动是总需求曲线移动的重要原因。

3. 政府购买变动引起的移动

使总需求曲线移动的最直接的方式是政府购买，政府购买增加，经济中的总需求曲线向右上方移动；政府购买减少，总需求曲线向左下方移动。

4. 净出口的变动引起的移动

在既定的物价水平下，净出口的改变会使总需求曲线移动。例如，当日本经济衰退时，日本从美国购买的物品减少，这就导致在既定价格水平下美国净出口减少，美国的总需求曲线向左下方移动；反之，当日本经济复苏从而增加购买美国物品时，美国的总需求曲线便向右上方移动。

汇率的变动也可以引起总需求曲线的变动，例如，当本国货币升值时，进口商品的价格相对下降，出口商品的价格相对上升，导致本国居民增加对国外商品的购买，外国居民购买本国商品减少。因此，净出口减少，总需求曲线向左移动。

刺激消费政策会成功吗？

近期中国经济增速有所放缓，GDP增速从2008年的两位数下降到2012年的7.7%左右。按照政府年度规划，2013 年经济增速将保持在 7.5%到 8%之间。对总产出的需求包括消费、投资和净出口三个部分。近年来中国经济增长下滑主要源于全球经济低迷拉低了中国出口。为了抵消净出口下降对经济增长的影响，中国政府出台了刺激私人部门和政府部门支出的政策，后者包括扩大对高铁等基础设施的投资。

这篇文章里，我想回答“政府刺激消费的政策会不会成功”。对此，我持否定态度。数据观察显示：近年来中国消费率在持续下滑。接下来，我将解释导致消费率下滑的主要原因。如果消费率下滑与基本行为方式有关，而刺激消费政策很难改变消费者的基本行为方式，这一政策将难以奏效。上述观点有个前提：消费包括私人消费和政府消费，基于行为方式的分析仅适用于前者，不适用于政府。当然，私人部门的消费量远高于政府部门。

中国消费率下滑的主要原因是居民未来收入的不确定性在提高。目前，中国的社会保障体制尚不完善，公众需要增加储蓄以备未来不时之需。《中国统计年鉴》显示，中国储蓄率从 2000 年的 37.6%提高到 2011 年的 51.8%，换言之，消费在 GDP 中的比重从 2000 年的 62.3%下降到 2011 年的 49.1%。只要储蓄的预防性动机仍在，政府刺激消费的政策就不会成功，因为政策很难改变中国消费者的基本行为方式。一个增加消费的方法是完成社会保障体制，但是这个工作需要一些时间。

尽管中国人的消费占总收入的比例不高，最近几年中国人在购买住房方面却所费不赀。不过，多数购买房屋和其他耐用消费品的开支都应该当成是投资（储蓄），而非消费。一个人买了别墅或公寓后，对房屋的消费并不仅限于购房当年。对任何一年来说，与房屋相关的消费只是当年的折旧。相对于房屋价值，折旧只占很小一部分，比如，房价的 6%。可见，中国消费者购买住宅的多数开销都应该算是储蓄。近年来，中国消费者大量储蓄，以确保未来的支出之需。把中国消费者的购房行为看成储蓄比看成消费更合适。

也许中国政府已经意识到刺激消费的政策效果并不明显，因而正在调整政策，以扩大内需。推动城镇化就是个例子。中国城镇居民的收入比农村居民高，提高城镇化率将增加居民整体收入水平，消费支出也会随之扩大。这项新政着眼于通过增加收入来扩大消费，而不是在收入规模既定的前提下扩大消费比例。

（资料来源：南方都市报，作者：邹至庄，有删节。）

14.3 宏观经济均衡

本节用 IS—LM 模型来说明产品市场和货币市场同时达到均衡的情况。IS—LM 模型是由英国著名经济学家希克斯（J. R. Hicks）于 1937 年创立的，并经美国经济学家汉森（Alvin H. Hansen）进一步完善，所以又称作“希克斯—汉森模型”。它可以综合性地解释凯恩斯需求理论中的财政政策与货币政策，是凯恩斯宏观经济学的核心。

IS—LM 模型是宏观经济分析的一个重要工具，是用来说明产品市场和货币市场同时达到均衡时国民收入和利息率之间关系的模型。注意此处的利息率是指实际利率，而非名义利率。名义利率是指货币市场上资金提供者或使用者现金收取或支付的利率。但是产品市场的通货膨胀率会影响资金的实际借贷成本，理性的借贷者必然会加以考虑。所以实际利率（Actual Rate）是指名义利率扣除通货膨胀率后的利率。IS—LM 模型中涉及的利率均为实际利率。

由于货币市场中的基本变量货币需求与利率相关，产品市场的基本变量投资也与利率相关，因而可以发展出一个分析框架讨论两个市场同时均衡的条件，即IS—LM模型。该模型考察的是一个没有进出口的三部门经济体系，其核心思想是产品市场与货币市场互相影响，两个市场共同决定均衡的国民收入。模型中的I是指投资，S是指储蓄，L是指货币需求，M是指货币供给。IS曲线描述了产品市场的均衡，LM曲线描述了货币市场的均衡。在一个包括产品市场和货币市场的现实宏观经济体系中，只要有一个市场没有实现均衡，国民收入就不会稳定，只有产品市场和货币市场同时实现均衡时的国民收入才是均衡的国民收入。

经济学家约翰·希克斯和阿尔文·汉森

约翰·希克斯（John Hicks，1904—1989年）英国经济学家，在微观经济学、宏观经济学、经济学方法论，以及经济史学方面卓有成就。1972年与美国经济学家肯尼斯·约瑟夫·阿罗（Kenneth J. Arrow）一起获诺贝尔经济学奖。

希克斯是宏观经济学微观化的最早开拓者。他在《就业、利息和货币通论》出版后不久应约发表了关于《通论》的第一篇书评《凯恩斯先生的就业理论》（书评1），但由于仓促写成，他的许多想法未得到充分的表达。几个月后，他就感到有必要重写，于是有了1937年的第二篇书评《凯恩斯先生与“古典学派”——一个受启发的解释》（书评2）。希克斯在书评2中，提出了著名的IS—LM分析，即运用一般均衡思想对《通论》的部分内容做了重新表述，这个表述长期以来一直是宏观经济学教科书中的标准内容。两年后，他出版了《价值与资本》，对凯恩斯理论做了进一步的研析。以上著述较充分地体现了他对宏观经济学微观化的基本见解，也较充分地体现了他对国家干预与市场调节的基本见解。

1989年，85年高龄的希克斯与世长辞，为其经济学家的毕生努力画上句号。就在这一年他还出版了他最后的著作《货币的市场理论》，发表了《宏观经济学的一致》、《规模收益不变的假定》两篇文章。

阿尔文·汉森（Alvin Hansen，1887—1975年）是当代美国著名的凯恩斯主义经济学家，新古典综合派的奠基人。出生于美国南达科他州，1915年获得美威斯廉第大学博士学位以后，曾任明尼苏达、斯坦福、哥伦比亚等大学教授，1937年转到哈佛大学任教至1956年退休。在罗斯福实行“新政”时代，曾任政府经济顾问。

他在哈佛任教近20年，培养了不少优秀经济学家，这些人中有以后获得诺贝尔奖的萨缪尔森、托宾、索洛、肯尼迪总统经济顾问委员会主席海勒，以及以提出奥肯定理著称的奥肯等人，还有美国著名马克思主义左派经济学家斯威齐，日本著名经济学家都留重人，中国著名经济学家、北大教授陈振汉等。其代表著作有《财政政策与经济周期》（1941年）、《货币理论与财政政策》（1949年）、《凯恩斯学说指南》（1953年）。阿尔文·汉森着重研究了资本主义的经济周期，提出了“长期停滞理论”。他认为20世纪初以来的资本主义经济是处于长期停滞的阶段，从趋势上看，资本主义的实际经济增长率越来越小于潜在经济增长率。因此，主张利用国家财政政策来有效地控制“停滞”，实现充分就业和经济稳定增长。

在20世纪50年代，汉森几乎无人不知。著名的《幸福》杂志曾说过“在今天，谁不熟悉汉森和凯恩斯的思想，谁就不可能了解世界大事的演变”。汉森的哲学是“以民主思想使每个人都能合理地做到机会均等”。他对就业的关注实际是对人的关心，当他80岁获得沃尔克奖章时，他的学生托宾说，对汉森而言，经济学就是为人类服务的科学。

（资料来源：百度百科）

14.3.1 产品市场均衡与IS曲线

产品市场均衡，是指产品市场上总需求等于总产出的状态。此时，根据前面的分析可知$I=S$。IS曲线是指反映此时的国民收入和利息率之间关系的曲线。如图14－8所示，国民收入和利息率呈反方向变动。

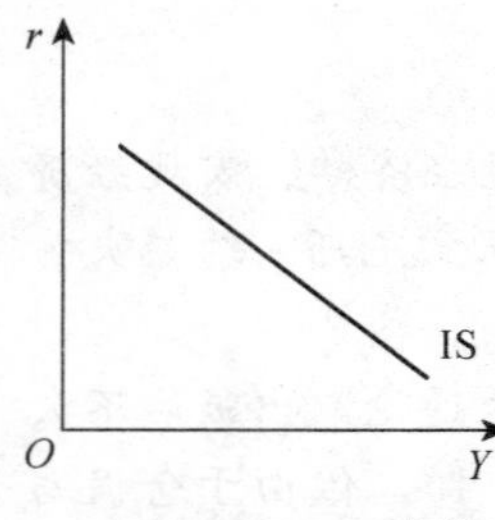

图14－8 IS曲线

在图14－8中，横轴Y代表国民收入，纵轴r代表利息率，在IS曲线上的任意一点都是$I=S$，也就是实现了产品市场的均衡。此时IS曲线向右下方倾斜，说明利息率与国民收入呈反方向变动，即利息率增高则国民收入减少，利息率降低则国民收入增加。

产品市场上的利息率和国民收入的反方向变化关系是由利息率和投资的关系决定的。根据前面的设定，总需求来自消费和投资两个领域。消费不会受到利息率变化的直接影响，但是投资却会受到影响，此时的投资水平不再是固定的，而是与利息率呈反方向变动。因为在现实经济中，投资一般都要用贷款来实现，贷款须付出利息以作为货币的使用成本。假设利润率固定，则当利息率提高时，投资者的利息成本增加，投资需求自然减少，因而导致总需求减少。而总需求又决定了国民收入，所以国民收入随之减少；反之，当利息率降低时，投资者的利息成本降低，投资需求增加，因而导致总需求增加，所以国民收入随之增加。

方便起见，用投资函数来说明这一点。这里将投资也分为两部分，一部分是不随利息率变化的自发投资，另一部分则取决于利率，与利息率呈反方向变化，称为引致投资。则有：

$$I=e-dr \tag{14-15}$$

式中：I——总投资；

e——自发投资；

r——利息率；

d——利息率变化对投资影响的系数，此处设定为一个常数。

这样总需求的公式就可以写为：

$$Y=AD=C+I=a+bY+e-dr$$

可得$r=(a+e)/d-[(1-b)/d]\times Y$

其中$(a+e)$称为自发总需求，b为边际消费倾向，其取值范围为$0<b<1$，因此得出IS曲线的斜率为负，所以国民收入Y与利息率r之间呈现反方向变化，如图14－8所示。

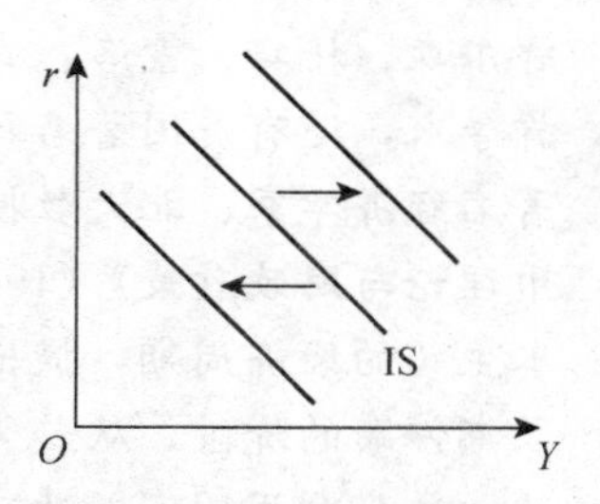

图14－9 IS曲线的移动

另外，如图14－9所示，自发总需求的变化，例如自发投资或者自发消费的变化，会使得IS曲线发生平行移动。当自发总需求增加时，IS曲线会向右上方移动；而当自发总需求减少时，IS曲线会向左下方移动。

14.3.2　货币市场均衡与 LM 曲线

IS 曲线表示给定利率水平上的均衡总需求水平，但是利率又是由货币供给和货币需求量决定的，为了确定利率，还需要研究货币均衡条件。依据货币供求相等关系，本节用 LM 曲线表示货币市场的均衡条件。

货币市场均衡反映的是货币的供给与货币的需求相等的状态。货币的供给和需求共同决定了货币的实际利率。

货币的供给一般由国家货币当局（中央银行）加以控制，是一个外生变量。所以这里主要讨论货币的需求。

如 12 章所言，货币需求是由人们对货币的流动性偏好引起的，因此，货币需求又被称作流动性偏好。与其他资产相比，货币具有很强的流动性，即货币很容易与其他资产进行交换。正是货币的这种流动性，使人们对货币产生了偏好。流动偏好的动机主要有三种：一是交易动机；二是预防性动机；三是投机动机。

交易动机是指个人和企业为了进行正常的交易活动而需要货币的动机，由此产生的货币需求叫作货币的交易需求；预防性动机又叫谨慎动机，是指人们为预防意外支出而需要持有一部分货币的动机，由此产生的货币需求叫作货币的预防需求。货币的交易需求和预防需求都取决于国民收入，其在短期内是相对稳定的。为简化分析，用一个字母 L_1 来代表这两种货币需求，它可以表示为：$L_1=L_1(Y)$。

投机动机是指人们为了抓住各种投机机会（一般指购买有价证券）而需要持有一部分货币的动机，由此产生的货币需求叫作货币的投机需求。投机需求取决于投机的收益与成本，其成本就是利息。因此货币的投机需求和利息率呈反方向变化。我们用来表示投机需求，则有：$L_2=L_2(r)$。

由于货币的均衡反映的是货币的供给与货币的需求相等的状态。这里用 M 表示货币的供给，L 表示货币的需求。则有：$M=L=L_1(Y)+L_2(r)$。

当货币供给在短期内保持稳定不变时，如果货币的交易需求和预防需求（L_1）增加，为了保证货币市场均衡，则货币的投机需求（L_2）必然减少。即 L_1 与 L_2 呈反方向变化。而 L_1 的增加又是国民收入增加的结果，L_2 的减少又是利息率上升的结果。因此，当货币市场实现均衡时，国民收入与利息率之间必然呈现同方向变化。当用一条 LM 曲线来表示货币市场处于均衡状态时，国民收入和利息率之间的关系，如图 14－10 所示。

在图 14－10 中，横轴 Y 和纵轴 r 依然代表国民收入和利息率，在 LM 曲线上的任意一点都是 $L=M$，也就是实现了货币市场的均衡。此时 LM 曲线向右上方倾斜，说明利息率与国民收入呈同方向变动，即利息率增高则国民收入增加，利息率降低则国民收入减少。

由于 LM 曲线是由货币的供给和需求来决定的，所以货币的供给量、货币的投机需求、交易需求和预防需求的变化都会导致 LM 曲线的移动，如图 14－11 所示。

当货币供给量增加时，既定收入对应的市场均衡利率下降，所以 LM 曲线向右下方移动；反之，当货币供给量减少时，LM 曲线向左上方移动。当货币的投机需求增加时，如果其他情况不变，则会使 LM 曲线向左上方移动，原因是同一利率水平上投机需求增加，交易与预防需求自然减少，从而要求国民收入水平下降。反之，货币投机需求减少时，LM 曲线

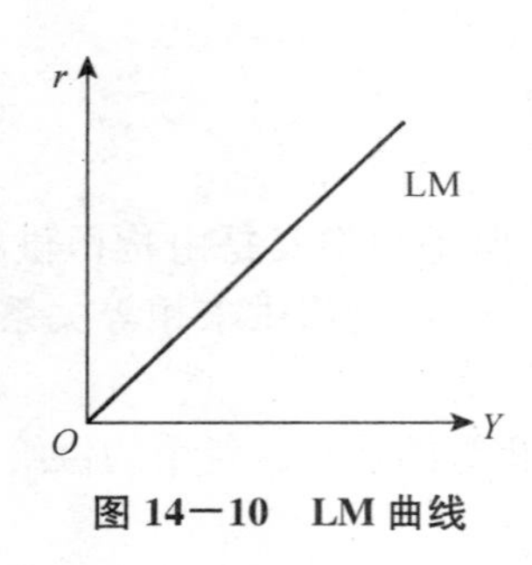

图 14－10　LM 曲线

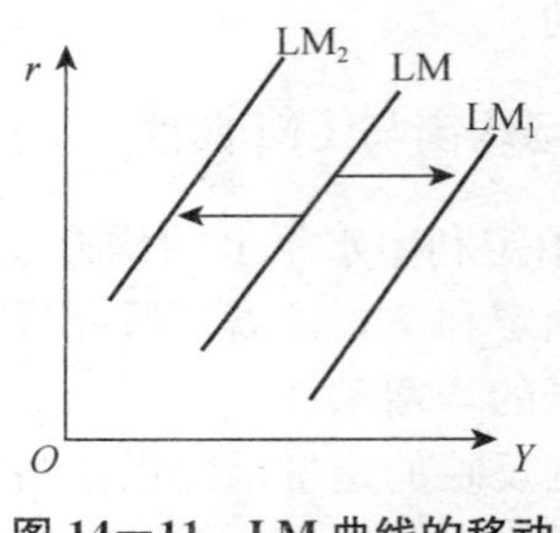

图 14－11　LM 曲线的移动

将向右下方移动。而货币的交易与预防需求增加将使 LM 曲线向右下方移动，反之则向左上方移动。

以上变动因素中，货币的供给量是由国家货币当局控制的一个因素，可以通过这种调节来调节利率和国民收入，这正是政府宏观货币政策的内容。

14.3.3　产品与货币市场同时均衡与 IS－LM 模型

如果将 IS 曲线和 LM 曲线同时放入一个坐标系，就构成了 IS－LM 模型。IS－LM 模型反映了产品市场和货币市场同时达到均衡时国民收入和利息率的决定，如图 14－12 所示。

在图 14－12 中，IS 曲线上任意一点都表示产品市场的均衡，即 $I=S$；LM 曲线上任意一点都表示货币市场的均衡，即 $L=M$。两条曲线相交于 E 点，在 E 点上则实现了两种市场的同时均衡，这决定了均衡的利息率水平 r_0 和国民收入水平 Y_0。而且也只有在利息率为 r_0 和国民收入为 Y_0 时，这两个市场才能同时达到均衡。

由于物品市场的自发总需求发生变化会使 IS 曲线发生平行移动，而货币的供给和需求发生变化则会使 LM 曲线发生平行移动，这就使得交点 E 会随之发生变化，进而影响国民收入和利息率。这就给宏观经济政策调控经济提供了理论支持。

当自发总需求增加时，IS 曲线会随之向右上方移动，如果 LM 曲线不变，则会导致均衡的利息率和国民收入都出现增长；反之，自发总需求减少，IS 曲线向左下方移动，如果 LM 曲线不变，则会导致均衡的利息率和国民收入都减少。如图 14－13 所示。

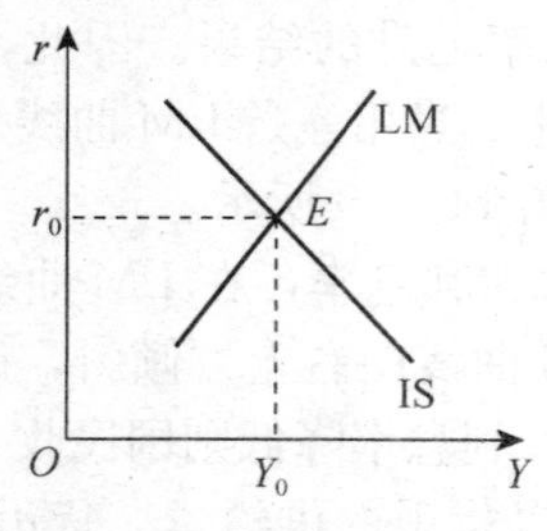

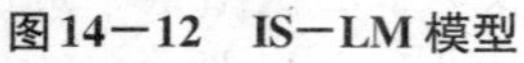
图 14－12　IS－LM 模型

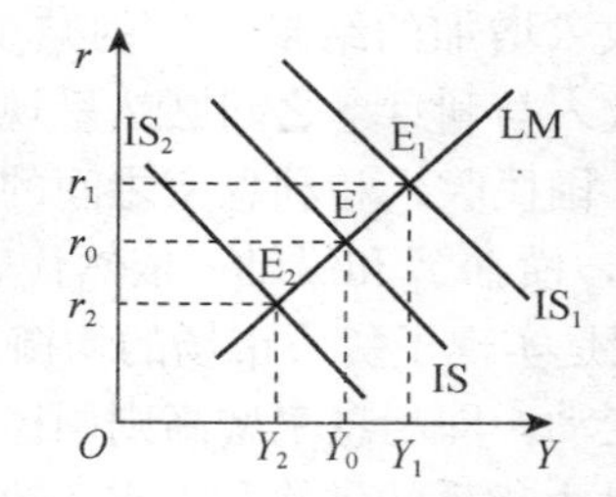

图 14－13　IS 曲线移动对产品市场和货币市场均衡的影响

三部门经济中，政府财政支出由政府政策决定，在经济分析中可以看作一种自发性支出，构成自发总需求的一部分。因此，政府可以利用财政政策影响自发总需求的变化，进而达到实现调控经济的目的。

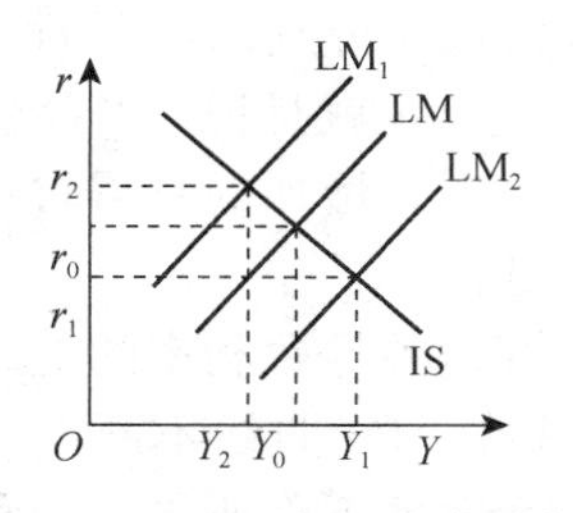

图14—14 LM曲线移动对产品市场和货币市场均衡的影响

当货币的供给量增加时，LM曲线将向右下方移动，如果IS曲线不动，则会使均衡的利息率下降，而国民收入增加；反之，自发总需求减少，LM曲线将向左上方移动，如果IS曲线不动，则会使均衡的利息率升高，国民收入减少。如图14—14所示。

货币的供应量由政府的货币当局的货币政策控制，所以政府就可以利用货币政策实现对货币供应量的调节，进而实现对经济的调控目标。

总之，IS—LM模型分析了储蓄、投资、货币需求与货币供给对于国民收入和利率的影响。这一模型不仅精炼地概括了凯恩斯主义的总需求分析，而且可以用来分析财政政策和货币政策对国民收入和利息率的影响，然后用来指导财政政策和货币政策的实施。因此，这一模型被称为凯恩斯宏观经济学的核心。

14.4 总需求与总供给模型

把总需求曲线和总供给曲线结合到一个坐标系中，用以解释国民收入和价格水平的决定，便构成了总需求—总供给模型。总需求曲线与总供给曲线的交点E对应着均衡的国民收入水平和均衡的价格水平。如图14—15所示。

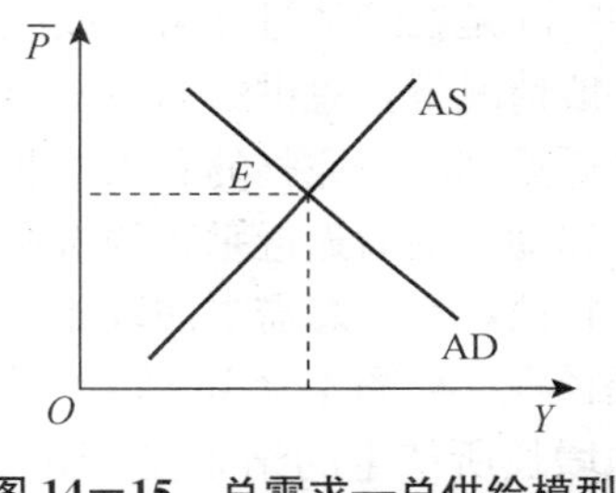

图14—15 总需求—总供给模型

14.4.1 总需求曲线变动的影响

1. 凯恩斯的AD—AS模型

在图14—16中，将凯恩斯总供给曲线与总需求曲线结合在一起。从图中可以看出，如果设经济初始均衡点位于E点，在此点上AS与AD相交。假定总需求扩张（Aggregate Demand Expansions），例如，财政通过增加政府支出或通过减税等手段实施财政扩张政策，就会导致AD曲线向右移动，即从AD移动到AD*。这时，经济的新的均衡点就移到E^*，这时总产出增加。由于这时经济尚处于萧条时期，厂商在此价格水平下愿意提供任意数量的产品，因此产量增加对价格没有影响，而这时的财政扩张政策所导致的效果只是产量的提高和就业的增加。

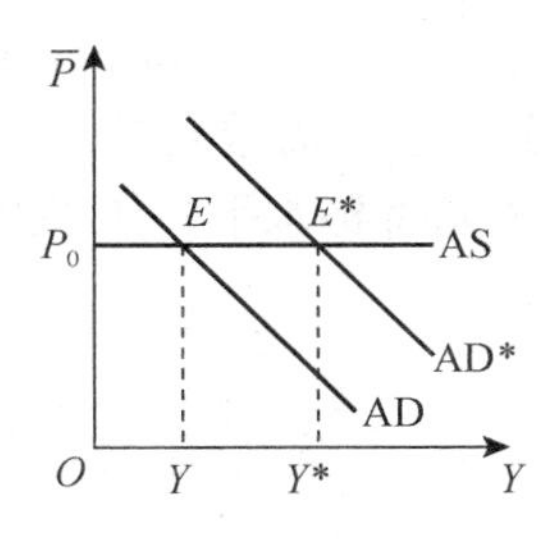

图14—16 总需求扩张：凯恩斯的AD—AS模型

同样可以说明，在凯恩斯情形下，中央银行实施的以名义货币量增加为特征的货币扩张政策也会导致经济中均衡产量的增加，同样，这种均衡产量的增加也不对价格水平产生影响。

2. 古典的AD—AS模型

在古典情形下，总供给曲线在充分就业的产出水平上是垂直的。这时，不论价格水平如何，经济中厂商可提供的产出量都为Y_f。在这种供给条件下，总需求的变动所得到的结果与凯恩斯模型完全不同。

图14—17中总供给曲线AS为一条垂直线，经济初始均衡点为E点。假如政府通过扩张性财政政策使总需求曲线从AD移动到AD*。这时，如果初始价格不变，经济的总支出

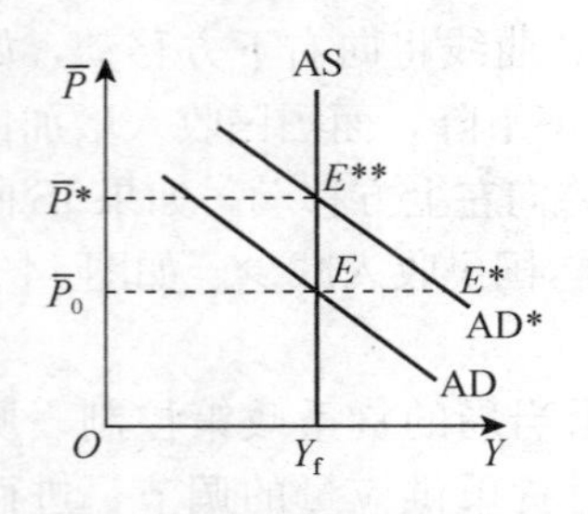

图 14－17 总需求扩张：古典情形

就会增加至 E^* 点。但由于资源已被充分利用，厂商不可能再获得更多的劳动力来增加产量，也就是说，产品供给对新增的需求已无法做出反应。这时，增加的总需求只能导致更高的价格，而不能提高产量。

价格的上涨降低了实际货币存量并导致利率的上升和支出的减少。这样，经济就会沿着 AD^* 曲线不断向上移动，直到价格的上升和货币实际余额的下降所导致的利率提高和支出降低达到与充分就业相一致的水平，这一水平就是图 14－17 中的 E^{**} 点，这也是经济的新均衡点，这时的价格水平达到 P^*，也就是说，总需求在更高的价格水平上再次与总供给相等。

3. 常规的 AD－AS 模型

我们知道，凯恩斯情形与古典情形都是一种特例，这两种情况是在经济过度萧条或经济过度扩张情况下才会出现。在一般情况下，总供给曲线是向右上方倾斜的。正如在图 14－1 中所见到的，完整的总供给曲线是由水平线开始，逐渐向右上方移动，最后逼近垂直的古典总供给线。由于总供给曲线的这一特征，在与总需求曲线相交时，不同的交点所产生的效果大相径庭。如图 14－18 所示，当总需求在较低水平时，总需求的增长所产生的结果是产量的大幅增长和价格的小幅增长。当总需求增长至接近充分就业水平时，总需求的增长所导致的结果只能是物价的上升。

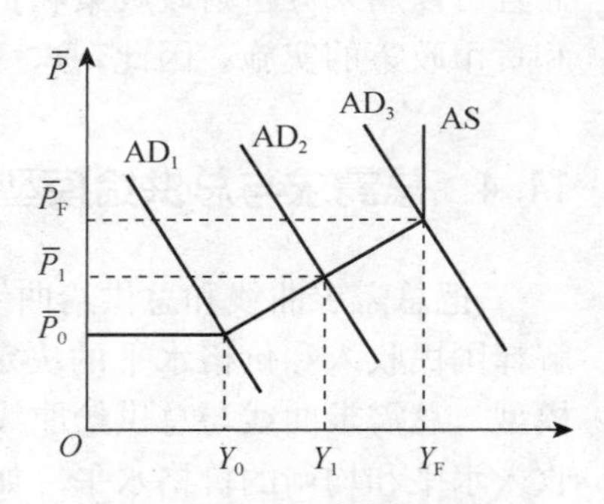

图 14－18 AD－AS 模型中曲线移动的不同效应

14.4.2 短期总供给曲线变动的影响

如图 14－19 所示，当经济中厂商投资增加而造成生产能力扩大时，总供给曲线向右移动，即从 AS_0 移动到 AS_1。如果经济最初运行在总供给曲线的陡峭部分，且总需求是缺乏弹性的，如图 14－19 中，那么总供给的增加意味着新的均衡价格将低于初始价格水平。如果经

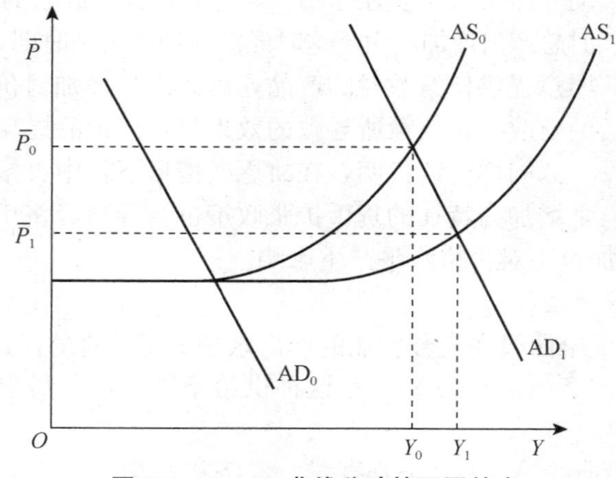

图 14－19 AD 曲线移动的不同效应

济最初运行在总供给曲线的平坦部分，则总供给曲线移动的效果不明显。这是因为总供给曲线的平坦部分表示经济中尚存在着过剩的生产能力，新追加的生产能力对于生产的均衡数量和均衡价格的影响微乎其微。

但是，如果经济体遇到投入品价格突然上涨所形成的供给冲击（Supply Shock），总供给曲线就会向左上方移动（如图 14—20 所示）。例如，20 世纪 70 年代初的石油危机对全球经济的冲击。在这种成本推动通货膨胀的冲击下，厂商即使生产与以前相同的产量，但由于成本的大幅度提高，他们必须通过提高产品的价格才能弥补成本上升所造成的损失。从图 14—20中可以看出，这时即使经济还处于过剩期，但价格水平也会上升。

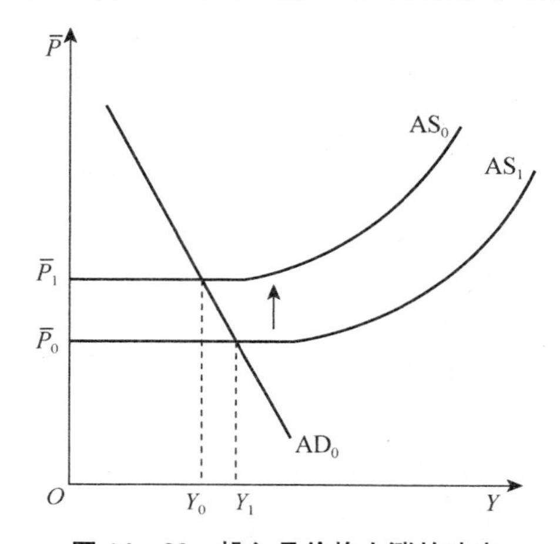

图 14—20　投入品价格上涨的冲击

以上讨论了在三种不同的总供给曲线条件下总需求曲线的变动情形，以及短期总供给曲线变动的影响，从中可以悟出不同总供给状态下的总需求政策的有效性。但是需要注意的是本章所讨论的总供给与总需求模型是一种静态的和封闭的宏观经济模型，即模型中并不加入时间因素，因此它只限于解释均衡状态，或者用于解释由于外生变量的一次性变动而引起的内生变量（如价格水平）的变动。但是即便如此，总供给—总需求模型仍然可用于解释经济的萧条、高涨、滞涨等短期经济波动的原因，还可以表现长期充分就业的国民收入和价格水平的变动趋势。所以该模型是分析宏观经济情况与政策的一种很有用的工具。

复习思考题

一、基本概念

总需求曲线　IS 曲线　LM 曲线　产品市场均衡　货币市场均衡　总供给曲线
总需求—总供给模型　凯恩斯总供给曲线　古典总供给曲线

二、选择题

1. 下列选项中，（　　）不属于总需求。
   A. 政府支出　　B. 净出口　　C. 税收　　D. 投资

2. 总需求曲线向右下方倾斜的原因在于（　　）。
A. 价格水平下降，投资的减少　　B. 价格水平下降，消费的增加
C. 价格水平上升时，净出口的增加　　D. 以上三个因素都是
3. 短期总供给曲线向右上方倾斜，该曲线变为一条垂直线的条件是（　　）。
A. 每个企业都生产其能力产量
B. 每个企业的产量都达到其物质限制
C. 经济中实现了充分就业
D. 与总需求曲线相交
4. 技术进步将会导致（　　）。
A. 短期总供给曲线和长期总供给曲线向右移动
B. 短期总供给曲线和长期总供给曲线向左移动
C. 短期总供给曲线右移，长期总供给曲线不变
D. 短期总供给曲线不变，长期总供给曲线右移
5. 经济中的总供给曲线描述的是（　　）。
A. 总供给量与总收入之间的关系　　B. 总供给量与价格总水平之间的关系
C. 总供给量与利率水平之间的关系　　D. 总供给量与投资之间的关系
6. 长期总供给曲线表示（　　）。
A. 经济中处于充分就业状态的产出水平
B. 经济中的资源还没有得到充分利用
C. 在价格不变时，总供给可以无限增加
D. 价格总水平提高，产出水平增加
7. 在短期，总需求与总供给均衡时，均衡的产出量（　　）潜在的产出量。
A. 高于　　B. 等于
C. 低于　　D. 以上情况都有可能
8. 在短期，总供给曲线具有正斜率，那么增加政府购买会使（　　）。
A. 价格水平上升，实际产出增加
B. 价格水平上升，但不影响实际产出
C. 实际产出增加，但不影响价格水平
D. 名义和实际工资都上升
9. 长期总需求与总供给均衡时，均衡的产出量（　　）潜在产出量。
A. 高于　　B. 等于
C. 低于　　D. 以上情况都有可能
10. 无论在凯恩斯或者古典供给条件下，财政扩张都会使得（　　）。
A. 总产量上升　　B. 利率上升
C. 价格上升　　D. 均有可能
11. 下列增加货币供给而不会影响均衡国民收入的是（　　）。
A. IS 曲线陡峭而 LM 曲线平缓　　B. IS 曲线垂直而 LM 曲线平缓
C. IS 曲线平缓而 LM 曲线陡峭　　D. IS 曲线和 LM 曲线一样平缓

三、判断题

1. 总需求曲线反映的是在产品市场均衡时利率和国民收入之间的关系。(　　)
2. 增加税收会使总需求曲线向右平移。(　　)
3. 在名义货币供给不变的情况下，价格的上升不会使总需求曲线向右平移。(　　)
4. 无论在何种情况下，总供给曲线都是一条向右上倾斜的线。(　　)
5. 当资源出现严重过剩时，增加总需求可以摆脱萧条。(　　)
6. 当实现了充分就业后，增加总需求会增加国民收入的同时也会提高价格水平。(　　)
7. 在供给不变的情况下，增加总需求将会导致物价上升，国民收入增加。(　　)

四、思考题

1. 简述总需求曲线向右下方倾斜的原因。
2. 试说明微观经济学中的需求曲线和宏观经济学中的总需求曲线的关系。
3. 凯恩斯总供给曲线和古典总供给曲线有何区别?
4. 简述IS—LM模型的经济学含义。
5. 案例分析

"大炮一响，黄金万两"。震惊世界的"9·11"之后，美英两国对阿富汗发动了军事打击。战争对经济产生了一些积极影响：不少人希望美国军火商能得到大量的坦克和飞机订单，通过军事支出的增加，引起总需求的增加，就业情况也会因许多人应征上前线而得到缓解，美国股市乃至经济借此一扫晦气。

专家分析认为，此次战争对美国经济的影响与越战和海湾战争不同。20世纪60年代末期，联邦政府的巨额国防开支和非国防开支，使本来已很强劲的私人部门总需求进一步增强，并积聚了很大的通货膨胀压力，这种压力在整个70年代也未能得到充分缓解。此后一直到80年代末期，大部分经济决策的主要任务就是抑制通货膨胀。相反，海湾战争却引发了一次经济衰退，这是"沙漠盾牌行动"初期消费者信心急剧下降所导致的结果。但由于当时军队所需的大部分物资并不是依靠投资在未来实现的，所以并没有产生通货膨胀。

但阿富汗战争同以往迥异。首先，不太可能像海湾战争那样动用大规模地面部队。更重要的是，这场对抗隐蔽敌人的战争将主要通过非常规手段进行，与此相关的国防资源大多是军备库存中所没有的，需要新的开支计划，这对经济中的总需求会产生积极的影响。

问题：

1. 解释一国的总需求主要是由哪几部分构成的?
2. 军费支出的增加对总需求会产生什么影响?影响总需求变动的因素主要有哪些?

答　案

二、选择题

1.C　2.B　3.C　4.A　5.B　6.A　7.D　8.A　9.B　10.B　11.B

三、判断题

1. 错　2. 错　3. 对　4. 错　5. 对　6. 错　7. 错

四、思考题

5. 案例分析

答案要点：

1. 一国的总需求主要由以下几个部分构成：消费需求、投资需求、来自政府方面的需求及国外的需求。

2. 军费支出的增加会使总需求增加，总需求曲线发生向右上方的移动。

（1）影响总需求变动的因素有以下几个：消费需求、投资需求和政府支出及来自国外需求的变化。其影响方式是：①消费支出增加或储蓄减少，总需求曲线向右上方移动；②厂商投资增加导致总需求曲线向右上方移动；③政府购买增加或税收减少，总需求曲线向右上方移动；④来自国外的需求增加，总需求曲线向右上方移动。反之，则反向移动。这些因素主要是以使需求曲线发生移动的方式影响总需求。

（2）总体物价水平也对总需求产生影响，当总体物价水平上升时，会使总需求减少，反之会使总需求增加，价格水平变动对总需求的影响是在同一条需求曲线上的移动。

第15章　经济增长和经济周期

经济增长与经济周期是宏观经济学要研究的课题。在1825年，英国爆发了资本主义历史上的第一次生产过剩性经济危机。以后每隔几年就有一次这样的危机爆发，从那以后很多经济学家致力于经济周期方面的研究。经济增长是一个古老的话题，也是经济学家所关心的问题。现代经济学家把经济周期和经济增长都作为以国内生产总值为中心的经济活动。经济周期是国内生产总值的波动；经济增长是国内生产总值的增长。

在长期中，一个经济体的成功与失败主要是以经济增长的情况为标志的。在长期中，经济增长是重要的宏观经济问题，也是各国所追求的最重要的长期目标。

15.1　经济增长

现代经济增长理论是在凯恩斯主义出现后逐步形成的，它研究经济的长期增长趋势。本节介绍经济增长与经济发展的相关理论及较为典型的模型。

15.1.1　经济增长定义

1. 简单定义

一般来说，经济增长是指一个国家或一个地区生产商品和劳务能力的增长。由于国内生产总值或国民收入通常被用来反映一国在一定时期内所生产的商品和劳务总量，故经济增长可以表现为国内生产总值或国民收入比前期增加的百分比。

2. 经典定义

美国经济学家S. 库兹涅茨曾给经济增长下过一个经典的定义："一个国家的经济增长，可以定义为给居民提供种类日益繁多的经济产品的能力长期上升，这种不断增长的能力是建立在先进技术及所需要的制度和思想意识之相应的调整的基础上的。"具体地说，这个定义包含了以下三个方面的内容。

（1）一个国家或地区经济增长的标志是生产能力的上升，即国内生产总值的上升。如果将人口的增加和价格的变动考虑进去，便是人均实际国内生产总值的增加。因此，衡量经济增长的最简单方法就是人均实际国内生产总值是否增加。

（2）经济增长的必要条件是技术进步。只有依靠技术进步，经济增长才有可能。在下面即将讨论的影响经济增长的各种因素中，技术进步是排在第一位的。

（3）经济增长的充分条件是制度与意识的相应调整。只有社会制度与意识形态适合于经济增长的需要，技术进步才能发挥作用，经济增长才成为可能。

15.1.2　经济增长的衡量

目前，对于经济增长，通常有两个不同的测度标准：一个是实际产量，实际 GDP；另一个是人均实际产量。前者用于描绘一国生产能力的扩增；后者则用以表示一国的物质生活水平，以便与他国生活水平进行比较。

衡量经济增长一般使用经济增长率指标。经济增长率是指实际国民生产总值的增长率，如果排除价格波动的影响，实际上就是产量的增长率。这里，产量既可以表示为经济的总产量，也可以表示为人均产量。

下面介绍两年间经济增长率的计算方法。

若以 Y_t 表示 t 时期的总产量，Y_{t-1} 表示 $t-1$ 期的总产量，则总产量意义下的增长率可以表示为：

$$G_t=(Y_t-Y_{t-1})/Y_{t-1} \qquad (15-1)$$

式中：G_t——总产量意义下的经济增长率。

若用 y_t 表示 t 时期的人均产量，y_{t-1} 表示 $t-1$ 期的人均产量，则人均产量意义下的增长率可以表示为：

$$g_t=(y_t-y_{t-1})/y_{t-1} \qquad (15-2)$$

式中：g_t——人均产量意义下的经济增长率。

在几何图形上，经济增长可用生产可能性曲线的向外移动加以表示，如图 15－1 所示。

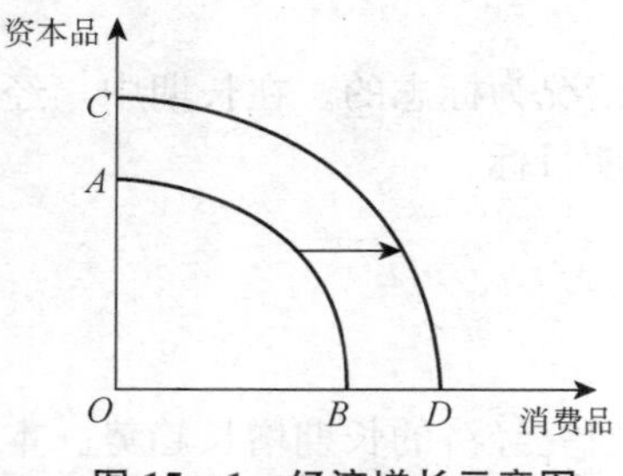

图 15－1　经济增长示意图

15.1.3　经济增长的决定因素

对于经济增长的决定因素，不同的经济学家常有不同的看法。亚当·斯密强调分工、专业化生产与国际贸易中的绝对优势；李嘉图强调比较优势与自由贸易；马克思和恩格斯及熊彼特强调了创新；而索洛等人强调生产要素；贝克尔和舒尔茨则强调教育与人力资本；新经济增长理论中，罗默和卢卡斯强调内生性增长，特别是规模报酬递增在经济增长中的贡献，其实质是强调内生性技术创新；诺斯等人强调制度创新对经济增长的作用。最近，鲍默尔在新书中强调了自由市场机制是资本主义经济增长的关键。

从一般意义上说，普遍公认的经济增长因素，主要由四个方面决定：人力资本、自然资源、资本和技术。

1. 人力资源

劳动力的数量与质量是决定一国经济增长的重要因素。尤其是劳动力的质量或素质，如劳动者的生产技术水平、知识水平与结构、纪律性及健康程度，是决定一国经济增长最重要的因素。一个国家可以购买最先进的生产设备，但是这些先进的生产设备只有拥有一定技术受过良好训练的劳动者才能使用，并使它们充分发挥效用。提高劳动者的知识水平与生产技能，增强他们的身体素质与纪律意识，将极大地提高劳动生产率。一般来说，在经济增长的开始阶段，人口增长率较高，这时，经济增长主要依靠劳动力数量的增加。而经济增长到了一定阶段，人口增长率下降，劳动时间缩短，这时，就要通过提高劳动力的质量或人力资本的积累来促进经济增长。

2. 自然资源

自然资源也是影响一国经济增长的重要因素。一些国家，例如加拿大和挪威，就是凭借其丰富的自然资源，在农业、渔业和林业等方面获得高产而发展起来的。但在当今世界上，自然资源的拥有量并不是取得成功的必要条件。许多几乎没有自然资源可言的国家，如日本，通过大力发展劳动密集型与资本密集型的产业而获得经济发展。

3. 资本

资本分为物质资本和人力资本。物质资本又称有形资本，是指设备、厂房、基础设施等的存量。人力资本又称无形资本，是指体现在劳动者身上的投资，如劳动者的文化技术水平、纪律性与健康状况等，已经包含在人力资源之中。因此，这里的资本是指物质资本，包括厂房、机器设备、道路及其他基础设施等。

资本积累是经济增长的基础。英国古典经济学家亚·当斯密曾把资本的增加作为国民财富增加的源泉。现代经济学家认为，只有人均资本量的增加，才有人均产量的提高。许多经济学家都把资本积累占国民收入的10%～15%作为经济起飞的先决条件，把增加资本积累作为实现经济增长的首要任务。西方各国经济增长的事实表明，储蓄多从而资本积累多的国家，经济增长率往往是比较高的，例如德国、日本等。

4. 技术进步

技术进步在经济增长中的作用，主要体现在生产率的提高上，使得同样的生产要素投入量能提供更多的产品。随着 K、L、R 投入的增加，产出虽然也增加，但由于其MP递减，经济增长的速度会日益减慢。而技术水平的提高可以使一国的经济快速增长。

技术进步在经济增长中有着十分重要的作用。据罗伯特·默顿·索洛（Robert Merton Solow，1924年—）估算，在1909—1940年间，美国2.9%的年增长率中，由技术进步引起的增长率为1.49%，即技术进步在经济增长中所做出的贡献占51%左右。而且，随着经济的发展，技术进步的作用越来越重要。

上述分析，隐含着现存的社会政治经济制度和意识形态符合经济增长的要求的假定。若不具备这一假设条件，社会政治经济制度和意识形态的相应调整对促进经济增长具有十分重要的作用。一个社会只有在具备了经济增长所要求的基本制度条件，有了一套能促进经济增长的制度之后，上述影响经济增长的因素才能发挥其作用。第二次世界大战后许多发展中国家经济发展缓慢的原因，关键并不是缺乏资本、劳动或技术，而是没有改变其落后的制度。

当然还有其他的影响经济增长的原因，如国家政治的稳定和对产权的保护，实行外贸型的经济等。这里不再谈及。至于中国经济的年均增长速度8%左右，而美国的年均增长速度则为2%。可以这样解释：一是美国的经济总量巨大，美国增长的2%的绝对量绝对不会比中国的8%小；二是用经济学观点解释即为效益递减规律所致。

15.1.4 经济发展与经济增长

1. 经济发展的概念

经济发展一般是指一个国家或地区随着经济增长而出现的经济、社会和政治的整体演进和改善，它是连续的、动态的，伴随着生产结构、分配结构和消费结构变化的经济增长过程。

具体地说，经济发展的内涵包括以下三个方面。

(1) 经济数量的增长，即一个国家或地区产品和劳务通过增加投入或提高效率获得更多的产出，构成经济发展的物质基础。

(2) 经济结构的优化，即一个国家或地区投入结构、产出结构、分配结构、消费结构以及人口结构等各种结构的协调和优化，是经济发展的必然环节。

(3) 经济质量的提高，即一个国家或地区经济效益水平、社会和个人福利水平、居民实际生活质量、经济稳定程度、自然生态环境改善程度，以及政治、文化和人的现代化，这是经济发展的最终标志。

2. 经济增长与经济发展的关系

经济发展与经济增长是两个既紧密联系又不完全相同的概念。

(1) 联系。发展总是伴随着增长，没有增长的发展是不可能的；但是，增长并不一定代表发展，没有发展的增长是不可取的。

• 经济增长包含在经济发展之中，持续稳定的经济增长是促进经济发展的基本动力。如果没有产出量的一定增长，一个国家或地区的经济发展便失去物质基础。没有增长便不会有发展，一定阶段的经济发展，总是表现为经济增长的一定状态。

• 经济发展是经济增长的延深和扩展，人类经济生活的每一历史性进展，又总会带来更高水平的经济增长。西方经济学只是强调经济发展与经济增长的区别，认为经济发展是发展中国家由不发达到发达的过程中的问题，而发达国家面临的不是经济发展而是经济增长问题。这种观点是片面的。其实，无论发达国家或发展中国家，都既有经济增长问题，又有结构变动、社会制度和思想文化等方面的经济发展问题。

• 经济增长主要表现为量的增长，经济发展不仅有量的增长，更注重质的提高。经济增长了不一定就有经济发展，有时会出现有增长而无经济发展。

(2) 区别。

• 经济增长关心的重点是物质方面的进步、生活数量的提高；而经济发展不仅关心GDP的增长，更关心结构的改变，以及社会制度、经济制度、价值判断、意识形态的变革。

• 经济发展是从国民经济发展的质和量的两个方面进行考察，而经济增长仅从国民经济发展的量的方面进行考察；相对而言经济发展是一个衡量国民经济的综合指标，经济增长则是一个衡量国民经济增长快慢的单一指标。

• 经济增长理论主要研究的是经济增长的来源和前景问题，而经济发展主要涉及经济增长的前提、质量和后果问题。

• 与经济增长相对比，经济发展着眼于长期而不是短期。因为在短期内一个国家的国民生产受自然因素影响很大，农业尤其如此。农业可能因风调雨顺、天公作美等条件而获得一年内的快速增长，也可能因为突发的自然灾害而造成经济负增长。因此，短期生产的上升或下降不能作为测定发展的标准。

• 经济增长以GDP来测定，但它忽视了国民生产总值所表明的价值是以什么方式在社会成员中进行分配，也不能说明就业状况、职业保障、资源利用、生态环境、升迁机会及保健、教育等情况，而这些恰恰是经济发展的关注点。倘若某个国家的国民生产总值和个人所得是增加的，但生产成果绝大部分归少数人享用，其结果造成两极分化而不能愈合，富者愈富，贫者愈贫，基尼系数增大，收入愈加不平等，这样的增长就不是真正意义上的发展。经济发展有着比经济增长更广的含义。

总之，经济发展的首要因素和物质条件是经济增长，没有经济增长就不可能有经济发展。经济增长是经济发展的基础，经济发展是经济增长的结果；经济增长是经济发展的手段，经济发展是经济增长的目的。不能离开经济发展这个目的去一味追求经济增长速度，那样会导致经济发展中的比例失调、经济大起大落和社会不公及社会剧烈动荡，从而出现没有发展的增长。

2013年中国经济增长速度设定7.5%　向调结构重点倾斜

7.5%左右，政府工作报告提出了今年中国经济增长预期目标。这是继去年把经济增长目标8年来首次从8%降至7.5%之后，第二年设定为7.5%。国际横向比，这一增速在全球经济低迷状况下，依然是高速度；自身纵向比，速度略调低，说明中国经济将在调结构、重质量上下功夫。全国人大代表、中国人民银行济南分行行长杨子强说，连续两年把增速主动调低，一方面显示当前国内外经济形势仍较复杂，目标符合实际；另一方面也意味着我国经济将步入一个转方式、增效益的新阶段。

从“平稳较快”转变到“稳速增效”

发展依然是解决中国所有问题的关键。推动经济持续健康发展，保持一定的、平稳的经济增速，对于扩大就业、改善民生、全面建成小康社会都极为重要。

在出口低迷、劳动力等要素成本快速攀升的今天，实现7.5%的经济增长目标其实也要付出艰苦努力。在经历了连续七个季度的增速下滑后，从去年四季度开始，中国经济出现增速企稳回升的好势头，但目前基础还不稳固。

“目前经济内生动力还是不足，要努力巩固和发展已出现的适度回升的良好态势。”刘树成委员指出，在经济回升初期，有的行业企业开始感受到回暖，有的还比较困难，处于乍暖还寒的局面。

中国社科院副院长李扬代表认为，未来中国经济宜从“平稳较快”转变到“稳速增效”上，不必刻意追求超越潜在增长率。

调结构，把质量和效益提升上去

国务院参事室特约研究员姚景源认为，受输入性通胀压力加大、国内流动性充裕限制，货币政策空间有限；而财政政策还有一定余地，要充分发挥财政政策对保持经济平稳发展、推动结构调整的积极作用，力推结构性减税，支持自主创新，大力改善民生。

经济增长目标也是预期性目标。7.5%左右传递出一种导向，经济增长必须是实实在在和没有水分的增长，是有效益、有质量、可持续的增长，是环境友好、民生改善的增长。

“雾霾天气给我们敲响了警钟，要把更多精力放在结构调整和环境保护上，要让百姓得到更多实惠。”全国人大代表、河北省工业和信息化厅厅长王昌说。

王一鸣认为，把质量和效益提升上去是中国经济转型的重大任务，归根结底要靠改革激发活力、实现公平正义。

（资料来源：百度百科）

15.1.5 新古典增长模型

从当代的角度看，宏观经济学对经济增长理论所进行的较有影响的研究有两个时期：第一个时期是 20 世纪 50 年代后期和整个 60 年代；第二个时期是 20 世纪 80 年代后期和 90 年代初期。第一个时期的研究产生了新古典增长理论，第二个时期的研究产生了内生增长理论。本节将重点介绍新古典增长模型。

1. 新古典增长模型的基本假定和思路

新古典增长模型建立在一个新古典生产方程体系之上，强调了在一个封闭的没有政府部门的经济中储蓄、人口增长及技术进步对增长的作用，它关注的焦点是经济增长的直接原因。

其基本假定如下。

① 经济由一个部门组成，该部门生产一种既可用于投资也可用于消费的商品。

② 该经济为不存在国际贸易的封闭经济，且政府部门被忽略。

③ 生产的规模报酬不变。

④ 该经济的技术进步、人口增长及资本折旧的速度都由外生因素决定。

⑤ 社会储蓄函数为 $S=sY$（s 为储蓄率）。

2. 没有技术进步的新古典增长模型

（1）基本方程。在没有技术进步的情况下，设经济的生产函数为

$$Y=F(N, K) \tag{15-3}$$

式中：Y——总产出；

N——总量劳动；

K——总量资本。

N 和 K 均随时间变化而变化，从而 Y 也随时间变化而变化。

根据生产规模报酬不变的假定，有

$$\lambda Y=F(\lambda N, \lambda K)$$

对任何正数 λ 都成立，特别地，取 $\lambda=\frac{1}{N}$，上式变为：

$$\frac{Y}{N}=F\left(\frac{K}{N}\right)$$

为说明简便起见，假定全部人口都参与生产，那么上式说明，人均产量 Y/N 只依赖于 K/N。用 y 表示人均产量，即 $y=\frac{Y}{N}$，k 表示人均资本，即 $k=\frac{K}{N}$，则生产函数可表示为下述人均形式；

$$y=f(k) \tag{15-4}$$

其中，$f(k)=F(1, k)$。

一般来说，资本积累受两种因素的影响，即投资（形成新资本）和折旧（旧资本的损耗）。假定折旧是资本存量的一个固定比率 δk（$0<\delta<1$），人口增长率为 n，且储蓄能有效地转化为投资，则有：

$$\frac{\mathrm{d}K}{\mathrm{d}t}=I-\delta K=sY-\delta K$$

上式两边同除以 N，可得：

$$\frac{\mathrm{d}K/\mathrm{d}t}{N}=\frac{sY}{N}-\frac{\delta K}{N}=sy-\delta k=sf(k)-\delta k \tag{15—5}$$

另一方面，由 $k=\frac{K}{N}$，对该式关于时间变量求导，经运算可得：

$$k=\frac{\mathrm{d}K/\mathrm{d}t}{N}-\frac{\mathrm{d}N/\mathrm{d}t}{N}\times\frac{K}{N}=\frac{\mathrm{d}K/\mathrm{d}t}{N}-nk$$

进而有：$\frac{\mathrm{d}K/\mathrm{d}t}{N}=k+nk$

将上式代入式（15—5），并整理，可得：

$$k=sf(k)-(n+\delta)k \tag{15—6}$$

式（15—6）是新古典增长模型的基本方程。这一关系式表明人均资本变化等于人均储蓄减去 $(n+\delta)k$ 项。表达式 $(n+\delta)k$ 可以理解为“必要”的或者是“临界”的投资，它是保持人均资本 k 不变的必需的投资。为了阻止人均资本 k 下降，需要用一部分投资来抵消折旧，这部分投资就是 δk 项。同样还需要一些投资，因为劳动数量以 n 的速率在增长，这部分投资就是 nk 项。因此资本存量必须以 $(n+\delta)$ 的速度增长，以维持 k 不变。总计为 $(n+\delta)k$ 的储蓄（或投资）被称为资本的广化。当人均储蓄（投资）大于临界投资所必要的数量时，k 将上升，这时经济社会经历着资本深化。根据以上解释，新古典增长模型的基本方程（15—6）可表述为：

资本深化＝人均储蓄（投资）－资本广化

（2）稳态分析。在新古典增长理论中，所谓稳态是指这样一种状态：此时的人均产量和人均资本都不再发生变化。按照这种稳态的含义，如果人均资本不变，给定技术，则人均产量也不变。尽管人口在增长，但为使人均资本保持不变，资本必须和人口以相同的速度增长。在假定技术不变时，根据新古典增长理论的假定，便有

$$\frac{\mathrm{d}Y/\mathrm{d}t}{Y}=\frac{\mathrm{d}N/\mathrm{d}t}{N}=\frac{\mathrm{d}K/\mathrm{d}t}{K}=n$$

换句话说，当经济中的总产量、资本存量和劳动力都以速度 n 增长，且人均产量固定时，就达到了稳态。

理解基本方程（15—6）和稳态含义更好的方式是图形分析。如图15—2所示。

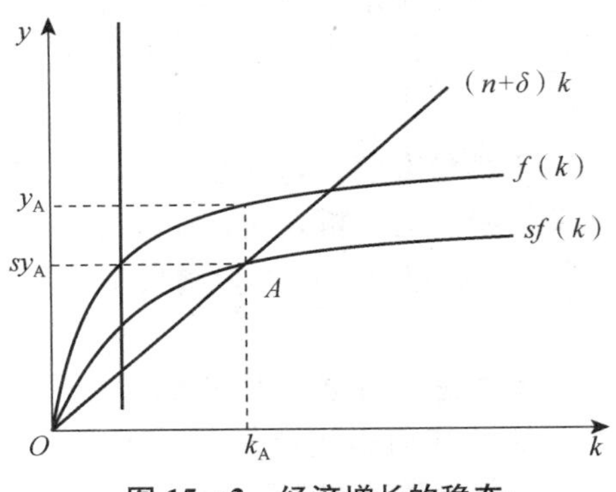

图15—2　经济增长的稳态

图15－2中的$f(k)$曲线为产量曲线，曲线上每一点都表示一个与按人口平均的资本相对应的按人口平均的产量。曲线$sf(k)$为储蓄曲线，它表示与每一按人口平均的资本相对应的人均储蓄量。图中的直线$(n+\delta)k$为通过原点且斜率为n的直线。当$sf(k)=(n+\delta)k$时，即$sf(k)$曲线与$(n+\delta)k$线相交时，$\mathrm{d}k/\mathrm{d}t=0$。

按照上述说明，在图15－2中，当经济在A点上运行时，对应的人均资本为kA。根据式（15－6），当经济的人均资本等于kA时，$\mathrm{d}k/\mathrm{d}t=0$，即这时的人均资本量将不再随着时间的推移而变化。

按照上面关于稳态的说明，在新古典增长模型中，当$\mathrm{d}k/\mathrm{d}t=0$时，经济便处于稳态。因此，在新古典增长理论中，稳态的条件可表示为：

$$sf(k)=(n+\delta)k \tag{15-7}$$

由式（15－7）确定的人均资本量，即图15－2中的kA被称为稳态资本存量。将kA代入人均生产函数，即可求出相应的人均产量，在图中即为yA，yA被称为稳态人均产量。因此，图15－2中的稳态A点既确定了内生变量人均资本存量的水平，又确定了内生变量人均产量的水平。

为了进一步理解稳态的含义，考虑k不等于kA的情况，不失一般性，假定实际的k值小于kA，由图15－2可知，这时有：

$$sf(k)>(n+\delta)k$$

即：

$$\frac{sf(k)}{k}>n+\delta \tag{15-8}$$

又因为$f(k)=y=Y/N$，$k=K/N$，上式可写为

$$s\frac{Y}{N}\cdot\frac{N}{K}=s\frac{Y}{K}>n \tag{15-9}$$

在不存在折旧的情况下，根据$S=sY=I=\mathrm{d}K/\mathrm{d}t$，上式写为：

$$\frac{\mathrm{d}K/\mathrm{d}t}{K}>n$$

上式表明，如果实际的$k<kA$，资本的增长率将大于劳动增长率。换句话说，这时资本比劳动增加得快，即人均资本在增加。这一点从基本方程式（15－6）看得更清楚，当$sf(k)>nk$时，有$\mathrm{d}K/\mathrm{d}t>0$，即随着时间的推移，人均资本将会增加。以上的分析表明，只要人均资本低于稳态所要求的水平时，经济中会有一种机制使人均资本不断增加，直到达到稳态所要求的水平为止。类似地，当人均资本大于稳态所要求的水平时，则人均资本将不断减少，直到达到kA所表示的水平为止。

因此，人均资本k总是趋向于其稳态值。与此相对应，人均产量也趋向于均衡值y_A。

需要特别指出的是，上述关于稳态的分析表明，在稳态时，总收入以与人口增长相同的速度增长，即增长率为n。这意味着，稳态中的产量增长率并不受储蓄率的影响。这是新古典增长理论的重要结论之一。

（3）比较静态分析。这里主要考虑储蓄率增加和人口增长对经济稳态的影响。

图15－3显示了储蓄率的增加是如何影响产量的。图中，经济最初位于C点的稳态均衡。现在假定人们增加了储蓄，这使储蓄曲线上移至$s'f(k)$的位置。这时新的稳态为C'，比较C点和C'点，可知储蓄率的增加提高了稳态的人均资本和人均产量。

对于从 C 点到 C' 点的转变，这里需要指出两点。

①从短期看，更高的储蓄率导致了总产量和人均增长率的增加，这可以从人均资本从初始稳态的 k_0 上升到新的稳态中的 k' 这一事实中看出。因为增加人均资本的唯一途径是资本存量比劳动力更快地增长，进而又引起产量的更快增长。

②由于 C 点和 C' 点都是稳态，按照前面关于稳态的分析，稳态中的产量增长率是独立于储蓄率的，从长期看，随着资本积累，增长率逐渐降低，最终又落回到人口增长的水平。图 15—4 概括了以上分析。

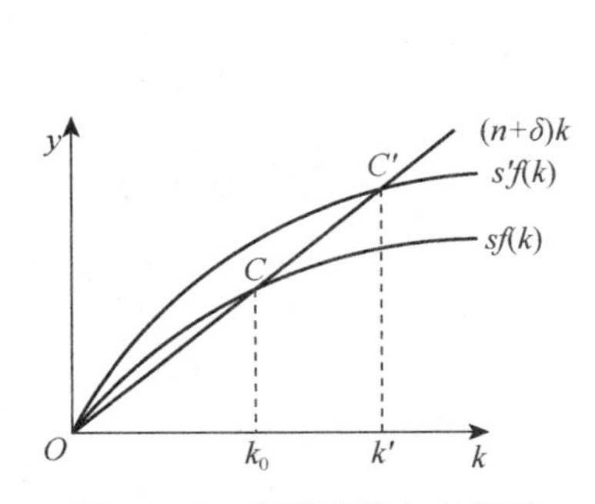

图 15—3　储蓄率增加的影响

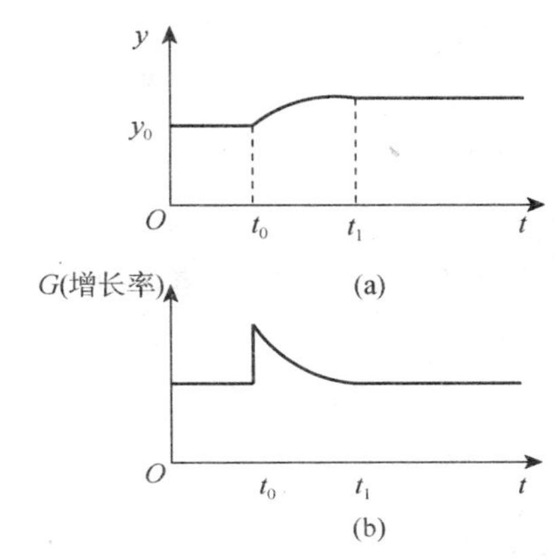

图 15—4　人均产出和总产量增长率随时间变化的轨迹

其中图 15—4（a）显示了人均收入的时间路径。储蓄率的上升导致人均资本上升，从而增加人均产量，直到达到新的稳态为止。图 15—4（b）则显示了总产量增长率的时间路径。储蓄率的增加导致资本积累，从而带动产量的一个暂时性的较高增长。但随着资本的积累，产量的增长最终会回落到人口增长率的水平上。

总之，新古典增长理论在这里得到的结论是，储蓄率的增加不能影响到稳态增长率，但确实能提高收入的稳态水平。用更加专业的话说就是，储蓄率的增加只有水平效应，没有增长效应。

再来看人口增加对稳态的影响。

新古典增长理论虽然假定劳动力按照一个不变的比率 n 增长，但当把 n 当作参数时，就可以说明人口增长对产量增长的影响。如图 15—5 所示。

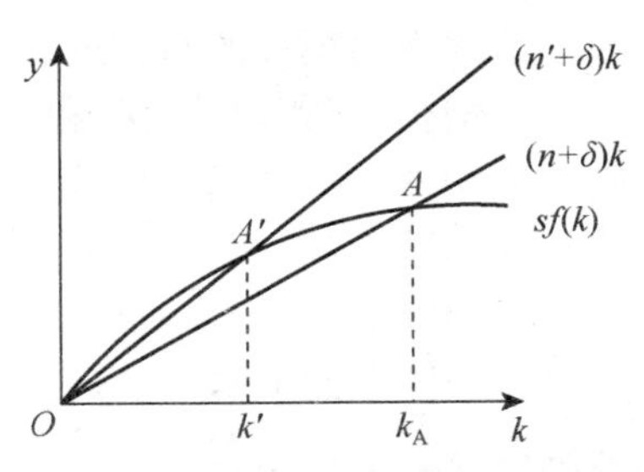

图 15—5　人口增长的影响

图中，经济最初位于 A 点所示的稳态。现在假定人口增长率从 n 增加到 n'，则图 15—5 中的（$n+\delta$）k 线便移动到（$n'+\delta$）k 线。这时，新的稳态为 A' 点。比较 A' 点与 A 点可知，人口增长率的增加降低了人均资本的稳态水平（从原来的 k_A 减少到 k'），进而降低了人均产量的稳态水平，这是从新古典增长理论得出的又一重要结论。西方学者进一步指出，人口增长率上升产生的人均产量下降正是许多发展中国家面临的问题。两个有着相同储蓄率的国家仅仅由于其中一个国家比另一个国家的人口增长率高，就可以有非常不同的人均收入水平。

对人口增长进行比较静态分析的另一个重要结论是，人口增长率的上升增加了总产量的稳态增长率。

（4）对增长率差异的解释。按照新古典增长模型，一旦某个国家达到它的稳态，其人均收入将不再增长。这一模型不能解释已经达到稳态的国家的长期经济增长，也就是说它不可能对经济增长率做出完全的解释。

那么，该模型能否解释相对增长率呢？或者说，为什么有的国家经济增长比其他国家快？对此，该模型可做出一定的解释。

首先介绍在特定生产函数假定下，观察新古典增长模型的新方式。根据关系式（15－6），假设 $y=f(k)=k^a$（$0<a<1$），则有：

$$k=sk^a-(n+\delta)k$$

等式两端同除以 k，并记 $g_k=\frac{dk/dt}{k}$，则有：

$$g_k=sk^{a-1}-(n+\delta)k \tag{15-10}$$

式（15－10）是由新古典增长模型求得的人均资本增长率方程。图 15－6 显示了上式右侧两部分的关系。

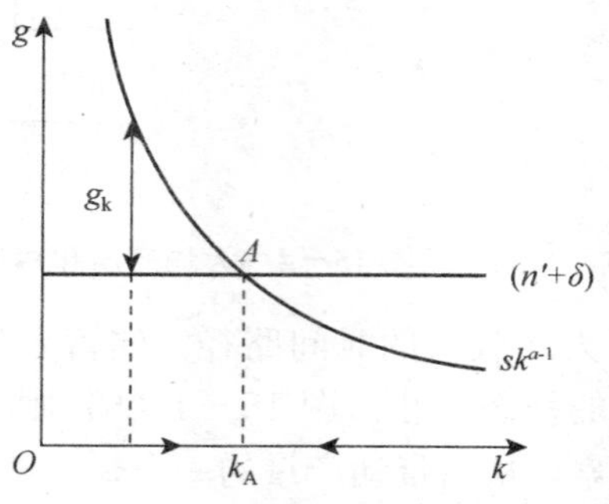

图 15－6 收敛于稳态的速度

根据式（15－10）及图 15－6，若 sk^{a-1} 大于（$n+\delta$），则人均资本增长率将为正值，此时 k 值较小，图中 A 点左侧表示的即为此情况。相反，当 k 值较大时，（$n+\delta$）大于 sk^{a-1}，此时 g_k 将为负值。换言之，人均资本存量将缩减。当两条线相交时，人均资本增长率将为零。注意，通过这里的分析可以看出，稳态的条件与式（15－7）所示的结果是一致。

这种观察模型的新方式表明某些经济变动使经济达到稳态的速度。从图上可以看出，人均资本增长率与 sk^{a-1} 曲线和（$n'+\delta$）直线之间的距离成比例关系。因此，图 15－6 表明，随着人均资本水平越来越接近稳态水平，sk^{a-1} 曲线和（$n'+\delta$）直线将逐步接近，人均资本增长率趋近于零。

根据以上分析，一个国家的经济比其稳态水平低得越多，则经济增长得越快。同样地，如果一个国家的资本存量远高于其稳态水平，那么它的资本存量将迅速减少，随着这个国家的资本存量逼近稳态水平，资本存量下降的速度将趋近于零。

更具体地，新古典增长模型形成了以下三个预言：①如果两个国家的储蓄率（或投资率）相同，但初始人均资本（从而初始人均收入）不同，那么，初始人均资本较低的那个国家将有较高的经济增长；②如果两个国家的初始人均收入资本相同，但是投资率不同，那么，投资率高的那个国家将具有较高的经济增长；③如果一个国家提高投资水平，那么，它的收入增长率也将提高。

总之，新古典增长模型分析相对经济增长率的关键，在于考察那些尚未处于稳态水平的经济。

3. 具有技术进步的新古典增长模型

前面关于新古典增长理论的论述是在没有考虑技术进步的情况下进行的，现在把技术进步这一因素加入进来，经济学中的生产函数写为：

$$Y=F\ (AN,\ K) \tag{15-11}$$

在上述生产函数中，当作为技术状态的变量 A 随着时间的推移增大时，说明存在着技术进步，这时经济中劳动效率提高了。20 世纪最有影响的劳动效率提高的例子是亨利・福特通过流水线进行大规模生产的创新，根据当时的观察计算，这一技术进步把工人组装一辆汽车主要部件的时间从 12.5 小时缩短为 1.5 小时。

在生产函数式（15－11）中，表达式 AN 被称为有效劳动。在这种情况下，新古典增长理论对生产函数的假定就变为，产出 Y 是资本 K 和有效劳动 AN 的一次齐次函数，可以证明，若记 $\tilde{y}=Y/AN$，称其为按有效劳动平均的产量，$\tilde{k}=K/AN$，称其为按有效劳动平均的资本，则式（15－11）可写为：

$$\tilde{y}=f(\tilde{k}) \tag{15-12}$$

其中，$f(\tilde{k})=F(1,\ \tilde{k})$

新古典增长理论中一个重要的假设是技术进步是外生给定的，即假定 A 以一个固定的比率 g 增长。

考虑到上述情况后，可以证明，此时的新古典增长模型的基本方程为：

$$\frac{\mathrm{d}\tilde{k}}{\mathrm{d}t}=s\tilde{y}-\ (n+g+\delta)\ \tilde{k}$$

图 15－7 给出了加入技术进步的新古典增长模型的稳态分布图。

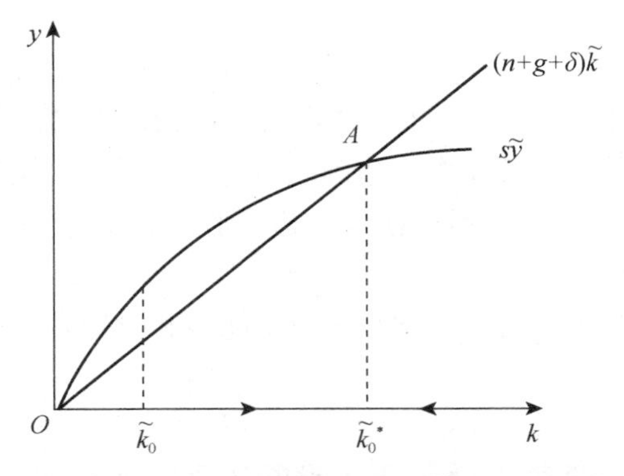

图 15－7　引入技术进步后的新古典增长模型

从图中可以看到，就稳态分析而言，引入技术进步并没有使稳态分析的结论产生大的变动。假定经济初始状态按有效劳动平均的资本为 $\tilde{k}_0$。它低于其稳态值，随着时间的推移，$\tilde{k}$ 值是逐渐提高的。因为在 $\tilde{k}_0^*$ 处，即达到 $s\tilde{y}=\ (n+g+\delta)\ \tilde{k}$，这时经济处于稳定状态，这种稳定状态代表经济的长期均衡。

利用增长率的运算，可得到有关变量在稳态时的增长率的结果。表 15－1 说明了考虑技术进步的情况下，新古典增长模型在稳态时，4 个重要变量的增长率。

表 15－1 具有技术进步的新古典增长模型中的稳态增长率

变量	稳态增长率
按有效劳动平均的资本	0
按有效劳动平均的产量	0
人均产出	g
总产出	$n+g$

由上表可知，在考虑到技术进步后，新古典增长模型可以解释一些国家生活水平的持续提高。根据上表，技术进步会引起人均产出的持续增长，一旦经济处于稳定状态，人均产出的增长率只取决于技术进步的比率。换句话说，根据新古典增长理论，只有技术进步才能解释生活水平（即人均产出）的长期上升。

15.1.6 内生增长理论

经济增长理论的一个目的是解释人们在世界上大多数地方所观察到的生活水平的长期提高，上一节的新古典增长理论说明了这种长期增长必定来自于技术进步。但技术进步来自哪里呢？在新古典增长理论中，这只是假设。

为了充分理解增长的过程，人们开始了对增长率内生化理论的探索，下面将简要介绍内生增长理论。

1. 基本模型

为了说明内生增长理论的思想，先从一个简单的生产函数开始：

$$Y=AK$$

式中：Y——产出；

K——资本存量；

A——一个常量，它衡量一单位资本所生产的产出量。

注意，这个生产函数并没有反映资本边际收益递减的性质。无论资本量为多少，额外一单位资本生产 A 单位的额外产出，不存在资本边际收益递减正是这个模型和新古典增长模型的关键区别。

与前面一样，仍假设收入中的一个比例 s 用于储蓄和投资，因此，经济中的资本积累由下式描述：

$$\Delta K=sY-\delta K$$

此式表明，资本存量的变动（ΔK）等于投资（sY）减去折旧（δK）。将这一关系式与生产函数 $Y=AK$ 结合在一起，进行一些运算之后可得：

$$\frac{\Delta Y}{Y}=\frac{\Delta K}{K}=sA-\delta \tag{15－13}$$

这一公式表明，决定产出增长率 $\Delta Y/Y$ 的是什么。要注意的是，只要 $sA>\delta$，即使没有外生技术进步的假设，经济的收入也会一直增长。

因此，生产函数的简单变动就可以从根本上改变对经济增长的说明。在新古典增长理论中，储蓄导致了经济的暂时增长，但资本边际收益递减最终使经济达到增长只取决于外生技术进步的稳定状态。与此相比，在这种内生增长模型中，储蓄和投资会引起长期增长。

现在的问题是，放弃资本边际收益递减的假设合理吗？答案取决于人们如何解释生产函数 $Y=AK$ 中的变量 K。如果 K 只包括通常意义下的经济中的厂房与设备存量，那么，假设资本边际收益递减就是自然而然的事情。

但是，内生增长理论的支持者认为，如果对 K 做出更广义的解释，资本边际收益不变（而不是边际收益递减）的假设就更加合理。一些西方学者认为，知识是经济生产中的一种重要投入——无论是用它来生产物品与劳务，还是用它来提供新知识。如果把知识看作一种资本，与通常意义下的资本相比，假设知识表现出收益递减的性质就不太合理了。实际上，过去几百年来科技创新增长的速度使一些西方学者认为，存在着知识收益递增。如果接受知识是一种资本的观点，那么假设资本边际收益不变的内生增长模型就更合理地描述了长期经济增长。

上述被称为 AK 模型的内生增长模型提供了一条内生化稳态增长率的途径，即如果可以被累积的生产要素有固定的报酬，那么稳态增长率将被这些要素的积累率所影响。从上述关系式中可知，储蓄率 s 越高，产出增长率也将越高。这一模型暗示，那些能永久提高投资率的政府政策将会使经济增长率不断地提高。

2. 两部门模型

内生增长理论研究的一个思路是建立一个多部门的模型，以便对支配技术进步的力量提供更好的描述。

假定经济有两个部门，分别称为制造业企业和研究性大学。企业生产物品与劳务，这些物品与劳务用于消费和物质资本投资。大学生产被称为“知识”的生产要素，然后这两个部门免费利用知识。企业的生产函数、大学的生产函数，以及资本积累方程描述了该经济：

$Y=F[K,(1-u)EN]$　　企业的生产函数

$\Delta E=g(u)E$　　大学的生产函数

$\Delta K=sY-\delta K$　　资本积累方程

其中，u 是在大学的劳动力的比例，相应地，$(1-u)$ 是在企业的劳动力的比例，E 是知识存量，函数 $g(u)$ 是表明知识增长如何取决于在大学的劳动力比例的函数。一般地，假设企业的生产函数是规模效益不变的，即如果资本存量 K 和所谓有效工人的数量 $(1-u)EN$ 翻一番，那么物品与劳务产出 Y 也将翻一番。

如果使物质资本 K 和知识 E 都翻一番，根据以上关系式和假定可知，这时经济中两个部门的产出也都会翻一番。因此，与前面的 AK 模型一样，此模型也可以在不假设生产函数中有外生变动的情况下引起长期增长。在这里，长期增长是内生地产生的，因为大学的知识创造不会停止。

如果在大学的劳动力比例 u 是不变的，则知识存量 E 会按不变的比率 $g(u)$ 增长。这在本质上与新古典增长理论中关于技术进步的说明是一样的。而且这个模型的其余部分，包括企业的生产函数和资本积累方程也与新古典增长模型相同。因此，对任何一个既定的 u 值，这种内生增长模型也和新古典增长模型一样发挥作用。

15.2 经济周期

经济周期是经济活动的短期周期性波动，经济周期理论是国民经济收入决定理论的动态

表现，本节将介绍经济学中对经济周期现象的不同解释。

15.2.1　经济周期的概念与阶段

1. 经济周期的概念

关于经济周期（Business Cycles，又译为商业循环）的含义，有很多种不同的说法，其中比较有代表性的解释要数凯恩斯和密切尔。凯恩斯为经济周期做的定义是："循环运动是指当经济体系向上前进时，促使其上升的各种力量初则逐渐扩大，相互加强，继而逐渐不支，到某一点时，向下之力乃代之而起，向下之力最初也是逐渐扩大，互相加强，发展到极致，又会逐渐衰退，最后也让位于相反的力量。"

美国经济学家密切尔（W. C. Mitchell）认为：经济周期是以商业经济为主的国家总体经济活动的一种波动，一个周期有很多经济活动在几乎同时扩张，继之以普遍的衰退、收缩与复苏所组成，而且是重复地出现。这一定义被西方大多数经济学家所接受。

概括地说，经济周期是指一个国家总的经济活动中出现高涨与收缩的有规律的循环交替过程。

2. 经济周期的四个阶段

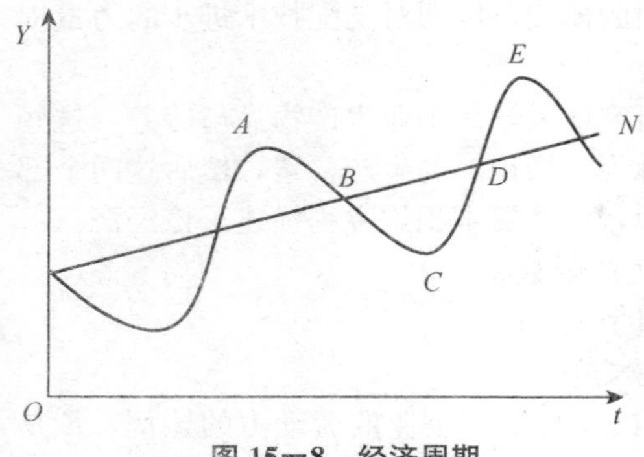

图 15—8　经济周期

现代经济分析把经济周期分为四个阶段：繁荣（Boom）、衰退（Recession）、萧条（Depression）、复苏（Recovery）。其中繁荣与萧条是周期的主要阶段，衰退与复苏是两个过渡性阶段，如图 15—8 所示。

图中纵轴 Y 表示国民收入，横轴 t 表示时间（年份），向右上方倾斜的直线 N 代表正常的经济活动水平。A 为顶峰，A—B 为衰退，B—C 为萧条，C 为谷底，C—D 为复苏，D—E 为繁荣，E 为顶峰，从 A 到 E 即为一个周期。A—C，即衰退与萧条，就是收缩阶段，C—E，即复苏与繁荣，就是扩张阶段；收缩阶段总的经济趋势是下降，扩张阶段总的经济趋势是上升。

经济周期四个阶段各自特点如下。

（1）繁荣。繁荣阶段是国民收入与经济活动高于正常水平的一个阶段，体现为经济发展周期的波峰。这时经济活动处于高水平时期，就业增加，现有生产设备已经得到充分利用，产量扩大，社会产出逐渐达到最高水平。当繁荣达到了顶点时，就业和产量水平也达到了极限，繁荣开始过渡到衰退阶段：表现为消费增长放慢，引起投资减少，或投资本身下降时经济就开始下滑。

（2）衰退。衰退阶段是指繁荣周期波峰过去，经济开始向下滑坡。以美国为例，美国的国内生产总值（GDP）连续两季下降，即进入衰退时期。在衰退期间需求萎缩，从而生产和就业下降，就业下降导致家庭收入减少，又导致需求进一步萎缩，利润也随着下降，企业经营困难，最终会使经济跌落到萧条阶段。

（3）萧条。萧条阶段（又称谷底）是指经济活动处于最低水平的时期，在这一阶段失业率高，公众消费水平下降，企业生产能力大量闲置，存货积压，利润低甚至亏损或倒闭，企业对前景缺乏信心，不冒新投资的风险。

（4）复苏。复苏阶段是指经济走出萧条并转向上升的阶段。在这一阶段，生产和销售回涨，就业增加，价格也有所提高，整个经济呈上升势头。经济前景看好，投资的乐观主义代替了萧条时的悲观主义。随着生产和就业的继续扩大，整个经济又逐步走向繁荣阶段。

15.2.2 经济周期的类型

现代经济学根据一个经济周期的长短，将经济周期分为长周期、中周期和短周期。

1. 中周期

中周期又叫中波，是指周期长度平均为8至10年。关于中周期的研究较早。1860年，法国经济学家朱格拉在《论法国、英国和美国的商业危机及其发生周期》一书中系统地分析了这种周期，他对较长时期的工业经济周期进行研究，并根据生产、就业人数、物价等指标，确定了经济中平均每一个周期为9～10年，故中周期又叫朱格拉周期。美国经济学家A. 汉森把这种周期称为“主经济周期”，并根据统计资料计算出美国1795—1937年间共有17个这样的周期，平均长度为8.35年。

2. 短周期

短周期又叫短波，是指周期长度平均约为40个月。英国经济学家基钦于1923年在《经济因素中的周期与趋势》中研究了1890—1922年间英国与美国的物价、银行结算、利率等指标，认为经济周期有主要周期与次要周期两种，主要周期即中周期，次要周期为3～4年一次的短周期，所以又称基钦周期。美国经济学家A. 汉森根据统计资料计算出美国1807—1937年间共有37个这样的周期，平均长度为3.51年。

3. 长周期

长周期又叫长波，是指周期长度平均为50年左右。这一划分是俄国经济学家康德拉季耶夫于1926年发表的《经济生活中的长波》一文中提出的，故长周期还可称为康德拉季耶夫周期。

康德拉季耶夫根据对美国、英国、法国一百多年内生产者物价指数、利率、工资率、对外贸易量、煤铁产量与消耗量等的变动，认为从18世纪末期以后，经历了三个长周期。第一个是从1789年到1849年上升部分25年，下降部分35年，共60年。第二个是从1849年到1896年上升部分24年，下降部分23年，共47年。第三个是从1896年起，上升部分24年，1920年后开始下降。

4. 库兹涅茨周期——另一种长周期

1930年，美国经济学家S. 库兹涅茨在《生产和价格的长期运动》中提出了存在一种与房屋建筑业相关的经济周期，这种周期长度在15～20年之间，一般长度在20年左右，这也是一种长周期，被称为库兹涅茨周期，或建筑业周期。库兹涅茨主要研究了美国、英国、德国、法国、比利时等国从19世纪初到20世纪初，60余种产品的产量和35种工农业主要产品的价格变动的长期时间序列资料，并剔除了其间短周期和中周期的变动，提出了主要工业国家存在着长度为15～20年不等，平均约为20年的长周期，这种周期与人口增长而引起的建筑业增长与衰退相关，是由建筑业的周期变动引起的，而且在工业国家中产量增长呈渐减的趋势。库兹涅茨提出的长周期受到经济学界的普遍重视，当今对我国持续高涨的房地产市场的走势有很好的理论意义。

15.2.3 经济周期的波动原因

对导致经济周期性波动的原因，西方经济学家作了不少探讨。比较有名的有以下 8 种理论。

1. 消费不足论

这是一种较传统的理论，主要用于解释经济周期中危机的出现阶段及生产过剩的原因，但并没有形成解释整个经济周期过程的理论。消费不足理论以马尔萨斯、西斯蒙第和霍布森为代表。

该理论认为，经济中出现萧条与危机是因为社会对消费品的需求赶不上消费品的增长，而消费品需求不足又引起对资本品需求不足，进而使整个经济出现生产过剩危机。消费需求不足的根源是由于收入分配不均等，造成穷人购买力不足和产生富人储蓄过度，致使消费品需求无法赶上消费品供给的增长，引起经济萧条，最终导致经济波动。

2. 投资过度论

这是用生产资料的投资过多来解释经济周期的理论。投资过度理论以哈耶克、密塞斯和卡塞尔为代表，他们认为衰退的原因不是投资太少，而是投资太多。无论是什么原因引起投资增加，这种增加都会引起经济繁荣。这种繁荣首先表现为对投资品需求的增加，并导致投资品价格的上升，由于投资过度，造成了生产资本品的产业发展超过了生产消费品的产业，从而导致产业结构的失衡。而资本品生产过多，必将引起资本品过剩，于是出现生产过剩危机，经济进入衰退、萧条，引起经济周期性的波动。

3. 心理预期理论

这种理论强调心理因素对经济周期各阶段的决定作用，心理预期理论以经济学家庇古、凯恩斯为代表。他们认为，预期对人们的经济行为有决定性影响，乐观和悲观预期的交替引起经济周期中繁荣与萧条的交替。当任何一种原因刺激了人们的投资活动，引起高涨后，人们对未来的乐观预期一般会超过合理的经济考虑下应有的程度，这就导致过多的投资，形成过度繁荣，而当这种过度乐观造成的错误被察觉后，又会变成不合理的过分悲观，由此投资过度减少，引起经济衰退。这种由于公众对经济繁荣、衰退、萧条、复苏阶段的不同心理预期，引发了经济周期性的波动。

4. 货币信用过度论

货币信用过度论以英国经济学家 R. 霍特为代表，他把经济周期看作一种货币现象。认为银行体系交替地扩张与收缩信用，产生了流通中货币数量的增加与减少，由此引发了经济周期的产生。

在当代经济社会中，流通工具主要是银行信用，当银行系统降低利率，扩大信用时，企业就会向银行增加贷款，从而扩大生产和销售，这就引起生产的扩张和收入增加，而收入的增加又引起对商品的需求增加和物价上升，整个经济活动继续扩大，经济进入繁荣阶段。但银行扩大信用的能力并不是无限的，当银行系统被迫停止信用扩张，转而紧缩信用时，企业将得不到贷款，经济生产将由此萎缩，经济进入萧条阶段。在萧条阶段银行系统又会通过不同途径扩大信用，促进经济逐步复苏。这一理论认为，非货币因素也会引起局部萧条，但只有货币因素才能引起普遍的萧条。但一些经济学家认为把引起经济周期的唯一原因归结为货币并不符合实际情况。

5. 太阳黑子论

太阳黑子理论以英国经济学家杰文斯父子为代表，他认为由于太阳黑子周期性地造成恶劣的气候，导致了农业减产，进而波及互有联系的工业、商业等产业，从而使整个经济出现周期性衰退。

该理论认为太阳黑子活动频繁期农业就会减产，农业的减产影响到工商业、购买力、投资等方面，从而引起整个经济衰退、萧条。反之，农业则丰收，整个经济将繁荣。他们使用太阳黑子的活动周期与经济周期基本吻合来证明这种理论。但大多数经济学家认为，太阳黑子的活动对农业的影响是有限的，对整个经济的影响更是有限的。

6. 创新周期理论

这是一种用技术创新来解释经济周期的理论。创新理论以经济学家熊彼特、汉森等为代表，认为创新是经济周期波动的主要原因。创新引发了旧的均衡的破坏和向新的均衡的过渡。持续不断的创新，会产生持续不断的新的平衡，从而引发了一次又一次经济周期的产生。

该理论认为，创新提高了生产效率，为创新者带来盈利，引起其他企业效仿，形成创新浪潮。创新浪潮使银行信用扩张，对资本品的需求增加，引起经济繁荣。随着创新的普及，盈利机会消失，银行信用紧缩，对资本品的需求减少，引起经济的衰退，直到再一次创新的出现，经济再次繁荣。

熊彼特还用创新理论解释了经济中的长周期、中周期和短周期，他认为重大技术创新（如蒸汽机、汽车等）对经济有长时间影响，这类创新引起的繁荣时间也长，繁荣之后的衰退也长，从而引发的经济周期就长。同样，中等创新或并不重要的小创新，则引起经济中的中周期和短周期。

7. 政治周期理论

盖拉斯基、杜夫特和诺德豪斯等经济学家持政治说观点。他们认为，由于政府执行扩张政策和紧缩政策的结果造成了扩张和衰退的交替出现。政府企图保持经济稳定，实际上却在制造不稳定，由于政府的选举与产生具有周期性，因此经济也出现了相应的周期。由于西方国家的不同政治派别代表不同的利益集团，获得执政地位的政治派别就会出台有利于本利益集团的经济政策。

8. 乘数和加速数理论

乘数和加速数以经济学家萨缪尔森、希克斯等为代表，运用乘数和加速系数的交互作用，来解释经济周期运动的产生（在下一节中介绍）。

综合以上各种不同的周期理论，大致可以分为外部因素和内部因素两大类，诸如太阳黑子、科技创新、政府行为等属于外部因素，心理预期、消费投资及乘数一加速数作用等属于内部因素。

1945年以来，经济周期有一种日趋平缓的趋势，不仅次数减少，而且影响程度也大大减轻了。有人认为，通过政府明智的需求管理与自由竞争的市场机制，可以将衰退与通货膨胀永远地驱逐出境。但这种观点是不妥当的。现在大多数人同意这样一种看法：衰退从根本上说是可以防止的，它们就像飞机出事而不像飓风。但我们从来没有能够在地球上消除飞机出事，当然也不可能清楚是否有足够的智慧和能力去消除衰退。

15.2.4 乘数－加速数模型

1. 乘数原理

乘数的概念最初由俄国经济学家图干・巴拉洛夫斯基提出，凯恩斯在通论中把乘数和边际消费倾向联系起来，说明总支出变动与国民收入变动的关系，所以乘数原理在凯恩斯的国民收入决定中占重要地位。之后，美国经济学家汉森和萨缪尔森把乘数原理同加速原理结合起来，解释经济周期。

乘数是指总支出的增加所引起的国民收入增加的倍数。如果是投资的增加，则乘数是投资乘数；如果是政府支出的增加，则乘数是政府支出乘数，等等。

乘数原理说明了各种支出对国民收入的影响。因为国民经济各部门之间是相互联系的，所以，对某一部门的支出增加，不仅会使该部门的生产和收入相应增加，而且还会引起其他部门的生产、收入和支出的增加，从而使国民收入的增长量倍于最初的支出。

乘数作用大小在现实生活中受到一系列条件的制约。

(1) 社会存在闲置资源，如果没有闲置资源，则投资增加及由此造成的消费支出增加，并不引起生产的增加，只会刺激物价上升。

(2) 投资和储蓄的决定相互独立，否则储蓄作用要小得多，因为增加的投资会引起对货币需求增加从而使利率上升，利率上升会鼓励储蓄，削弱消费，从而部分抵消由投资增加引起的收入增加进而使消费增加的趋势。

(3) 货币供给量增加能适应支出增加的需要。假使货币供给受到限制，则投资和消费支出增加时，货币需求的增加就得不到货币相应增加的支持，利率会上升，不但会抑制消费，还会抑制投资，使总需求降低。

(4) 增加的收入不能用于购买进口货物，否则 GDP 不会增加。

(5) 一些西方学者认为挤出效应和高税收都会使乘数作用被部分抵消。

2. 加速数原理

在宏观经济学中，产量水平的变动和投资支出数量之间的关系被称为加速原理。

一般来说，要生产更多的产量需要更多的资本，进而需要用投资来扩大资本存量。在一定的限度内，企业有可能用现有的资本通过集约的使用来生产更多的产品，但在任何时候，企业总认为有一个最优的资本对产量的比率。这个比率不仅在行业与行业之间差别很大，而且还随着社会技术和生产环境的变动而发生变动。在宏观经济学中，为减少复杂性，常假定该比率在一定时间内保持不变。

若以 K 代表资本存量，Y 代表产量水平，v 代表资本一产量比率，即一定时期每生产单位货币产量所要求的资本存量的货币额，则有：

$$K=vY$$

3. 乘数一加速数模型

美国经济学家汉森和萨缪尔森认为，凯恩斯的乘数理论只说明了投资变化引起国民收入和就业的变化，而没有说明收入变化反过来又会引起投资的变化。只有将加速数原理和乘数理论结合起来，才能解释资本主义经济周期性波动的原因和波动的幅度，提出了乘数一加速数模型，又叫“汉森一萨缪尔森模型”。

乘数一加速数模型基于以下收入函数：现期收入等于现期消费、现期投资、自发支出之和，即：

$$Y_t = C_t + I_t + G$$

式中：Y_t——现期国民收入；

C_t——现期消费；

I_t——现期投资；

G——自发支出（如政府支出、自发投资、自发消费）。

假设现期消费是上期收入 Y_{t-1} 的函数，现期投资是本期消费增量（$C_t - C_{t-1}$）的函数，则有消费函数 $C_t = \beta Y_{t-1}$ 和投资函数 $I_t = a(C_t - C_{t-1})$，其中，β 为边际消费倾向，a 为加速系数。

将 $C_t = \beta Y_{t-1}$、$I_t = a(C_t - C_{t-1})$ 代入 $Y_t = C_t + I_t + G$ 中，可得：

$$Y_t = \beta Y_{t-1} + a(C_t - C_{t-1}) + G$$

根据 $C_t = \beta Y_{t-1}$ 可知：$C_{t-1} = \beta Y_{t-2}$

将 $C_t = \beta Y_{t-1}$、$C_{t-1} = \beta Y_{t-2}$ 代入 $Y_t = \beta Y_{t-1} + a(C_t - C_{t-1}) + G$ 中，经整理可得：

$$Y_t = (1 + a)\beta Y_{t-1} - a\beta Y_{t-2} + G$$

这就是汉森—萨缪尔森即乘数—加速数模型。

在乘数—加速数模型中，由于加速系数（a）、边际消费倾向（β）的不同值，将会使经济波动呈现以下五种形式。

（1）减幅振荡，指国民收入波动幅度逐渐缩小，最后趋于消失。

（2）增幅振荡，指国民收入波动的幅度越来越大。

（3）同幅振荡，指国民收入波动的幅度在一定范围内保持不变。

（4）在某种干扰下，国民收入波动的水平以递减的速度上升或下降，没有振荡地从初始的均衡达到新的均衡。

（5）在某种干扰下，国民收入波动的水平以递增的速度上升或下降。

汉森和萨缪尔森把乘数与加速数作用结合起来，说明经济会自动地呈现周期性的波动，并决定了经济周期的各个阶段。萨缪尔森认为，加速原理和乘数相互作用造成一个越来越严重的通货收缩（或通货膨胀）的螺旋。由于加速原理的作用，产量或销售量的增加会引起投资加速度增加；同时，因乘数原理所起的作用，即投资的增加反过来又会引起产量或销售量的成倍增加。结果，社会经济呈上升的膨胀螺旋。这时经济波动处于复苏的阶段。但是，由于边际收益递减规律的作用，在一定技术条件下，当实际产出水平接近潜在国民收入时，经济增长速度必将出现递减趋势，周期就从复苏阶段过渡到高涨阶段。根据加速原理的作用，如果产量增加速度递减，则总投资将以更快的速度下降，结果将导致社会经济呈下降的紧缩螺旋。这时经济波动处于衰退的阶段。但是，这种紧缩螺旋不会无限制地下降，亦有一个极限。这个极限就是由于重置投资的存在，使总投资不能小于零，同时，边际消费倾向也不可能等于零，这样，经济的收缩就有了一个限度。一旦经济下降到这一限度，就会停止收缩。这时经济波动处于萧条阶段。由于重置投资的乘数作用仍然起着作用，就会使收入逐渐上升。这样，经济由于收入与投资相互影响而再一次增长起来。此时，经济波动再次处于复苏阶段，一个新的周期又重新开始。

由上可知，经济的膨胀与收缩是交替出现的，尽管在某一时期，膨胀时期和收缩时期的时间跨度可能由于各种原因而发生变化，但是，这种交替为西方经济学家所主张的政府对经济进行必要的干预以缓和经济波动并维持经济长期稳定的增长建立了理论基础。

复习思考题

一、基本概念

经济增长　经济增长率　经济发展　新古典增长模型　稳态　内生增长理论　经济周期　乘数原理　加速数原理　乘数—加速数模型

二、选择题

1. 经济增长的标志是（　　）。
   A. 失业率的下降　　B. 先进技术的广泛应用
   C. 社会生产能力的不断提高　　D. 城市化速度加快
2. 经济增长在图形上表现为（　　）。
   A. 生产可能性曲线内的某一点向曲线上移动
   B. 生产可能性曲线向外移动
   C. 生产可能性曲线外的某一点向曲线上移动
   D. 生产可能性曲线上某一点沿曲线移动
3. 为提高经济增长率，可采取的措施是（　　）。
   A. 加强政府的宏观调控　　B. 刺激消费水平
   C. 减少工作时间　　D. 推广基础科学及应用科学的研究成果
4. 根据新古典经济增长模型，一个国家最终将（　　）。
   A. 以一个不断增长的比率增长　　B. 实现经济长期稳定增长
   C. 耗光自然资料难以维持生存　　D. 造成严重的污染使其人民难以生存
5. 下列第（　　）项是新古典经济增长模型所包含的内容。
   A. 稳态的增长率取决于有效需求的大小
   B. 技术进步并不会引起人均产出的持续增长
   C. 通过调整收入分配降低储蓄，可以实现充分就业的均衡增长
   D. 从长期看，由于市场的作用，经济总会趋向于充分就业的均衡增长
6. 经济周期的四个阶段依次是（　　）。
   A. 繁荣、衰退、萧条、复苏　　B. 繁荣、萧条、衰退、复苏
   C. 复苏、萧条、衰退、繁荣　　D. 萧条、衰退、复苏、繁荣
7. 8～10 年一次的经济周期称为（　　）。
   A. 基钦周期　　B. 朱格拉周期
   C. 康德拉季耶夫周期　　D. 库兹涅茨周期
8. 根据乘数—加速数模型，经济之所以会发生周期性波动，是因为（　　）。
   A. 乘数作用　　B. 加速数作用
   C. 乘数和加速数的交织作用　　D. 外部经济因素的变动

9. 乘数原理和加速原理的不同在于（　　）。
A. 乘数原理说明国民收入的决定，加速原理说明投资的决定
B. 两者都说明投资的决定
C. 乘数原理解释经济如何走向繁荣，加速原理说明经济怎样陷入萧条
D. 只有乘数作用时国民收入的变动比乘数、加速数作用相结合时的变动要更大一些

三、判断题

1. 在经济周期的收缩阶段，失业率上升。（　　）
2. 经济增长的标志是社会生产能力的不断提高。（　　）
3. 人均生产函数说明了人均产量与人均劳动投入量之间的关系。（　　）
4. 人口增长率高的国家，其16岁以下人口在人口中占的比例也高。（　　）
5. 如果一国用借款购买生产资本并使投资所引起的收入增长高于利率，那么，它向国外大量借款就不会引起债务负担过重。（　　）
6. 加速原理的基本含义是产量的增长率大于投资的增长率。（　　）
7. 加速原理意味着，如果实际国民收入迅速增加，那么投资需求曲线就会向右上方移动。（　　）
8. 经济周期理论的重点从总需求角度分析经济的短期波动，而经济增长理论的重点是从总供给的角度分析经济的长期趋势。（　　）

四、思考题

1. 经济增长的源泉是什么？
2. 什么是新古典模型的基本公式，它有什么含义？
3. 你认为，在货币政策、刺激劳动力投入政策、教育科研政策、财政政策、人口控制政策中哪一项会影响长期增长率？并做出必要说明。
4. 联系实际，试分析经济增长和经济发展的区别？
5. 西方经济学家把经济周期划分为哪几种类型？
6. 乘数原理和加速原理有什么联系和区别？
7. 简述政府可以如何采取措施对经济波动实行控制。

答 案

二、选择题

1. C　2. B　3. D　4. B　5. D　6. A　7. B　8. C　9. A

三、判断题

1. 对　2. 对　3. 错　4. 对　5. 对　6. 错　7. 对　8. 对

第 16 章　宏观经济政策

约翰·肯尼迪曾经讲过：“稳定经济的任务，要求我们能够控制住经济、使之不至于偏离持续高就业之路太远。就业率过高将导致通货膨胀，而过低又意味着衰退。灵活审慎的财政政策和货币政策，能够帮助我们在这两条路中间穿过一条‘狭窄的通道’。”这句话使我们看到一国经济政策选择之艰难，也说明本章的重要性。

16.1　宏观经济政策概述

宏观经济理论包括两大领域：宏观经济理论和宏观经济政策。到目前为止，我们已经完成了对宏观经济理论的学习，本章开始学习宏观经济政策。一国政府为什么要干预市场经济？政府如何利用不同的政策工具来干预市场经济活动，这些都是宏观经济政策必须解决的问题。正如约翰·肯尼迪所说，宏观经济政策已经成为现代国家经济管理的重要手段。

经济政策是指国家或政府为了增进社会经济福利而制定的解决经济问题的指导原则和措施，它是政府为了达到一定目的在经济事务中有意识的活动。任何一项经济政策的制定都以一定的经济目标为指针，以一定的理论为指导，以某些工具为手段。

一般说来，宏观经济政策的目标包括四个：充分就业、价格稳定、经济增长和国际收支平衡。在每一个特定的时期，宏观经济政策目标的侧重点有所不同，但是通常要顾及整体目标的实现。

1. 充分就业

充分就业并不是指人人都有工作，通常反映的是包含劳动在内的一切生产要素都能以愿意接受的价格参与生产活动的状态，即充分就业时仍维持一定的失业率，这个失业率要在社会允许的范围之内，能为社会所接受。由于测量各种经济资源参与经济活动的程度非常困难，所以通常以失业率的高低作为衡量充分就业与否的指标。在市场经济条件下，实现完全就业是不可能的，因为季节性、摩擦性、结构性和自愿失业总是存在。目前，大多数西方经济学家认为存在 4%～6% 的失业率是正常的，此时社会经济处于充分就业状态。

2. 价格稳定

价格稳定是宏观经济政策的第二个目标。价格稳定是指价格总水平的稳定。价格总水平通常用价格指数来表示。价格指数是表示若干种商品价格水平的指数，依据统计中所计算商品范围的差别，可以分为消费物价指数（CPI）、生产者物价指数（PPI）和国民生产总值折算数（GDP Deflator）。消费物价指数又叫零售物价指数，是衡量不同时期居民个人消费商品和劳务价格变化的指标；生产者物价指数，是衡量各种商品在不同时期不同的生产阶段的价格变化情况指标；而国民生产总值折算数，则是衡量所有商品和劳务价格变化的指标。

价格稳定作为宏观经济政策的目标，与 20 世纪 60 年代以来通货膨胀在西方国家日趋严重，特别是 20 世纪 70 年代后期出现的经济“滞涨”现象有关。同样，价格稳定不是指每种商品的价格固定不变，也不是指价格总水平保持不变，而是指价格指数相对稳定，即不出现较严重的通货膨胀。价格稳定目标允许轻微的通货膨胀存在。

3. 经济增长

经济增长是指一定时期内经济持续均衡增长。即在一个时期内经济社会所生产的人均产量或人均收入的增长，通常用一定时期内实际国内生产总值年均增长率来衡量。经济增长不但要求维持一个较高的经济增长率，还要培育经济可持续增长的能力。通常认为，经济增长与就业目标是一致的。

滞胀

滞胀，在经济学，特别是宏观经济学中，特指经济停滞（Stagnation）与高通货膨胀（Inflation）、失业及不景气同时存在的经济现象。通俗地说就是指物价上升，但经济停滞不前。它是从 20 世纪 70 年代初以来出现的一种新的经济现象，是通货膨胀长期发展的结果。它首先发生在西方国家全面危机阶段，其表现形式是，一方面经济增长缓慢或停滞，并由此引起大量失业；另一方面是通货膨胀加剧，物价持续上升，这两种情况并存。滞胀现象从 20 世纪 70 年代末 80 年代初变得日趋严重，受到人们普遍关注。

第二次世界大战以前，经济停滞（包括生产下降）和大量失业只是发生在经济周期的危机阶段和萧条阶段，与此同时发生的则是通货紧缩、物价跌落；而通货膨胀及由此引起的物价上涨则总是发生在高涨阶段，但在这个阶段里却没有经济停滞和大量失业，当时在经济周期的发展中，“滞”和“胀”是互相排斥的，二者并没有在周期的某一阶段并存。第二次世界大战以后，情况发生了变化，有些发达的资本主义国家曾先后出现了经济停滞与通货膨胀并存的现象。例如，美国在 1957—1958 年的经济危机中，工业生产下降了 13.5%，而消费物价却上涨了 4.2%。意大利在不同程度上也出现了类似的情况。

到了 20 世纪 70 年代，特别是 1973—1975 年的世界经济危机期间及其以后，“滞胀”开始扩展到所有发达的资本主义国家，并且十分严重。在这次危机中，几个主要资本主义国家工业生产的下降幅度都达到了两位数字：美国为 15.3%，英国为 11.2%，联邦德国为 12.3%，法国为 16.3%，日本为 20.8%；同时，上述几个国家的通货膨胀率也达到了两位数字：美国为 15.3%，英国为 43.9%，联邦德国为 11.1%，法国为 19.1%，日本为 32.5%。

4. 国际收支平衡

国际收支平衡是指一国净出口与净资本流出相等而形成的平衡。随着国际经济交往的密切，国际收支平衡也成为宏观经济政策的重要目标之一。一国的国际收支状况不仅反映了这个国家的对外经济交往情况，还反映出该国经济的稳定程度。一国国际收支出现失衡，通过汇率的变动，会对国内经济形成冲击，从而影响该国国内就业状况、价格水平及经济增长。

上述宏观经济政策的四大目标是经过第二次世界大战后几十年的发展演变而形成的，这些政策目标既是互补的，又是矛盾和冲突的。例如，互补性表现在：充分就业会促进经济增长，物价稳定是经济增长的根本等。矛盾性表现在：经济增长和充分就业的矛盾，经济快速增长一方面有利于实现充分就业，另一方面经济增长中的技术进步又会导致资本对劳动的替代，相对的缩小对劳动的需求，由此引至文化技术水平低的工人失业；充分就业和物价稳定的矛盾，因为要实现充分就业，就必须运用扩张性的财政政策和货币政策，而这些政策又会由于财政赤字的增加和货币量的增加而导致通货膨胀等。

正是由于宏观经济目标之间的矛盾，使得政府并不总能同时实现以上所有的目标，政策制定者必须在四个目标之间确定优先次序，或者对这些政策目标进行协调。政策制定者在确定宏观经济目标时，既要受到自己对各项政策目标重要程度的理解的影响，又要考虑国内外各种政治因素的制约，同时，还要考虑社会的可接受程度。因此在不同的环境下，就产生了不同的宏观经济政策。例如，诞生于1929年美国大萧条的凯恩斯主义经济学家比较重视充分就业和经济增长，因为那时社会最严重的问题就是工人的大量失业和经济下滑；而诞生于20世纪70年代“石油危机”导致的经济“滞涨”时的货币主义经济学家比较重视物价稳定，因为那时西方社会最严重的经济问题是通货膨胀。

宏观经济理论和政策的演变

宏观经济理论和政策诞生于20世纪30年代。在此之前，西方经济学界奉行自由经济。经济学鼻祖亚当·斯密首先指出的“看不见的手”让每个学习经济学的人都认为“什么都不管的政府就是好政府。”

1929年爆发的经济危机，使市场经济国家政府开了全面干预经济的先河。1936年经济学家凯恩斯发表的《就业、利息与货币通论》，正是要为这种干预提供依据，这也宣告了宏观经济学的诞生。

凯恩斯经济理论一经诞生，就很受西方市场经济国家政府的青睐，因为在短时间内它可以遏制衰退，制造繁荣，而且在这期间政府尝试干预宏观经济并取得了极大的成功，最典型当属美国总统罗斯福的“新政”。第二次世界大战之后，英国政府于1944年发表的《就业政策白皮书》和美国政府于1946年通过的《就业法》都把实现充分就业和促进经济繁荣作为政府的基本职责。这标志着国家开始全面干预宏观经济。此时是凯恩斯主义发展的高潮时期，期间政府主要的宏观经济政策工具是财政政策和货币政策。

但是第二次世界大战之后，美英等发达资本主义国家，由于长期推行凯恩斯主义扩大有效需求的管理政策引起了持续的通货膨胀。这迫使大家对于政府干涉经济的政策进行反思，于是以弗里德曼为代表的货币主义应运而生。

弗里德曼主张“单一规则”，即为了保持物价稳定，国家应尽量减少对经济生活的干预，政府需要采取的唯一政策是把货币供应量的年增长率长期固定在同预期的经济增长率基本一致的水平。弗里德曼通过他的“简单规则”回到了市场经济的基本要求，在稳定的货币政策之下让市场机制充分地发挥作用，由此使得不少国家成功地控制了通货膨胀。

另外，供给学派和分享经济理论依然旨在解决滞胀问题。它们的共同特征是主张从微观的层面解决宏观经济问题。具体地讲，供给学派主张通过减税藏富于民，藏富于企业。里根政府1981年推行全面减税，不仅遏制了经济衰退，而且给美国创造了从1982年年底开始、连续25个月的高速增长的经济奇迹。

到了20世纪90年代，美国克林顿政府虽然认同政府对经济政策的干预，但是克林顿既反对完全自由放任的政府，又反对过度干预的政府，而是走“第三条道路”。所以克林顿政府大力推行政府投资干预，支持信息技术设施建设的同时，却在贸易等领域奉行自由主义。此后的小布什政府虽然奉行“小政府，大社会”的原则，但是也从未放弃对经济的干预政策，尤其是2007年“次债危机”爆发之后，其甚至采用直接干预的方式帮助受困银行和贷款者度过危机。

总之，宏观经济政策从诞生到现在，经历了由近乎完全不干预到近乎全面干预，再到有侧重的干预的过程。现在的宏观经济早已经成为一种混合经济，也就是其基础依然是利用市场机制来调节经济，但是政府的宏观调控已经成为市场调节的一种不可或缺的补充。就政府调控而言，也不是一成不变的。有时国家干预会少一些，有时国家干预会多一些，而且在不同时期和不同环境下干预的侧重点也是不一样的，但是国家干预的存在却是不变的。

（资料来源：中国经济时报，作者：李义平，有删节。）

16.2 财政政策

财政政策（Fiscal Policy）是各国干预经济的主要政策之一。财政政策指一国政府为达到既定的经济政策目标而对财政收入和支出做出的决策。要了解财政政策的具体内容，首先需要了解西方国家财政政策的构成。

16.2.1 财政政策的构成

财政政策通常由财政收入政策和财政支出政策两部分构成。

税收（Taxes）是西方财政收入最主要的来源。税收此处可以看作一般税收、政府罚没资产和政府参与具体经济活动收益的统称，其中一般税收占有最主要的地位。在西方国家中，税收制度较为复杂，税种繁多。依照税收对象的不同，税收可分为所得税、财产税和货物税。

所得税是对个人收入和公司利润征收的税种，在税收中占有较大的比重。财产税则是对不动产，即土地和土地上的建筑物等征收的税。对遗产征收的遗产税也属于财产税。所得税和财产税通常采用累进制，即税率随收入和财产的增加而增高。这两种税负都由纳税人自己承担而不能转嫁给他人，故又称为直接税。货物税又称作流转税，是对流通和消费等环节中买卖的商品和劳务总额征税，税种包括增值税、营业税、消费税等。这些税收通常最终都要通过加价的方式转嫁给最终消费者，所以又称间接税。这些税收通常按固定税率征收，故称比例税。财政政策中的税收政策通常通过加税、减税、退税等方式实现。

公债（National Debt）是政府财政收入的另一个重要来源。公债不同于税收，它是政府运用信用筹集财政资金的特殊形式，是政府对公众的债务。政府发行公债不仅能够增加财政收入，影响财政收支，执行财政政策，还能对货币市场的扩张和收缩起到一定的调节作用，从而影响国民经济水平。

财政支出指一个国家各级政府支出的总和，由许多具体支出项目构成。根据国民收入核算体系，政府支出可以分为政府购买和政府转移支付。政府购买支出是指各级政府购买劳务和物品的支出。如购买军需品，科技、教育开支，机关购买办公用品、政府公务员报酬及维持治安支出。转移支付是政府在社会福利保险、贫困救济和失业救济金、农业补贴及退伍军人津贴等方面的支出。政府购买直接构成社会总需求，影响国民收入水平。而转移支付则通过增加居民收入来刺激居民消费需求，进而影响国民收入水平。

16.2.2 财政政策内容

1. 自动稳定器

自动稳定器（Built-in Stabilizers）是指财政政策中自动调节社会总需求，使经济稳定的机制和某些政策工具，这些政策工具又被称为内在稳定器。

这些政策以政府税收与转移支付最为明显。例如，在经济繁荣或者过热时，国民收入增加，个人收入也增加，在累进税制下，意味着税收增加，从而使总支出的扩张得以自动限制，抑制了通货膨胀和经济过快增长。反之，经济衰退或萧条时，国民收入减少，个人收入亦减少，税收减少，从而抑制公众可支配收入减少过多，使总支出的下降得到自动限制，抑制经济衰退。所以，无论是经济处于繁荣或是萧条，税收制度都使得经济朝着相反的方向变动，从而使得经济自发趋于稳定。

同样，转移支付也具有自发稳定的作用。以其中的失业救济为例，当经济处于繁荣状态时，就业较为充分，人们的收入增加，这时，由于失业率下降，失业人数减少，政府用于失业救济的开支相应减少。政府支出减少，将使得国民收入水平趋于减少。反之，当经济萧条时，失业率上升，失业人数增加，政府用于失业救济的支出相应增加。增加总支出使得收入增加，从而经济趋于扩大。由此可见，政府的转移支付也具有使得经济自发趋向于稳定的作用。

另外，政府的农产品价格保护制度也具有内在稳定器的功能。当经济处于衰退或萧条时，国民收入下降，农产品价格下跌，政府采取保护价收购农产品，使农民收入不至于下降过快，维持农民的收入水平和生活消费水平，以保护社会总需求，缓和经济的波动；反之，当经济处于繁荣或过热时，国民收入上升，农产品价格上涨，政府采取抛售库存农产品的措施，防止价格大幅上涨，此时农民收入受到抑制，也能达到限制社会总需求，缓和经济波动的作用。

然而，西方主流经济学家认为，虽然内在稳定器具有缓解经济波动的作用，但是这种内在稳定器调节经济的作用是十分有限的，并且需要较长的时间。它只能减轻萧条或通货膨胀的程度，并不能改变经济萧条或通货膨胀的总趋势，只能对财政政策起到自动配合的作用，并不能代替财政政策。因此，仍需政府采取更为积极的财政政策，相机抉择，逆经济风向行事，实现稳定经济的目标。

2. 相机抉择的财政政策

相机抉择的财政政策（Discretionary Fiscal Policy）又称为斟酌使用或权衡性的财政政策，是指政府根据经济运行的状况逆经济波动方向所采取的变动财政收入支出水平的政策。

相机抉择的财政政策的关键在于“逆经济风向行事”。具体就是，在经济萧条时期，总需求小于总供给，失业增加，价格水平下降，政府应通过扩张性的财政政策来刺激总需求。如通过增加政府财政支出直接扩大社会需求；降低税率以减少税收，鼓励消费来扩大总需求。相反，在经济过热时期，总需求大于总供给，经济中就业增加，通货膨胀率过高，政府应通过紧缩性的财政政策来抑制总需求。例如，削减政府购买、转移支付、提高税率以增加税收。政府购买与政府投资的降低直接减少社会需求，而转移支付的减少和增税，减少了居民收入，压制消费，从而抑制总需求。

但是何时该采取紧缩性财政政策，何时又该采取扩张性财政政策，应由政府对经济发展的形势加以分析权衡，斟酌使用，故而被称作相机抉择的财政政策。

3. 财政预算和财政政策

财政预算和财政政策是紧密联系的，财政预算是指国家的财政收支计划，是国家财政实现计划管理的工具。财政政策则强调政府为实现无通货膨胀的充分就业水平的产出而在财政方面采取的积极政策。为了实现这一目标，财政预算可以盈余，也可以是赤字。预算盈余（Budget Surplus）指政府收入超过支出的余额；预算赤字（Budget Deficit）指政府支出超过收入的余额。一般来说，实行紧缩的财政政策会产生预算盈余，而扩张的财政政策会产生赤字，这样的财政称为功能财政。

在经济萧条时期，根据相机抉择的财政政策，为了克服萧条、促进就业，政府必然减少税收、增加开支，这样必然出现财政赤字。经济学家凯恩斯认为，财政政策应该放弃以前追求收支平衡的旧观念，实行赤字财政政策，为实现充分就业服务。到20世纪60年代这一观点得到强化，凯恩斯主义经济学家进一步强调应以充分就业为目标的财政政策，而不管是否有赤字。这样，赤字财政成为财政政策的一项重要内容。

赤字财政通常是以发行政府公债的形式完成的。因此，扩张性的财政政策一方面对国民收入的增加产生效应，另一方面则导致公债增加。相比之下，增加公债比衰退要好。增加公债只是把私人不愿投资的那部分收入转向投资。相反，当经济过热时，应减少政府支出或增加税收，结果会产生预算盈余。同样，财政盈余比通货膨胀要好，财政盈余又为偿还公债创造了条件。

对于公债发行的利弊，西方学者看法各异。传统经济学者认为，赤字财政增加了人民的负担，而且随着政府借债的延续，赤字负担也一代一代地传递下去，人民的负担会持续增大。例如，古典经济学派的亚当·斯密和大卫·李嘉图等是反对赤字财政的。但是凯恩斯主义的经济学家认为，赤字财政政策不仅是必要的，而且是可能的。这是因为：①债务人是国家，债权人是公众，国家与公众的根本利益是一致的；②政府的政权是稳定的，这就保证了债务的偿还是有保证的，不会引起信用危机；③债务用于发展经济，使政府能够获得更多的税收，从而有能力偿还债务，弥补赤字。这就是一般所说的“公债哲学”。

在赤字财政政策的操作过程中，政府通过中央银行发行公债。原因是因为如果直接卖给公众和企业，有可能减少公众与企业的消费和投资，使赤字政策起不到刺激经济的作用。而通过中央银行发行公债，则中央银行向财政部支付货币，财政部就可以用这些货币来完成各项支出，刺激经济。同时，中央银行购买的政府公债，可以作为发行货币的准备金，也可以在金融市场上卖出。

16.2.3 财政政策的挤出效应和挤入效应

1. 挤出效应

相机抉择的财政政策在调节宏观经济中发挥作用的同时，还会遇到“挤出效应”问题。

财政政策的挤出效用（Crowding—out Effect）指财政扩张使利率上升时所引起的总需求的减少，即由于政府开支增加所引起的私人投资和消费减少的效应。也就是说，政府扩大财政支出，目的在于扩张总需求，但结果总需求中政府支出部分扩大了，私人支出部分反而减少的现象。

如图 16－1 和图 16－2 所示，政府开支的增加刺激了物品与劳务的总需求（AD_1，AD_2，AD_3），在总供给还没有来得及调整的前提下，总需求的增加必然引起商品和劳务价格的上涨，价格水平的上升意味着货币实际需求增加，在货币供给（MS）不变的前提下，这必然会使利率上升（r_2-r_1），政府购买增加的最初影响是使总需求曲线从 AD_1 移动到 AD_2，而较高的利率往往会减少投资支出从而阻止了总需求的增加，最后总需求曲线只移动到 AD_3。政府支出的增加“挤占”了私人的投资与消费。“挤出效应”的存在，增加了相机抉择的财政政策实施的难度。

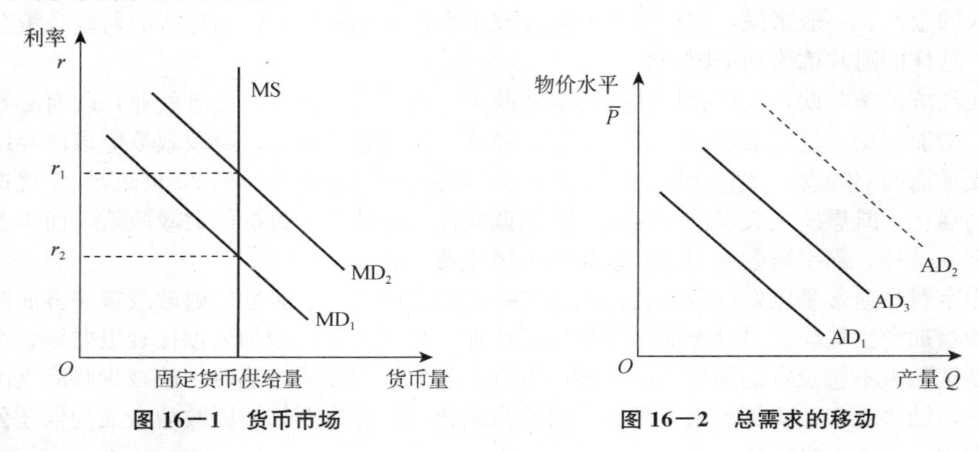

图 16－1　货币市场　　图 16－2　总需求的移动

用 IS—LM 模型同样可以解释挤出效应，如图 16－3 所示，当 IS 曲线为 IS_1 时，IS_1 与 LM 曲线相交于 E_0，决定了国民收入为 Y_0，利率为 r_0。此时，如果政府需求增加，IS 曲线从 IS_1 向右上方移动到 IS_2，与 LM 曲线相交于 E_1，国民收入为 Y_1，利率为 r_1。在政府需求（即支出）增加，从而国民收入增加的过程中，由于货币供给量没有变化（即 LM 曲线没有变动），而货币需求随国民收入增加而增加，所以引起利率上升（由 $r_0 \to r_1$）。这种利率上升就减少了部分私人投资与消费，也就是说，一部分政府支出的增加，实际上只是对私人支出的替代，并没有起到增加国民收入的作用。这就是财政政策的挤出效应。如图 16－3 中，如果利率仍维持 r_0 不变，那么国民收入应增加到 Y_2（或 E_2 点），这样 Y_1-Y_2 的部分就是挤出效应所减少的国民收入的增加量。

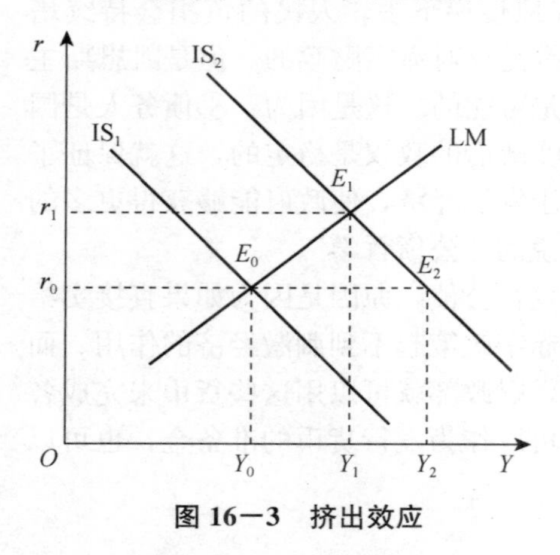

图 16－3　挤出效应

财政政策的挤出效应大小取决于多种因素，也就是，财政支出在多大程度上挤占私人投资和消费，要看资源的利用情况。在长期内，经济已经处于充分就业的状态下，财政支出增加将完全挤占私人投资和消费，财政政策的挤出效应明显。在短期内没有实现充分就业的经济中，财政政策的挤出效应相对微弱，其取决于支出乘数作用的大小、投资需求对利率的敏感程度和货币需求对国民收入的敏感程度等因素。

2. 挤入效应

挤入效应（Crowding-in Effect）是指政府采用某些财政政策时，能够诱导民间消费和投资的增加，即拉动私人投资，引起总需求的增加。比如，当政府投资投向公共基础设施建设领域，如修建公路、绿化环境、通信建设、医疗卫生建设等，这些都会改善当地的投资环境，从而使私人投资成本下降，这时“挤入效应”是主要的，将有可能诱导私人投资的增加。另外，政府用财政资金为居民建立起更完善的养老和医疗保障，就会给居民吃下“定心丸”，可以形成对未来的良好预期，这样人们自然会拿出储蓄去消费和投资，从而使总需求增加。

16.2.4　财政政策效果

财政政策效果是指政府一定时期的财政扩张或收缩政策引起的均衡产出增加或减少的大小。增加或减少越大，其效力就越强；增加或减少越少，其效力就越弱。显然，从IS－LM模型中可以看出，这种影响的大小是随IS曲线和LM曲线的斜率不同而不同的。

1. IS曲线的斜率与财政政策效果

在图16－1中，LM曲线的斜率是相同的，只是IS曲线的斜率不同。对于相同的财政扩张，这两种情况下的均衡国民收入的变动量不同。可见，对于既定的正常LM曲线，IS曲线越平缓，扩张性财政政策引起的均衡收入增加越小，财政政策的效果越小；IS曲线越陡直，扩张性财政政策引起的均衡收入增加越多，财政政策的效果越大。其经济含义可以解释为，IS曲线越平缓，也就是投资需求的利率弹性绝对值越大。当扩张性财政政策使利率上升时，投资减少得越多，也就是挤出效应越大，结果是均衡国民收入增加的越少（见图16－4（a）中Y_1-Y_0）。反之，如果IS曲线越陡直，也就是投资需求的利率弹性绝对值越小，当扩张性财政政策使利率上升时，投资减少得越少，也就是挤出效应越小，结果是均衡国民收入增加得越多（见图16－4（b）中Y_1-Y_0）。

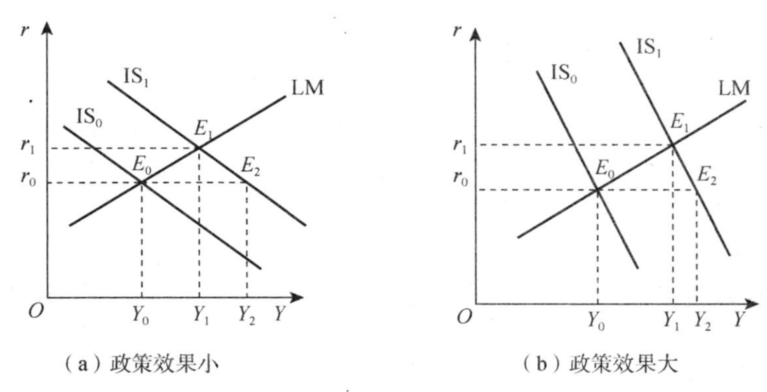

图16－4　IS曲线斜率与财政政策效果

2. LM曲线的斜率与财政政策效果

在图16－5中，IS曲线的斜率是相同的，只是LM曲线的斜率不同，对于相同的财政扩张，这两种情况下的均衡国民收入的变动量不同。可见，对于正常IS曲线的既定变动，

LM 曲线越平缓，扩张性财政政策引起的均衡国民收入增加越多，财政政策的效果越大（见图 16－5（a）中 Y_1-Y_0）。LM 曲线越陡直，扩张性财政政策引起的均衡国民收入增加越少，财政政策的效果越小（见图 16－5（b）中 Y_1-Y_0）。

LM 曲线的斜率不同可能有两种基本的原因：①货币需求的利率弹性相同，但是货币需求的国民收入弹性不同；②货币需求的国民收入弹性相同，但是货币需求的利率弹性不同。因此，上述结论的经济含义可以从以下两方面来解释。

（1）货币需求的利率弹性相同，但是货币需求的国民收入弹性不同。在这种情况下，LM 曲线越平缓，货币需求的国民收入弹性就越小。当政府实施扩张性财政政策时，随着国民收入的增加，交易性和预防性货币需求增加得比较少。在货币供给为既定的前提下，这意味着不需要为了大量减少投机性货币需求而大幅度提高利率。而利率上升幅度小，又意味着投资减少得不多。结果，均衡国民收入增加得比较多，也就是财政政策的效力比较强。

反之，LM 曲线越陡直，货币需求的国民收入弹性就越大。当政府实施扩张性财政政策时，随着国民收入的增加，交易性和预防性货币需求增加得比较多。在货币供给为既定的前提下，需要为了大量减少投机性货币需求而大幅度提高利率。而利率上升幅度大，又意味着投资减少得较多。结果，均衡国民收入增加得比较少，也就是财政政策的效力比较弱。

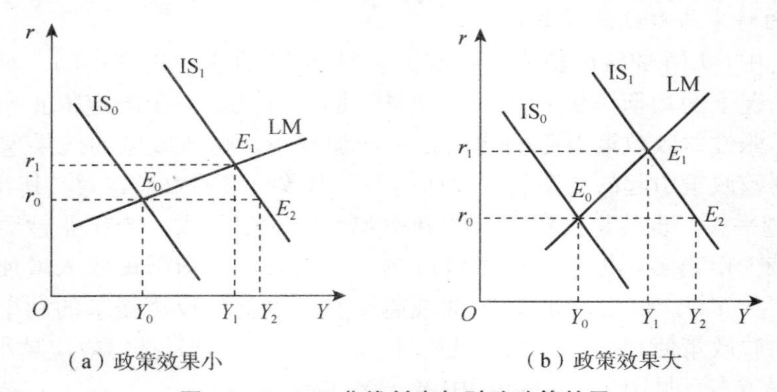

（a）政策效果小　　　　（b）政策效果大

图 16－5　LM 曲线斜率与财政政策效果

（2）货币需求的收入弹性相同，但是货币需求的利率弹性不同。在这种情况下，LM 曲线越陡直，货币需求的利率弹性（绝对值）就越小。当政府实施扩张性财政政策时，随着国民收入的增加，交易性和预防性货币需求增加。在货币供给为既定的前提下，投机性货币需求应该相应减少。但由于货币需求的利率弹性比较小，为减少特定数量投机性货币需求，利率上升的幅度比较大。而利率上升幅度大，又意味着投资减少得较多。结果，均衡国民收入增加得比较少，也就是财政政策的效力比较弱。

反之，LM 曲线越平缓，货币需求的利率弹性（绝对值）就越大。当政府实施扩张性财政政策时，随着国民收入的增加，交易性和预防性货币需求增加，在货币供给为既定的前提下，投机性货币需求应该相应减少。但由于货币需求的利率弹性比较大，为减少特定数量投机性货币需求，利率上升的幅度就比较小。而利率上升幅度小，又意味着投资减少的较少。结果，均衡国民收入增加得比较多，也就是财政政策的效力比较强。

需要指出的是，在 IS 曲线斜率相同的情况下，对于一定的财政政策变动，用 IS 曲线在横轴上移动的距离或者在纵轴上移动的距离来反映财政政策扩张或收缩的强弱都是可行的。

16.2.5　凯恩斯主义极端情况

当 LM 曲线是一条水平线时，财政政策十分有效，而货币政策完全无效，这种情况被称为凯恩斯主义极端情况。如图 16－6 所示。

凯恩斯主义极端情况与凯恩斯提出的“流动性陷阱”密切相关。凯恩斯认为，当利率非常低，处于“流动性陷阱”时，货币的利率弹性无限大，即货币的投机需求对利率的反应系数为无穷大，LM 呈水平状，如图 16－6 所示，此时债券价格较高，人们在既定的利率水平下愿意持有任何数量的货币。在此种情况下，货币量的任何变动都不会影响利率与国民收入，从而货币政策失效，没有任何作用。图中当 IS_1 移动至 IS_2 时，均衡点由 E 向 E_1 移动，新的均衡国民收入为 Y_1，而利率未变，这是因为利率非常低时，投资对利率的反应不敏感，政府支出对私人投资“挤出效应”不明显，所以扩张性财政政策能够对增加国民收入产生很好的效果。

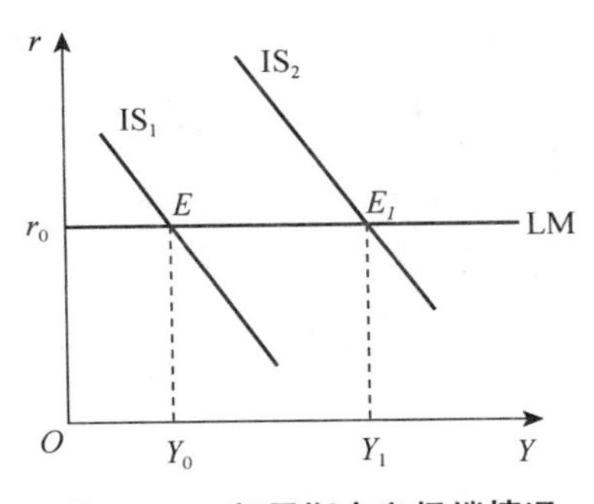

图 16－6　凯恩斯主义极端情况

因此，在凯恩斯极端主义情况下即 LM 是一条水平线时，财政政策有效，而货币政策失效。

16.3　货币政策

货币政策（Monetary Policy）通常认为是中央银行为实现既定的宏观经济目标，而运用各种货币政策工具调节货币的供给和需求，进而影响投资和整个宏观经济运行的宏观经济政策。货币政策和财政政策的最终目的是一致的，就是通过影响社会总需求来实现对宏观经济的调控。但是财政政策对总需求的影响是直接的，其中没有任何中间变量；而货币政策则还要通过货币供给或需求的变化，进而间接影响总需求。

16.3.1　货币政策及其工具

货币政策的目的在于通过控制货币供给，影响利率，从而影响投资，并最终影响国民收入。和财政政策一样，货币政策也是相机抉择、逆经济风向行事的。在经济萧条时期，总需求不足，失业增加，此时中央银行采取扩张性的货币政策，扩大货币供给量，增加商业银行的存款数额，促使利息率下降，从而扩大商业银行的贷款规模；在经济过热时期，总需求过剩，价格持续上升，此时中央银行则采取紧缩的货币政策，减少货币供给量，减少商业银行的存款数量，促使提高利率，使投资者较难得到信贷，从而对投资产生抑制作用，达到消除通货膨胀的目的。

中央银行主要通过公开市场业务、再贴现率政策和准备金率政策三个货币政策工具来调控经济。

1. 公开市场业务

公开市场业务（Open Market Operations）指的是中央银行在金融市场上买卖政府债券，以调节货币供给的政策行为。

当经济不景气时，为了刺激总需求，中央银行便在公开市场上买进债券，这样无论是从个人手中还是从商业银行手中购买都可以增加商业银行的准备金。根据货币乘数理论，银行准备金增加使得货币供给量增加。而且央行买进债券会引起债券市场上供给和需求的变动，使债券需求增加，价格提高，债券价格和利率呈反向相关关系，所以利率下降，投资需求增加，从而使总需求增加。这称之为扩张性货币政策，也称放松银根。反之，当经济处于繁荣时期，中央银行便在公开市场上卖出政府债券。市场上货币供给量减少，债券需求减少，价格降低，利率提高导致投资需求下降，从而使总需求减少。这称之为紧缩性货币政策，也称紧缩银根。

在中央银行的一般性货币政策工具中，公开市场业务通常被认为是最重要、最常用和效果最理想的工具。因为公开市场业务有明显的优点。在操作中，中央银行比较主动，调节也有很大的弹性，证券的买卖方向、买卖数量及种类都由央行自行确定，并且，由于其操作具有隐蔽性，不容易引起告示效应，对经济的震动比较小，另外，万一情况出现变化，央行还可以迅速进行反向操作。

2. 再贴现率

再贴现率政策（Rediscount Policy）是中央银行通过调整再贴现率来影响货币供给的行为和政策，它是中央银行最早运用的货币政策工具。

贴现是指居民或企业为得到现金而把未到期的商业票据向商业银行要求兑换，并同意扣除利息的行为。再贴现则是商业银行将其持有的未到期票据向中央银行申请贴现的行为。再贴现意味着商业银行向中央银行借款，从而增加了货币投放，直接增加货币供应量。

再贴现率实际就是中央银行向商业银行的放贷利率。再贴现率的高低不仅直接决定再贴现额的高低，而且会间接影响商业银行的再贴现需求，从而整体影响再贴现规模。因为再贴现率的高低直接决定再贴现成本，再贴现率提高，再贴现成本增加，自然影响再贴现需求，反之亦然；除此之外，再贴现率变动，在一定程度上反映了中央银行的政策意向，因而具有一种告示作用：提高再贴现率，呈现紧缩意向，反之，呈现扩张意向，这特别对短期市场利率具有较强的导向作用。

再贴现率政策具有调节灵活的优点，但是再贴现率的调节空间有限，且贴现行为的主动权掌握在商业银行手中，如果商业银行出于其他原因对再贴现率缺乏敏感性，则再贴现率的调节作用将大打折扣，甚至失效。所以通过贴现率变动来控制银行准备金其效果是非常有限的。

3. 准备金率

准备金率政策（Required Reserves Policy）就是中央银行通过调整法定准备金率来影响货币供给的行为和政策。除了法定准备金之外，商业银行还必须留存一定的货币以应付日常运营和储户的现金需求，这部分叫作超额存款准备金（Excess Deposit Reserve）。存款准备金占金融机构存款总额的比例则叫作存款准备金率。

当经济萧条时，中央银行通过降低存款准备金率，使金融机构可用于贷款的资金增加，货币供应总量也相应增加；反之，货币供应总量将相应减少。而银行创造货币的机制又把这种效应放大，进而对货币供应总量产生巨大影响。

从理论上讲，变动存款准备金率是中央银行调整货币供给量最简单的办法。然而，该政策的作用十分猛烈，一旦准备金率变动，所有商业银行的货币供给都必须扩大或收缩。另外，准备金率的频繁变动，会使商业银行和所有金融机构的正常信贷业务受到干扰而无所适从。因此，该政策也应当谨慎使用。

综上所述，公开市场业务、再贴现率政策和准备金率是西方国家中央银行普遍采用的货币政策手段。紧缩性货币政策主要运用卖出政府债券、提高贴现率和提高法定准备金率；扩张性货币政策主要运用买进政府债券、降低贴现率和降低法定准备金率。为实现既定的政策目标，三种货币政策可以单独使用，也可以配合使用。

16.3.2 货币政策效果

货币政策效果是指一定时期内货币扩张或收缩政策引起的均衡国民收入增加或减少。增加或减少得较大，表明货币政策的效果强；增加或减少得较小，其效果就小。在IS－LM模型中，货币政策效果大小主要取决于货币政策对国民收入变动的影响程度的大小，同样取决于IS曲线和LM曲线的斜率。

1. IS曲线的斜率与货币政策效果

在图16－7中，LM曲线的斜率是相同的，只是IS曲线的斜率不同。对于相同的货币扩张，这两种情况下的均衡国民收入的变动量不同。可见，对于正常LM曲线的既定变动，IS曲线越平缓，扩张性货币政策引起的均衡国民收入增加得越多，货币政策的效果越强（见图16－7（a）中Y_1-Y_0）。IS曲线越陡直，扩张性货币政策引起的均衡收入增加得越少，货币政策的效果越弱（见图16－7（b）中Y_1-Y_0）。假定基于可支配收入的边际储蓄倾向是相同的，那么，IS曲线斜率的差异就源于投资需求的利率弹性的不同。

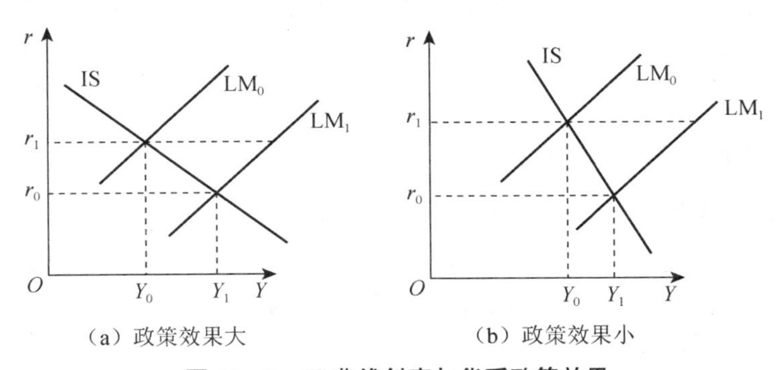

图16－7 IS曲线斜率与货币政策效果

于是，上述结论的经济含义可以解释为，IS曲线越平缓，投资需求的利率弹性（绝对值）就越大。当中央银行实施扩张性的货币政策时，随着利率的下降，投资需求增加得比较多，均衡国民收入增加得也就比较多，也就是货币政策的效果比较强（见图16－7（a））。反之，IS曲线越陡直，投资需求的利率弹性（绝对值）就越小。当中央银行实施扩张性的货币政策时，随着利率的下降，投资需求增加得比较少，均衡国民收入增加得也就比较少，也就是货币政策的效果比较弱（见图 16—7（b））。

2. LM 曲线的斜率与货币政策效果

在图 16—8 中，IS 曲线的斜率是相同的，只是 LM 曲线的斜率不同。对于相同的货币扩张，这两种情况下的均衡国民收入的变动量不同。可见，对于正常 IS 曲线，LM 曲线越平缓，扩张性货币政策引起的均衡国民收入增加得越少，货币政策的效果越弱；LM 曲线越陡直，扩张性货币政策引起的均衡国民收入增加得越多，货币政策的效果越强。

需要指出的是，在 LM 曲线斜率相同的情况下，对于一定的货币政策变动，用 LM 曲线在横轴上移动的距离或者在纵轴上移动的距离来反映货币政策扩张或收缩的强弱都是可行的。

与分析财政政策效果时的情况类似，如果 LM 曲线的斜率的差别是由于货币需求的收入弹性的不同引起的，在价格水平保持不变的情况下，可以用 LM 曲线在纵轴上移动的距离的大小来反映货币政策扩张或收缩的强弱。在这种情况下，LM 曲线越平缓，货币政策的效果就越强；而 LM 曲线越陡直，货币政策的效果就越小。

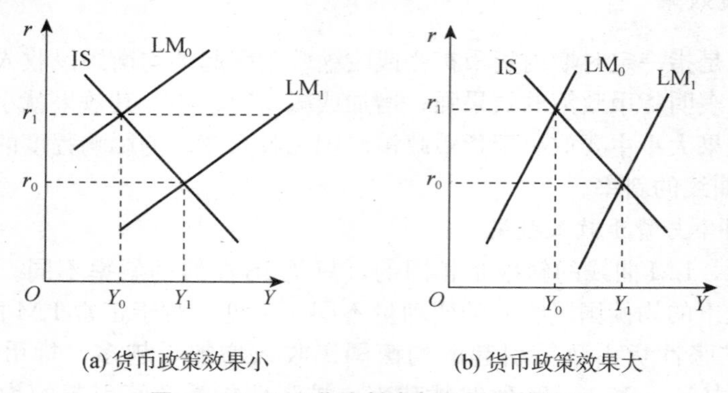

(a) 货币政策效果小　　(b) 货币政策效果大

图 16—8　LM 曲线斜率与货币政策效果

结论：①在 LM 曲线斜率不变时，IS 曲线斜率的绝对值越小，即 IS 曲线越平缓，则移动 LM 曲线使国民收入变化就越大，即政策效果就越大；②在 IS 曲线斜率不变时，LM 曲线斜率的绝对值越大，即 LM 曲线越陡峭，则移动 LM 曲线使国民收入变化就越大，即政策效果就越大。

16.3.3　古典主义的极端情况

古典情况也被称作货币主义特例（Monetarist Case）。与极端凯恩斯主义情况正好相反，货币主义者认为货币政策有很好的促进经济稳定的功能，财政政策缺乏稳定经济的作用。这种情况称为古典主义极端情况。对于这种情况货币主义者作了下面两种分析。

1. 货币需求的利率弹性为 0

当货币需求的利率弹性为零时，即 LM 曲线垂直于横轴（见图 16—9），这说明人们不存在对货币的投机性需求，只有对货币的交易性需求和预防性需求。这时市场利率水平不论是多少，货币市场都会实现均衡，因为 LM 曲线是一条垂线，在这种情况下，如果央行增加货币供给，LM 曲线向右移动（见图 16—9（a），Y_1-Y_0），国民收入会明显增加。反之，如果政府购买增加（支出增加），则 IS 曲线向上移动（见图 16—9（b）），只会引起利率上升（r_0-r_1），但收入水平保持不变。也就是说，这时会发生完全的挤出效应。由此可见，这时，货币政策是有效的，而财政政策是完全无效的。

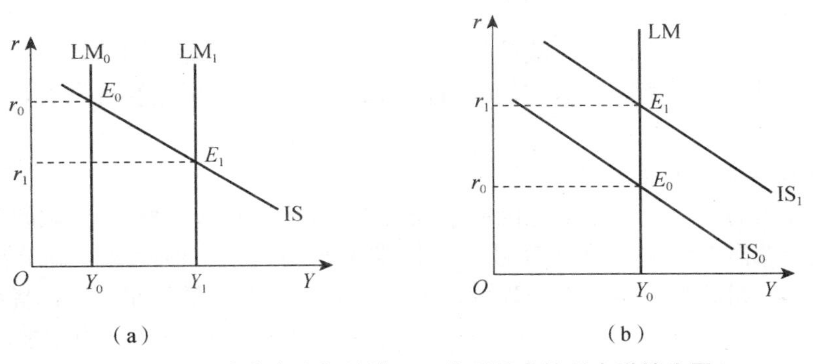

图 16—9 古典主义极端情况，货币需求的利率弹性为零

2. 投资需求的利率弹性很大

投资需求的利率弹性很大。这时，IS 曲线斜率的绝对值非常小，也就是说 IS 曲线非常平缓。这时，如果中央银行增加货币供给，LM 曲线向右下方移动，引起利率水平下降，如图 16—10（a）（r_1-r_0）所示。由于投资需求的利率弹性很大，投资需求将增加很多。结果，国民收入也明显增加。如图 16—10（a）（Y_1-Y_0）所示。反之，如果政府增加购买支出，IS 曲线向右上方移动，会引起利率的上升，如图 16—10（b）（r_1-r_0）所示。同样是由于投资需求的利率弹性很大，投资需求将减少很多。结果，国民收入增加很少，如图 16—10（b）（Y_1-Y_0）所示。这时的挤出效应比较大。由此可见，在促进经济稳定过程中，货币政策有效，而财政政策缺乏效力。

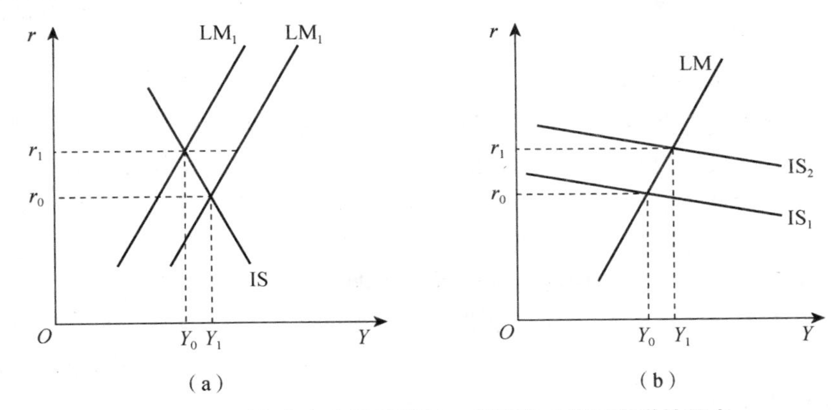

图 16—10 古典主义极端情况，货币需求的利率弹性很大

结论：按照货币主义的理论，在古典情况下，政府在稳定和促进经济发展的过程中，财政政策基本无效或完全无效，而货币政策是十分有效的。

16.4 财政政策和货币政策的配合

财政政策和货币政策的合理选择和运用，以及两大政策的协调配合，是现代市场经济运行的必要条件，是保证宏观经济稳定、产业结构协调、社会秩序安定的重要前提。

16.4.1 财政政策与货币政策的异同

在上述分析中，可以看出财政政策与货币政策调节的对象是不同的，对一个经济体的调节作用和政策效果也不尽相同，但它们的目标都是为了稳定和促进经济发展，下面对二者异同作简要归纳。

1. 财政政策与货币政策的区别

(1) 财政政策与货币政策调节范围的不同要求两者协调配合。虽然财政政策和货币政策都是以调节社会总需求为基点来实现社会总供求平衡的政策，但两者的调节范围却不尽相同。具体表现为：财政政策主要在分配领域实施调节，侧重公平分配原则；货币政策对社会总需求的影响则主要是通过影响流通中的货币量来实现的，其调节行为主要发生在流通领域，侧重效率优先原则。

正是这种调节范围的不同，使得不论财政政策还是货币政策，对社会总供求的调节都有局限性。

(2) 财政政策与货币政策目标的侧重点不同，要求两者协调配合。财政政策与货币政策都对总量和结构进行调节，但在资源配置和经济结构上，财政政策比货币政策更强调资源配置的优化和经济结构的调整，有结构特征。而货币政策的重点是调节社会需求总量，具有总量特征。

(3) 两者在政策时效和强度方面不同，要求两者协调配合，财政政策以快速、强力为特征，通过国债、贴息，税收政策等迅速启动投资，拉动经济增长，但容易引起过度赤字、经济过热和通货膨胀。因而，财政政策发挥的是经济增长引擎作用，只能作短期调整，不能长期使用。货币政策则以微调为主，在启动经济增长方面明显滞后，但在抑制经济过热，控制通货膨胀方面具有长期成效。

2. 财政政策与货币政策的一致性

(1) 配合基础。凯恩斯主义认为，经济经常处于非充分就业状态，不时出现膨胀性缺口或紧缩性缺口，只有采取权衡性政策，才能使之接近物价稳定或充分就业水平。在通货膨胀和经济过热时期，财政政策的作用不明显，要通过紧缩性货币政策，如公开市场业务卖出债券、提高再贴现率或法定存款准备金率等来抑制投资，降低总需求，从而消除膨胀缺口；在严重的通货紧缩和经济衰退时，货币政策的作用不明显，要通过扩大支出、支持公共工程建设、降低税收等来拉动经济复苏。这就是著名的凯恩斯需求管理理论，即财政政策与货币政策协调配合的理论基础。由此可得出结论，财政政策和货币政策只有协调配合，才能扩大和强化宏观经济的调控作用。

(2) 双方政策调控最终目标一致。实现物价稳定、经济增长、充分就业和国际收支平衡的宏观经济目标。

(3) 双方政策手段具有互补性，政策传导机制具有互动性。例如，政府采取积极的财政政策来刺激经济扩张的同时也可能产生“挤出效应”。政府如果同时采取扩张性的货币政策，可以抑制利率上升，扩大信贷，刺激投资，消除或减少扩张性财政政策产生的“挤出效应”。所以一方的政策调控过程，通常都需要对方的政策手段或机制发挥其特长来加以配合。政策传导机制的互动性在前面两者的传导机制中就做了简单介绍。

(4) 两大政策同是资金分配的渠道，都与货币流通密切联系。

综上所述，从两者的区别和一致性可以看出财政政策与货币政策必须紧密地协调配合，相互扬长避短，在实现社会供需总量平衡的前提下，加快社会供需结构的调节和合理化布局，全力促进社会经济整体协调，稳定发展。

16.4.2　配合运用的主要模式

财政政策与货币政策如何进行搭配，并没有一个固定不变的模式，各国都会根据经济发展的实际，选择不同的政策组合，但基本的理论配合模式包括以下四种，如表16—1所示。

表16—1　常见的财政政策与货币政策配合模式

	双松政策	双紧政策	紧财政松货币	紧货币松财政
经济背景	社会需求严重不足，生产资源大量闲置，解决失业和刺激经济增长成为宏观调控首要目标	社会总需求极度膨胀，社会总供给严重不足，物价大幅攀升，抑制通胀成为首要目标	政府开支过大，物价基本稳定，经济结构合理，但企业投资并不旺盛，促使经济较快增长成为主要目标	通胀与经济停滞并存，产业结构和产品结构失衡，治理滞胀、刺激经济增长成为首要目标
具体政策	财政扩大支出，降低税率；同时央行采取扩张性的货币政策，增加货币供应，降低市场利率，以抵消财政政策的“挤出效应”	财政削减政府支出，提高税率；央行紧缩货币政策，减少货币供应，调高利率	财政削减政府支出，提高税率；同时央行采取扩张性的货币政策，增加货币供应，降低市场利率，刺激投资	紧缩性的货币政策同时实施减税和增加财政支出，利用财政杠杆调节产业结构和产品结构

1. “双扩张”政策

“双扩张”政策也称“双松”政策，是指扩张性财政政策和扩张性货币政策。当社会总需求严重不足，生产资源大量闲置，解决失业和刺激经济增长成为宏观调控的首要目标时，适宜地采取以财政政策为主的“双扩张”政策配合模式。用扩张的财政政策增加总需求，用扩张的货币政策降低过高的利率，以克服“挤出效应”。

2. “双紧缩”政策

“双紧”是指紧缩性财政政策和紧缩性货币政策。当社会总需求极度膨胀、社会总供给严重不足和物价大幅度攀升，抑制通货膨胀成为首要调控目标时，适宜采取“双紧缩”政策。紧缩货币可提高利率，减少货币流通量，以降低过度增长的总需求。紧缩财政可减少政府支出，可带动总需求减少，又可防止利率过分提高。

3. “紧缩性财政和扩张性货币”政策

这是指当经济体中出现通货膨胀，但不严重，政府开支过大，物价基本稳定，经济结构合理，但企业投资并不十分旺盛，经济也非过度繁荣，促进经济较快增长成为经济运行的主要目标时，可采用紧缩性财政政策和扩张性货币政策的组合。用紧缩的财政政策压缩总需求，又使用扩张的货币政策降低利率，刺激投资需求，以避免财政过度紧缩引起经济衰退。

4. “扩张性财政和紧缩性货币”政策

这是指扩张性财政政策和紧缩性货币政策。当社会运行表现为通货膨胀与经济停滞并存，产业结构和产品结构失衡，治理“滞胀”、刺激经济成长成为政府调节经济的首要目标时，适宜采用此政策配合模式。利用扩张的财政政策刺激总需求，用紧缩的货币政策以控制物价的过度上涨。

除紧缩和扩张这两种情况外，财政政策、货币政策还可以呈现中性状态。若将中性财政政策与货币政策分别与上述松紧状况搭配，又可产生多种不同的配合方式。

走出滞涨

1981年，里根入主白宫，里根政府认为，国家对经济过度干预，限制了经济活力，是造成经济恶性循环的根本原因。为了对付“滞胀”，里根政府改弦易辙，采用了四个措施：稳定货币供应量、减轻税负、缩减开支、减少政府干预。最为有效的两条是稳定货币供应量和减少政府干预。里根这些举措采用的经济学理论主要取自针对凯恩斯主义的供应学派和货币学派。

首先，里根政府以控制货币供应量为主要目标，即使利率过高触发经济危机，也不放弃从紧的货币政策。里根政府在上任初期虽然遭遇了严重的经济危机，但是稳定的货币供应量抑制了通货膨胀，使得通货膨胀逐步下降。到1984年已经降到3.8%。其次，里根对企业实行的加速折旧政策和原来的投资课税扣除等优惠，使得企业手中的现金流量增加，对刺激传统产业更新设备起了很大作用；另外，由于生产资料的价格上涨低于前期，也鼓励了企业投资。除此以外，能源消费结构的变化引起了油价的下跌；美元升值也使得进口产品价格下降；工会为保证工人就业而放弃提高工资的要求等客观原因也使得通货膨胀出现了下降的态势。经过里根政府的持续努力，美国终于1983年迎来了新的经济增长高峰，此轮经济滞胀一共经历了13年的时间。

（资料来源：百度百科）

16.4.3 配合过程中应注意的问题

财政政策与货币政策的搭配需要注意的问题如下。

（1）要对经济形势进行准确无误的判断，这是“对症下药”解决经济问题的前提。

（2）要理解和掌握政策工具的不同特点，包括不同政策工具的猛烈程度、政策的时滞效应等。

（3）根据经济问题的严重程度来确定政策的力度。

在实际应用中，如何配合使用两种政策，不仅要看当时一国的经济形势，还要考虑政治和其他方面的需要，因为各种政策最终都要作用于人或人的不同群体，不同政策组合会对不同社会群体产生不同的影响，进而造成国民收入的构成发生变化，甚至会造成人为的分配不公，如实行扩张性财政政策会使利率下降，投资增加，因而对高投资部门，特别是对房地产部门十分有利；如果实行减税的财政扩张政策，有利于增加个人可支配收入，从而增加消费支出，但税收减少，某些依靠政府转移支付生活的社会底层就会减少收入；如果实行增加政府支出的扩张性财政政策，如兴办教育、防止污染、开办公共工程等，这些利国利民的项目对不同的群体来说，受益是不同的，这会对人们的收入分配产生影响，等等。

最后，需要指出的是，正如现实中的市场不符合理想中的完全竞争市场一样，由于存在信息失灵、政策的制定者和执行者都是具有自身利益和偏好的个人以及公共决策程序的缺陷，现实中的政府也不会完全具备理想化政府所满足的条件，政府的宏观调控也有其局限性。当国家干预过多，出现种种问题时，通过政策自由化来解决这些问题是必要的，但自由放任的政策不可能代替国家干预。如何把经济自由化与国家宏观调控结合起来，正是经济学最重要也是最难的问题。

复习思考题

一、基本概念

财政制度的自动稳定器　公开市场业务　贴现率　相机抉择　财政政策　货币政策　挤出效应

二、选择题

1. 扩张性财政政策对经济的影响是（　　）。
   A. 缓和了经济萧条但增加了政府债务
   B. 缓和了萧条也减轻了政府债务
   C. 加剧了通货膨胀但减轻了政府债务
   D. 缓和了通货膨胀但增加了政府债务
2. 挤出效应发生于下列情况（　　）。
   A. 私人部门增税，减少了私人部门的可支配收入和支出
   B. 减少政府支出，引起消费支出下降
   C. 增加政府支出，使利率提高，挤出了对利率敏感的私人部门支出
   D. 货币供给增加，引起消费支出增加
3. 下列（　　）不属于扩张性财政政策。
   A. 减少税收　　B. 制定物价管制政策
   C. 增加政府支出　　D. 增加公共事业投资
4. 中央银行通过提高法定准备金比率属于（　　）。
   A. 控制总供给　　B. 扩张性货币政策
   C. 收入指数化政策　　D. 紧缩性货币政策
5. 下列不会引起国民收入水平上升的是（　　）。
   A. 增加净税收　　B. 增加政府转移支付
   C. 减少个人所得税　　D. 增加政府购买
6. 在其他条件不变的情况下，政府增加公共设施投资，会引起国民收入（　　）。
   A. 增加　　B. 不变
   C. 减少　　D. 不确定
7. 公开市场业务是指（　　）。

A. 中央银行在金融市场上买进或卖出有价证券
B. 中央银行增加或减少对商业银行的贷款
C. 中央银行规定对商业银行的最低贷款利率
D. 中央银行对商业银行实施监督

8. 政府运用赤字财政政策是（　　）。
A. 要求企业用自己的资金购买　　B. 要求居民用现金购买
C. 将公债卖给商业银行　　D. 将公债卖给中央银行

9. 当经济过热时，中央银行可以在金融市场上（　　）。
A. 卖出政府债券，降低再贴现率　　B. 卖出政府债券，提高再贴现率
C. 买进政府债券，降低再贴现率　　D. 买进政府债券，提高再贴现率

10. 下列使中央银行无法用来变动货币供给量的措施是（　　）。
A. 调整法定准备金　　B. 调整再贴现率
C. 调整税率　　D. 公开市场业务

11. 财政政策的内在稳定器作用体现在于（　　）。
A. 延缓经济衰退　　B. 刺激经济增长
C. 减缓经济波动　　D. 促使经济达到均衡

12. "松财政紧货币"会使利率（　　）。
A. 上升　　B. 下降　　C. 不变　　D. 不确定

13. "双紧"政策会使国民收入（　　）。
A. 增加　　B. 减少　　C. 不变　　D. 不确定

14. 如果一国经济处于萧条和衰退时期，政府应采取（　　）。
A. 财政预算盈余　　B. 财政预算赤字
C. 财政预算平衡　　D. 财政预算盈余或赤字

三、判断题

1. 紧缩性财政政策对经济的影响是抑制了通货膨胀但增加了政府债务。（　　）
2. 预算赤字财政政策是凯恩斯主义用于解决失业问题的有效需求管理的主要手段。（　　）
3. 扩张性货币政策使 LM 曲线右移，而紧缩性货币政策使 LM 曲线左移。（　　）
4. 政府的财政支出政策主要通过转移支付、政府购买和税收对国民经济产生影响。（　　）
5. 当政府同时实行紧缩性财政政策和紧缩性货币政策时，均衡国民收入一定会下降，均衡的利率一定会上升。（　　）
6. 减少再贴现率和法定准备金比率可以增加货币供给量。（　　）
7. 由于现代西方财政制度具有自动稳定器功能，在经济繁荣时期自动抑制通货膨胀，在经济衰退时期自动减轻萧条，所以不需要政府采取任何行动来干预经济。（　　）
8. 宏观经济政策目标之一是价格稳定，价格稳定指价格指数相对稳定，而不是所有商品价格固定不变。（　　）
9. 财政政策的内在稳定器作用是稳定收入水平，但不稳定价格水平和就业水平。（　　）
10. 扩张性财政政策使 IS 曲线左移，而紧缩性财政政策使 IS 曲线右移。（　　）
11. 当一个国家出现恶性通货膨胀时，政府只能通过采取紧缩性货币政策加以遏制。

(　　)

12. 在西方发达国家，由财政部、中央银行和商业银行共同运用货币政策来调节经济。(　　)

四、思考题

1. 简述宏观经济目标。
2. 何为自稳定器？请说明它对缓和经济波动的作用。
3. 宏观财政政策的主要内容是什么？
4. 试用IS—LM模型分析财政政策效果。
5. 论述宏观货币政策及其手段。

答 案

二、选择题

1. A　2. C　3. B　4. D　5. A　6. A　7. A　8. D　9. B　10. C　11. C　12. A　13. B　14. B

三、判断题

1. 错　2. 对　3. 对　4. 错　5. 错　6. 对　7. 错　8. 对　9. 错　10. 错　11. 错　12. 错

参 考 文 献

[1] MANKIW N G. 经济学原理 . 6 版 . 北京：北京大学出版社，2014.
[2] 赵英军 . 西方经济学 . 2 版 . 北京：清华大学出版社，2012.
[3] 袁志刚 . 西方经济学 . 北京：高等教育出版社，2010.
[4] 萨缪尔森 . 经济学 . 18 版 . 北京：人民邮电出版社，2008.
[5] 斯蒂格利茨 . 经济学 . 3 版 . 北京：人民大学出版社，2005.
[6] 多恩布什 . 宏观经济学 . 6 版 . 北京：人民大学出版社，2001.
[7] 高鸿业 . 西方经济学：宏观部分 . 5 版 . 北京：人民大学出版社，2011.
[8] 高鸿业 . 西方经济学：微观部分 . 5 版 . 北京：人民大学出版社，2011.
[9] 何维达，冯梅，邓立治 . 经济学教程 . 2 版 . 北京：科学出版社，2013.
[10] 梁小民 . 西方经济学教程 . 3 版 . 北京：北京大学出版社，2003.
[11] 尹伯成 . 现代西方经济学习题指南 . 上海：复旦大学出版社，2001.
[12] 格林沃尔德 . 现代经济词典 . 北京：商务印书馆，1997.
[13] 叶航 . 宏观经济学 . 杭州：浙江大学出版社，2000.
[14] 历以宁 . 西方经济学 . 北京：高等教育出版社，2005.